新时代人才强国战略

总体布局与实践路径

孙 锐 著

科学出版社

北 京

内 容 简 介

本书主要分为四个部分，分别研究了新时代人才强国战略的理论内涵与总体布局、人才强国战略推动中的体制机制改革及重点工作、人才强国战略聚焦的重点人才群体、人才强国战略实施中的区域人才工作问题。本书对进一步把握新时代人才强国战略的内涵与布局，以及国家人才工作创新发展的方向与动向具有一定的理论和政策参考价值。

本书适合各级党委和政府部门人才工作政策制定者，企事业单位和新型研发机构、平台的人才和人力资源部门工作者，以及高校、科研院所和智库的人力资源管理、人才学领域研究者等阅读。

图书在版编目（CIP）数据

新时代人才强国战略：总体布局与实践路径 / 孙锐著. — 北京：科学出版社, 2025.3. — ISBN 978-7-03-081352-7
Ⅰ.C964.2
中国国家版本馆 CIP 数据核字第 2025DX9416 号

责任编辑：刘英红　丁　川　夏水云 / 责任校对：贾娜娜
责任印制：师艳茹 / 封面设计：有道文化

科 学 出 版 社 出版
北京东黄城根北街 16 号
邮政编码：100717
http://www.sciencep.com

北京九州迅驰传媒文化有限公司印刷
科学出版社发行　各地新华书店经销

*

2025 年 3 月第 一 版　　开本：720×1000　1/16
2025 年 3 月第一次印刷　　印张：19 3/4
字数：342 000
定价：128.00 元

（如有印装质量问题，我社负责调换）

前　言

党的十八大以来，以习近平同志为核心的党中央高瞻远瞩、审时度势，积极应对百年未有之大变局和实现中华民族伟大复兴战略全局给我国人才发展带来的新挑战、新机遇和新要求，大力提升人才发展在经济社会发展全局中的战略地位，强调深入实施新时代新阶段人才强国战略，提出加快建设世界人才强国的一系列重大战略部署。我国人才工作奋发有为，为人才强国战略的实施打开了新格局。

综合国力竞争的背后是人才竞争。党的十八大以来，新一轮科技革命和产业竞争日新月异，大国博弈、霸权主义、逆全球化加剧全球动荡，围绕高精尖产业、技术控制权的较量更趋激烈，国家、地区之间的冲突和矛盾进一步加剧。面对百年未有之大变局和中华民族伟大复兴战略全局，党和国家提出了实施创新驱动发展战略，推动高质量发展，构建全面创新体制机制战略布局，其中凸显出对人才资源及其作用发挥的路径依赖。

为此，党的十八大以来，深入实施新时代人才强国战略，加快人才队伍建设成为我们党在应对激烈国际竞争和大国博弈中赢得发展主动权的重大战略选择。人才强国战略是通过推动人才发展和人才队伍建设实现国家强盛目标的路径选择、总体谋划和系统安排。实施人才强国战略，为我国人才引领支撑高质量发展提供了制度保证、组织保证、战略保证和路线保证。

党的十八大以来，将推动人才发展放到党和国家最高战略层面中去布局谋划，已经成为中国发展创新和伟大复兴之路的鲜明特色、基本路径和宝贵经验，其中体现着中国共产党作为执政党的战略洞察、使命自觉和道路自信。将"人才"视为实现民族复兴的核心战略资源体现了一种执政党的历史自觉。这种历史自觉的背后是对民族振兴规律、新质生产力发展规律的深刻理解和把握遵循，体现了对国家竞争背后实质是人才竞争的危机意识和主动担当，体现了对"两个一百年"奋斗目标战略前景的主动营造和奋发有为。十余年来，人才工作在党和国家工作全局中的地位进一步提升，坚持党管人才原则，实施人才强国战略，注重人才队伍建设已经成为中国式现代化道路的伟大实践创造之一，成为中国之路、中国之治的重要体现。

新时代人才强国战略具有基础性、创新性和综合性特征，是我国人才发展的重大现实课题。只有进一步将新时代人才强国战略议程转化为具体生动有效的战略实践、解决方案和工作措施，才能最终实现建成世界重要人才中心和创新高地的总体战略目标。因此，其中的战略意义、战略内涵还需要理论支撑，其中的战略举措、战术行动还需要进一步优化发展。

为此，本书在研究阐释党的十九届六中全会精神国家社科基金重大项目"实施新时代人才强国战略关键问题研究"（22ZDA037）的支持下，围绕贯彻落实党的二十大、党的二十届三中全会和中央人才工作会议精神，就深入推动实施新时代人才强国战略过程中的相关理论问题、实践问题展开进一步理论和对策研究，为健全完善新时代人才强国战略理论体系、实践体系做出相关努力，以期为相关部门和地方提供人才工作研究支撑和参考借鉴。

全书共分为21章，在内容上重点围绕四个方面开展章节论述，具体如下。

第一部分对新时代人才强国战略的理论内涵与总体布局开展研究，包含第1章到第6章的内容。其中笔者结合前期相关研究和一线调研，对以人才引领驱动实现中国式现代化，新时代人才强国战略的实施进展及阶段总结，新时代人才强国战略的基本逻辑、体系构架与重大举措，新时代人才强国战略背景下的人才工作改革创新，新时代人才强国战略实施的思想根基与理论支撑，以及"十四五"时期人才发展规划制定与实施的需求和思路等宏观战略理论问题、布局问题进行分析探讨。

第二部分对新时代人才强国战略推动中的体制机制改革及重点工作开展研究，包含第7章到第13章的内容。其中笔者结合解读和落实党的二十大和二十届三中全会精神，分别对新时代的"人才"概念内涵与人才分类问题，为培育发展新质生产力提供人才支撑，推动教育科技人才"三位一体"改革再突破，我国人才管理体制改革的相关问题与重点突破，硅谷、特拉维夫、中关村、筑波人才高地的形成演化，海外高层次创新人才引进的形势背景与工作对策，以及新时代海外人才引进政策变化动向追踪等新时代人才发展的热点、难点展开探讨。

第三部分对新时代人才强国战略聚焦的重点人才群体，即科技创新人才开展研究，包含第14章到第17章的内容。其中笔者结合长期思考和近期调研，对基于生态位视角的科技人才评价问题、新时代青年科技人才培育问题、工程师群体的职业化国际化发展问题，以及基于研发项目、组织学习与技术创新人才培养等国家战略人才力量建设的重点问题开展重点探索。

第四部分对新时代人才强国战略实施中的区域人才工作问题开展研究，包含第18章到第21章的内容。其中笔者结合对典型城市的人才工作实证评估与观察，对济南、武汉、成都、南京的青年人才引进政策开展定量评估，对深圳中长期人才发展规划实施效果进行总结评估，对区域人才创新创业生态系统的内涵、构成与特征进行分析提炼，对地方如何打造驱动高质量发展的人才创新创业生态系统进行探索分析，通过这些研究为地方人才工作部门提供参考借鉴。

本书对进一步把握新时代人才强国战略的内涵与布局，以及国家人才工作创新发展的方向与动向具有一定的理论和政策参考价值。由于笔者能力、水平和精力所限，本书对我国新时代人才强国战略的探讨还是初步的、有限的，尚有很多不深入、不完善之处，有些观点尚需进一步检验验证。希望各位专家学者给予批评指正，以帮助我们不断深化和健全相关研究。

孙 锐

2025年2月

目　　录

前言

第1章　以人才引领驱动实现中国式现代化 ·················· 1
一、以人才工作新定位、新指向开启新时代人才强国战略新征程 ··· 2
二、聚焦高质量发展，实现由"人才优先"到"人才引领"的
重大转变 ·· 4
三、推动新时代"人才"概念内涵与国家战略进阶协同共振 ······ 6
四、以教育、科技、人才"三位一体"对标和推动国家最高
战略目标落地 ······································ 8
五、以实施人才强国战略提领人才工作总体安排，强化守正
创新传承体系 ······································ 10
六、以世界重要人才中心和创新高地建设为牵引打造人才引领
工作新体系 ·· 12
七、以激发人才创新活力为目标，推动人才发展体制机制改革
取得新突破 ·· 14

第2章　新时代人才强国战略的实施进展及阶段总结 ·········· 18
一、党的十八大以来人才强国战略实施的关键节点及主要阶段 ··· 18
二、新时代人才强国战略取得的历史成就及主要进展 ·········· 23
三、关于人才强国战略实施的相关理论意涵探析 ·············· 27

第3章　新时代人才强国战略的基本逻辑、体系构架与重大举措 ······ 32
一、我国人才强国战略实施历程中的里程碑事件 ·············· 32
二、我国特色人才强国战略的形成发展及经验认识 ············ 33
三、新时代人才强国战略的提出及其内在逻辑 ················ 36
四、新时代人才强国战略的重点议题及核心构架 ·············· 40
五、新时代人才强国战略的配套政策及核心举措 ·············· 44

第4章　新时代人才强国战略背景下的人才工作改革创新 ······ 47
一、新时代人才强国战略旨在推动人才发展由量到质的
重大转变 ·· 47

二、围绕打造世界重要人才中心建立突出新时代战略重心的
指标构架 ·· 49
三、围绕高水平科技自立自强造就具有全球竞争力的战略
人才力量 ·· 50
四、围绕激发人才活力推动科技人才重点体制机制改革 ········ 52

第5章 新时代人才强国战略实施的思想根基与理论支撑 ··········· 56
一、实施人才强国战略是习近平总书记治国理政基本方略的
重要内容 ·· 56
二、将"人才"视为实现创新驱动发展的核心资源体现着
一种历史自觉 ·· 58
三、聚焦高水平科技自立自强锚定新时代人才发展战略
进阶新基点 ··· 59
四、围绕实现中国梦明晰中国特色人才强国战略推进的
价值观、方法论 ··· 61
五、突出创新驱动，构建中国特色人才战略和人才发展治理
新体系 ··· 64
六、以"八个坚持"为基础构建新时代人才战略思想新内核 ···· 66

第6章 "十四五"时期人才发展规划制定与实施的需求和思路 ····· 70
一、"十四五"时期人才发展的新形势新要求 ····················· 70
二、"十四五"时期人才发展规划要关注的重要问题 ············ 72
三、"十四五"时期人才发展规划要突出的思维导向 ············ 78

第7章 新时代的"人才"概念内涵与人才分类问题 ················· 80
一、"人才"概念内涵及国外相关概念辨析 ······················· 80
二、人才分类实践中存在的问题 ····································· 96
三、优化人才分类的相关体系参考 ·································· 100
四、优化人才分类新框架的基本思路 ······························· 106
五、改革完善人才分类框架的相关建议 ···························· 108

第8章 为培育发展新质生产力提供人才支撑 ························· 112
一、人才驱动是发展新质生产力的本质要求和内在意涵 ······· 112
二、高质量发展的竞争是新质生产力的竞争，也是人才的竞争 ··· 114
三、以人才创新发展为牵引培育新质生产力的地方探索 ······· 116
四、提升新质生产力水平的人才工作对策发力点 ················ 118

第9章　推动教育科技人才"三位一体"改革再突破 ··············· 121
一、把握关键历史时期人才引领驱动的主要矛盾和关键问题 ······ 121
二、深入认识人才发展体制机制改革的核心脉络和主线 ··········· 123
三、以深化教育科技人才一体改革谋划更高层面的创新突破 ······ 125
四、突出进一步深化人才发展体制机制改革的关键点位 ··········· 127

第10章　我国人才管理体制改革的相关问题与重点突破 ········· 130
一、我国人才管理体制的基本构架和运行体系 ······················· 132
二、我国人才管理体制运行中的外部及内部一致性问题 ··········· 134
三、当前人才发展体制机制存在的突出问题及不足 ················· 135
四、构建新时代人才发展治理体系的着力点 ·························· 137
五、加快人才制度改革，塑造人才发展治理优势 ···················· 140

第11章　硅谷、特拉维夫、中关村、筑波人才高地的形成演化 ··· 141
一、人才高地相关文献回顾与研究框架 ································· 142
二、人才高地演化与形成的相关研究设计 ····························· 145
三、硅谷、特拉维夫、中关村、筑波纵向案例的分析与发现 ······ 149
四、人才高地演化与形成的研究结论与局限 ·························· 159

第12章　海外高层次创新人才引进的形势背景与工作对策 ······· 163
一、美国对我国人才发展与国际交流战略打压的新态势 ··········· 163
二、我国海外人才引进工作面临的新状况与新趋势 ················· 165
三、进一步加强我国海外人才引进工作的相关建议 ················· 169

第13章　新时代海外人才引进政策变化动向追踪 ····················· 172
一、先进地区海外人才引进的有益经验 ································· 172
二、发达国家海外人才引进政策的有益经验 ·························· 182
三、我国海外人才引进中存在的问题、成因及对策 ················· 193

第14章　基于生态位视角的科技人才评价问题分析 ················· 197
一、"人才"总是联系着某一职业、行业人才系统中的生态位 ···· 197
二、对科技人才的评价首先是对其在专业领域的人才生态位的
　　评价 ·· 198
三、真正的科技人才评价要遵循真正的同行评议 ···················· 199
四、人才评价标准是个时空概念、相对概念、多元概念 ··········· 200
五、人才评价标准最终要来自市场、社会和专业共同体 ··········· 201
六、关于科技人才评价中值得探讨的几个实践问题 ················· 202

七、关于科技人才评价的若干典型事例 ·············· 203

第15章　加强青年科技人才培育的问题调研与对策探讨　205
一、青年科技人才培育取得的主要成绩 ·············· 205
二、当前青年科技人才培育存在的问题 ·············· 207
三、加强青年科技人才培育的对策建议 ·············· 211

第16章　工程师群体职业化、国际化发展问题研究　216
一、工程师职业化和国际化的理论基础 ·············· 216
二、工程师职业化和国际化的不足与存在的问题 ········ 221
三、推动我国工程师职业化和国际化的对策建议 ········ 223

第17章　研发项目、组织学习与技术创新人才培养　229
一、创新创造过程是一个"问题解决"过程 ············ 230
二、创新人才培养的关键在于形成"动态创新能力" ······ 232
三、科技创新人才培养相关理论研究的总结分析 ········ 234
四、高绩效科技创新人才培养的实践经验总结 ·········· 236
五、研发项目实践、组织学习机制与创新人才培养 ······ 239
六、基于"研发项目"的创新人才培养理论分析与相关启示 ····· 244

第18章　典型城市青年科技人才引进政策评估　250
一、人才引进政策评估的相关理论框架 ·············· 251
二、地方科技人才引进政策评估的研究设计 ············ 254
三、地方科技人才引进政策评估的实证研究 ············ 259
四、评估结论与相关讨论 ·························· 264

第19章　深圳市中长期人才发展规划实施效果总结评估　265
一、深圳市中长期人才发展规划实施以来的主要进展 ····· 265
二、深圳市中长期人才发展规划实施以来的突出亮点 ····· 274
三、当前深圳市人才工作存在的主要问题与不足 ········ 282

第20章　区域人才创新创业生态系统：内涵、构成与特征　285
一、人才创新创业生态系统的内涵 ·················· 286
二、人才创新创业生态系统的构成 ·················· 287
三、人才创新创业生态系统的特征 ·················· 288
四、相关研究的结论与展望 ························ 290

第 21 章　打造驱动高质量发展的人才创新创业生态系统 ⋯⋯⋯⋯⋯ 292
　一、集聚高质量人才关键在于构建人才创新创业系统 ⋯⋯⋯⋯ 292
　二、中关村人才创新创业系统构建紧追美国硅谷 ⋯⋯⋯⋯⋯⋯ 296
　三、打造具有全球竞争力的人才创新创业生态体系 ⋯⋯⋯⋯⋯ 298
后记 ⋯⋯⋯⋯⋯⋯⋯⋯⋯⋯⋯⋯⋯⋯⋯⋯⋯⋯⋯⋯⋯⋯⋯⋯⋯⋯⋯ 301

第1章 以人才引领驱动实现中国式现代化

党的二十大报告，在整体篇章显著靠前的"中心工作"论述位置特设了"实施科教兴国战略，强化现代化建设人才支撑"专章，提出了教育、科技、人才"三位一体"和"人才引领驱动"的战略路线和工作方法，为推动经济高质量发展、实现高水平科技自立自强，走一条中国式现代化之路筑基铺路。

习近平总书记指出："教育、科技、人才是全面建设社会主义现代化国家的基础性、战略性支撑。必须坚持科技是第一生产力、人才是第一资源、创新是第一动力，深入实施科教兴国战略、人才强国战略、创新驱动发展战略，开辟发展新领域新赛道，不断塑造发展新动能新优势。我们要坚持教育优先发展、科技自立自强、人才引领驱动，加快建设教育强国、科技强国、人才强国，坚持为党育人、为国育才，全面提高人才自主培养质量，着力造就拔尖创新人才，聚天下英才而用之。"[①]其中，不仅强调了科技、人才、创新之间的内在联系，点明了人才资源是培育发展新质生产力的关键要素，也突出了"三大战略"共同服务于创新型国家建设的基本逻辑。

将人才工作放到党和国家最高战略层面中去布局谋划，是中国创新发展和伟大复兴之路的鲜明特色、宝贵经验和道路选择。当前，实施人才强国战略已成为中国人才发展的特色国家治理方式，其背后体现着对中国式现代化道路的规律洞察、发展自信和战略恒心。面对实现第二个百年奋斗目标，面对百年未有之大变局，面对推动高质量发展和高水平科技自立自强，以建设世界重要人才中心和创新高地为目标的新时代人才强国战略被提升到一个历史新方位和全球新坐标当中。

我们看到，党的二十大在贯穿、发展中央人才工作会议精神的基础上，以更大格局、更高视角、更广眼界进一步明确和解决人才工作定位角色问

[①] 习近平.高举中国特色社会主义伟大旗帜 为全面建设社会主义现代化国家而团结奋斗——在中国共产党第二十次全国代表大会上的报告[M].北京：人民出版社，2022：33-34.

题、人才战略发展方向问题、人才队伍建设导向问题,以及教育、科技、人才三位一体整体推动问题,形成了一个从外在表述到内部构架,再到底层逻辑的立体化人才工作结构系统,这标志着我国新时代人才强国战略体系更加成熟完善,战略安排和工作部署更加明确清晰,我国步入建设世界一流人才强国的历史新征程。新时代人才强国战略以大目标引领大布局、大改革、大发展,为以中国式现代化全面推进中华民族伟大复兴凝聚强大智核能量,提供关键人才引领支撑。

一、以人才工作新定位、新指向开启新时代人才强国战略新征程

党的十八大以来,我国人才工作和人才强国战略实施取得了历史性成就、发生了历史性变革。在当前这个时间节点上,我国形成了全世界最全门类、最大规模和最高经济参与程度的国家人才资源积累,并在一些人才素质、质量指标上加速逼近发达国家的水平。相关数据显示,我国人才资源总量以2.2亿、科技人力资源总量以1.12亿位居世界之首;研发人员总量从2012年的325万人提高到2022年的600万人,亦居世界第一。教育部的数据表明,我国已建成世界最大规模的教育体系,当前全国受高等教育的人口数量超过2.18亿;2021年我国劳动年龄人口人均受教育年限攀升至10.9年;受高等教育比例已达到24.9%,比2012年提高了10个以上百分点。来自科技部的数据显示,我国全社会研发经费从2012年的1万亿元增加到2022年的3万多亿元,位居全球第二;研发投入比例更是首次突破了2.5%,基础研究投入比例连续四年超过了6%。根据美国国家科学基金会(National Science Foundation,NSF)发布的《2022年科学与工程指标报告》,2010年至2019年,中国的研发投入年均增长10.6%,远超过美国的5.4%,其强调"美国在科学与工程领域的全面领导已不再可能,美国应当寻求新的发展目标"。

与此同时,2022年科睿唯安发布的全球"高被引科学家"名单显示,中国上榜科学家达到1169人次,占总量的16.2%。中国成为仅次于美国的全球第二大"高被引科学家"集聚区,且与美国的差距逐年缩小。2012年以来,我国海外留学生回国人员已经超过330万人,其中2021年回国创新

创业的留学人员首次超过了100万人。当前，我国正迎来人才"进大于出"的历史性转折点。近一段时间，我国在载人航天、月背登陆、深海深潜、超级计算、量子通信等关键科技领域取得了一系列国际一流成果；华为、腾讯、大疆、阿里巴巴、字节跳动、旷视科技等科创型企业集聚了一批世界一流人才团队，助推其取得全球前沿技术突破。根据全球创新指数排名，我国已经从2012年排名第34位攀升至2022年排名第11位，取得了重要的科技跃升。最新的中国人才资源统计报告显示，我国人才贡献率由2012年的29.8%提高至当前的超过34.5%[①]，人才引领创新驱动效应日趋显现。联合国教科文组织的《2021年科学报告》指出，尽管美国在高科技领域仍保持第一，但中国正在快速追赶。

十八大以来的这十余年是我国人才队伍量质提升、做大做强的阶段；是人才政策创新和体制机制改革纵深推进、广泛突破的阶段；是人才战略服务创新驱动发展深度融合、同频共振的阶段。十余年来，人才工作在党和国家工作全局中的地位发生了深刻变化，推动人才高质量发展、提升人才发展竞争力成为中国式现代化模式的伟大实践创造之一，而实施中国特色人才强国战略也成为中国道路、中国方案和中国之治的核心体现之一。

近年来，全球大国博弈日趋激烈，政治经济格局深刻调整，新一轮科技革命和产业革命加速演进。面对百年未有之大变局和中华民族伟大复兴战略全局，我国全面进入国家战略调整期、发展动力转换期、发展模式进阶期。围绕实现高质量发展和高水平科技自立自强，坚持"创新在现代化建设全局中的核心地位"成为我国的总体战略方针，并且其日益突显对人才这个"第一资源"的路径依赖、战略依赖。为此，党的二十大报告结合中国式现代化概念，在人才工作方面提出了一系列重要思想，传递了一系列重要信号，取得了一系列重大成果。其中，报告首次将"人才"放在一级标题内予以重点标示，首次布局教育、科技、人才"三位一体"的工作体系，同时将人才工作论述相关章节的位置大幅前移，使人才工作在党和国家工作全局中的地位被进一步突显，人才强国战略在国家布局中的优先级别被进一步强化，为未来走一条人才引领驱动的中国式道路把舵定向。

与此同时，党的二十大报告第一次给出了"人才引领驱动"的新表述，提出了"坚持各方面人才一起抓"的新要求，申明了"坚持为党育人、为

---

① 中共中央组织部. 中国人才资源统计报告（2016）[M]. 北京：党建读物出版社，2018.

国育才"的新观念，并进一步重申着力造就拔尖创新人才、聚天下英才而用之，以及实施更加积极、更加开放、更加有效的人才政策，加快建设世界重要人才中心和创新高地的新时代人才强国战略新任务，并将"充分发挥人才作为第一资源的作用"写入新党章进行法规固化，将其明确为执政党要长期坚持的基本路线和行动纲领的重要组成部分。这反映出党对发展规律的深刻把握，对历史经验的深刻总结，对走中国式现代化人才支撑之路的历史自觉[①]。

"人才引领驱动"是以人才引领创新驱动，以人才引领高质量发展，以人才引领实现中国式现代化。习近平总书记在2015年参加十二届全国人大三次会议上海代表团审议时，曾提出："人才是创新的根基，创新驱动实质上是人才驱动。"[②]在2018年湖北调研视察中，他指出："人才在发展中起决定性作用，要把人才队伍建设好。"[③]在2021年中央人才工作会议上，习近平总书记再次提出："创新驱动本质上是人才驱动。"[④]因此，党的十八大以来我国大力推动实施的创新驱动发展战略，其实质是"人才驱动发展战略"。当前，突出人才引领驱动的新导向、新构架，将为我们在大国竞争当中构建优势、赢得先机、勇攀高峰打开新通道，增加新动能。

二、聚焦高质量发展，实现由"人才优先"到"人才引领"的重大转变

"国家发展靠人才，民族振兴靠人才。"[⑤]经济社会发展战略是总体战略、一级战略，人才发展战略是领域战略、二级战略，人才发展战略是要为总体战略、一级战略提供支撑的，是要为经济社会发展总体目标提供服

[①] 孙锐. 迈入新时代人才强国战略实施新征程[N]. 中国社会科学报，2023-01-17.
[②] 中共中央文献研究室. 习近平关于科技创新论述摘编[M]. 北京：中央文献出版社，2016：122.
[③] 习近平考察武汉，强调要充分发挥人才优势[EB/OL]. 中央人民政府网，https://www.gov.cn/xinwen/2018-04/26/content_5286207.htm#1，2018-04-26.
[④] 习近平. 深入实施新时代人才强国战略 加快建设世界重要人才中心和创新高地[J]. 求是，2021（24）：4-15.
[⑤] 习近平. 深入实施新时代人才强国战略 加快建设世界重要人才中心和创新高地[J]. 求是，2021（24）：4-15.

务的。可以说，人才战略实施从来离不开"竞争"背景，人才战略推动从来离不了"服务"要求。在当前推动高质量发展、实施创新驱动发展总体战略的背景下，显著增强人才资源对经济社会发展的引领性、支撑性，进一步提升人才要素对经济社会发展的贡献水平是推动发展方式转型升级、走好中国式现代化道路的关键问题之一。

"综合国力竞争说到底是人才竞争。"谁能培养和吸引更多优秀人才，谁就能在竞争中取胜。自工业革命以来，人类历史上任何一次国家崛起和发展赶超，都伴随着科技先行、人才引领。人才，特别是科技创新人才，在实现高质量发展和高水平科技自立自强中的作用无法取代，角色难以替换，价值难以忽略。相关研究表明，一个国家或经济体的发达程度越高，其人力资本（包括一般性人力资本和专业性人力资本）对经济社会发展的贡献度就越大[1]。而在西方，专业型人力资本是与我国"人才"最为接近的概念。根据世界银行的测算，发达国家的人力资本要素贡献率超过了70%[2]。《中国人才资源统计报告（2016）》表明，我国人力资本贡献率数据为 36.8%[3]，这说明我国人力资本对经济增长的贡献还存在着很大的提升空间。

党的十八大以来，我们经历了由"人才优先"到"人才引领"发展的重大转变。党的十八大报告曾提出，加快确立人才优先发展战略布局，造就规模宏大、素质优良的人才队伍，推动我国由人才大国迈向人才强国的战略任务。在这里，所谓"人才优先发展"，是指"人才资源优先开发、人才结构优先调整、人才投资优先保证、人才制度优先创新"。作为阶段性人才强国战略的施工图——《国家中长期人才发展规划纲要（2010-2020）》在 2017 年底的中期实施效果评估表明：经过多年努力，我国人才优先发展战略布局在全国主要地区和工作条线基本落地。基于此，我国人才强国战略推进和人才工作发展到达一个重要临界期和转换点上。为此，在 2018 年全国组织工作会议上习近平总书记首次提出：加快实施人才强国战略，确立人才引领发展的战略地位。同年，习近平总书记在全国两院院士大会上再次提出：牢固确立人才引领发展的战略地位。自此，我国人才强国战略

---

[1] 孙锐. 实施新时代人才强国战略：演化脉络、理论意涵与工作重点[J]. 人民论坛·学术前沿, 2022（18）：92-101.

[2] 中央人才协调小组办公室.《国家中长期人才发展规划纲要（2010-2020 年）》学习辅导百问 [M]. 北京：党建读物出版社, 2010.

[3] 中共中央组织部. 中国人才资源统计报告（2016）[M]. 北京：党建读物出版社, 2018.

进入"人才引领发展"的新阶段。

人才引领发展既是一个重大的实践问题，也具有深刻的理论内涵。笔者认为，"人才优先发展"其内涵还是将人才资源与金融资源、土地资源等物质资源放在同等地位，但是人才发展要"先行一步"。而"人才引领发展"，其实质则是将人才资源摆在其他各类资源要素的前面、前列位置，人才资源发展在全部要素发展中处于引领地位、扮演龙头角色。从"人才优先发展"到"人才引领发展"的过渡转变体现出中国共产党对新时代执政兴国、大国崛起主要矛盾和关键问题的科学认知、路径选择和规律遵循，也与马克思主义坚持的人的全面发展观点一脉相承。

三、推动新时代"人才"概念内涵与国家战略进阶协同共振

走好中国式现代化之路，需要依靠高质量、创新型、专业化的关键人才，需要依靠能够为高质量发展和高水平科技自立自强做出实际贡献、产生真正价值的人才群体。在当前的国家战略转换期，人才的概念、内涵和重心也在发生变化和调整。面对新时代的新任务、新挑战，党的二十大和中央人才工作会议下大力气推动解决"人才泛化"、"人才固化"和"人才转型"问题。新时代的"人才"内涵，更加突出专业性、创新性、发展性、贡献性和引领性。新时代人才的核心要义是聚焦国家战略攻关领域，能够解决实际问题、关键问题，能够做出创造性贡献。党的二十大报告进一步厘清、申明了人才培养和发展的价值观导向：坚持为党育人、为国育才；引导广大人才爱党报国、敬业奉献、服务人民。人才群体要心怀"国之大者"，主动承担起时代赋予的责任使命，"把论文写在祖国大地上"，以中华民族伟大复兴为发展指针，寻找定位、有所作为、贡献价值。

当前，新时代重点关注的人才群体也在跟随国家战略发生调整变化，正由第二次全国人才工作会议确定的"六支人才队伍"框架过渡到中央人才工作会议提出的"战略人才力量"上来。后者主要指战略科学家、科技领军人才和创新团队、青年科技人才和卓越工程师队伍。在此基础上，党的二十大对战略人才力量进行了丰富和扩展，将大师、大国工匠和高技能

人才纳入其中。我们看到党政人才不再作为重点人才队伍予以专门提出；战略人才力量作为对应于实现高水平科技自立自强所需的关键人才群体对象，其梯次分明的人才队伍阵列体现着与创新驱动发展战略紧密对接协同；同时，以往属于专业技术人才队伍体系内的"科技人才"，不仅被提到"重中之重"的首要位置，而且被进一步细分为科学家、工程师两类。实际上，在具体工作实践当中"科学家"和"工程师"的工作、职业性质具有明显差异。曾有一位就职于贝尔实验室的美国专家提出，科学家的工作是将"金钱"（经费）转换为"成果"（知识）；而工程师则是将"成果"转换为"金钱"；前者重在"发现"，发现自然界已经存在的规律或给予解释，但可能并不知道有没有用；后者重在"发明"，根据科学家的发现，将其转化为可应用、可兑现价值的技术、产品或服务。将重点战略性人才群体进行聚焦、将科技人才进行细分，这些都反映着党和国家对新时代人才工作战略需求和客观规律的认识深化和主动把握。

一段时间以来，特别是中央人才工作会议召开以来，我们正在通过系列化改革，加快改变"一评定终身"和以静态评价结果给人才贴"永久牌"标签的做法，加快整合、优化、精简人才工程计划，加快改变将人才的"头衔""帽子"与物质利益直接挂钩的传统做法，努力打破"人才"评价固化、僵化的制度体系，推动人才发展体制机制更加符合人才动态发展和自我实现的内在规律。我们看到，总体上新时代人才强国战略将"人才"的核心指代范围、内涵、边界进行聚焦、收窄和细分，这将有利于进一步解决人才工作不聚焦、人才政策精准性不够及人才投入"撒胡椒面"的问题，更有利于发挥"人才引领驱动"的功能作用，更好地将新时代人才工作与高质量发展统筹结合。

对于地方而言，未来推动"人才转型"需要注重"三个对接"：一是对接动能转换和产业升级，以"创新"为核心，加快推动人才结构战略性调整，努力提高新技术、新产业、新业态、新模式、新动能人才比例；二是对接重点项目布局与建设，加快集聚专业化、高能级、引领性人才和急需紧缺人才及其团队，努力构建良好人才生态和人才梯队体系；三是对接人才发展需求，围绕全方位培养用好人才，努力营造优秀人才自由涌现、兴业发展和近悦远来的软环境、硬环境，努力提升一流人才承载力和包容性。"三个对接"既是地方人才高质量发展的战略性议题，也是推动地方创新驱动发展的当务之急。

四、以教育、科技、人才"三位一体"对标和推动国家最高战略目标落地

党的二十大报告,在党的历史上首次将"强化现代化建设人才支撑"作为战略主题,通过设置一级标题的专门章节来统筹谋划、系统融合教育、科技、人才工作,从而构建一个服从最高战略目标、有利于推动创新驱动的三位一体有机战略系统。其中,人才工作在国家发展全局中的中心度,与经济工作的紧密度被进一步加强和提升。

2007年,党的十七大首次将人才强国战略作为发展中国特色社会主义的三大基本战略之一写入党的全国代表大会报告和《中国共产党章程》,明确提出要"更好实施科教兴国战略、人才强国战略、可持续发展战略",为发展中国特色社会主义打下坚实基础。自此,教育、科技和人才三项工作致力于形成一个相互支撑、互为协同的三角形战略构架新体系。2012年党的十八大在强调实施科教兴国战略、人才强国战略和可持续发展战略的同时,提出推动实施创新驱动发展战略,代表着国家以经济工作为中心的总体战略迭代转型。党的十九大报告将"科教兴国战略、人才强国战略、创新驱动发展战略"放在全面建成小康社会七大国家战略的前三位置并列突出,明确了创新驱动发展战略作为国家经济发展总体战略的基本地位。党的二十大,在并列部署三大战略的基础上,进一步打破惯例、常规,将以往分属社会建设、经济建设和党的建设三方面内容的教育、科技、人才工作集中论述、统一部署,体现出站在战略全局视角的系统思维和发展考量,也反映出党中央对三大战略系统集成共同塑造发展新动能、新优势的新理念、新构想和新设计。

党的十八大以来,我国以科技创新促进经济发展的基本路径逐步明晰。在工作实践中,教育、科技、人才三方面工作总是相互依托、相互嵌入、相互促进的。站在人才工作的位置上,"教育"是其前端,可以造就"潜人才",形成人才储水池;而"创新"是其后端,是人才工作效能的重要体现。人才工作不是"就人才而人才",在评判地方人才工作中,我们除了看人才数量、人才结构、人才水平外,更为重视的是以科技创新和产业升级为体现的人才效能,后者是人才工作的出发点和落

脚点。我们看到，在以往工作中，或多或少地存在教育、科技、人才工作各说各话、各办各事、各自为政的相互脱节，形成"两张皮"的问题，应该承认这三者间尚未形成以国家最高战略目标为导向的工作合力。在某种程度上，人才发展体制机制改革"最后一公里"不通畅、不落地的问题，也是三者之间融合不紧密导致的后果之一。教育领域中有人才问题，如人才自主培养质量不高、工程人才培养"科学化"、人才培养与使用相脱节、"钱学森"之问未完全解决等问题；科技领域中亦有人才方面的诟病，如基础研究人才较弱、世界一流人才和战略科学家匮乏、解决"0~1"和"卡脖子"科技问题的人才支撑度不足等。而以上问题本身也是人才工作领域需要突破和解决的核心点位和关键任务。可以说，统筹谋划和整体推进教育、科技、人才工作，是对标全方位培养用好人才工作要求的路径选择，三者结合才能够真正做到创新链、产业链、资金链、人才链的深度融合。

另外，我们也要看到人才工作与教育、科技工作具有显著差异。总体上，教育和科技工作都具有较清晰的职能边界和工作领域。而人才工作的最大特征是工作边界的非约束性和可扩展性，它渗透于各项工作，包括所有中心工作，但其范围更广、影响力更大、复杂性更强、迭代性更快、渗透性也更强。可以看到，人才工作和人才战略的构建逻辑是围绕实现国家总体战略而动态调整其工作重心和核心构架的。也可以说，"人才工作"是聚焦基础资源、战略资源、第一资源的，既体现经济属性，也体现发展属性，更体现政治属性的一项纵贯线、战略性安排。党的二十大将人才工作模块前置论述并提出三位一体系统化部署，其基本逻辑是将人才工作定位由以往的保障性、支撑性要素，提升到"生产力"要素框架（即"新质生产力"）中和"经济工作"的核心位置去前瞻考虑、联动部署，强化了人才工作的经济属性、生产力要素属性，使之更加靠近和步入党和国家的经济工作即"中心工作"的领域范畴。党的二十大报告强调教育、科技、人才工作"三位一体"，科教兴国战略、人才强国战略、创新驱动发展战略"三大战略"协同推进，以"开辟发展新领域新赛道，不断塑造发展新动能新优势"，共同服务和贡献于创新型国家建设。而"新领域""新赛道""新动能""新优势"实际就是"新质生产力"的核心内涵和基本指向。由此可见，党的二十大报告，没有点明"新质生产力"，但是处处蕴含和指向"新质生产力"。而教育、科技、人才工作"三位一体"进一步强调了服务国家最高目标的职能性整合、体系性贯通和动力系统再造，更有利于形成一个更好地服务高质量发展和高水平科技自立自强的有效战略组织体系和落地体系。

五、以实施人才强国战略提领人才工作总体安排，强化守正创新传承体系

党的二十大以"实施人才强国战略"为主线，统筹整合布局人才工作相关安排，强调了与党的历次全会人才工作布局的有序衔接、一脉相承、一以贯之，其灵魂未变、选择未变、道路未变。放眼全球、回顾历史，中国是改革开放以来在国际上第一个提出并实践人才战略的国家实体。自 2002 年，通过两次全国人才工作会议、党的十七大和中央人才工作会议，我国提出、实施、丰富、扩展和进一步提升人才强国战略以来，这一战略经历了由模仿型、追随型到领先型战略的发展和转变。不同时期的人才强国战略，根据不同时期国家总体战略的核心需求进行动态调整，抓住不同阶段的人才发展主要矛盾解决其中的关键问题，致力于把各方面优秀人才集聚到党和人民事业中来，努力形成我国国际人才竞争的比较优势。

党的十八大以来，从我国人才强国战略的实践历程看，有以下方面的经验值得继承和发展。

首先，构建党管人才工作合力。党管人才既是党中央治国理政的基本政治安排，也是推动人才强国战略实施的重要保证。历史经验和实践发展表明，要做好人才工作、推动人才发展必须坚持党对人才工作的全面领导，"党管人才"是推动我国人才队伍建设的一项重要制度优势。我国人才强国战略实施取得的重要成就，与不断健全完善我国人才强国战略思想和理论体系、政策和制度体系以及人才工作组织体系密不可分，形成具有中国特色的党管人才治理构架是引领我国人才工作沿着正确方向前进发展最重要、最有力、最根本的政治保障。

其次，发挥重大人才工程的引领带动作用。在国家重大人才工程的示范引导下，各级各部门培养了一大批高层次人才和国家急需紧缺人才，形成了点面结合、百花齐放、竞相发展的高层次人才队伍建设局面。人才强国战略实践证明：实施重大人才工程是实现"高端引领"，推动人才战略

有效落地的重要抓手。实施重大人才工程有利于增强全社会的人才战略注意力、提高各级各部门人才开发投入力度，进而带动整体性人才队伍开发。但是，我们要避免走到"人才帽子满天飞"的事物反面，要紧密结合国家重大战略布局，动态优化国家人才计划机构，形成定位明确、梯次互补、支持有效的国家重点人才计划支持体系。

再次，把握人才制度创新的工作基点。人才制度相对于人才政策具有管基础、管长远、管根本的作用。实施人才强国战略需要将制度建设摆在更加突出的位置，聚焦破解人才发展体制机制中的重点、难点和堵点问题，推动人才制度精准创新、协同创新和系统创新，充分发挥市场配置人才的决定性作用，切实转变政府的人才工作职能，进一步简政放权，以更大力度破除束缚人才创新发展的刚性、柔性约束，这样才能充分激发人才创新创造活力，带动产生新一轮人才发展红利。

从次，强调遵循人才发展的基本规律。推动新时代人才强国战略实施必须遵循社会主义市场经济规律、人才成长规律和科研活动自身规律，否则就会背道而驰，事倍功半。党的十八大以来，我们逐步认识到人才群体与干部群体的成长规律、发展规律显著不同，用管理行政干部的方法来管理科研人员往往阻碍创新、抑制创新。推动人才发展需要遵循内在规律和自然法则，不能官僚指定、"一哄而上"、"拔苗助长"。人才发展规律也是"一步一重天"，顶尖人才、骨干人才和一般人才的成长规律各有不同，我们需要深入认识、把握人才成长的一般模式与特殊模式、一般规律与特殊规律，并在此基础上努力形成有效的政策对策和制度供给。

最后，秉持开放包容的人才工作理念。习近平总书记强调："一个国家对外开放，必须首先推进人的对外开放，特别是人才的对外开放。"[①]"不拒众流，方为江海。"人类文明的发展史表明，"聚天下英才而用之"往往是一个国家、地区甚至企业竞争主体发展到高端水平的"标准配置"。我们要建设世界重要人才中心和创新高地，就需要全方位、多维度广泛吸引和集聚全世界各领域的优秀人才来华各显其能、各展所长、奋斗圆梦。只有"用才不避内外""尚贤不论国别"才是实现中华民族伟大复兴中国梦应有的大国胸襟和大国气概。

---

① 中共中央文献研究室. 习近平关于科技创新论述摘编[M]. 北京：中央文献出版社，2016：114.

六、以世界重要人才中心和创新高地建设为牵引打造人才引领工作新体系

党的二十大强调加快建设世界重要人才中心和创新高地的人才强国战略新目标,其核心直指高质量发展和高水平科技自立自强,围绕解决0到1的技术突破及原始性创新问题,实施国家人才高地平台雁阵布局、深化人才发展体制机制改革,造就以战略科学家为引领的国家战略人才力量,为中华民族伟大复兴提供智核能量和战略准备。在这里,建设世界重要人才中心和创新高地是中华民族在历经数百年的衰落徘徊和奋发进取之后,向曾经占据上千年的世界人才集聚、发展潮头地位和灯塔位置的回归复位。二十多年来,我国人才强国战略不断健全发展、提升进阶,这深刻体现着我国人才工作的时代性、发展性、科学性和传承性。

党的二十大强调要完善人才战略布局。这个战略布局首先是国家"3+N"人才高地和人才平台建设雁阵布局。在人才集聚中心城市建设高水平人才高地、平台是实施新时代人才强国战略的鲜明特点、突出特征。有专家提出:所谓的人才集群化发展,其背后是一个人才空间密度与创新思想浓度的问题[①]。当前我国中心城市在此方面尚存在明显不足,与世界一流人才高地尚存在显著差距。当前全球发展趋势显示,一流人才汇聚国、价值链高端创新体,其背后往往是高水平、高能量、高辐射的人才集散枢纽、创新创业增长中心、全球创意脉动中心和国际风尚引领中心。要实现建设世界人才强国和全球人才中心的战略目标,就需要在国家全局层面上发展培育并做大、做强、做精若干战略发展增长极、人才创新城市中心点,通过差异化布局打造人才强市雁阵方阵,构建战略传导网络体系。

当前在大国博弈背景下,我国人才工作和人才发展面临战略压力。人才高地和平台建设就是要建立一种压力传导机制,通过打造国家人才发展增长极、枢纽港、能量核、桥头堡和策源地,以点上突破带动全局产生人才发展聚变、裂变和升维。当前,"3+N"高地平台的布局选择,需要基于地方人才工作发展的基础。中央人才工作会议提出:在北京、上海、粤

---

① 王通讯. 五大维度把脉人才工作创新[N]. 光明日报,2016-12-13.

港澳大湾区建设高水平人才高地；在一些高层次人才集中的中心城市建设吸引和集聚人才的平台。入选人才高地平台对人才中心城市而言，既是"雪中送炭"，更是"锦上添花"，它意味着代表国家参与世界人才竞争，在国家人才战略布局上打造人才发展引领区和突破点。我们看到，目前全球趋势是中心城市替代国家参与全球竞争。近年来世界中心城市及城市群而非国家，正承担起强大的全球人才中心角色。因此可以说，人才高地和人才平台建设在国家层面布局了一个由一级梯队、二级梯队组成的城市人才发展竞争群、竞争簇，形成了一个平台主体自由竞争的发展格局。未来一段时间，在顶层设计和实践路径层面，如何推动北京、上海、粤港澳大湾区人才高地和人才平台差异化定位、特色化安排、互补化发展，形成人才支点雁阵格局构建机制，以实现国家战略全局最优解是一个需要细化落实的重要问题。

总体上，加快推进国家人才高地和人才平台建设，在相关政策支持、资源供给和改革配套的基础上，需要着眼于以下几个方面的工作。

首先，结合国家中心城市、区域性科技创新中心、分布式国家科学城，以及各地高新技术园区、经济技术开发区、国家自由贸易试验区、服务业扩大开放综合示范区建设等，加大研发投入、创新创业资源投入和政策供给投入，以更大力度建设汇聚、承载一流创新人才的高精尖载体平台，集中力量办好一批代表国家一流水平的国家实验室、综合性大学和特色学院学科、国家大科学装置中心和大科学研究中心、省级重点综合实验室与国家重点实验室，一批科创型研发型领军企业和高潜力创新型企业、新型研发机构等，发起设立国际大科学计划、项目，建设国际一流科技期刊平台，大力吸引一批世界知名科技、行业组织集聚，建设一批产才融合孵化器、产业园，努力培育一批一流基础研究、研发创新和成果转化综合体。

其次，围绕全方位培养、引进和使用人才，以及"聚天下英才而用之"，进一步深化人才政策创新和体制机制综合配套改革。进一步健全海外高层次人才引进、使用、激励和保障政策，不断提高全球人才资源配置能力。推动外籍高端人才出入境便捷化，完善优化外籍高端人才永久居留制度，推动建设工作与生活平衡的宜居宜业国际人才社区、人才街区。大力推动权威性国际职业资格互认，为境外高水平专业执业人才提供就业从业职业发展机会和通道，完善出入境审批制度，优化流程、提高效率。深化产教融合、产城融合、职教融合和产学合作人才培养机制，将院校技术应用人才培养重心前置，将头部企业人才标准、岗位标准、职业标准贯穿到教育体系中来，进一步深化企业、高校双导师制。

最后，建立完善的人才高地和平台建设组织协调和运作体系，明确相关责任牵头单位和相关配合职能部门职责，以形成上下贯通、左右协同、高效运作的建设推动机制。同时，人才高地和人才平台建设要科学谋划、合理布局、有序实施、扎实推进，避免一哄而上、相互攀比、无序竞争。各地要对标国民经济和社会发展目标任务，综合考虑区域经济社会发展水平、科技创新工作基础、人才队伍质量结构门类，以及教育、医疗、居住等重要基础设施因素等，从地方实际出发，将顶层设计与点上突破相结合，将举国体制与先行先试相结合，因地制宜、因势利导，特色化、系统化推进高水平人才高地和人才平台建设，积累可复制、可推广的人才发展先进经验。

七、以激发人才创新活力为目标，推动人才发展体制机制改革取得新突破

深化人才发展体制机制也是一场伟大的斗争。当前，人才发展体制机制改革"破"得不够、"立"得也不够。自2016年《关于深化人才发展体制机制改革的意见》提出"构建科学规范、开放包容、运行高效的人才发展治理体系"的改革任务以来，我们取得了一系列重要成绩，但与创新驱动发展和高质量发展的要求相比，还存在大量需要改革破题和落地之处。特别是针对承担国家创新驱动任务的高校院所的专家人才群体，如何建立"不能简单套用行政管理的办法对待科研工作，不能像管行政干部那样管科研人才"的配套制度，提出破除"官本位"的杠杆型举措、构建"科学家本位"的组织体系，进一步推动对科学家赋权、人才评价科学化和有利于人才潜心研究的政策制度改革，建立落实科研创新军令状制度和建立以信任为基础的人才使用机制等，都是新时代人才工作创新突破的主题。

面向未来、面向世界、面向高质量发展和国际化竞争。未来一段时间，"激发人才创新活力"将成为国家层面人才发展制度改革的主方向和破题点。"十四五"期间，国家将聚焦基础研究、技术创新和产业升级人才工作主阵地，重点关注那些承担国家创新驱动发展战略任务的高校、院所及国有企业中阻碍人才发展、创新的关键症结问题，下大力气深入破解人才

评价、自主培养、科研支持、创新激励、收入分配、人才引进与流动、团队建设、课题管理、成果转化、经费使用、编制岗位、院士遴选与配套管理等中不适应人才成长规律、科研创新规律和社会主义市场经济规律的制度障碍，进一步提升国家战略人才力量的活化水平和创新能级。我们看到，在人才集聚部门和单位建立"专家本位""人才本位"体制机制，构建"一流人才""揭榜挂帅""权责匹配"的组织运作体系，以及对关键的少数高水平人才提供特殊支持、特殊通道、特别保障是其中重要的改革思路。

首先，以"专家本位""人才本位""创新本位"为导向改革高校院所、国有企业人事人才管理制度，将"方便官僚""方便行政""方便关系"转变为"方便专家""方便教授""方便工程师""方便创新创业者"。在传统计划经济背景下，事业单位管理是基于"行政本位"，而非"人才本位"的。面对实现高水平科技自立自强的战略压力，在承担创新驱动任务的高校院所中，传统事业单位的人事管理方式愈加显示出被动性、错位性和滞后性，其原因在于背后的管理逻辑、治理逻辑与科研创新规律、人才成长规律等不相融合。科技发展实践告诉我们：依靠"行政管理"是管不出"一流成果"来的，传统的"参公管理""行政本位"对人才创新产生了负激励；而哪里更加尊重专家、尊重学者、尊重科学家，哪里就会集聚、涌现出更多高水平人才和高水平成果。新时代人才强国战略目标的实现需要大力破除"官僚化""官本位"痼疾。党的二十大和中央人才工作会议强调以更大力度为人才松绑、向用人主体授权、向领军科学家人才赋权，大力推行首席科学家、战略科学家全权负责PI（principal investigator）制，以及重大科研任务"揭榜挂帅"制和人才创新、人才发展"赛马"制，强调赋予学科带头人和科研团队以更大技术路线决定权、经费支配权和资源调度权，鼓励科技领军人才挂帅出征；同时推动建立科研项目"军令状"制度，加紧形成以信任为基础的人才使用和支持机制等。以此为基础，我们看到具备创新导向、创新职能的事业单位底层管理逻辑在加速重构，一些以往在单位、部门层面的科研、人事管理配置权限正被下放到领军人才及团队层面；同时更多的科研资源、发展资源和激励资源正倾向于一线科研技术人才，一个以专家为中心、以人才为中心的科研单位人事管理、科技管理运行机制正在形成。未来一段时间，限制具有资源配置权力的行政领导与一线人才"争利"，严查创新领域"裁判员"与"运动员"双肩挑，将更有利于形成真正专家学者发挥作用的高校院所人才发展环境。

其次，将"破四唯"和"立新标"有效结合，发挥人才评价制度改革的龙头引领作用,着力建立与创新活动规律、人才发展规律和社会主义市场竞争规律相契合的人才发展制度。习近平总书记和中央人才工作会议强调,"加快建立以创新价值、能力、贡献为导向的人才评价体系,形成并实施有利于科技人才潜心研究和创新的评价体系"①。人才评价,特别是科技人才评价制度是推动我国人才发展,引领人才创新的基础性制度、杠杆性制度,对加快形成具有国际竞争优势的国家战略人才力量至关重要。在传统"四唯"人才评价的引导下,我国已成为世界首位科研论文发表大国、世界第一专利产出大国,但在科技领域、产业领域内我国大量关键技术还存在"卡脖子"、"卡脑子"和"捆四肢"的问题。当前大国博弈日趋白热化,我们不能仅在"别人的地基上建房子",关键核心技术受制于人,"地基"是别人的,那我们的"房子"终将难以稳固。在建设世界重要人才中心和创新高地的战略背景下,传统的人才评价标准、人才评价体系已经难以适应打造世界一流人才队伍的发展需求和高质量发展的战略要求,一套适应夺标型国家人才战略安排、匹配原始性创新和颠覆性创新的人才评价准则亟待建立。贯彻落实党的二十大人才工作任务和中央人才工作会议精神,首先要大力建设以一流成果为引导、效标清晰、分层分类、公正公平的人才评价机制。我们看到,在不同领域、不同行业、不同专业、不同部门,其"创新价值、能力、贡献"的具体体现、对应效标各有不同,甚至具有很大差异。一个高水平"医生"首先要解决"会看病"、"能看病"、"看好病"和"看难病"的问题,而不是首先要解决能够发表高水平论文的问题。用"科研论文"来决定和评判谁能晋升"主任医师"正高级职称,而忽略作为医生这一专业群体服务对象的患者评价、社会评价会带来评价目标与评价手段的脱节和背离。在科技创新领域,承担国家重大攻关任务、从事基础研究、开展应用技术研发和社会公益研究的人才其评价标准、方式、机制也应各有不同。因此,结合建设世界一流人才强国的战略目标,进一步对战略人才力量进行分层分类,进一步依据职业、岗位、专业规律及人才发展规律,明确不同领域人才群体"创新价值、能力、贡献"的对应显示器、衡量点和目标值,并进一步回答不同门类、不同性质的人才评价"谁来评""怎么评""评什么"等基础性问题,才能有效构建有利于真正创新人才自由涌现、脱颖而出的创新生态体系。

---

① 习近平出席中央人才工作会议并发表重要讲话[EB/OL]. 人力资源和社会保障部, https://www.mohrss.gov.cn/SYrlzyhshbzb/dongtaixinwen/shizhengyaowen/202109/t20210929_424274.html, 2021-09-29.

最后，加快构建"一流人才主导发展"的科研管理体系，让一流人才选拔、培育和使用一流人才，为顶尖人才在国家科技体系中发挥更大主导作用提供空间、开辟渠道、提供支持。习近平总书记强调："人才是自主创新的关键，顶尖人才具有不可替代性。"[①] 一流人才数量虽少，但其作用核心关键。有专家强调，真正取得世界范围内原创突破性成果的才是一流人才；"四唯""五唯"评价实际上是较低的评价标准，低标准会造成学术平庸和泛滥；加大对二、三流人才的资助，并不会推动原始性创新[②]。被誉为"真正接近诺贝尔的人"——耶鲁教授陈列平强调，一个领域的科学家，能独立思考、独立做出重大发现的只占5%。但是，世界一流强国之间的竞争，实质是其顶尖人才群体之间的竞争；一个国家"一流人才"的量级和水平决定着这个国家创新能力的上限和为全人类做出贡献的大小。与此对应，在高层次人才集聚方面存在着一个对偶规律，即：一流人才会选择一流人才，二流人才会选择三流人才，而三流人才会选择四流人才，层层递减，我们称之为"人才对数定律"。乔布斯曾指出，一流的人只愿跟一流的人在一起，如果有二流的人进来，就会有三流、四流不入流的人进来，最终会破坏企业的品质。人才对数定律表明：人才评价并不总能评出和选出真正的人才，甚至同行评议也不一定会评出、选出真正的优秀人才，关键要看"谁来评""谁来选"，哪个层次的人具有主导权。在一定状况下，如果二流人才或三流人才掌握评价权、选择权和主导权，那真正的一流人才将被淘汰出局，"劣币驱逐良币"将成为一种标准化现象，进而导致人才生态的整体衰败。因此，要选育国际一流人才，最重要的是找到具有世界水平的人来评，让大师甄选大师，让大师培育大师。

当前，我国人才工作已经站在一个新的历史起点上。面对建设世界人才中心和创新高地的新指向、新愿景，我国人才强国战略结构在发生重大变革。我们要以更大勇气、更强魄力和更实举措，对标国际一流标准，打造一流人才生态，蹚出一条以人才引领驱动中国式现代化的发展之路。

---

① 习近平. 深入实施新时代人才强国战略 加快建设世界重要人才中心和创新高地[J]. 求是，2021（24）：4-15.

② 刘益东. 打造以一流人才为中心的卓越科研体系——关于设立基础研究特区的建议与思考[J]. 国家治理，2022（3）：29-34.

第 2 章　新时代人才强国战略的实施进展及阶段总结

党的二十大报告强调：深入实施科教兴国战略、人才强国战略、创新驱动发展战略，开辟发展新领域新赛道，不断塑造发展新动能新优势。党的十八大以来，新一轮科技革命和产业竞争日新月异，大国博弈、逆全球化和新冠疫情加剧全球动荡，围绕高端产业控制权的较量更趋激烈。面对百年未有之大变局和中华民族伟大复兴战略全局，推动创新驱动发展、高质量发展和高水平科技自立自强，更加凸显对人才资源及其作用发挥的资源依赖、路径依赖和动力依赖[1]。

人才强国战略是一个国家以人才发展推动国家富强的总体谋划，是一国走人才强国之路的全局性、长远性、系统性战略布局和路径安排[2]。自我国提出人才强国战略以来，其战略内涵不断丰富、发展和迭代，为解决不同时期国家人才发展的主要矛盾和突出问题提供了破解方案。尤其是近十年来，人才强国战略实施被提升到一个战略新高度，人才工作亦取得历史性成就、发生历史性变革[3]。回顾分析党的十八大以来，我国人才强国战略实施的基本历程和发展成就，进一步探讨其中的理论问题，不仅有利于丰富习近平新时代中国特色社会主义理论体系，更有利于总结提炼以人才引领驱动的现代化中国道路、中国模式，为世界提供可资借鉴的中国经验。

一、党的十八大以来人才强国战略实施的关键节点及主要阶段

党的十八大以来，人才强国战略发展、提升的过程本身即是一个党和

---

[1] 孙锐. 新时代人才强国战略的内在逻辑、核心构架与战略举措[J]. 人民论坛·学术前沿，2021（24）：14-23；孙锐. 新时代人才强国战略实施若干问题研究[J]. 中国软科学，2022（8）：1-11.
[2] 王通讯. 人才发展战略论[M]. 北京：中国人事出版社，2013：11.
[3] 习近平. 深入实施新时代人才强国战略 加快建设世界重要人才中心和创新高地[J]. 求是，2021（24）：4-15.

国家不断解放思想、解放人才、解放科技生产力的过程,一个党和国家人才战略思想不断凝练,人才战略导向日益明晰,人才战略能力持续提升的过程。回顾自十八大以来我国人才强国战略的实施过程,其中几个关键节点将其大体划分为四个阶段,不同阶段人才工作主题各有侧重,阶段特征也各有不同(图2-1)。

| 党的十八大提出:加快确立人才优先发展战略布局,造就规模宏大、素质优良的人才队伍。 | 2016年《关于深化人才发展体制机制改革的意见》出台,相关体制机制深水区改革全面启动。 | 2018年全国组织工作会议提出:加快实施人才强国战略,确立人才引领发展的战略地位。 | 2021年中央人才工作会议提出:实施新时代人才强国战略,加快建设世界重要人才中心和创新高地。 | 2022年党的二十大强调教育科技人才三位一体,加快建设世界重要人才中心和创新高地。 |

图 2-1 党的十八大以来我国人才强国战略实施的关键节点

1. 人才优先发展战略布局推进落地期

从党的十八大召开到 2016 年 3 月这一时段,可称为人才优先发展战略布局推进落地期。这一时期,围绕十八大加快确立人才优先发展战略布局,造就规模宏大、素质优良的人才队伍,推动我国由人才大国迈向人才强国的总体部署,人才强国战略以《国家中长期人才发展规划纲要(2010-2020)》(以下简称《规划纲要》)为施工图,启动了世界上最大规模的人才资源开发活动[1]。其间,党的十八届三中全会通过的《中共中央关于全面深化改革若干重大问题的决定》提出了建立集聚人才体制机制,择天下英才而用之的重大改革任务;党的十八届五中全会强调了突出"高精尖缺"导向,以及聚天下英才而用之的人才强国战略导向。

中央将《规划纲要》分解为 91 项重点任务落实到 48 个责任部门,10 项人才政策被细化为人才流动、培养、引进、评价、激励、创新、创业、服务等 72 个政策点。国家统筹推动专业技术人才、企业经营管理人才、高技能人才等 6 支人才队伍建设,启动实施 12 项重大人才工程,预算投入达到 1066 亿元。据不完全统计,各省级区域对地方人才工程投入预算达到 1200 亿元;全国省、市级人才工作经费均超过 80 亿元[2]。抽样调查表明,36 个系统部委计划制定人才政策 300 余项,各省区市计划实施人才政策 900

---

[1] 李智勇. 落实人才规划纲要 推进人才强国战略[J]. 行政管理改革,2011(1):29-33.
[2] 中国人事科学研究院课题组. 国家中长期人才发展规划实施一周年情况评估报告[R]. 中国人事科学研究院,2012:11;孙锐,吴江. 公共项目评估视角下的我国人才战略规划实施效果评估机制研究[J]. 中国软科学,2012(7):18-27.

余项;据统计,自《规划纲要》实施至2015年底,中央及地方共出台人才政策600余项,其中人才开放、创业扶持、财税金融、促进向基层边远地区流动的人才政策达到400余项[①]。在一系列战略部署的推动下,"人才优先发展"被具体化、工程化、政策化、项目化,国家人才规划体系全面建立,人才发展投入大幅提升,人才政策体系丰富健全,重大人才工程有力推进,人才公共和市场服务总体加强,人才统计制度初步建立,海外引才成效显著,人才特区建设面上开花,人才投资是效益最大的投资等思想理念被认可接受,人才强国战略实施进入最强有力的时期。这一阶段我国形成并强化了以战略规划为战略行动蓝本和操作逻辑的人才工作推动体系,呈现出党委组织部门牵头抓总、政府部门有序分工、社会各界协调配合的人才战略推动治理格局。

2. 人才发展体制机制深化改革肇始期

自2016年3月《关于深化人才发展体制机制改革的意见》发布到2018年7月这一时段,可称为人才发展体制机制深化改革肇始期。这一时期,围绕落实十八届三中全会人才领域改革任务,解决人才体制机制改革相对滞后的问题,《关于深化人才发展体制机制改革的意见》应运而出。自此以"向用人主体放权,为人才松绑"为主线,围绕构建科学规范、开放包容、运行高效的人才发展治理体系,全国上下进入实质性人才制度攻坚改革期。其间,党的十九大强调"坚持党管人才原则,聚天下英才而用之,加快建设人才强国";十九届三中全会通过的《深化党和国家机构改革方案》分别强化了中央组织部、科技部的党政人才、科技人才队伍建设职能。

在这里,所谓人才"体制"主要指人才工作领导体系、职能分工和权责结构等;而人才"机制"则主要指将人才发展主要环节联系起来,统筹推进、协调运作的流程及体系等[②]。总体上看,改革开放以来我国人才工作取得的重要成绩主要是靠政策创新实现的,而非通过体制机制改革实现的[③]。而体制机制改革,不仅要处理相关流程性问题,更要处理其中的结构性问题,

---

① 中国人事科学研究院课题组. 国家中长期人才发展规划纲要重大人才政策及体制机制中期评估报告[R]. 中国人事科学研究院,2017:32.
② 孙锐,吴江. 创新驱动背景下新时代人才发展治理体系构建问题研究[J]. 中国行政管理,2020(7):35-40.
③ 孙锐,黄梅. 人才优先发展战略背景下我国政府人才工作路径分析[J]. 中国行政管理,2016(9):18-22.

进而触及人才发展治理的深层次内容。这一阶段,党和国家从顶层设计发力,努力打通人才发展制度通道,补齐人才发展制度短板。中央和国家出台相关体制机制配套改革措施 30 余项,制定相关文件 140 余项,各省区市出台改革政策 700 余项[①]。其间,体制机制改革呈现密集突破态势,我国首次进入系统性、全口径、实质化人才制度更新期。当然其中也有一些改革不到位、不落地,欠缺"最后一公里"的问题,但不可否认,相关改革正在产生新一轮人才红利效应,而中央人才工作协调小组作为中国特色"小组治国"的典型代表,其治理模式的有效性在人才工作领域得到了验证和体现。

3. 人才引领发展战略地位的形成转换期

自 2018 年 7 月全国组织工作会议召开到 2021 年 9 月这一时段,为人才引领发展战略地位的形成转换期。根据国家中长期人才规划中期评估[②],到 2017 年底,在全国主要地区和系统人才优先发展战略布局总体落地实现。基于此,人才强国战略到达一个新的临界转换点上。2018 年习近平总书记在全国组织工作会议上首次提出:"加快实施人才强国战略,确立人才引领发展的战略地位。"[③]同年在两院院士大会上他再次强调确立人才引领发展战略地位,着力夯实创新发展的人才基础。2021 年中央将"确立人才引领发展战略地位"写入《中国共产党组织工作条例》,进行法治固化。其间,党的十九届四中全会将"坚持德才兼备、选贤任能,聚天下英才而用之,培养造就更多更优秀人才"列为国家制度和治理体系的 13 个显著优势之一。十九届五中全会进一步将建成人才强国明确为 2035 年的远景目标。"人才引领发展"的提出和强化,表明我国人才强国战略由"人才支撑发展""人才优先发展"迈入"人才引领发展"的历史新阶段。

这一时期,推动人才工作与创新驱动发展、高质量发展协同共振成为人才强国战略实施的显著特征。我们看到,人才引领发展战略地位的提出,数百城市"抢人大战"的出现及相关配套工作的推进,对全国产生了人才

---

① 丁小溪,范思翔. 聚天下英才而用之——党的十八大以来我国人才事业创新发展综述[N]. 人民日报,2021-09-28.

② 中国人事科学研究院课题组. 国家中长期人才发展规划纲要实施中期评估总报告[R]. 中国人事科学研究院,2018.

③ 习近平. 切实贯彻落实新时代党的组织路线 全党努力把党建设得更加坚强有力[EB/OL]. 共产党员网,https://news.12371.cn/2018/07/04/ARTI1530710355709253.shtml,2018-07-04.

价值再认识的社会教育效应,城市引才在经历了简单粗放的政策行动后,开始迈上比拼城市"内功"的高质发展新台阶。此后,新一轮人才强国战略调整升级节奏显著加快,各地各部门人才工作战略注意力明显增强,以国家实验室为代表的重大人才载体加速投建,人才发展向重能力、重水平、重贡献快速转变[①],为下一阶段的人才工作奠定了基础。

4. 新时代人才强国战略部署启动期

从2021年9月中央人才工作会议召开至今,可称为新时代人才强国战略部署启动期。其间,以习近平同志为核心的党中央提出加快建设世界重要人才中心和创新高地的新目标,人才强国战略实现由"模仿型"战略到"夺标型"战略的重大转型。中央人才工作会议总结提出了对人才工作规律性认识的"八个坚持",部署了建设国家战略人才力量、深化人才发展体制机制改革、打造"3+N"人才雁阵布局的系列化战略方案[②],在我国人才发展史上具有里程碑意义。党的二十大在继承、发展中央人才工作会议精神的基础上,强调了教育、科技、人才一体化,加快建设世界重要人才中心和创新高地。这一战略新目标重新定义了未来中国人才发展在全球范围内的角色、定位和价值贡献,明确了中华民族伟大复兴在人才战略领域的二级匹配新目标[③]。自此,以"顶层设计"、"点上突破"、"举国体制"和"放权改革"有机结合的新时代人才强国战略构架基本确立。

这一时期,中央人才工作协调小组升级为中央人才工作领导小组,新时代人才工作相关意见、"十四五"期间人才发展规划等陆续出台,全国人才战略实施体系加快重构。当前,打造"3+N"人才高地平台、建设战略人才力量、推动宣传思想文化人才发展等重点工作正在有序开展,人才评价、培养、引进及院士制度、岗位及编制管理、收入分配、经费管理、创新激励等重点改革工作正在推进。未来一段时间是中国建成世界人才强国的攻坚期,以点上突破带动全局大发展成为新时代新战略的基本特征。

---

① 孙锐. 新时代人才强国战略实施若干问题研究[J]. 中国软科学, 2022(8): 1-11.
② 习近平. 深入实施新时代人才强国战略 加快建设世界重要人才中心和创新高地[J]. 求是, 2021(24): 4-15; 陈希. 以更高标准更大力度更实举措做好新时代人才工作[N]. 人民日报, 2021-11-05.
③ 孙锐. 新时代人才强国战略的内在逻辑、核心构架与战略举措[J]. 人民论坛·学术前沿, 2021(24): 14-23; 孙锐. 新时代人才强国战略实施若干问题研究[J]. 中国软科学, 2022(8): 1-11; 孙锐. 实施新时代人才强国战略:演化脉络、理论意涵与工作重点[J]. 人民论坛·学术前沿, 2022(18): 92-101.

二、新时代人才强国战略取得的历史成就及主要进展

1. 主要人才发展指标大幅增长，人才规模、素质和创新效能达到历史新高位

十八大以来，我国人才资源规模大幅增长，人才素质水平明显提升，人才投入和创新效能显著提高。当前，我国已经成为世界范围内人才资源规模最宏大、门类最齐全、实际参与经济活动比例最高的国家。我国具有世界最大规模的高校毕业生、科研人员和产业人才队伍，并进入人才回流的历史性拐点，不论是在优秀人才的增量上，还是在存量上，我国都具有显著国际优势[①]。在人才效能方面，我国的论文、专利数量居世界第一，在5G、量子通信、载人航天、月背探测、深海探测等领域取得重大突破，华为、阿里、腾讯、大疆、科大讯飞等成为世界级头部科创企业。当前我国人才创新能力明显增强，科研水平和创新创业水平正从跟跑向并跑、领跑大幅转变[②]。据《2022年全球创新指数》，我国从2012年的第34位大幅跃升至第11位。从数量上看，中国已成为世界第一人才大国。

2. 人才体制机制改革和政策创新深度破题，人才创新创业活力进一步释放

十八大以来，中央将人才发展体制机制改革上升为战略任务。近年来以放权、松绑为核心，突出精准、分类导向，政府人才工作职能改进优化，人才评价机制改革取得重点突破，人才创新创业激励得到强化，海外引才工作体系不断健全，人才管理改革试验区发挥出先行先试作用。我们对全国9189位一线人才的抽样调查表明，调查对象对"推进人才分类评价，深化职称改革""知识、技术、管理、技能等要素参与分配""高层次高技能人才实施协议工资等多种分配方式""清理规范不合理的职业资格许可和认定""实施事业单位人员聘用和岗位管理""完善社会保险关系转移接续""专业性、行业性人才市场建设""国有企业人才激励""产学

[①] 孙锐. 新时代人才强国战略的内在逻辑、核心构架与战略举措[J]. 人民论坛·学术前沿，2021（24）：14-23；孙锐. 新时代人才事业的历史性成就与变革[J]. 人民论坛，2022，744（17）：54-59.
[②] 习近平. 深入实施新时代人才强国战略 加快建设世界重要人才中心和创新高地[J]. 求是，2021（24）：4-15.

研合作培养人才"的满意度分别达到61.5%、59.0%、57.6%、63.5%、64.4%、63.2%、60.9%、56.9%、58.0%，均处于历史性高位①。

3. 重大人才计划工程有效实施，成为高层次人才梯队建设的有力抓手

近年来，我国以重大人才工程为引领，坚持高端引领、整体开发，在培养造就创新型科技人才，大力开发经济社会发展急需紧缺人才，统筹推进六支人才队伍建设方面取得了显著成绩。调研表明，国家重点人才工程发挥出龙头示范作用，海外高层次引才计划进展最快、力度最大、影响最强②。人才计划工程实施产生了高端人才智力的"集聚效应"、知识和技能的"外溢效应"、人才投入的"渠道效应"、国际网络的"嵌入效应"和人才价值认可的"提升效应"，有力助推了创新驱动发展。全国调研表明，地方"招商引资"理念正转变为"招才引智"，重点人才工程投入的收益回报还将进一步显现③。

4. 国家人才中心城市正在加速崛起，以点带面对周边区域产生辐射带动效应

近年来，一批发展基础好的人才中心城市，纷纷提出"人才强市"战略目标，制定出一系列竞争性较强的战略举措，着力建立人才创新创业生态系统，大力集聚国际产业领军人才和创新创业团队，对周边产生了广泛的辐射效应。京津冀、长三角、珠三角等以人才交流、共育共享等方式推动区域人才一体化，并取得了重要成效。当前以北京、上海、深圳为代表的一批人才高地城市加速崛起，区域发展引领效应日益突出。可以预见，未来我国人才竞争比较优势将首先集中体现在这些人才高质量发展的中心城市上。

党的十八大以来，我国人才强国战略实施的历史成就、主要进展如表2-1所示。新时代以来，习近平总书记对人才工作做了大量指示批示，其重要

---

① 中国人事科学研究院课题组. 国家中长期人才发展规划纲要重大人才政策及体制机制中期评估报告[R]. 中国人事科学研究院，2017：32；中国人事科学研究院课题组. 国家中长期人才发展规划纲要实施中期评估总报告[R]. 中国人事科学研究院，2018.

② 中国人事科学研究院课题组. 国家中长期人才发展规划纲要重大人才政策及体制机制中期评估报告[R]. 中国人事科学研究院，2017：32.

③ 中国人事科学研究院课题组. 国家中长期人才发展规划纲要实施中期评估总报告[R]. 中国人事科学研究院，2018.

论述正逐步形成一个指导全国人才工作实践的新时代人才战略思想体系。而中央人才工作会议提出的"八个坚持",即是这一思想体系基本内核的总结提炼。相关总结为推动从人才工作实践到人才理论创新的上升循环奠定了一个工作基础。十余年来,人才强国战略形成了一个目标明确、逻辑清晰、梯次递进、动态进阶的国家人才战略有机体系,如图2-2所示。这一战略体系围绕推动高质量发展和科技自立自强,以实现中华民族伟大复兴为战略总牵引,突出了"聚天下英才而用之"的战略愿景,明确了加快建设世界重要人才中心和创新高地的战略目标,强化了人才体制机制改革战略的撬动点,强调了"高精尖缺"导向及建设战略人才力量、激励人才创新创业、引进海外高端人才、建设人才中心城市高地平台等系列战略的着力点,指明了遵循社会主义市场经济规律、人才成长规律的战略方法论,重申了党管人才战略的支撑保障。总的来看,国家人才战略与教育、科技战略实施形成了互补推进大格局。

表2-1 党的十八大以来人才强国战略实施成就与主要进展

实施成就	主要进展
人才规模、素质和创新效能指标达到历史新高位	人才总量达2.2亿人,科技人力资源超过1.1亿人,研发人员全时当量480万人每年,均居世界第一;主要劳动人口受高等教育比例达到21.2%。2021年回国留学人员首超100万。2022年全社会研发经费支出首次突破3万亿元,位居世界第二,基础研究投入比重连续4年超6%。据《2022年中国科技论文统计报告》,2021年,PCT(patent cooperation treaty,即专利合作条约)专利申请量达6.95万件,居世界首位;2022年我国高水平国际期刊论文数、世界热点论文数均居世界第一;高被引论文数世界第二;我国制造业规模世界第一,数字经济规模世界第二
人才体制机制改革和政策创新深度破题	推进政府人才职能"放管服"改革,推动项目评审、人才评价、机构评估"三评"改革。对高校院所开展进入用人、岗位设置、职称评审、薪酬分配、编制备案等用人自主权下放改革。出台会计、工程等27个系列职称改革意见,下放职称评审自主权;推动人才分类评价,探索符合人才成长规律和职业岗位特点的评价机制,破除"四唯"评价和SCI奖励。更新职业大典,取消434项职业资格,实行国家职业资格目录清单管理。改革院士制度,修订科技成果转化法,实行以增加知识价值为导向的分配政策,提高科研人员成果转化收益,改革科研经费管理办法,出台鼓励事业单位人员创新创业意见。优化人才签证等,将"就业许可"与"工作许可"两证合一,形成外国人来华三类分类管理体系;制定实施国家人才引进指导目录,将地方重点引才项目纳入一站式便利化管理。推动中关村在人才培养、股权激励、居留与出入境、落户等方面实行特殊政策;推动南沙、前海、横琴的粤港澳人才全面合作,在港澳及海外人才来往便利、个税补贴、执业资格认可、科技创业方面先行试点
人才工程成为高层次人才梯队建设的有力抓手	突出"高精尖缺"导向,实施12项重大人才工程,培育高层次人才超过3万人,"万人计划"入选专家超过6000人,建立"万人计划"杰出人才工作室,实现一事一议、按需支持。据不完全统计,目前国家引进海外高层次人才2万人左右,带动各地集聚海外优秀人才超过10万人。专业技术人才知识更新工程累计培训高层次人才超过18万人次,开展急需紧缺人才培训达1246万人次;至2021年,国家高技能人才振兴计划开展职业技能培训8300多万人次,建立1196个国家级技能大师工作室。在国家级人才工程的带动下,北京"海聚工程"、深圳"孔雀计划"、江苏"双创人才计划"等也产生了广泛影响

续表

实施成就	主要进展
全国人才中心城市产生显著的人才集聚和辐射效应	北京建设八个国际人才社区，打造"类海外"人才环境，面向全球设置政府特聘人才岗位，举办未来科学大奖，出台国际科创中心人才配套举措。上海探索外国专业人才"自由执业"，建立学科（人才）特区，开展引进永久居留人才市场化评价改革。深圳升级"孔雀计划"，发布人才工作条例，建设龙岗国际大学城，打造诺贝尔奖、图灵奖实验室，培育100余家市场化新型研发机构。杭州推行"店小二"人才服务，打造特色小镇人才集聚模式，建设西湖大学等民办人才高端平台，培育创业创新"新四军"。苏州推出"海鸥计划"，引进美国冷泉港实验室高端平台，开展国际职业资格比照职称认定。成都推行"蓉漂"系列计划，构建"政务+创业+生活"综合人才服务体系。武汉成立招才局、成果转化局，实施"城市合伙人"计划及百万校友资智回汉工程。广州、南京、合肥、西安、宁波、郑州等人才城市也在加速崛起

资料来源：丁小溪，范思翔．聚天下英才而用之——党的十八大以来我国人才事业创新发展综述[N]．人民日报，2021-09-28；科技部．2021年回国创新创业留学人员首次超百万[EB/OL]．中国新闻网，http://www.chinanews.com.cn/gn/2022/05-26/9764479.shtml，2022-05-26；中共中央宣传部就"实施创新驱动发展战略 建设科技强国"有关情况举行发布会[EB/OL]．中国网，http://www.china.com.cn/zhibo/content_78250368.htm，2022-06-06；孙锐．新时代人才事业的历史性成就与变革[J]．人民论坛，2022，744（17）：54-59；马丽莹．培养创新型人才 助力高质量发展——党的十八大以来专业技术人员继续教育工作综述[N]．中国组织人事报，2022-07-14；张璇．淬炼中国制造中国创造的技能大军——党的十八大以来技能人才队伍建设综述[N]．中国组织人事报，2022-07-09

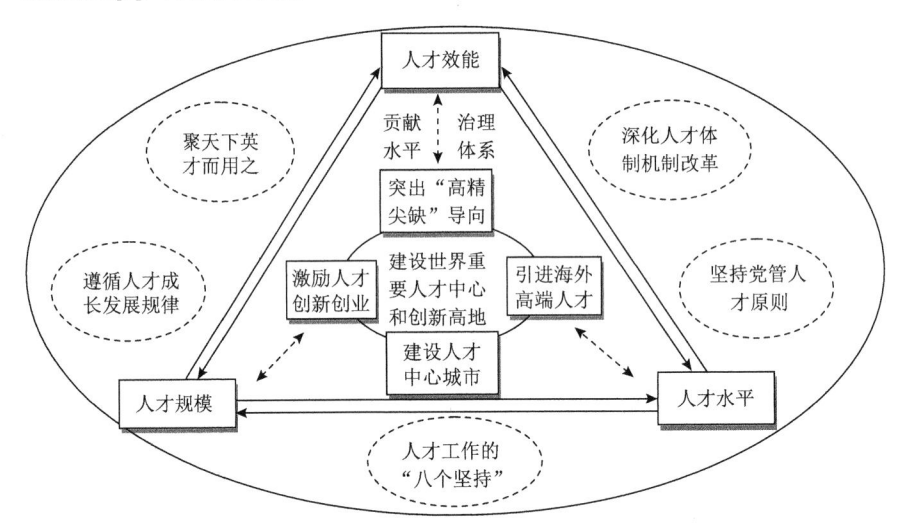

图 2-2 十年来我国人才强国战略实施体系模型

在看到成绩的同时，我们也清醒地认识到，当前我国人才队伍大而不强的状况还没有完全改变，"高精尖"人才数量与我国大国地位还不相称，高校院所人才发展体制机制问题依然存在，发挥市场配置人才的决定性作用仍然不足，"聚天下英才"的制度支撑体系还不完备，有利于青年人才脱颖而出的机制不够健全，人才自由涌现的环境建设仍任重道远。这些都需要在下一阶段新时代人才强国战略实施中逐步解决。

三、关于人才强国战略实施的相关理论意涵探析

1. 人才强国战略是中国式现代化的模式替代物

人才强国战略作为我国发展过程中的国家战略属性与独特贡献值得深入分析。发展经济学认为，不同国家由于其历史背景和资源禀赋不同，其实现国家现代化的路径、模式会有不同，后发国家可以借助"后发优势"实现战略赶超[1]。在相关学说中，格申克龙的替代性理论和"大突进"理论认为，存在着多种发展途径达到同一种发展效果的可能性，发展中国家可以借助某些模式"替代物"或替代路径实现现代化[2]。而这些"替代物"需要集聚和整合国家物质资源和精神资源。中国改革开放四十多年来推动中国式现代化的历程表明，其中存在某种"替代物"[3]。建立并实施以人才为中心的国家基本战略是中国与他国的不同之处，它在中国式现代化过程中可能产生着加速发展"替代物"的贡献。

当前从全球范围看，中国是第一个鲜明提出国家级人才战略，并形成相关战略议程及体系的国家[4]。改革开放以来，党和国家进一步识别"人才"与"强国"之间的辩证关系，围绕"以人才强国"和"建人才强国"明确了人才强国战略的国家地位和战略系统[5]。国际上也有一些国家提出了人才相关的政策、项目等，如美、日及欧洲发达国家建立了技术移民、访问学者、海外引才制度等，但未形成与我国相似的系统化、全局性国家人才战略安排。

自2002年我国提出实施人才强国战略以来，党逐步形成了"人才是实现民族振兴、赢得国际竞争主动的战略资源"的重大判断，统一了"人才

---

[1] 黄群慧. 新发展格局的理论逻辑、战略内涵与政策体系——基于经济现代化的视角[J]. 经济研究，2021（4）：4-23.

[2] 格申克龙. 经济落后的历史透视[M]. 张凤林，译. 北京：商务印书馆，2011.

[3] 林毅夫，张鹏飞. 后发优势、技术引进和落后国家的经济增长[J]. 经济学（季刊），2005, 5(4): 53-74.

[4] 孙锐. 新时代人才强国战略的内在逻辑、核心构架与战略举措[J]. 人民论坛·学术前沿，2021（24）：14-23.

[5] 王通讯. 人才发展战略论[M]. 北京：中国人事出版社，2013：11.

是衡量一个国家综合国力的重要指标""综合国力竞争说到底是人才竞争"的基本认识,"人才"逐步被定义为发展的第一资源、战略资源和关键资源,人才强国战略逐步成为国家发展的三大基本战略之一。二十多年来我国人才战略体系不断健全优化,战略优先级别被渐次提升强化,成为中国之治、中国之路的具体方案。根据《中国人才资源统计报告(2016)》,我国人才贡献率由2012年的29.8%提升到当前的超过34.5%[1];而北京、上海和江苏等地则分别超过56.0%、48.6%和40.0%[2]。我国人才强国战略实施正引发世界的广泛关注,联合国教科文组织专门召开研讨会讨论中国人才工作,并将中文拼音"rencai"列入联合国工作语言[3]。借鉴中国经验,英国2020年在首相府成立了跨部门的"人才办公室"(Office for Talent)。中国人才战略实施既具有实践性、特色性和时代性,也具有理论性、科学性和发展性。它在中国作为后发国家实现加速追赶的过程中,通过集聚人才战略注意力、战略资源、制度供给和全社会人才发展能量,助推中国实现发达国家上百年才能达到的现代化水平。由于在国家动员力、政策传承性、人才工作渗透性、战略独特性和覆盖数千万级人才资源方面的深刻影响力,它实际扮演着中国式现代化的模式"替代物"角色。通过这一独特、独有的战略推动实现中国式现代化,其本身即是中国道路的内嵌维度,其内在机理值得实证验证和假设检验。

2. 人才强国战略重心与内核跟随国家总体战略而进阶调整

我国人才强国战略的推动实施是一个有机传承体系,不同时期的人才强国战略内核对标解决不同阶段人才发展的主要矛盾和问题。战略学者认为,所谓战略是一种意图、一种策略,是战略主体有计划有指向地运用权力、策略贯彻其战略目标的系列活动[4]。战略分为进攻型、发展型、防御型等多种类型。对一国而言,经济社会发展战略是总体战略、全局战略,人才战略是二级战略、领域战略,人才战略要为总体战略提供支撑,要服务

---

[1] 孙锐. 新时代人才事业的历史性成就与变革[J]. 人民论坛, 2022, 744 (17): 54-59.
[2] 中国人事科学研究院课题组. 国家中长期人才发展规划纲要实施中期评估总报告[R]. 中国人事科学研究院, 2018.
[3] 孙锐. 新时代人才强国战略的内在逻辑、核心构架与战略举措[J]. 人民论坛·学术前沿, 2021 (24): 14-23.
[4] 王通讯. 人才发展战略论[M]. 北京: 中国人事出版社, 2013: 11.

于经济社会发展总体目标①。人才战略从来脱离不开"竞争"背景，人才战略从来是为"发展"服务的。

自人才强国战略提出以来，经历了由"追赶型"到"攀登型"，再到"夺标型"战略的演化转变过程，其核心都是在匹配、服务不同阶段的国家总体战略需求。自2002年提出人才强国战略以来，我国围绕满足加入世界贸易组织和以经济建设为中心的人才发展需求，通过扩容高等教育，完善职称、专家、人才流动和事业单位管理制度等来提升国家人才数量、素质和水平，扩大国家人才储备，着重解决了人才"有没有""多不多"的问题，这一阶段的战略实质是"追赶型"战略。自2010年第二次全国人才工作会议召开后，我国围绕支撑建设世界第一制造大国的人才需求，实施十年人才规划纲要，启动12项人才工程、十大人才政策和人才体制机制改革任务，深入推动18个重点领域及六支人才队伍建设，着重解决人才"专不专""好不好"的问题，对标实现了2008年发达国家的人才发展水平，实现了建设世界人才大国的阶段性目标，其实质是实施"攀登型"人才战略。2021年中央人才工作会议召开，我国进入"夺标型"战略新阶段。当前，我们正围绕推动高质量发展和高水平科技自立自强，瞄准建设世界重要人才中心和创新高地，大力推动解决人才转型、人才活化、人才原始创新和世界人才竞争力问题，推动中国人才集聚、培养、使用和创新创造进入世界中心位置。

党的十八大以来，创新驱动发展战略成为国家首要战略、全局战略。在此背景下，相对低水平、高产量的创新成果"唯指标论"不再匹配科技自立自强的战略要求，而传统的粗糙化、计划式的人才政策和制度难以满足创新驱动的内在需求②。因此，人才强国战略由"人才优先"到"人才引领"内核的转变成为必然发展趋势。"人才优先"是指将人才资源与金融资源、物质资源等还放于同等序列位置，但是人才资源在发展当中要"先行一步"。而"人才引领"是指将人才资源摆在其他资源的前置位置，人才资源发展在经济社会发展各要素中处于引领地位。习近平总书记指出，"人才是创新的根基，创新驱动实质上是人才驱动"③。因此，创新驱动发展战略其背后是"人才驱动"发展战略。在西方，专业型人力资本是与我

---

① 孙锐. 新时代人才强国战略实施若干问题研究[J]. 中国软科学, 2022（8）: 1-11.
② 孙锐. 新时代人才强国战略的内在逻辑、核心构架与战略举措[J]. 人民论坛·学术前沿, 2021（24）: 14-23.
③ 中共中央文献研究室. 习近平关于科技创新论述摘编[M]. 北京: 中央文献出版社, 2016: 122.

国"人才"最为接近的概念。根据世界银行的测算，发达国家的人力资本要素贡献率超过 70%[①]。有研究表明，一个经济体的发展程度越高，其人力资本对其经济发展的贡献率越大[②]。根据《中国人才资源统计报告（2016）》，我国人力资本贡献率为 36.8%，说明我国人力资本对经济发展的贡献还存在广阔增长空间。党的二十大提出"人才引领驱动"，为此我们要进一步增强人才资源对经济社会发展的引领驱动性，进一步提升人才要素对经济社会发展的贡献水平，以战略人才力量、人才高地平台和人才体制机制竞争力赢得全球人才发展竞争力，为建成世界重要人才中心和创新高地奠定基础。

3. 新时代人才强国战略的有效推动需要建立与之匹配的人才发展治理体系

围绕确立人才引领发展战略地位，推动由"人才管理"到"人才发展治理"的体系升级，是实现"聚天下英才而用之"的战略要求。公共管理学者曾提出当前超复杂公共管理视域下的"结构不良"和"奇异性"问题[③]。所谓"结构不良"问题，其特征是问题独立但解决空间不明确、问题边界模糊、影响要素复杂，以及问题处理方法不明晰等[④]。而"奇异性"问题是指那些表述复杂、界定不明的社会问题，其问题状态总是与复杂的社会现象、系统扭结在一起，难以进行清晰的提炼和分离，问题解决过程涉及多方且存在观点冲突[⑤]。由此，人才开发、人才发展本身即具有"结构不良"和"奇异性"的特征。我们看到，关于"人才"的内涵、范围尚未形成统一清晰的大众认识；而人才工作本身涉及教育、科技、人社、工信等诸多部门，与经济社会系统具有复杂嵌入性；同时不同专业领域的人才其发展规律及诉求存在很大不同；不同部门、群体对人才评价、引进、激励等的观点也各有不同。因此，"简单化""大一统""一刀切"的人才问题解决方案往往带来负面效果，人才战略和人才工作具有超复杂公共问题特征。

---

① 中央人才协调小组办公室．《国家中长期人才发展规划纲要（2010-2020 年）》学习辅导百问[M]．北京：党建读物出版社，2010．
② 孙锐．新时代人才强国战略的内在逻辑、核心构架与战略举措[J]．人民论坛·学术前沿，2021（24）：14-23．
③ 杨冠琼．结构不良性、奇异性及其局限性[J]．中国行政管理，2009（11）：109-115．
④ Simon H A. The structure of ill-structured problems[J]. Artificial Intelligence, 1973（3-4）：181-201.
⑤ Churchman C W. Wicked problems[J]. Management Science, 1967（4）：141-142.

对"结构不良"和"奇异性"问题，往往难以通过自上而下的技术还原论和官僚化程序解决，推动战略协同和网络化治理是问题解决可循之道[①]。因此，在新技术、新业态、新职业、新赛道不断涌现的背景下，推动人才发展治理由"单一型""平面型"结构向"服务型""立体化""网络化"结构转变，改变了政府作为人才公共服务单一提供者的传统观念[②]。在强调党管人才战略引导、议程协同治理模式的基础上，通过治理授权、治理委托及治理合作等方式，将市场用人主体和权威性专业社会组织纳入人才发展治理总体网络[③]，通过推进治理协同和治理参与，丰富人才发展治理网络体系，将有效回应人才群体的多样化诉求，更好强化人才强国战略注意力和战略资源集聚力，增强新时代人才强国战略实施的自适性。

党的十八大以来，中央强调对人才发展"放权、松绑"，对干部管理"严抓、严管"。习近平总书记强调："不能像管行政干部那样管科研人才。"[④]将"人才"与"干部"分别对待体现着对人才发展规律认识的深化。构建新时代人才发展治理体系，需要基于战略导向、目标导向、问题导向，进一步强化人才本位和专业力量本位，推动政府人才工作相关职能转变到构建公正公平人才发展环境、打造人才创新创业生态系统、提升人才公共服务水平和强化人才权益保障上来，进一步增强市场激励、社会激励和行业规制力量，进一步挖掘、调动人才创新内在动力。

---

① Churchman C W. Wicked problems[J]. Management Science, 1967（4）: 141-142.
② 孙锐, 黄梅. 人才优先发展战略背景下我国政府人才工作路径分析[J]. 中国行政管理, 2016(9): 18-22.
③ 孙锐, 吴江. 创新驱动背景下新时代人才发展治理体系构建问题研究[J]. 中国行政管理, 2020(7): 35-40.
④ 习近平. 深入实施新时代人才强国战略 加快建设世界重要人才中心和创新高地[J]. 求是, 2021（24）: 4-15.

第 3 章　新时代人才强国战略的基本逻辑、体系构架与重大举措

面对百年未有之大变局，中央人才工作会议对新时代人才强国战略进行了设计谋划，以"建设世界重要人才中心和创新高地"的宏伟战略目标来引领未来十五年的大改革、大发展、大布局。立足推动高质量发展和高水平科技自立自强，新时代人才强国战略明确了未来国家人才工作发展的增长极、能量核和撬动点，形成了一个有序时空战略化结构布局，其基本内涵反映着国家战略进阶的根本需求。新时代人才强国战略解决和回答了"人才转型"、"人才泛化"、"人才支持"和"人才发展治理构架"等一系列人才发展基本问题。为保证新时代人才强国战略有效落地，未来需要实施一系列重点人才开发工程计划，深化人才、项目和科研评价机制改革，加快科研事业单位人事制度改革，推动重点人才高地和人才平台配套改革，完善聚天下英才而用之的人才制度建设，形成适应新时代要求的人才发展治理体系。

一、我国人才强国战略实施历程中的里程碑事件

2021年第一次中央人才工作会议召开。本次会议对新时代建设世界人才强国的总体指向、工作布局进行了系统安排，构建了新时代人才强国战略体系的基本内核，勾画出未来一段时期国家推动人才发展布局的立体化图景。这表明党中央将推动中国人才发展作为治国理政的一项重要方略放在国家战略的优先位置，它体现了一种执政党的历史自觉。这种历史自觉反映着对国家民族复兴规律的深刻理解和主动遵循，对"两个一百年"奋斗目标战略前景的主动营造，对国家竞争背后是人才竞争本质的主动把握和前瞻谋划。

中央人才工作会议布局的新时代人才强国战略以大目标来引领大改革、大发展、大布局。会议提出的人才发展核心议题具有基础性、创新性和综合性特点，这标志着我国在人才强国战略安排上的突破性进展和时代性进阶。会议不仅标示出一个全新的建设世界人才中心和创新高地的远景目标，还概括出一系列人才工作新路线、新重点、新政策，由此激励全国上下、体制内外以新的视野、新的思路、新的模式围绕建设新时代的世界人才强国凝心聚力、奋发有为。相较于我国在2003年和2010年分别召开的第一次和第二次全国人才工作会议，这次会议的规格、战略高度、改革深度和布局广度达到了一个历史新层级，是我国人才强国战略实施历程中的里程碑事件。

新时代人才强国战略是关于中国建设世界人才强国的全局性、长远性、系统性战略思考和安排，是依靠人才队伍建设为实现中华民族伟大复兴提供支撑的战略谋划。中华民族伟大复兴是在历经两百余年的衰落徘徊和奋进之后，向曾经占据上千年世界潮头地位和灯塔位置的复位回归。与此相适应，新时代人才强国战略需要确立协同性的战略愿景和远景安排，在人才队伍建设层面为服务中华民族伟大复兴进行战略兑现和目标反映。回顾相关文献，我们看到关于以往阶段人才强国战略的探讨较多，而对当前新时代人才强国战略的研究较少，相关内涵和理论分析较为薄弱。为此，本书围绕新时代人才强国战略的内容内涵进行探讨，以期为推动我国人才工作创新发展提供研究借鉴。

二、我国特色人才强国战略的形成发展及经验认识

人才强国战略是中国共产党执政兴国的一项重要战略安排。改革开放以来，围绕以经济建设为中心，党和国家从国内外形势出发，深入分析了我国人才队伍的整体情况、问题、需求和不足，以及"人才"与"强国"之间的辩证关系，围绕"以人才强国"和"建人才强国"这两个基本问题[1]，逐步形成了人才强国战略地位和战略体系，在此过程中人才强国战略的内涵也逐渐成为中国特色社会主义理论的重要内容之一。

---

[1] 王通讯. 人才战略规划的制定与实施[M]. 北京：党建读物出版社，2008.

1. 人才强国战略的形成阶段

早在改革开放初期，邓小平同志就强调人才问题是建设社会主义现代化国家的一个严重问题，要"尊重知识，尊重人才""广开进贤之路"。他提出"有了人才优势，再加上先进的社会主义制度，我们的目标就有把握达到"①。在邓小平人才思想的指引下，我国迎来了人才发展的春天，"人才"意识开始逐步被各级领导干部所接纳。十三届四中全会之后，中央作出"人才资源是第一资源"的战略论断，进一步突出了人才资源在我国现代化建设中的关键作用。2000年，中央经济工作会议首次提出制定和实施人才战略。2001年，国家"十五"计划专门设立实施人才战略专章。2002年，中央明确提出了党管人才原则，将人才工作与组织、干部工作紧密结合，作为执政党的一项重要工作来抓。同年，《2002-2005年全国人才队伍建设规划纲要》颁布，第一次提出"实施人才强国战略"，并进行系统工作安排。人才资源是第一资源的思想、人才强国战略的建立和党管人才原则的确立对全国人才发展产生了不可估量的推动作用。

2. 人才强国战略的发展阶段

党的十六大报告重申"尊重劳动，尊重知识，尊重人才，尊重创造"。2003年，中央政治局专门研究人才工作，决定成立中央人才工作协调小组、召开全国人才工作会议，这意味着党对人才工作的重视上升到一个新层次。2003年底，第一次全国人才工作会议召开，党中央、国务院做出《关于进一步加强人才工作的决定》，阐明人才工作的根本任务是实施人才强国战略。同年，中央组织部设立人才工作局，履行人才宏观管理职能。2007年，党的十七大将人才强国战略写入党代会报告和党章，这标志着人才强国战略被确定为我国三大基本战略之一，人才强国战略被提升到了国家最高战略的层面。

3. 人才强国战略的健全阶段

2010年第二次全国人才工作会议召开，《国家中长期人才发展规划纲要（2010-2020）》颁布，其中提出确立人才优先发展战略布局，并启动了世界上最大规模的人才开发活动。2012年党的十八大再次强调，加快确立

---

① 邓小平. 邓小平文选：第三卷[M]. 北京：人民出版社，1993：120.

人才优先发展战略布局,推动我国由人才大国迈向人才强国。2016年,中央出台了《关于深化人才发展体制机制改革的意见》,打响了进入人才发展体制机制改革深水区的攻坚战。2017年,在党的十九大报告中,中央作出人才是实现民族振兴、赢得国际竞争主动的战略资源的重大判断,提出要聚天下英才而用之,加快建设人才强国。2018年,在全国组织工作会议上,习近平总书记进一步提出:"加快实施人才强国战略,确立人才引领发展的战略地位,努力建设一支矢志爱国奉献、勇于创新创造的优秀人才队伍。"[1]我国阶段性人才强国战略由人才优先发展转入人才引领发展的新阶段。

40多年来,人才战略、人才强国战略从进入中央经济工作会议到进入中央政治局会议和党的全国代表大会,从写入"十五"计划到制定专门规划中央文件再到写入党的十七大、十八大和十九大报告,反映了党和国家对"人才"这一核心资源、关键资源、战略资源的认识不断深化、践行和再提升的过程,也反映了人才开发重心根据不同时期战略发展需求进行动态迭代、优化、再调整的过程。

改革开放以来,特别是党的十八大以来,通过推动我国人才强国战略实施,我们取得了一些基本经验和阶段性认识:构建党管人才"大格局",健全有效工作运行体系是做好人才工作的重要保障;强化引才工作品牌,创新人才服务模式是破解地方人才集聚效率不足的有效办法;紧盯市场化方向,处理好政府和市场的关系是增强人才发展活力的必然要求;基于问题导向、目标导向,在点上精准突破是人才体制机制改革的紧迫任务;强调产业聚焦、同频共振,推进人才与产业发展深度融合是有效发挥人才作用的重要途径;积累人才资本,推动院校教育与人才社会化培训互补发展是做好人才培养工作的长远之计;树立"生态"竞争意识,构筑人才创新创业生态系统是留住人才、使用人才和发挥人才作用的关键。

当前,从全球范围看,中国第一个提出了鲜明的国家人才战略,并构建了相关战略体系治理安排。一些发达国家或发展中国家虽然也提出了人才政策、计划和项目等,但往往将其纳入国家科技战略或教育战略之中,如日本提出科技立国战略并确定了在"50年内获取30个诺贝尔奖"的战略目标等。中国人才强国战略实施正在全球引起广泛关注,并正在为全世界贡献经验。我们看到,由于中国的工作成就,联合国教科文组织将"rencai"

---

[1] 习近平. 切实贯彻落实新时代党的组织路线 全党努力把党建设得更加坚强有力[EB/OL]. 中国共产党员网, https://news.12371.cn/2018/07/04/ARTI1530710355709253.shtml, 2018-07-04.

列为专门词汇，英国 2020 年在首相府成立了跨部门的"人才办公室"，韩国也在研究提出国家人才战略主张等。在人才工作领域，通过制定一段时期（如五年、十年、十五年）内人才强国战略的内涵、目标、重点来引领未来国家人才队伍建设，成为具有中国特色的人才发展治理方式和人才强国建设"登山"手段。我们相信沿着梯次上升的人才强国战略路线图"一步一台阶"终将建成世界人才强国。

三、新时代人才强国战略的提出及其内在逻辑

2021 年，中央人才工作会议召开，其间新时代人才强国战略的提出和布局直达建设世界主要人才中心和创新高地的终极目标，是十八大以来我国人才强国战略的升级版，这标志着我国人才强国战略的实施迈上一个新台阶、跨入一个新阶段。

当前我国人才队伍建设取得了巨大历史性成就，人才工作已经站在一个新的历史起点上。自我国人才强国战略提出和实施以来，我们不断健全完善党管人才工作格局，以重大人才工程和重点人才政策为抓手，努力推动"聚天下英才而用之"。相比改革开放初期，我国人才开发水平量质提升。当前，我国人才总量达 2.20 亿人，全国具有大专以上学历人口达到 2.18 亿人，2021 届高校毕业生人数达到 900 万人，主要劳动人口受高等教育比例超过五分之一，人才资源占人力资源的比例超过 15%。2012 年以来，我国吸引海外留学生回国超过 330 万人，吸引集聚各类国家级高层次人才超过 2 万人。同时，我们在铁基超导、量子通信、载人航天等关键领域取得了一批具有全球影响力的重大突破；涌现出屠呦呦、施一公、潘建伟、陈宇翱、姚檀栋、王贻芳、郑永春等诺贝尔奖、菲涅尔奖、维加奖、庞蒂科夫奖、卡尔·萨根奖得主等世界顶尖人才[①]。在产业方面，华为已经成为全球"5G"通信企业的领头羊，率先进入科技创新"无人区"；北京中关村"独角兽"企业超过 300 家，成为全球仅次于硅谷的第二大"独角兽"企业栖息地和集聚地。

当前，我国人力资本对经济增长的贡献率攀升至 36.8%，其中人才贡

---

① 孙锐. "十四五"人才发展规划 布局高质量发展人才工作新体系[J]. 中国人才，2021（3）：19-21.

献率达到34.5%[1]。可以说，不论是在培养优秀人才的增量上还是在存量上，我们都具有显著优势。基于庞大的人才队伍"底座"，我们更有可能培养出更多杰出人才和世界一流人才，在这方面我们已表现出一个加速追赶的态势，当前我国世界顶尖人才的孕育产生正处于质变临界点[2]。当前，从全国层面上看，第二次全国人才工作会议提出的人才优先发展战略布局得到确立：在全国主要系统和重要地区人才优先发展的社会共识基本形成、工作设计突出强化、战略体系建立发展，人才优先发展的引领作用得到显现，我们正处于由人才优先向人才引领战略布局迈进的迭代、进阶中。

在看到成绩的同时，我们也要清楚认识到当前我国仍面临人才数量增长快而人才质量提升慢、人才素质变化快而人才结构优化慢、人才投入增加快而人才原创成果产出少的重要问题。同时，我们以往对创新创业人才关注多，对产业实用人才关注少；对国有企事业单位人才关注多，对非公领域人才关注少；对传统类型人才关注多，对新兴行业人才关注少；一些人才发展指标存在被平均的问题。面对新时代新阶段的战略要求，我国人才队伍整体开发还不够平衡，人才队伍结构性矛盾还较为突出。其中，战略科学家和顶尖人才匮乏，基础研究人才不足，能够解决"卡脖子"和"0～1"技术问题的人才太少，高水平工程师和技能人才供给不够，工程科技人才培养与使用相脱节，高校院所事业单位人事制度僵化、人才政策精准化程度不高，体制机制改革"最后一公里"不畅通和"最后一米"未落地等问题成为制约我国高质量发展和高水平科技自立自强的桎梏。人才原始创新能力、国际竞争能力、自我孕育和自由涌现能力与我们的战略需求相比还具有较大差距。

在当前这个时间节点，时代背景变了，发展阶段变了，挑战机遇也变了，目标任务、战略取向、路径手段都不同。我们恰逢"两个一百年"的历史交汇期。中国即将实现第一个百年奋斗目标，正在向第二个百年奋斗目标迈进。面对"百年未有之大变局"，当前我国总体战略正在调整进阶：由以往的跟随型、模仿型战略升级为引领型、夺标型战略，力求通过创新驱动发展、高质量发展和科技自立自强推动实现中华民族伟大复兴中国梦，重新站上世界发展的潮头位置。这种战略范式的升级和转变，要求我们在

---

[1] 中共中央组织部. 中国人才资源统计报告（2016）[M]. 北京：党建读物出版社，2018.
[2] 孙锐，孙彦玲. 构建面向高质量发展的人才工作体系：问题与对策[J]. 科学学与科学技术管理，2021（2）：3-16.

未来一段时间，能够独立解决一系列影响国计民生的重大课题，取得一系列0到1的原创性、引领性突破，进一步推动中国成为全球创新发展增长极，形成世界一流国家的发展动能、势能、辐射力和感召力。在这些方面，新时代的人才强国战略需要做到协同呼应和战略匹配，通过在更高层次，在更大范围、更深程度、更优方式上全方位培养、引进和使用人才，进一步推动中国人才集聚发展重心进入全球中心位置。

习近平总书记提出，发展是"第一要务"，"人才是第一资源、创新是第一动力"[①]，"人才是创新的根基，创新驱动实质上是人才驱动"[②]。高质量发展首先是有创新含量、技术含金量的发展，特别是有人才智力成果支撑的内涵式发展。这样的发展才具备高价值性、延伸性、持续性和难以竞争性、难以模仿性，进而建构起国家发展路径的门槛，最终形成国家核心竞争力[③]。面向高质量发展的人才工作布局，需要用人才队伍建设的质量和水平替代人才发展的规模和速度作为人才发展的首要目标，人才工作的关注点从人才"有没有""多不多"转向更多考虑"优不优""强不强"。通过进一步调动和增强各类人才创新发展活力，着力解决好我国人才发展结构不平衡、发展不充分的问题，人才工作推动中的不协调、不匹配问题[④]，人才工作与创新驱动、高质量发展的协同、校准问题，以及形成"聚天下英才而用之"的人才制度优势问题。

从全国面上情况看，当前我国不同地区人才工作处于城市化进程阶段、传统工业化进程阶段、新型工业化进程阶段和创新经济发展进程阶段等不同发展阶段当中。其中，处于传统工业化进程阶段的地区，则首先要解决"人才多不多""人才行不行"的问题；其次进一步解放思想、解放人才、解放科技生产力，把握、做强"技术人才红利"，推动人才链、创新链、产业链互动融合，强化人才对经济社会发展的核心支撑作用。处于新型工业化进程阶段的地区，则首先要解决"人才活不活""人才强不强"的问题；其次围绕打造"人才引领发展区"，从拼人力、物力、财力向拼创新红利、研发红利、设计红利转变，依托高密度人力资

---

① 习近平. 高举中国特色社会主义伟大旗帜 为全面建设社会主义现代化国家而团结奋斗——在中国共产党第二十次全国代表大会上的报告[M]. 北京：人民出版社，2022：28, 33.
② 中共中央文献研究室. 习近平关于科技创新论述摘编[M]. 北京：中央文献出版社，2016：122.
③ 孙锐，孙彦玲. 构建面向高质量发展的人才工作体系：问题与对策[J]. 科学学与科学技术管理，2021（2）：3-16.
④ 孙锐. "十四五"时期人才发展规划的新思维[J]. 人民论坛，2020（32）：44-47.

源集聚优势，进一步提升城市人才能级和人才活力，构建产生具有全国影响力的人才创新优势和人才效能优势，打造具有高强辐射性的区域人才发展中心高地。处于创新经济发展进程阶段的地区，则首先要解决"人才专不专""人才优不优"和人才发展国际化的问题。其次要推动市场化方式、法治化思维、社会化参与和国际化发展，进一步提升配置高端创新创业要素、汇集顶尖人才智力资源、从事基础原始创新的能力，打造国际化高水平人才创新创业平台，提供代表国家参与国际竞争的科技产出，形成开放包容、结构多元、自我进化的人才创新创业生态系统。基于不同的发展阶段、层次和水平，各个区域人才工作的创新点、发力点有所不同。只有把握好不同人才工作阶段的特点和重心，才能更好地解答人才工作与创新发展的协同匹配问题。但不论处于哪个阶段的地区人才工作，其中都体现着一些基本规律：人才是创新的根基，创新驱动实质是人才驱动；人才和人力资本是一个区域创新发展的本质资源；人才引领发展是助推高质量发展的必要条件。

对发达国家的研究表明，一个经济体发展的阶段越高，其人力资本和专业型人力资本对其经济发展的贡献率就越大。例如，根据世界银行的测算，在发达经济体的要素贡献率当中，人力资本贡献率达到了70%[1]。笔者的调研表明，进入新型工业化阶段，"引进一个人才、带起一个团队、兴起一个产业"的人才引领"雁阵效应"将成为一个常态化事件[2]。我们看到，美国硅谷、以色列特拉维夫、法国苏菲亚园区等承担不同国家战略突破任务的世界创新高地，已经由创新经济发展阶段进入大脑型经济发展阶段，成为人才引领发展的典范，其竞争已经演变为"人才创新创业生态系统"的"体系性"竞争。

在当前国家战略发生重大进阶的大背景下，传统的、计划式的、程式化的人才政策和制度体系已经难以适应新时代的战略要求和实践需求。相对低水平、高产量的"创新成果"和评价"唯指标论"不再适应创新驱动发展和科技自立自强的战略要求。因此，基于问题导向、目标导向和战略导向，建立与之相适应的新时代人才强国战略新体系是应对未来发展竞争的重大命题。

---

[1] 中央人才协调小组办公室.《国家中长期人才发展规划纲要（2010-2020年）》学习辅导百问[M]. 北京：党建读物出版社，2010.

[2] 孙锐. 新时代新阶段人才强国战略的新内涵[J]. 中国人才，2021（6）：20-23.

四、新时代人才强国战略的重点议题及核心构架

中央人才工作会议围绕推动高质量发展和实现高水平科技自立自强，对深入实施新时代人才强国战略进行了顶层设计，确立了建设世界重要人才中心和创新高地的宏伟目标，并在时间上提出了分三步走的路线图，在空间上提出了分两个层级打造人才高地的支撑点，从而形成一个人才强国战略的有序时空结构布局。

建设世界重要人才中心和创新高地要有战略增长极、战略能量核和战略撬动点。法国经济学家弗朗索瓦·佩鲁曾提出"增长极"理论。他认为，增长并非同时出现在所有地方，而是以不同的强度首先出现在一些增长点或增长极上，然后通过不同渠道向外扩散，进而对整个经济圈、经济带和经济空间产生外溢影响[①]。如同磁场内部运动在磁极最强一样，经济发展、科技创新也会在面上产生点上"极化"现象，也就是"增长极"。新时代人才强国战略明确"在北京、上海、粤港澳大湾区建设高水平人才高地，一些高层次人才集中的中心城市也要着力建设吸引和集聚人才的平台"[②]，即以具有国际影响力的科创中心和国家级中心城市建设为基础，打造国家人才发展战略"增长极"、"极化点"和"中心城"，以点上突破带动产生全局人才聚变、裂变和链式反应，为建设世界主要人才中心和全球人才高地提供战略支撑点。

建设世界重要人才中心需要提供战略"能量核"。人才战略"能量核"也是人才发展"能量核"，它是为国家人才战略力量和科技战略力量培育、集聚、发展、壮大提供可持续动力及能量支撑的核心能力源泉，也是作为竞争主体的一国、一地形成、培育、强化人才实力和竞争力的内核依托。中央人才工作会议提出，"集中国家优质资源重点支持建设一批国家实验室和新型研发机构，发起国际大科学计划"，"建设一批基础学科培养基地"[③]，为人才提供国际一流创新平台，其基本意涵在于打造、增强支撑人

---

① 弗朗索瓦·佩鲁. 新发展观[M]. 张宁, 丰子义, 译. 北京: 华夏出版社, 1987.
② 习近平. 深入实施新时代人才强国战略 加快建设世界重要人才中心和创新高地[J]. 求是, 2021（24）: 4-15.
③ 习近平. 深入实施新时代人才强国战略 加快建设世界重要人才中心和创新高地[J]. 求是, 2021（24）: 4-15.

才创新发展的战略"能量核"系统。我们看到，"能量核"首先以核心人才载体平台和项目中心的形式显现，一流高校、院所、科创企业、实验室，以及学科和汇集重要科技资源、一流问题和应用场景的重大项目平台往往是人才发展"能量核"的主要标记物。新时代人才强国战略以"能量核"建设为基本吸引，聚焦创新驱动主方向和产业升级主阵地，通过布局、增强"能量核"系统的动力水平和国际化能级，构建、催生系统涨落放大的人才创新体系，为打造顶尖人才"栖息地"和创新尖峰平台奠定基础。

打造世界重要人才中心需要找寻战略"撬动点"。在这里，进一步认识、把握和遵循人才成长规律和科研创新规律，在更广层面上放权、松绑，在更深程度上推进人才发展体制机制改革是打造世界重要人才中心的战略"撬动点"。"人才"和"干部"的成长和发展规律不同，用行政化方式来管理科学家和创新人才往往抑制、损害其创造潜能和创新活力。未来一段时间，我们要以健全优化党管人才领导体制为基础，以激发人才创新活力为导向，通过向用人主体充分授权、向科学家赋权、深化科研经费管理改革、优化整合人才计划、深化工程教育改革、完善人才评价机制、完善人才收益分配机制和创新创业激励等进行重点制度改革，建立以信任为基础的科学家负责制和人才使用机制，实施"揭榜挂帅"、"赛马"制度，形成"人才本位""科学家本位"的科研管理体系，对领军人才实行人才梯队配套、科研条件配套、管理机制配套的特殊政策，打造国家战略性人才发展高地、人才制度创新高地、具有国际水准的对外开放高地，推动各类人才创新发展，形成具有全球竞争力的人才发展制度优势，为实现创新驱动发展和高水平科技自立自强提供人才制度支撑。

世界人才中心、科学中心和一流强国往往具有"对偶"关系，三者之间是相互捆绑、相互嵌套、相互塑造的[①]。1984年，日本学者汤浅光朝提出，如果一个国家的科学成果数量占到了全世界的25%，那么它就会成为世界科学中心。而世界科学中心往往就是世界人才中心。英国处于科学中心的时候，其杰出科学家数量约占当时世界总数的36%，科学成果贡献约占世界总数的40%；美国作为世界科学中心，产出了近70%的诺贝尔奖获得者和全世界60%以上的科学成果。对世界科学中心转移的研究表明，如果一个国家要成为世界科学中心，首先要有思想解放或思想启蒙运动；其次要有良好的人才培养教育制度和能够吸引他国优秀人才的良好科研环

---

① 孙锐."十四五"时期人才发展规划的新思维[J]. 人民论坛，2020（32）：44-47.

境；再次要注重科技成果转化和应用，推动科技产业发展；最后要有鼓励原始创新的政策，倡导自由探索的学术氛围和自由平等的竞争环境等[①]。因此，科学中心转移的背后首先要有创新人才可以成长、发展和发挥作用的环境。

另外，科技人才成长规律告诉我们一个普遍道理，即年轻人改变世界。牛顿和莱布尼茨发明微积分时，分别为22岁和28岁；爱因斯坦提出狭义相对论时是26岁；特斯拉发明交流发电机的时候是24岁，他们的发明发现深刻改变了人们的基本生产生活方式和社会面貌。对21世纪诺贝尔奖获得者完成其标志性工作的年龄分析显示[②]，这些大科学家、发明家的创新高峰时段在35~40岁。建设世界重要人才中心也就需要成为世界科学中心和创新高地，其中培育、集聚一大批年轻的、处于创新活跃期的顶尖科学家、工程师和科技创新人才是首要任务。这也意味着新时代人才强国战略实施要力争在培养、集聚和使用国际顶尖人才上有所突破；在提升人才发展载体平台国际化能级上有所突破；在建设高质量技术技能人才集群和发展赋能上有所突破；在构建人才中心城市一流人才创新创业生态系统上有所突破；在人才大数据建设、分析和动态应用上有所突破，进一步增强全球范围内的人才配置能力、吸引能力和平台竞争能力，形成"聚天下英才而用之"的制度体系。

中央人才工作会议讲话布局的新时代人才强国战略解决和回答了几个人才发展的重要和基本问题，即："人才转型"问题、"人才泛化"问题、"人才支持"问题和"人才发展治理构架"问题。

首先，解决了"人才转型"问题。新时代的"人才"要服务高质量发展和高水平科技自立自强。更进一步地，新时代的"人才"内涵要更加体现专业性、创造性、发展性和杰出性。作为能够为社会做出更多创新贡献的高水平人力资源群体，"人才"要心怀"国之大者"，主动承担起新时代赋予的使命责任，以中华民族伟大复兴为指针贡献其独特价值。同时，人才工作要更加坚持面向世界科技前沿、面向经济主战场、面向国家重大需求、面向人民生命健康，以四个"面向"来寻找定位、有所作为、显示价值。

---

① 吕有勇. 世界科学中心转移轨迹的启迪：科技创新与人才团队培育问题浅析[J]. 中国基础科学，2014（4）：3-10.

② 中央人才工作协调小组办公室. 人才工作理论研究报告[M]. 北京：党建读物出版社，2003.

其次，解决了"人才泛化"问题。中央人才工作会议将"人才"概念聚焦定位在科技创新人才群体上，并将战略科学家、科技领军人才及创新团队、青年科技人才作为新时代人才强国建设的重点关注对象。相对于五支人才队伍、六支人才队伍建设，新时代人才强国战略布局根据新时代新阶段的战略需求，将"人才"内涵和范围收窄，进一步凝练了未来重点人才工作对象和重点配套举措，从而解决了一段时间以来"人才"概念泛化问题、人才工作不聚焦问题、人才投入"撒胡椒面"的问题，以及由于人才、人力资源边界模糊而带来的政策精准性差、匹配度不高和难以落地落实的问题。

再次，解决了"人才支持"问题。新时代的人才强国战略将对人才的服务、支持，特别是对科技人才的服务、支持提高到一个重要层面，"人才支持"也被纳入人才发展体制机制改革的重要环节体系当中。历史经验告诉我们，官本位、行政化培养不出大家、大师，也解决不了"钱学森之问"。为推动高质量发展和高水平科技自立自强，未来的人才工作更加强调顺应人才成长规律、科研创新规律和社会主义市场竞争规律，给予人才从事基础性、前沿性和重大性创新活动以特别支持、特殊政策和特定通道。相对于传统的计划式、官僚化和行政性管理模式，新时代人才强国战略的重要政策方向是打破论资排辈、打破"参公管理"，为科学家赋权、让科学家担纲、让科学家负责，鼓励领军人才"挂帅出征"，给予人才创新发展"绿色通道"，并在梯队建设、项目设置、经费管理、奖励制度、"自由涌现"机会等方面给予全面配套支持。可以说，不支持人才创新发展就是一种懒政怠政。对"人才支持"强调的背后，体现了人才工作的战略性、挑战性和创新性。面对百年未有之大变局，相对于限制、稳定和收敛，新时代的人才强国战略更加强调探索、创造和突破。

最后，解决了"人才发展治理构架"问题。坚持党对人才工作的全面领导是我国人才工作取得历史性成就、发生历史性变革的根本保证。人才引领高质量发展的关键在于人才制度和治理体系的优化。在这里，我们不仅要处理其中的流程性问题，更要解决其结构性问题、利益性问题[①]。人才发展体制机制改革不仅意味着对旧桎梏的破除，也意味着对既得利益者的挑战。我们看到，执政党的强大意志力、战斗力和组织力驱策着释放人才

---

① 孙锐,吴江. 创新驱动背景下新时代人才发展治理体系构建问题研究[J]. 中国行政管理,2020(7):35-40.

活力的不懈斗争和国家复合体的政策行动。新时代的人才强国战略布局不仅突出了人才发展体制机制改革这一重大历史任务和战略"撬动点",并进一步通过建立中央人才领导小组,强化优化了"党管人才"的总体治理构架和治理能力。"党管人才"首先是党全面领导实施人才强国战略。从中央人才协调小组到中央人才领导小组的构架升级,不仅是名称名义的变化,更是党对人才工作领导、改革、统筹和治理能力增强的体现。本次会议还专门明确,作为相关成员单位各级党委宣传部门,各级政府教育、科技、工信、安全、人社、文旅、国资、金融、外事等部门,要充分发挥职能作用,共同抓好人才工作各项任务落实。人才领导小组的建立有利于在更广领域、更大范围、更高层级上推动落实新时代人才强国战略,完成一系列重大改革任务,为建设世界重要人才中心和创新高地提供战略保障。

五、新时代人才强国战略的配套政策及核心举措

总体上看,未来一段时间的世界人才竞争,将不再是人才数量的比拼,而是顶尖人才集聚度的竞争、人才制度环境的竞争、人才作用发挥程度的竞争、人才创新创业效能的竞争,以及一流人才价值创造能级及对国家、世界产生多大贡献、影响的竞争[①]。新时代人才强国的战略指向是围绕科技创新、动能转换、产业发展及一系列关键领域进入全球"桥头堡"、"前沿地"和"无人区"进行系统人才战略布局、流程再造、制度重构、资源重组和阵地攻克,培养、引进、使用、支持、激励一大批战略型引领型人才、技术技能人才、创新创业人才,加快整合、延伸全球人才价值创造新链条,加快打造战略人才力量和战略科技力量,构建人才引领发展的新时代人才强国战略体系,为中华民族伟大复兴提供智核能量和战略准备。为此,本书提出推动新时代人才强国战略落地的相关配套政策及举措。

第一,实施重点人才开发工程计划。建立和优化实施战略科学家培育支持计划、高水平工程师队伍建设工程、新基建新动能新经济产业紧缺人才培育工程、"天才少年"培育工程、战略企业家培育工程、"大国工匠"培育工程、高质量现代服务业人才队伍建设工程,以及教育、卫生、防疫、文化及社会治理等重点社会事业人才队伍建设工程,构建支撑高质量发展

---

① 孙锐. 新时代新阶段人才强国战略的新内涵[J]. 中国人才, 2021(6): 20-23.

的重点人才队伍体系。以产业行业需求为核心,以龙头企业为主导,改革完善职业教育机制。推动建立基于资历框架的专业人才开发体系,打通教育部、人社部技术技能人才培育相关制度通道。建立校企人员交流"旋转门"制度,吸引产业一流人才到校任教,建立相关事业单位管理接续体系。

第二,深化人才、项目和科研评价机制改革。深化人才评价机制改革,进一步破除职称评审、奖励评价、岗位晋级、人才计划评价、项目评审中的官僚决定制、"老人评新人"、伪同行评议、关系评议等问题,建立"高精尖"人才自由涌现配套机制。在"反四唯"的基础上,进一步破除高校院所实际存在的"唯课题"人才评价导向。改革科研项目形成机制,大幅减少科研项目指南性申报,面向原创、一流和基础性科研,以申报人员科研能力、业绩和信用显示度指标为主要评价参考点,给连续做出高质量工作的人才以持续支持。采取有效措施,确保科研项目资助评审公正、公平、公开,以产生国际一流创新成果为导向,保障科研投入流向最有创意和能力的人才。深化科研评价、成果评价、人才评价机制改革,进一步推动政府从科技评价环节中退出。建立健全科学家(科研人员)信誉信用体系,实行学术造假一票否决制。对被举报的学术不端"专家"、假"专家"开展第三方审查,将两院院士、长江学者等中的学术造假者清除出科研队伍。

第三,加快科研事业单位人事制度改革。推动行政权与学术权分离,开展高校、科研事业单位去官僚化、行政化专项改革行动,探索建立"科学家本位""人才本位"的人事制度、科研管理体制。实行主岗主业归类管理,大幅精简、压缩"双肩挑"岗位。鼓励没有实际精力参与科研工作的司局级高层管理者做好行政主岗工作,规定其不再申报科研奖励、科研课题、人才帽子头衔,避免与基层一线青年科技人员争利。开展事业单位海外人才聘任人事制度接轨制度改革试点。在国家重点科研平台建立"一流人才一流待遇"制度,对标国际标准,对从事基础性研究工作的人员予以更好的物质保障,提高高校及科研事业单位对国际一流人才的吸引力。试点对战略科学家建立全周期、全薪酬、全保障机制,提供全方位安全保障服务。

第四,推动重点人才高地和人才平台配套改革。向国家人才高地、人才集聚地(平台)放权,开展人才发展制度改革创新试点。以重点机构、平台为依托建设国家级人才管理改革试验区。推广新型研发机构改革经验,扩大领衔科学家全权负责制和"PI"负责制改革试点,让一流人才引进一流人才、一流人才培养一流人才。建立健全"揭榜挂帅""科研举荐制"

"技术总师负责制"的常态化配套体系。开展理工科外资独资办学改革试点。支持产业行业组织、民营企业打造世界级权威科学奖项,如未来科学大奖、科学探索奖等。

第五,加强聚天下英才而用之的人才制度建设。创新引才引智模式,以市场化双赢合作或项目雇用方式,挖掘搜寻人才创新创业项目和创新团队予以市场化支持。推动下放海外人才评价认定权,放宽对急需紧缺外籍专业人才的年龄限制,允许地方自主确认海外人才标准。探索重点引才单位"白名单"支持制度,开展国家重点人才计划配额制试点,推广人才引进举荐制。"一事一议""一人一策"靶向引进全球顶尖科学家、科技创业家、企业家、技术项目经理和高潜力青年科研人才,打通科学发现、技术开发、产品验证、市场推广和产业发展全链条。推动允许获得外国人永久居留身份证的外籍人才担任新型研发机构的法定代表人。以精干力量、精准对接、精细服务增强对海外顶尖人才引进的深度投入,以"人对人联络""点对点服务""一揽子打包服务"等方式,重点解决海外引进高端人才的生活保障和社会融入问题。

第六,健全新时代人才发展治理体系。推动建立政府、社会、市场合理分工、有效结合的新时代人才发展治理体系。建立权威型行业专业协会,赋予其引导专业人才队伍职业化发展的职责。推动经济管理部门根据重点产业发展布局,健全完善相应产业链人才开发职能职责。优化调整国家人才分类体系,将社会工作人才队伍并入专业技术人才队伍,将党政人才队伍纳入干部队伍建设体系予以整体设计。建立全国统一的人才数据库架构和标准,推动建立国家层面的人才大数据系统、专家数据系统,加强人才数据资源的统筹、管理、开发和保护,完善人才分类统计体系。加大对人才投入的引导激励,建立国家层面的人才开发专项经费或基金。

第4章　新时代人才强国战略背景下的人才工作改革创新

2021年召开的中央人才工作会议，提出了加快建设世界人才中心和创新高地的新时代人才强国战略宏伟目标，并对未来一段时期推动人才工作高质量发展进行了一系列整体战略布局。本次中央人才工作会议以大目标引领大布局、大改革、大发展，勾勒出未来一段时期，围绕中华民族伟大复兴建设世界一流人才强国的立体化图景。当前，围绕贯彻落实中央人才工作会议精神，研究谋划新时代人才工作重点改革举措，将习近平总书记关于新时代人才强国战略的构想具体化、指标化、项目化、工程化、政策化，成为未来一段时期人才工作领域重要而迫切的工作。那么新时代人才强国战略的逻辑指向是什么？应该标记和突出哪些主要发展指标？在新时代人才强国战略背景下，如何以更大力度推动人才工作改革创新，都是需要进一步深化、细化探讨的问题，本书力求在这些方面有所回应。

一、新时代人才强国战略旨在推动人才发展由量到质的重大转变

关于新时代人才强国战略，可以概括为关于中国建设新时代世界重要人才中心和创新高地的全局性、长远性、系统性战略布局和安排，是依靠人才队伍建设为实现中华民族伟大复兴提供支撑、做出贡献的总体战略谋划。其中，不仅要解决一系列推动人才发展的流程性问题、政策性问题，也要进一步解决推动高质量发展的国家人才制度结构问题，从而形成一个引导新时代人才工作发展的总的纲领构架。

党的十九大以来，面对百年未有之大变局，我国发展更加强调创新驱动、高质量发展和高水平科技自立自强。新时代人才强国战略的提出，更

是标志着我国人才战略由跟随型战略、模仿型战略向赶超型战略、夺标型战略的替换升级。历史发展经验表明，一个处于加速追赶进程中的国家或竞争实体，由其高精尖人才数量、总体人才质量和人才活化度水平所形成的人才智力资本水平，对其实现战略赶超有着效率倍增的作用。当前大国博弈更加激烈，我国国家战略升级正在加速，这更加凸显了对国家高水平人才资源及其作用发挥的路径依赖。

　　自改革开放以来，围绕经济建设这一中心，党和国家从国内外形势出发，深入分析了我国人才队伍的整体情况、问题、需求和不足，以及"人才"与"强国"之间的辩证关系，围绕"以人才强国"和"建人才强国"这两个基本问题，逐步形成、明晰和完善人才强国的战略地位和战略安排，并进行有力的贯彻落实。在此过程中，人才强国战略也成为中国特色社会主义理论和习近平新时代中国特色社会主义思想的重要内容之一。

　　人才强国战略的提出、发展和升级，与第一次、第二次全国人才工作会议和2021年召开的中央人才工作会议密不可分。2003年中央召开第一次全国人才工作会议，在党的历史上首次明确实施人才强国战略。此后，人才资源是第一资源的思想、党管人才原则的确立等，对全国人才发展产生了不可估量的推动作用。本次会议围绕加快推进全面建设小康社会的历史进程，首先解决了在一般意义上建设人才资源强国的问题。2010年，第二次全国人才工作会议召开，会议提出在未来十年加快确立人才优先发展战略布局，并启动实施《国家中长期人才发展规划纲要（2010-2020）》。这次会议围绕21世纪中叶中国基本实现社会主义现代化，在若干重大指标上瞄准追赶发达国家2008年左右的人才发展水平，解决了在2020年底"进入世界人才强国行列"的基础性问题。2021年9月，中央人才工作会议召开，新时代人才强国战略构想被提出。新时代人才强国战略目标直指建设世界重要人才中心和创新高地，明确了未来中国人才发展在全球版图中的角色、位置和责任，旨在推动我国人才发展水平、集聚度水平和创新贡献水平从量到质的重大转变，因此是关于新时代人才工作的"新战略"。本次中央人才工作会议，在历史上第一次提出了人才强国战略的时空布局及要达到的竞争力水平要求。未来一段时期，是中国建成世界人才强国的攻坚期、加速期、冲刺期，它承载着人才强国战略实施以来"一棒接一棒"的殷殷嘱托，为建成"聚天下英才而用之"的世界重要人才中心凝心聚力绘新图，接续奋斗开新局。

二、围绕打造世界重要人才中心建立突出新时代战略重心的指标构架

如前所述,"人才强国"及其战略内涵是由国家战略发展阶段和底层战略目标决定的。当前国家重大战略需求在于推动国家科技创新向前沿突破转变,破解一系列"卡脖子"问题,取得更多 0 到 1 的原创性、颠覆性科技成果,实现若干重大发展课题的自主独创解决,构建世界一流强国的软实力、硬实力,从而进一步走向世界中心位置。新时代人才强国战略需要在以上方面做到匹配协同和支持兑现。

进入高质量发展新阶段,人才竞争的内涵发生了显著变化。在创新驱动发展和高质量发展的逻辑背景下,国与国之间的人才竞争将不再是单纯人才数量的比拼,而是顶尖人才集聚度的竞争、人才制度环境的竞争、人才作用发挥成效的竞争、一流人才价值创造能级及对全世界产生影响的竞争。谁能在这种竞争当中取得优势,谁就在某种程度上可称为世界人才强国。因此,新时代人才强国战略指标应体现战略重点的转变。

面向高质量发展的人才工作布局,人才队伍建设的质量、水平和结构替代人才规模、数量成为推动人才发展的首要目标,人才工作的关注点从人才"有没有""多不多"转向更多考虑"优不优""强不强"。新时代人才强国战略实施的重点也从以往的人才拥有量,转向更多考虑人才的高端率、配置力、活化度和使用效率,相应地,人才强国战略指标体系应更多关注水平指标、结构指标和效能指标。

因此,围绕建设世界重要人才中心和创新高地的战略目标,新时代"人才强国"首先要具备一定规模的世界一流人才群体,在世界一流人才的数量、质量和占比上均具有国际比较优势;其次,应具备人才创新创业的大平台、大场景、大空间,能够助推人才大发展;最后,应具备世界一流水平的人才效能,能够创造出具有全球代表性的文明成果,对全世界发展的贡献程度应该具有比较优势。基于以上讨论,笔者提出了新时代人才强国的"投入—过程—产出"分析模型,并从投入、过程和产出三个维度提出新时代人才强国建设的评价监测指标。第一,投入维度指标,主要反映对人才开发的投入和保障水平,包括 9 个具体指标;第二,过程维度指标,

主要反映人才的总量、水平、结构和素质，包括 17 个具体指标；第三，产出维度指标，主要反映人才的经济效能、科技效能和比较效能水平，包括 19 个具体指标。依据重要性、可测量性、可追踪性和国际可比性，笔者建立包括 45 个指标的指标库，并从中筛选出 15 个指标，其可以作为新时代人才强国建设的核心监测评价指标，具体如下。

（1）研发经费支出及占国内生产总值（GDP）的比例。

（2）人力资本投资及占 GDP 的比例。

（3）世界一流科学家数量及全球占比。

（4）中青年（25~45 岁）高水平科学家数量。

（5）世界 100 强大学数量及全球占比。

（6）国际一流科研院所、研发机构数量。

（7）科学家与工程师的可获得性、劳动力技能水平。

（8）来华工作及获得外国人永久居留身份证的外籍专业人才占就业人员的比例。

（9）每万人中研究与试验发展（R&D）人员。

（10）专业服务人才（如工程师、金融人才）人均产值贡献。

（11）PCT 国际专利申请量及本国主导创制的国际标准数量。

（12）国家科技竞争力得分及与科技强国对比。

（13）对外技术依存度。

（14）独角兽企业等具有重大发展潜力的科创企业数量。

（15）专业型人力资本对经济发展的贡献率。

三、围绕高水平科技自立自强造就具有全球竞争力的战略人才力量

2021 年中央人才工作会议布局的新时代人才强国战略，着重于解决"人才转型"和"人才泛化"问题。新时代"人才"概念的内涵起点是服务于高质量发展和高水平科技自立自强，并更加体现专业性、创新性、发展性和贡献性。"人才"群体要心怀"国之大者"，主动承担起新时代中华民族伟大复兴所赋予的责任使命，为服务国家高质量发展和高水平科技自立自强贡献其独特价值。另外，新时代的人才工作也以坚持面向世界科技前

沿、面向经济主战场、面向国家重大需求、面向人民生命健康为方向指针，来明确定位、创造价值、有所作为。

新时代人才强国战略将注意力聚焦于科技创新人才群体的身上，重点关注战略科学家、科技领军人才及创新团队、青年科技人才、卓越工程师等重点人才的开发和队伍建设。当前，科技创新人才在我国整体人才队伍建设中处于重中之重的核心地位。与我国作为世界第二大经济体的地位相比，与实现中国梦的整体战略需求相比，当前我国科技人才队伍建设还存在高精尖人才不足、技术技能人才不能满足产业升级需求、专家教授等专业人才群体国际竞争力相对不足、人才创新产出的世界级贡献不多等突出问题。为此，未来一段时期围绕培育造就具有全球竞争力的国家战略人才力量，可统筹考虑实施以下重点领域、重点门类人才队伍建设计划：战略科学家队伍培育支持计划、卓越工程师队伍建设计划、"新基建、新动能、新经济"产业骨干人才培育计划、"天才少年"培育计划、战略企业家培育计划、人文和社会科学大家大师培育计划、"大国工匠"培育计划、博士后创新人才支持计划、高质量现代服务业人才队伍建设工程（包括现代服务业各专业、领域专门人才培育计划）等，同时重点推动以下人才队伍的建设工作。

首先，推动高等教育模式改革，对重点人才实施重点培养，在双一流及科研实力雄厚的科研院所，推动建设高等理工研究院和大师授课培养机制，着力培养理论基础坚实、知识结构合理、善于综合判断和解决实际问题的高层次科技人才。推广"清华姚班"经验（即清华学堂计算机科学实验班，由姚期智院士创办，致力于培养国际拔尖创新计算机科学人才），实施"天才少年"书院制培养试点，遴选国际一流师资，制定个性化人才培养方案，实施"大师带徒"人才定制培养机制，打通高潜力青少年中小学、大学贯通渠道。建立应需化、多样化的继续教育新体系，提供与科技发展、产业实践和新技能需求密切结合的继续教育内容，使继续教育真正成为提升科技人才专业化水平的有效渠道。发挥政府的宏观指导作用，进一步促进高校、科技界、工程界、产业企业和社会组织在科技人才开发上的紧密合作。

其次，探索建立人才培养与工程项目、建设资金有机结合、相互促进的人才开发机制。以产业行业需求为核心，以龙头企业和产业联盟为主导，改革完善职业教育机制，将工程科技人才培养重心前移。在国家科技计划、重点工程项目经费中，安排一定比例用于人才吸引、培养和保障，并将其作为评价计划（项目）实施效果的重要指标之一。以头部平台为示范引领，在重点基地、平台建设项目中强化青年创新人才开发任务，并纳入相关考核指标体系。在国家重大项目实施中，鼓励资深专家和中青年骨干人才开展结对子的"师带徒"活动，对资深专家设置培养优秀人才的工作任务指标。

再次，构建专业工程师认证制度，形成以认证工程教育为起点、以能力标准为基础、以等级晋升为台阶、以继续教育为保障、以能力（专业化水平）提升为目标、以国际认可为结果的工程科技人才开发制度体系。重视对工程教育的鉴定认证，将其作为工程科技人才质量保障体系的重要组成部分，构建将工程教育鉴定认证、工程师资质认证和工程师继续教育有机结合的工程科技人才成长发展体系。

此外，在国家重点项目部署和前沿领域布局时，规划好相关专业领域青年人才梯队建设任务，吸引和稳定一批处于创新活跃期的青年人才，重点支持一批"最聪明的人才"，将他们送入宽容失败、长期支持的创新"保险箱"，事先评审其素质潜力，定期评估其工作进展，鼓励他们开展世界一流的开创性、自由探索的科研工作。

还有，促进高等院校、科研院所之间的科研竞争和人才流动，加强系统统筹，理顺各地方、各系统人才计划工程的接续工作，减少各类项目互有重合、重复资助、集中少数、效率不足的现象，全国一盘棋，形成上下对接、各有侧重、系统有序的国家人才整体支持计划，有力支持各方面、各层次青年人才创新发展。

最后，在创新驱动发展战略的实施框架下，统筹解决人才与教育、科技现实中存在的"两张皮"问题，重构创新人才产教融合协同开发体系，充分发挥头部企业和产业联盟作用，建立前沿项目、人才发现机制，构建新型人才培养机构和服务平台。推动国家之间政府、工商界、产业界、教育界、学术界广泛交流与合作，构建跨域跨界人才开发体系。

四、围绕激发人才活力推动科技人才重点体制机制改革

党的十八大以来，特别是中央《关于深化人才发展体制机制改革的意见》出台以来，我们在转变政府人才管理职能、改革人才评价机制、强化人才创新创业激励、健全海外人才引进机制和完善人才流动配置机制等重

要领域和环节上取得了重要进展。但是我们也应该看到,当前我国科技人才活力尚未得到充分激发,人才发展和创新创造的体制机制障碍仍然存在。

从前期调研来看,当前人才工作中还广泛存在"管得太多""管得过死"等问题,使用计划思维和干部身份管理人才的惯性仍然很大。同时,部分高校、科研院所人才工作"官本位""行政化"色彩浓厚,习惯于用资金、项目、编制等管人才,特别是科研领域和人才评价领域仍旧存在一系列阻碍创新、阻碍"冒尖"的明规则或潜规则,专业共同体在推动人才发展中的角色发挥不足,这些都与国家创新驱动发展战略方向不相适应,甚至是背道而驰的。

面向未来、面向高质量发展、面向国际化竞争,未来一段时期我们将以激发人才创新活力为核心,针对当前高校院所人才制度改革呼声很大、尚未落实、亟待突破的一些重点难点问题开展改革创新。在这里,建立"科学家本位"体制机制、形成"一流人才主导"发展体系及对高水平人才提供"绿色通道"特殊支持是其中的核心问题和关键举措。

首先,以"科学家本位"为导向改革高校院所人事人才管理制度,将"方便管理""方便官员"转变为"方便科学家""方便创新者"。传统的事业单位管理是基于"行政本位"的,而非"人才本位"的。在推动高水平科技自立自强的背景下,在承担创新驱动发展任务的高校院所中,传统的事业单位人事管理方式与科研创新规律、人才成长规律产生的摩擦、冲突不断加深。实践告诉我们:依靠行政管理是管不出科技创新来的,传统的"行政本位""参公管理"阻碍了人才创新活力的激发;而哪里更加尊重科学家、尊重专家、尊重学者,哪里就会涌现出更多高水平创新人才和创新成果。新时代人才强国战略强调,大力破除"官本位""官僚化"痼疾,以更大力度向用人主体授权、向科学家赋权,建立健全战略科学家、首席科学家负责制,建立以信任为基础的人才使用机制,完善科研任务的"揭榜挂帅"、"赛马"制度,赋予科学家更大技术路线决定权、更大经费支配权、更大资源调度权,依托国家重大项目组织、重大平台建设充分发挥战略科学家的作用,建立健全责任制和目标导向的"军令状"制度,鼓励科技领军人才挂帅出征等,为加快形成"科学家本位"的科研创新体系提供基本方向和工作指引。以此为基础,我们要逐步转变科技领域和高校院所的"官本位"倾向,深入推动高校院所底层管理逻辑的重构与优化,为科学家和基层一线科研人员提供专属科研资源支持,限制行政领导在科研领域"裁判员""运动员"双肩挑的套利行为,逐步建立起以科学家为中心和以人才为中心，真正有利于科学家发挥作用的高校院所人才人事制度环境。

其次，发挥人才评价的人才制度改革龙头作用，着力建立与创新规律和人才成长规律相契合的人才评价制度。人才评价是人才发展的指挥棒，评价工作直接影响人才队伍建设的整体水平和国际竞争力。中央人才工作会议再次强调要完善人才评价体系，加快建立以创新价值、能力、贡献为导向的人才评价体系，形成并实施有利于科技人才潜心研究和创新的评价体系。在国家战略进阶背景下，传统的人才评价方式、评价体系已经难以适应新时代国家的战略发展需求，亟须建立一套匹配夺标型国家战略安排、体现国际竞争力的人才评价体系。贯彻落实中央人才工作会议精神，要大力建设公平公正、科学合理的人才评价机制。在科技人才评价方面，推动政府职能聚焦健全同行评价机制、提供人才发展政策导向，并从制定具体评价标准及主导人才评价过程中逐步退出。围绕充分发挥市场的决定性作用，努力改变以行政评价代替专业评价的方式，赛马而不相马，减少管理者的主观臆断和"行政认定"、行政干预；破除在职称评审、岗位晋级、奖励评价、项目评审中的领导决定制、"老人评新人"、"伪同行"评议、关系评议等，破除高校院所科研人员评价中实际存在的"唯（国家级）课题"倾向。同时，要进一步深化科技成果评价改革，基础研究成果对接国际标准，应用成果对接行业、社会和市场标准。以申报人员的科研能力、以往成果业绩和可显示信用度指标为主要参照，给连续做出高质量工作的科技人才以持续支持。针对工程科技人才，要逐步改革以地方、机构为基础，以行政部门为主导的评价制度，建立以权威第三方机构主导的大范围同行业人才评价体系。此外，建议大幅精简政府主导的科技奖项，设立少量政府权威性奖项，支持产业行业组织、民营企业打造世界级权威科学奖项（如未来科学大奖、科学探索奖等）。此外，深化事业单位人事制度改革，适当传导同业发展和满意度竞争压力，在严格事业单位考核评价的基础上，合理下放专业技术职务管理和岗位管理权限。

最后，加快形成"一流人才主导"的创新体系，为"关键少数"的高精尖人才创新发展提供特殊支持、特殊通道。习近平总书记强调："人才是自主创新的关键，顶尖人才具有不可替代性。"[1]一流人才数量虽少，但

---

[1] 习近平. 深入实施新时代人才强国战略 加快建设世界重要人才中心和创新高地[J]. 求是，2021（24）：4-15.

其作用核心关键。在一定背景下，如果二流人才或三流人才掌握评价权、选择权和使用权，那么一流人才将会被淘汰出局，"劣币驱逐良币"将成为一种常态化现象，进而导致一国、一地、一领域、一单位人才生态的衰败。科技政策专家刘益东强调，真正取得世界范围内原创突破性成果的才是一流人才；"四唯""五唯"评价实际上是较低评价标准，低标准会造成学术平庸和泛滥；加大对二、三流人才的资助，并不会推动原始性创新。当前，面对建设世界重要人才中心和创新高地的战略目标，我们要下决心以世界一流原始创新为引导，建立形成国际一流人才主导的人才发展体系和科研创新体系，甄别选用世界一流人才，赋权建立世界一流机构，培育世界一流科技人才，并进一步扩大领衔科学家全权负责制和"PI"负责制范围，让一流人才引进一流人才、一流人才培养一流人才，避免二流人才、三流人才的"近亲繁殖""科研垄断"和无效研发投入。为此，我们要对标国际水准，建立"一流人才一流待遇"制度，为顶级科学家发挥作用、高潜力人才成长发展提供全方位支持和绿色特殊通道，为战略科学家和拔尖领军人员提供全周期全保障服务。在此基础上，加快建立尊重一流人才、尊重原始创新、产生全球竞争力的人才制度体系，逐步形成承载世界一流人才发展的人才生态和科技生态，推动世界高水平人才集聚化、高质量发展。

第5章　新时代人才强国战略实施的思想根基与理论支撑

千秋基业，人才为本。党的十八大以来，面对错综复杂的国际局势和艰巨繁重的改革发展稳定任务，以习近平同志为核心的党中央站在实现中华民族伟大复兴、赢得国际竞争主动的战略高度，把人才工作摆在治国理政大局的关键位置，先后主持召开了中央政治局会议、中央深改组（委）会议等重要会议，研究人才工作议题；多次在两院院士大会等重要会议上发表人才工作讲话；多次深入高校院所、科创平台、厂矿企业一线，实地调研人才的培养使用和发展问题；一再就深化人才体制机制改革、加快科技人才培养使用、推动高等教育和职业教育发展等作出重要指示批示，大力倡导科学家精神、工匠精神和劳模精神，其中释放出我国走一条"人才引领、创新驱动"的大国复兴之路的强烈信号，昭示着作为执政党的中国共产党坚定推进人才引领驱动的战略决心，反映了以习近平同志为核心的党中央对国家总体人才战略布局的深刻思考。

一、实施人才强国战略是习近平总书记治国理政基本方略的重要内容

人才是强国之本、竞争之基、转型之要。党的十八大以来，新一轮科技革命和产业竞争加速演进，大国博弈、霸权主义、逆全球化和新冠疫情使全球形势更趋复杂，围绕高技术、新产业控制权的较量更加激烈。面对百年未有之大变局和中华民族伟大复兴战略全局，党和国家大力实施创新驱动发展战略、推动高质量发展、加快实现高水平科技自立自强，其中凸显出

人才资源及其作用发挥的路径依赖。当前，我国人口红利日渐式微，人才红利有方可循。通过深入实施新时代人才强国战略，凝聚磅礴的人才力量、智慧能量引领和支撑中国式现代化道路，成为事关民族复兴的战略关键。

推动人才优先发展、人才引领发展是习近平总书记治国理政的基本方略之一。党的十八大以来，党和中央领导人提出：办好中国的事情，关键在党，关键在人，关键在人才；国家发展靠人才，民族振兴靠人才；人才是实现民族振兴、赢得国际竞争主动的战略资源；综合国力竞争归根到底是人才竞争；人才竞争已经成为综合国力竞争的核心；谁能培养和吸引更多优秀人才，谁就能在竞争中占据优势；我们"比历史上任何时期都更加渴求人才"，要"加快构建具有全球竞争力的人才制度体系，聚天下英才而用之"，"加快构建人才引领发展战略布局"；等等。这些论述深刻回答了为什么建设人才强国、什么是人才强国、怎样建设人才强国等重大理论和实践问题，人才强国战略在大国崛起、民族复兴中的地位和作用被提上前所未有的国家布局的核心位置。

十余年来，深入实施人才强国战略，加快人才队伍建设成为我们党应对激烈的国际竞争和大国博弈，赢得发展主动权的重大战略选择。党的十八大提出，广开进贤之路，广纳天下英才，加快确立人才优先发展战略布局，造就规模宏大、素质优良的人才队伍，推动我国由人才大国迈向人才强国。党的十八届三中全会布局建立集聚人才的体制机制，择天下英才而用之的重大改革任务。党的十八届五中全会强调，在"十三五"期间，深入实施人才优先发展战略，加快推进人才发展体制改革和政策创新，形成具有国际竞争力的人才制度优势，聚天下英才而用之。在党的十九大上，以习近平同志为核心的党中央作出人才是实现民族振兴、赢得国际竞争主动的战略资源的重大判断，强调要坚持党管人才原则，聚天下英才而用之，加快建设人才强国。2018年全国组织工作会议明确将"着力集聚爱国奉献的各方面优秀人才"纳入新时代党的组织路线。党的十九届四中全会将"坚持德才兼备、选贤任能，聚天下英才而用之，培养造就更多更优秀人才"作为我国国家制度和国家治理体系的显著优势之一。党的十九届五中全会提出深入实施科教兴国战略、人才强国战略、创新驱动发展战略，完善人才工作体系，深化人才发展体制机制改革，将建成"人才强国"确立为2035年远景目标。2021年召开的中央人才工作会议明确了实施新时代人才强国战略的指导思想、战略目标、重点任务、政策举措等系列部署。党的十九届六中全会重申，深入实施新时代人才强国战略，加快建设世界重要人才中心和创新高地，聚天下英才而用之。党的二十大以更高站位、更大视角，统筹推动教育、科技、人才三项工作，强调为现代化建设提供人才支撑。以上顶层设计和战略安排明确了新时代推动人才发展的方向标、着力点和操作面，为推动新时代人才工作取得历史性成就、发生历史性变革奠定了基础。

总体来看，党的十八大以来，习近平总书记站在党和国家事业发展全局的战略高度，将人才战略提升到大国崛起、民族复兴的核心战略位置，聚焦创新驱动和高水平科技自立自强锚定了人才强国战略进阶新基点，围绕人才引领驱动构建了新时代人才强国战略新体系，丰富和发展了中国特色社会主义人才理论，形成了治国理政新理念、新思想、新战略中精彩的"人才篇"。当前，我国人才强国战略推动进入了一个立体化设计和创造性实施的新阶段，释放人才发展活力、推动人才创新创造成为新时代人才强国的战略主题和风向标。

二、将"人才"视为实现创新驱动发展的核心资源体现着一种历史自觉

从党的十八大到党的二十大的召开，我国人才强国战略、人才工作体系不断优化提升、进阶发展，其中体现着时代性、发展性、传承性、科学性，也反映出一种与大国崛起、民族复兴协同共振的宏观战略观。我们看到，自党的十八大以来，习近平总书记对人才工作的重要讲话和指示批示超过两百次，其中涉及人才培养、引进、评价、使用、支持、激励、保障等人才管理的重要环节和主要方面，不仅揭示出人才对民族振兴、国家富强的底层意义，更指明了未来人才工作推动的重要方向和关键，进而丰富和发展了具有中国特色的人才理论体系，赋予了人才强国战略以新的灵魂和内涵，加快推动了我国人才工作战略转型和人才力量锻造提升的历史进程。

将"人才"视为实现民族复兴的核心战略资源体现了一种执政党的历史自觉。这种历史自觉体现在对国家、民族振兴规律的深刻理解和主动遵循上，体现在对"两个一百年"奋斗目标战略前景的主动营造上，体现在对国家竞争背后人才竞争的深刻忧患意识和危机意识上。将人才发展放到党和国家最高战略层面中去布局谋划，成为中国式现代化和中国走伟大复兴之路的鲜明特色、宝贵经验和基本路径，其中体现着中国共产党作为执

政党的战略洞察、战略自信和战略定力。这十年来，人才工作在党和国家工作全局中的地位进一步提升，坚持党管人才原则，实施人才强国战略，注重人才队伍建设成为中国式社会主义现代化道路的伟大实践创造之一。

三、聚焦高水平科技自立自强锚定新时代人才发展战略进阶新基点

在世界历史发展进程中，不断上演着一场场国与国之间的竞争较量。近代以来，每一次后发国家的成功赶超，都伴随着人才引领、科技先行。世界强国的基本内核首先是科技强，而不是经济强，但这两者的背后都是人才强，否则只能是"大而不强"。当前，随着国际局势复杂多变、大国博弈日益加深，数字经济、创造力经济蓬勃兴起，"人才资源作为经济社会发展第一资源的特征和作用更加明显"，我们要在这场关系国家富强、民族复兴的全球竞争当中赢得先机，就必须增强人才忧患意识，确立"人才引领"思维理念，构建符合人类文明进步发展规律、支撑实现民族复兴中国梦的国家人才战略新基点。

目前，中国已经实现第一个百年奋斗目标，历史性地解决了绝对贫困问题，正在向第二个百年奋斗目标昂首迈进。面对"百年未有之大变局"，在党的十八大上，以习近平同志为核心的党中央提出大力实施创新驱动发展战略。2013年中央政治局更是第一次走出中南海，来到北京中关村开展集体学习，即以实施创新驱动发展战略为学习主题。"实施创新驱动发展战略决定着中华民族的前途命运。"[①]这一事关民族振兴的总体战略的调整变化，标志着我们不再施行国家发展的模仿型战略、跟随型战略，而是升级为一种领先型战略、夺标型战略。我们力求通过创新驱动发展、高质量发展和高水平科技自立自强推动实现中华民族伟大复兴中国梦，重新站上世界发展的潮头和灯塔位置。这种战略范式的升级和转变，要求我们在未来一段时间进一步实现科技创新由学习模仿走向前沿突破，实现若干重大发展课题的自主独创解决，在中国式伟大复兴登顶道路上实现一系列重大台阶的自主迈进，构建匹配世界一流强国的软实力、硬实力，具备引领全

[①] 全国干部培训教材编审指导委员会. 全面建成小康社会与中国梦[M]. 北京：人民出版社，2015：69.

世界向前发展的动能、势能、感召力和辐射力。

经济发展战略是一级战略，人才发展战略是二级战略，人才发展战略是要为一级战略和全局战略提供支撑的，是要服务于经济社会发展总体目标的。可以说，人才战略从来脱离不开"竞争"背景，人才战略从来都是为"发展"服务的。

那么创新驱动发展战略是如何支撑实现的呢？基于发展的基本逻辑，习近平总书记强调"发展是第一要务，人才是第一资源，创新是第一动力""人才资源是第一资源，也是创新活动中最为活跃、最为积极的因素"；"创新的事业呼唤创新的人才。人才越多越好，本事越大越好"；"中国如果不走创新驱动道路，新旧动能不能顺利转换，是不可能真正强大起来的，只能是大而不强。强起来靠创新，创新靠人才"[1]。2015年，习近平总书记提出："人才是创新的根基，创新驱动实质上是人才驱动。"[2]在2021年中央人才工作会议上，习近平总书记再次指出，"创新驱动本质上是人才驱动"[3]。

习近平总书记提出"创新驱动"与"人才驱动"的等效逻辑。将"创新驱动"与"人才驱动"等同起来，意味着党的十八大以来实施的"创新驱动发展战略"，其本质、实质是"人才驱动发展战略"。人才及人才工作在推动创新驱动发展中处于"重中之重"的核心位置。

所谓高质量发展，首先是有创新含量、技术含量的发展，特别是有人才智力成果支撑的内涵式发展。只有这样的发展才具备高价值性、延展性、可持续性和难以模仿性，进而构筑起驱动国家发展的核心竞争力门槛。因此，从党的十八大提出"人才优先发展"，到2018年全国组织工作会议上提出"人才引领发展"，这是习近平总书记根据发展阶段、形势变化提出的人才治理新方略。

当前我国不同地区人才工作发展所处的阶段不同，大体可以划分为城市化过程中的人才工作、传统工业化过程中的人才工作、新型工业化过程

---

[1] 习近平. 发展是第一要务，人才是第一资源，创新是第一动力[EB/OL]. 中央人民政府网, https://www.gov.cn/xinwen/2018-03/07/content_5272045.htm, 2018-03-07；中共中央文献研究室. 习近平关于科技创新论述摘编[M]. 北京：中央文献出版社, 2016：110；习近平. 坚定不移创新创新再创新 加快创新型国家建设步伐[EB/OL]. 环球网, https://china.huanqiu.com/article/9CaKrnJF2GC, 2014-06-09.

[2] 中共中央文献研究室. 习近平关于科技创新论述摘编[M]. 北京：中央文献出版社, 2016：122.

[3] 习近平. 深入实施新时代人才强国战略 加快建设世界重要人才中心和创新高地[J]. 求是, 2021（24）：4-15.

中的人才工作,以及创新型经济阶段的人才工作等四个阶段。当由传统工业化阶段进入新型工业化阶段,即完成了"动能转换"之后,引进一个人才、带起一个团队、兴起一个产业的人才引领"雁阵效应"将成为一种常态化现象。当前,美国硅谷、以色列特拉维夫等已由创新型经济阶段进入大脑型经济阶段,是"人才引领发展"的典型示范,其背后的竞争已由"人才数量的竞争"进入"人才创新创业生态系统"的竞争。

笔者认为,所谓"人才优先发展",是指我们仍将人才资源与土地资源、金融资源等物质资源要素放在同等位置,但是"人才"在各资源要素中要先行一步;而所谓"人才引领发展",是指将人才资源放在其他各要素的前置位置,人才发展不仅要"先行一步",而且在战略摆布上的初始位置也有所不同,处于其他各类资源要素发展的引领位置。

当前,我国正处于重要的发展动力转换期、发展模式升级期和国家战略进阶期,党的二十大提出的"坚持创新在我国现代化建设全局中的核心地位"的意义尤为重大。坚持"人才引领驱动",其实质是人才引领创新驱动发展、人才引领高质量发展、人才引领中国式现代化,是要进一步增强人才资源对未来经济社会发展的引领性、支撑性,进一步提升人才要素对经济社会发展的总体贡献程度和贡献水平。

四、围绕实现中国梦明晰中国特色人才强国战略推进的价值观、方法论

一个大国的发展要有自己的价值观、方法论,进而明确战略方向,构建战略保障,形成自己的政治感召力。党的十八届三中全会将"建立人才集聚体制机制,择天下英才而用之"列入全面深化改革的重大任务之一。为贯彻落实十八届三中全会提出的这一改革要求,在《关于深化人才发展体制机制改革的意见》的起草过程中,起草组将上述改革要求的前后两句话合并,并报中央同意,提出"聚天下英才而用之"的总概况,并沿用至今。

站在构建中国特色人才强国战略体系的视角下,实现人才发展中国梦凸显着我们的价值导向,"聚天下英才而用之"体现着我们的方向选择,而坚持"党管人才"原则是基本的战略保障,遵循社会主义市场经济规律

和人才成长规律则是我们的行动指南和工作方法。以上方面不可偏废，在形成我国独具特色的人才工作路线中扮演着关键角色。它们的有效、有机整合则会孕育出推动我国人才发展的强大政治感召力。

当前的国际竞争其根本是人才竞争。这场没有硝烟的战争悄无声息、残酷无情，是发展中国家实现现代化所面临的最大挑战之一。我们要赢得这场关系民族复兴、国家未来的人才竞争，就必须增强人才忧患意识，确立科学人才发展观念，构建符合我国发展实际，具有中国特色的人才战略体系。

党的十八届三中全会提出"建立集聚人才体制机制，择天下英才而用之"。在这里，关键是要建立一个既能充分发挥市场配置人才的决定性作用，又能切实履行党和政府宏观人才管理职能的人才发展治理新体系。

坚持党管人才原则是推动我国人才工作发展的政治保障和制度保证。"党管人才"是要在宏观层面上形成一个制度构架和协调机制，充分发挥执政党在推动人才发展中的集聚力、协调力和感召力。近年来，我国人才工作和人才强国战略实施迈上了历史新台阶，与坚持和发挥党管人才的作用密不可分。历史经验证明，坚持党管人才原则是我国人才发展的一项重要制度优势，它有助于人才工作沿着正确的政治方向、路线和方针持续推进，形成聚天下英才而用之，实现"人才强国"战略目标的有力工作体系。

遵循基本规律是做好各项人才工作的方法要求。我们要坚持"实事求是"，而其中的"是"即指客观事物间的联系，即规律性。在人才工作实践中，"按规律办事"是一项本质要求，只有不断发现、掌握、运用规律，才能减少工作中的盲目性、主观性和片面性，提高人才工作的有效性。只有在人才工作中，尊重、遵循以上两个规律（即市场经济规律和人才成长规律）才能使我们提出的人才政策、制度和相应工作方案做到切实、有效、可行。坚持党管人才原则，充分发挥市场配置人才的决定性作用，同时，从遵循人才成长规律出发不断完善人才工作各项环节，才能形成更加符合中国实际，更具蓬勃活力的集聚、使用天下英才的有效治理体系。

聚天下英才而用之，首先要遵循市场经济规律和人才成长规律。人才，特别是作为创新创业人才的特定个体或群体，其培育、生成、发展、成长是一个复杂多变的过程，但其中有其规律性，不遵循这个规律，不按规律办事，将难以形成人才大量涌现的生动局面，更难以成就"天下英才"。具体而言，强调遵循市场经济规律和人才成长规律，将有助于提升人才开发、配置的效率和公平性，有助于增强我国人才活力、竞争力，有助于推动各类人才的价值实现。

在市场经济条件下，就要遵循市场经济规律，哪里有需求、哪里能发挥作用、哪里效率高，人才就往哪里流，只有通过市场的调节作用人才资源才能获得有效配置和优化组合。因此，打破人才流动障碍，努力破除人才发展的刚性、柔性约束，建立开放、包容的人才机制和环境，既是人才辈出、人尽其才、才尽其用的前提，也是实现人才资源高效配置，建立国际人才竞争比较优势的基础。

当前的国际人才竞争是一个动态的竞争，真正的高素质人才在全球范围内选择、定位自身价值。而市场经济规律首先是竞争规律、供求规律和价格规律，与人才成长、发展和价值实现的要求、需求不谋而合。强化市场地位，并借助市场力量和价格杠杆去吸引人才、检验人才、评价人才、使用人才、回报人才，才能更加凸显"第一资源"的作用，营造天下英才汇聚涌现、竞争发展的环境，在整体上提升我国人才环境的竞争力。

在市场经济条件下，什么是"人才"，不是仅看学历、资历和证书，而是要看发挥的作用，创造的价值，以实践、社会和市场作为检验的主体。在特定领域是人才，换一个领域不一定是人才；此时是人才，彼时不一定是人才。从内部来讲人才作用的发挥有其生命周期，从外部来讲同类人才亦有其差别化的比较优势。因此，强调遵循两个规律，就要给予人才以更加宽容和自由发展的成长环境，使人们有更多机会寻找自身的定位，通过多种渠道发现、发展自己的潜能，从而在恰当的领域、岗位上做出创造性的贡献，体现其独特的"人才"价值。

另外，社会主义市场经济规律和人才成长规律也密不可分。人才成长发展，离不开外部环境条件，要有市场驱动、市场标准和市场激励。同时，市场发挥作用也要遵循基本的人才成长法则，不能拔苗助长、指鹿为马、"一切向钱看"。不按照市场经济规律择人、用人、惠人，推动人才发展，集聚的就不是天下英才；不按照人才成长规律选人、育人，以及开发和激励人才，也培养不出符合国家发展需求的时代英才。"聚天下英才而用之"，需要在遵循自然法则中，创造性地开展工作，才能达成和实现目标。

历史和实践经验表明，高效的人才发现、使用机制是"赛马"制而非"相马"制。提高人才工作科学化水平，首先要重视人才评价问题，它是人才成长、发展和使用的风向标。要遵循两个规律，就要坚持人才评价的实践导向、市场导向和专业导向，而非官员导向、政府导向和权力导向，要坚持"自下而上"，而非"自上而下"的评价操作路线。要遵循两个规律，就要着力构建人才使用、评估、成长的开放性环境，通过健全社会认可机制，借助市场价格杠杆，以双向选择方式实现人才有效配置。以此为基础，公开、公正、公平地评判人才品质，引导人才发展，调整人才错位，优化人才布局。

遵循两个规律，要求我们的工作重点要从过去注重人才短期政策制定，转变到有利于人才长期发展的市场机制建设上来。按照供求状况和价格机制，借助市场力量去检验人才、使用人才，使各类人才在市场选择和平等竞争中超越自我、提升价值、增长才干，同时优胜劣汰，最大限度地激发各类人才发展活力。只有打造"万类霜天竞自由"的环境才能形成提升人才整体素质水平的内在动力，才能建立我国人才竞争的比较优势，有力推动人才强国战略目标的实现。

党的十八届三中全会强调指出，要发挥市场在资源配置中的决定性作用。在人才开发过程中，要充分调动各类人才的积极性、主动性、创造性，就要在遵循两个规律的基础上，建立面向国际、面向市场、面向现代化的人才开发和使用制度，特别是专业人才的开发和使用制度。"聚天下英才而用之"，其中相当大的一部分是指专业人才。专业人才发展有一个市场化、社会化、职业化和国际化的问题。推动他们的可持续发展，就要进一步理顺政府与社会、市场之间的关系，大力培育社会组织和第三方机构，推动各类协会、行业/职业组织和各类服务机构的壮大，推动政府实现角色、定位转型，从人才工作的"前台"走向"后台"，充分调动各类社会专业组织和企业组织的力量，承担起推动专业人才国际化、职业化开发的责任，将制定人才评价标准、设计评价内容、开展水平评价、推动人才职业进阶交由社会机构承担，相关政府职责则定位于方向引导、规则制定、监管实施，着力改善支撑人才发展的大环境，解决和弥补市场失灵问题。通过政府、市场和社会职责的合理划分，为在市场竞争规律、价值规律和供求规律的作用下，实现各类人才的优胜劣汰以及开发配置的有效均衡提供空间。

五、突出创新驱动，构建中国特色人才战略和人才发展治理新体系

党的十八大以来，习近平总书记对人才工作作出的重要指示和批示超

过 200 次。总的来看，习近平总书记的这些重要讲话和论述以实现中华民族伟大复兴中国梦为总牵引，提出了"建设世界人才强国"的战略愿景，指明了"聚天下英才而用之"的战略方向，给出了遵循社会主义市场经济规律和人才成长规律的人才工作方法论，强调了深化人才发展体制机制改革的战略撬动点，点明了突出"高精尖缺"导向、激励人才创新创业、以更大力度吸引集聚海外人才等一系列战略着力点，强化了坚持"党管人才"的战略保障和战略支撑。在此基础上，党的二十大和中央人才工作会议进一步明确了加快建设世界重要人才中心和创新高地的战略总目标[1]，进一步回答了新时代人才事业发展的相关重大理论和实践问题，从而形成了一个思想深刻、逻辑清晰、体系完整、叙述明确、互为支撑、动态上升的国家人才战略有机体系，在党和国家事业发展全局中进一步夯实了人才引领驱动的战略导向、实践路径和时代印记，产生了推动我国人才创新、集聚的强大战略感召力，推动了中国未来人才发展明晰历史进阶的新方位，迈向了世界中心大舞台，为进一步做好人才工作提供了根本遵循。

与此同时，中央人才工作会议总结提出了人才工作推动的"八个坚持"，这既是对新时代人才工作的规律性认识，更是习近平人才工作思想的基本内核，从而完成了一个从人才工作实践到人才战略理论，从国家性人才推动到全球化人才发展定位的升级循环，赋予新阶段人才强国战略以新思想新内涵，推动中国人才迈向全球新方位。

百年变局之下，科技创新是关键动力；民族复兴路上，人才发展是战略基石。党的十八大以来，我国人才工作取得了历史性成就、发生了历史性变革。在这背后，实施人才强国战略正成为中国之路、中国之治、中国模式的具体表征和体现。但是也要看到，我国人才工作与国家战略需求相比还有很多不适应的地方。习近平总书记指出，当前我国"人才队伍结构性矛盾突出"[2]。高精尖人才、战略科学家匮乏，基础研究人才不足，高水平技术技能人才供给不够，工程科技人才培养与使用相脱节；在人才效能方面，科技和产业领域中还存在大量"卡脖子""0~1"问题未得到解决，核心技术受制于人；同时人才政策精准化程度不高，体制机制改革"最后一公里"不畅通，既有中国特色又有国际竞争比较优势的人才发展体制机

---

[1] 中央组织部人才工作局. 深入实施新时代人才强国战略[N]. 人民日报，2022-10-13.
[2] 习近平. 深入实施新时代人才强国战略 加快建设世界重要人才中心和创新高地[J]. 求是，2021（24）：4-15.

制还没真正建立。特别是顶尖人才、"卡脖子"人才是推动高质量发展的关键力量，在这方面我们与发达国家相比还有明显差距。

在此背景下，2022年，党的二十大报告在贯穿发展中央人才工作会议精神的基础上，进一步将人才章节前移、位置显著突出，提出"人才引领驱动""推动创新链产业链资金链人才链深度融合""着力造就拔尖创新人才""坚持为党育人、为国育才""坚持各方面人才一起抓"等新思想新论断新要求，将大师、大国工匠和高技能人才纳入国家战略人才中，在总体上形成了以"一个目标"（加快建设世界重要人才中心和创新高地）、"一个转变"（"人才引领驱动"的生产力定位转变）、"三项任务"（推动教育、科技、人才三位一体，全方位培养用好人才，建设国家战略人才力量）、"三大举措"（构建3+N战略支点和雁阵格局，实行更加积极、更加开放、更加有效的人才政策，深化人才发展体制机制改革）为基本构架的新时代人才战略新体系。本次会议还将"聚天下英才而用之""充分发挥人才作为第一资源的作用"写入党章修正案，成为党要长期坚持的基本路线和行动纲领，我国迈入建设世界一流人才强国的新征程。以上顶层设计和战略安排进一步强化和突出了人才引领发展在国家经济社会发展总体布局中的战略位置。

六、以"八个坚持"为基础构建新时代人才战略思想新内核

基于对党的十八大以来人才强国战略实施和人才工作推动的经验总结，习近平总书记在中央人才工作会议上提出了"八个坚持"作为对我国人才事业发展的规律性认识。"八个坚持"提出了把握好新时代人才工作的基本纲目，明确了人才工作创新发展的基本点、立足点和突破点，既贡献了"理论"，也给出了"实践"，形成了一个"知行合一""点线面结合"的新时代人才强国战略的立体化图景[①]。其总结和提出完成了一个从人才工作实践到人才发展理论的升华循环，不仅丰富了习近平总书记治国理政基本方略的"人才篇"，发展了中国特色社会主义人才理论，更构建起

---

① 孙锐. 新时代人才强国战略的内在逻辑、核心构架与战略举措[J]. 人民论坛·学术前沿，2021（24）：14-23.

习近平人才工作思想、人才战略思想体系的基本内核。

一是坚持党对人才工作的全面领导。在新时代新背景下，党管人才首先是党领导实施人才强国战略、推进高水平科技自立自强，加强对人才的政治引领和政治吸纳，着力把各方面优秀人才集聚到党和人民的伟大奋斗中来。深刻学习贯彻习近平总书记人才工作系列讲话精神，就要牢牢把握党管人才工作的重点和关键：聚人心、指方向、定战略、抓协同、促服务、提绩效、强保障。未来一段时期，健全和完善党管人才，既要解决思想认识问题，也要解决方式方法问题，防止人才工作政绩化、人才政策碎片化、工作力量分散化、工作利益部门化，不求急功近利，不求轰动效应，不求表面之功，注重打基础、利长远，进一步提高党管人才工作的效益和水平；另外，在"党管人才"的格局下，进一步加快政府职能转变，合理划分政府、社会、市场的职责，建立现代人才发展治理体系也是一项重要且紧迫的任务。

二是坚持人才引领发展的战略地位。构建新发展格局最本质的特征是实现高水平自立自强。而科技创新的背后是人的创造性劳动。所以，人才是创新的根基，创新驱动实质是人才驱动。人才引领发展主要是指将人才资源摆在其他各类资源要素的前置位置，人才资源发展在经济社会发展各要素中处于引领地位，并且先行一步。人才引领发展，就是要显著增强人才资源对经济社会发展的引领性、支撑性作用，进一步提升人才要素对经济社会发展的贡献水平，从而实现人才引领创新驱动、人才引领高质量发展、人才引领中国式现代化。只有坚持人才引领发展的战略地位，才能走出一条从人才强到科技强、产业强、经济强、国家强的中国式现代化之路。

三是坚持面向世界科技前沿、面向经济主战场、面向国家重大需求、面向人民生命健康。人才工作不是"就人才论人才"，需要落实到"四个面向"体现的人才发展成效和人才工作效能上，是要服务于国家发展重大战略、服务于解决国计民生重大问题、服务于中华民族伟大复兴战略目标的。因此，我们要心怀"国之大者"，将"论文写在中国大地上"，以服务"四个面向"的实际效果作为评判新时代人才工作的具体标准，将服务"四个面向"作为实施新时代人才强国战略的立足基点、价值体现和使命担当。

四是坚持全方位培养用好人才。建设世界重要人才中心和创新高地不仅需要具备一大批大师、战略科学家、科技领军人才和创新团队、青年科技人才、卓越工程师和大国工匠、高技能人才，也需要培养造就大批哲学家、社会科学家、文学艺术家等各方面人才。我们要下大气力，全方位培养、引进、用好人才，走好人才自主培养之路，着力造就拔尖创新人才，努力解决和回答好"钱学森之问"。我们要坚定人才发展自信，我们是"完全能够培养出大师"的。通过全方位培养用好人才，我们终将建成世界人才强国。

五是坚持深化人才发展体制机制改革。深化人才发展体制机制改革是构建全球人才制度竞争优势的必由之路。深化人才发展体制机制也是一场伟大的斗争。以深化体制机制改革再造人才发展内生动力，其中既蕴含着对人才竞争力来自人才制度竞争力关联逻辑的深刻认知，也体现着对大国竞争格局下人才发展竞争势态的深刻把握。未来一段时间，我们将聚焦科技创新和产业升级主阵地，坚持问题导向、目标导向，以激发人才创新活力为核心，深入推进教育、科技、人才"三位一体"，以更大力度向用人主体授权，为人才松绑、向科学家赋权，大力破除"官本位"痼疾，着力解决困扰多年、反映强烈的突出问题，深入推进人才评价、收益分配和创新创业等重点制度改革，建立以信任为基础的人才使用机制，构建"科学家本位"的科研组织体系，加快形成尊重人才、尊重创造，适应高质量发展、产生全球竞争力的人才制度体系，为保障创新驱动发展和高水平科技自立自强提供有力的人才制度支撑。

六是坚持聚天下英才而用之。"聚天下英才而用之"已经成为世界发达经济体、发达平台机构、一流企业发展壮大的共同路径、共同特征和基本规律。不拒众流，方为江海。推进对外开放，首先要推进人的对外开放。建设世界重要人才中心需要具备与之匹配的世界一流人才队伍，从全世界选人用人是实现中华民族伟大复兴的不二选择。我们要实行更加开放的人才政策，不唯地域引进人才，不求所有开发人才，不拘一格用好人才。在大力培养国内创新人才的同时，更加积极主动地引进国外人才特别是高层次人才。只有做到"尚贤不论国别""唯才不避亲疏"，才是我们迈向中国梦的征程中应有的大国气度和积极心态。

七是坚持营造识才爱才敬才用才的环境。"鱼无定止，渊深则归；鸟无定栖，林茂则赴。"只有营造公平公正、鼓励创新、宽容失败、开放包容、兼收并蓄的良好氛围，才能引人、用人，使更多优秀人才脱颖而出。"环境优则人才聚，人才聚则事业兴。"我们要以识才的慧眼、爱才的诚意、用才的胆识、容才的雅量、聚才的良方，广开进贤之路，把党内和党外、国内和国外等各方面优秀人才吸引过来、凝聚起来，形成人人皆可成才、人人尽展其才的良好局面。

八是坚持弘扬科学家精神。向科学技术广度和深度进军，建设世界重要人才中心和创新高地，必须充分发挥科技人才、科学家的作用，大力弘扬科学家精神。从"两弹一星"、"嫦娥"飞天，到"蛟龙"深潜、"墨子"通信、高铁"驰原"，一系列辉煌科技成就的背后莫不附着科学家求真务实、爱国奉献、协同合作、淡泊名利、甘为人梯的精神。科学成就、科技创新离不开科学家精神和他们的高尚品格。只有不断弘扬和传承科学家精神，尊重优秀人才和知识分子的独立人格、自由思想和创新精神，以钉钉子精神，坐冷板凳，出精细活，做真学问，出好成果，才能凝聚建设世界重要人才中心和创新高地的精神伟力，激发释放人才创新能量。

第6章 "十四五"时期人才发展规划制定与实施的需求和思路

经过改革开放40多年来的发展，当前我国不论是在培养优秀人才的增量上，还是在存量上都具有显著优势。但是，随着国际国内环境的深刻变化，我们面临着人口红利逐步减少，资源环境约束日益加强，产业发展方式粗放，核心技术受制于人，人才与科技、教育、产业存在脱节问题的困境。面对世界"百年未有之大变局"，以习近平为总书记的党中央提出了加快确立人才引领发展战略地位、深化人才发展体制机制改革、构建具有全球竞争力的人才制度体系，聚天下英才而用之的总体战略部署。可以看出，提升人才竞争力的国家逻辑是，通过推动关键环节和关键领域人才体制机制改革，进一步向用人主体放权，为人才松绑，以充分释放各类人才创造活力，达到增强人才竞争力的目标。其中，既蕴含着对人才竞争力来自人才制度竞争力关联逻辑的深刻认知，也体现了对全球大国竞争格局下人才发展竞争势态的深刻把握。

一、"十四五"时期人才发展的新形势新要求

党的十九大报告指出"我国经济已由高速增长阶段转向高质量发展阶段"。中国经济过去30多年的年均增长率接近10%，GDP的世界占比由2.7%迅速提高到目前的近15%，创造了"中国奇迹"，形成了世界上最健全的工业门类和最大规模的人力资源积累。目前，我国经济总量稳居世界第二，人才总量已达到1.74亿，200多种工业产品产量全球第一，在经济、政治和外交等领域已屹立于世界之林，甚至影响国际格局。未来一段时间，中国持续发展的势头难以被打断，并将继续保持总体上升的趋势。

但是，我们还面临原始性、基础性创新不足，核心技术、底层技术受

制于人的尴尬。近年来，我国科研论文被引用率显著提升，并在一定领域形成了影响力，但与居于第一名的美国相比还相差甚远。同时，近代以来以中国人名字命名的定理、方程，能写进教科书的里程碑成果还极为鲜见。同时，我国科技成果转化率仅有 10%左右，产业化率不足 5%，对外技术依存度高达 35%~40%，关键技术、核心技术、底层技术自给率低，科技含量高的重要装备主要依赖进口，在科技和产业发展当中还存在大量"卡脖子"问题。现实表明，我国是科技大国、经济大国、人才大国，而非科技强国、经济强国、人才强国，人才队伍"大而不强"还没有得到很好的解决，其中的"不强"是指我国人才竞争力、创新力还不够强。

当前全球经济下行风险增大，全球经济增长总体放缓，全球化与逆全球化胶着角力，政治经济格局深度调整，全球治理遭遇巨大挑战。美国对中国发展进一步打压的战略意图愈加明显，中美贸易战、知识产权大棒以及科技断供、人员断流都成为美国战略打压的工具和手段。与此同时，新经济、新基建、新动能、新消费孕育萌动，大数据、云计算、物联网、人工智能、区块链和新一代通信技术等新兴技术产业正在兴起，市场需求结构加速迭代，新技术应用场景不断扩展。大国竞争更加聚焦对核心战略资源的占有、争夺和垄断。从某一层面讲，新的国家竞争方式不仅表现为科技战、人才战，更是对其背后人才发展制度和人才发展治理体系的较量。

面对当前国内外形势的重大变化，我国发展战略也在调整和进阶。实施创新驱动发展战略、推动高质量发展，标志着我国不再沿用传统的跟随型、模仿型发展战略，而是转变为围绕大国竞争的攀登型战略、夺标型战略，其战略目标直指大国复兴和建成世界强国。新的国家战略进阶，要求我们要掌握一批世界重要学科和产业的话语权，产生一批改变人类工作生活的颠覆性科学技术，涌现一批具有全球影响力、控制力的领军企业，成为国际重要原创思想的汇聚地和发源地之一。与之相匹配，这要求我们在大规模集聚、使用全球高端人才智力，有效配置、利用国际创新创业要素和产业资源方面达到甚至超越世界一流发达国家水平。

因此，在"十四五"期间，我国人才发展要从重规模、重素质、重数量向重水平、重能力、重贡献转变。面对这些挑战，我们要发挥人才队伍优势、工作基础优势和党管人才体制优势，加快构建与重要转变相适应的人才发展制度和相关治理安排。其中，构建人才资源发展与高质量发展协同体系是回应我国人才发展战略需求，推动我国人才发展再上新台阶的重大课题。

二、"十四五"时期人才发展规划要关注的重要问题

高质量发展首先是人才引领、创新驱动的发展。"十三五"以来，我国人才队伍建设取得了历史新成就，但我们也要看到，其中与高质量发展还存在不匹配、不协同、不共振的一些具体环节和问题，这些都是研究"十四五"人才发展规划需要考虑和解决的重要问题。

1. 形成一支与世界强国相匹配的高精尖人才队伍

当前，我国战略科学家和高精尖人才匮乏，在国际科技界、文化界、产业界产生重要影响的世界级大家大师明显偏少，能够把握、规划和推动关键领域取得创新突破并带领我国占据世界科技创新制高点的战略科学家、科技战略家极为稀缺。这与我国大国地位不相称，与世界一流科技强国还存在明显的差距。在世界权威奖项当中，我国培养的理工类诺贝尔奖得主仅为1人。虽然我国和美国是世界上在人工智能领域投资最大的两个国家，但世界计算机领域权威奖项图灵奖获奖人全部为美国人。我国全职引进了姚期智1人，但他也已过了退休年龄。根据中国科学技术协会的调查，63.0%的高校和54.8%的科研院所的科技人员反映本单位缺少领军高层次人才。

为此，"十四五"期间要围绕推动原始性创新、颠覆性创新谋划科技人才发展重点任务，以产生国际一流原创性成果为导向，改革科研、成果和人才评价机制，保障资源投入能够流向最有创意的人，给连续做出高质量工作的人才以持续支持。大力提升高水平基础研究人才的工作、生活待遇，将其列入国家重点优先保障体系。同时，匹配青年科技人才成长规律，建立前沿项目、人才发现机制，构建新型人才培养机构和服务平台。要推动建立"一流人才一流待遇"的制度体系，创建"类海外"顶尖人才国际一流平台、"高精专尖"新型科研机构，更好地解决资助"人"与资助"事"的关系，为一流人才潜心研究提供突破性、专门化保障服务。进一步改革院士遴选和作用发挥管理机制，细化顶尖人才、领军人才、高端人才和骨干人才的匹配性政策支持，在优势领域和重点单位推动高层次人才接力工程。整合国家人才计划工程，重构高层次专家人才支持项目制度。

其中，我们要以更加开放的胸怀，广泛借鉴世界顶尖科研机构、人才机构，如美国国防先进研究计划局的有益经验，有力吸收处于科研技术一线的一流青年科学家、工程师参与到国家重大科技项目的建议、评议和管理中来。建立科研机构中的科学家本位管理体制，给予全面充分的放权赋权，为"一流人才做出一流成果、一流人才带出一流人才"提供全面应需化支持。大力转变科技领域内存在的"官本位"和"行政渗透"，塑造充满活力的国家创新人才生态。

2. 形成适应产业发展实际需求的产业人才培养体系

我国产业领域的高水平技术技能人才严重不足，难以匹配产业升级和动能转换的发展需求。我国大学毕业生规模世界第一，但人才培养与产业需求间存在脱节，人力资源市场和就业市场上人才供给结构性短缺严重。有数据表明，美国80%的工科毕业生可胜任世界500强的相关岗位，印度的是25%，而我国的胜任率是10%左右。

我国不仅缺乏掌握核心技术的人才，也缺乏推广核心技术应用的产业化人才。在对一些发达地区的调研中发现，面对高质量发展，各地人才结构性矛盾突出，在学术研究、技术应用、现代服务业等领域，都面临领军骨干人才、创新创业人才不足的问题。根据世界经济论坛《2018年全球竞争力报告》，中国劳动力技能水平在140个经济体中排名第63位，未达到东亚与太平洋地区的平均水平；在《2019年全球竞争力报告》的人力资源技能指标上，我国排名第64位。

从地方看，各级政府及有关部门缺乏对区域优势产业、重点产业人才底数、人才结构和人才需求信息的准确把握，导致产业升级缺乏对应的人才支撑。同时产业人才培训投入不足；产业部门不抓人才、人才部门不抓产业"两张皮"的问题突出。

在企业方面，除极少数头部明星私营企业和大型国有企业外，我国企业高端专业人才储备及层次水平与发达国家尚具有较大差距。我国企业普遍存在重使用、轻培养，"现抓现用"，不做战略性人才储备，高水平研发人才不足的状况。总体上，我国高端人才不够用，实用人才不好用，特殊人才不会用的问题一直存在。

为此，"十四五"期间我们强调要将相关人才工作职能纳入发改、工信等经济综合部门的三定方案。进一步打造面向"问题解决"的技术人才培养体系，建立政府、产业部门、行业院校人才培养联动机制，推动行业人才需求、企业人才需求、院校人才培养信息的发布与对接。进一步搭建产业人才开发基础协作平台，在院校制定培养方案、编写专业教材、培养师资队伍等方面广泛吸纳行业企业力量，探索企业主导的产教融合职业院校办学方式。突出企业培养产业人才的主体责任，对达到一定人才培养目标的企业给予税收、经费优惠政策。培育若干权威性行业专业协会，发挥其在职业标准制定、职业能力评价、行业人才开发等方面的重要作用。引进符合我国产业发展战略需求的工程技术、现代服务、文化创意、国际教育等国际权威专业职业资格认证（体系）项目。建立国家职业信息开发应用平台，贯通专业技术人才与技能人才发展通道，逐步健全以职业为基础的人才发展治理构架。

3. 建立符合新时代要求的事业单位人事人才管理制度

我国有相当大比重的优秀专业技术人才分布在各级各类事业单位中。事业单位人事人才管理制度历经多次改革，但仍较为僵化，特别是承担国家创新驱动任务或特定专业化职能的高校、科研院所和公立医院等事业单位，官本位、行政化、论资排辈等问题还较为突出，不同程度地存在激励保障不足、"优才难冒头，庸才难退出"的状况。具体地，在收入分配、职称评价、岗位调整、编制管理、经费使用等方面的制度安排仍不适应新时代事业发展的需要；编制职数、行政级别、工资总额等仍然束缚着专业人才的发展，单位管理中还存在着分配平均主义、"天花板"和"大锅饭"的问题。

事业单位是数量庞大的体制内专业技术人才就业从业、发挥作用的重要平台，但与之相适应的人才制度建设进展缓慢。调研反映，公立科研机构薪酬待遇普遍偏低，卫生、教育等专业型事业单位薪酬决定机制不能体现行业特点及人才需求，人才选拔晋升机制行政化色彩较浓，高层次人才协议和项目工资制落地滞后。此外，能上能下、淘汰流转的制度实质性不足，人才流动空间受限，科研经费、出国交流、科研会议等管理约束较大等，成为捆绑事业单位人才发展的枷锁。

为此，"十四五"期间要以适当方式给专业型事业单位传导发展竞争和专业竞争压力，将行政本位转换为人才本位，特别是对中央和部属科研事业单位，要努力形成符合创新规律和事业发展规律的法人治理结构。要进一步改革高校科研和医疗教学事业单位官僚化管理体制，加快构建与现代科研院所、现代大学制度和公共医疗卫生制度相适应的人事人才管理制度。要加快推动政府简政放权，推动事业单位在发展压力传导下建立更加开放、公平、清明的专业技术人才发展环境，让更多人才在干事创业和价值创造中脱颖而出。

4. 构建"聚天下英才而用之"的有力支撑体系

当前我国在外籍高端人才移民、出入境、办理工作许可等方面仍存在门槛较高、手续繁杂、效率不高等问题。海外人才尤其是外籍人才在华投资创业较难，融资难，且面临汇兑限额、投资限入等问题。在社会管理方面，国内较多证件如行驶证、出生证明、社保卡、购房合同等，只接受中文姓名登记，而外国人护照上是英文姓名，外籍人才很多时候需要证明自己是自己。永久居留证的证件号码与身份证号码位数不一致，导致获得永久居留证的外籍人才在银行开户、乘高铁等方面有较多不便。此外，外籍专家在国内租房须到当地公安部门备案，邀请外国同行来华交流需要多级审批，难以申报国内科研课题、职称，国际差旅费用报销受限也较多。按照现行事业单位管理和编制制度要求，事业单位在招聘、使用海外人才方面存在较多制度空白，一些受聘高校的海外人才在养老、医疗、薪酬正常增长方面没有国家相关制度的安排。

为此，"十四五"期间要进一步完善海外高层次人才（及其家人）签证、永久居留、移民、税收、金融、社会保障等政策体系和相关制度。重点在外国人才来华工作许可、出入境、居留、创新创业、外汇结汇、社会保障、社会融入等方面研究制定配套政策。鼓励高等院校、科研机构吸引国外专业人才，允许国外高端人才担任重大项目主持人或首席科学家。健全外国人才创新创业利益回报机制，建立体制内单位针对外籍人才的收入正常增长机制，完善外国人才的表彰奖励制度。建立与国际接轨的在华国外人才基本社会保障体系，为海外人才提供工作生活服务与指导。

5. 发挥市场机制在人才配置中的决定性作用

当前，我国人才工作推动行政化色彩依然较浓，市场化机制考虑偏少，与经济社会需求之间还存在一定差距，体制内用人主体和人才缺乏自主权，"政府热、市场冷"的现象在一定程度上依然存在，具体表现为：符合市场经济要求的人才供给机制、价格机制、竞争机制和激励保障机制尚未建立健全；市场发现、市场认可、市场评价的机制尚有缺失；企业等用人主体在人才引进、培养与集聚中的主动性、能动性不强；区域人才市场分割较为严重，产业行业人才市场发展薄弱，政府人才服务机构亟须提质升级等。

近年来，人力资源服务业获得较大发展，但总体上业态层次较低，产业布局缺乏统筹协调，大小城市纷纷上马，人力资源服务产业园问题突出。以上海为例，2017年其人力资源服务业态份额主要集中在人才招聘、劳务派遣、人事代理等初中级服务上，猎头、管理咨询、职能外包等高端服务份额总计不足30%。同时，长三角区域内拥有上海、苏州、杭州、合肥、宁波等五大国家级人力资源产业园，但其功能定位高度相似，并未体现不同经济地理区位、产业结构和城市功能差异的匹配性。在推动人才流动方面，当前政策层面有了较大改进。但中国科学技术协会的相关调研比较发现，近九成的被调查科技人员认为仍存在流动障碍。其中，86.7%有流动意愿的科技人员认为在更换工作方面存在困难。

为此，"十四五"期间要推动建立国家统一的人力资源市场体系，以市场化方法统筹体制内外人才工作。夯实人才大数据统计基础构架，建立人才资源市场供求监测体系，构建社会化第三方权威性人才档案信息存取制度。更好地发挥专业协会和产业联盟在人才工作中的角色，用市场化手段充分挖掘和对接人才创新创业需求。

大力繁荣人才服务和科技服务产业，提升人力资源服务产业业态，大力培育人力资本服务业。加快建设人力资源市场服务平台、流动人员人事档案管理系统，健全人力资源服务标准、人力资源服务指数。围绕重点领域人才需求，制定发布紧缺急需人才目录。加强人力资本价值统计、分析和应用，支持设立人力资本价值交易机构，创新人才价值交易机制，构建人才价值交易新体系。加快培育一批扎根本土、具有国际竞争力的第三方人才服务机构，鼓励机构挖掘国际人才市场潜力，对接国内市场需求，开发特色市场化服务产品。

6. 深化关键、重点领域人才发展体制机制改革

当前，我们以传统的计划式管理推动人才工作的思维惯性仍旧很大。在创新驱动发展和高质量发展背景下，传统的计划式、行政化、"数数量"的人才评价方式必须改变。但是具体如何改、如何变，高校、院所和医疗卫生

机构在人才评价实践中尚未形成统一的认识。同时，在当前高校职称评定及人才工程遴选中，不唯学历、不唯资历、不唯年龄、不拘一格的人才选拔机制未完全建立，职称评价一定程度上还存在重资历、重关系的问题。

另外，事业单位专业技术人员创新创业政策获益面较少，国有企业专业技术人才技术入股、人才入股创新激励尚未落地的问题凸显。在体制内科研人员兼职、离岗创业以及行使对创新成果的处置权、使用权、收益权等方面，由于各方主体利益或站位不同，或缺乏具体明确的操作方法、免责规定等，政策实施效果较小。

有基层反映，一些职能部门人才工作改革动力不足，给地方留出的创新空间有限。基层改革实践出现了"被动式改革多，主动式改革少""零散性改革多，系统性改革少""改良性改革多，突破性改革少"等"三多三少"现象。当前人才评价、使用和激励等体制机制方面的一些深层次问题还需进一步破解，同时，人才信用体系和人才法治体系建设也滞后于新时代人才发展的要求。

为此，"十四五"期间要深入推进分层分类人才评价机制改革，以职业属性和岗位要求为基础，充分发挥政府、市场、专业组织和用人单位等多元主体的作用，分类建立符合不同人才成长规律和职业专业特点的人才评价机制。聚焦国家重大战略，与地方合作开展人才人事制度改革，研究制定有针对性的人才政策和项目，大力推进有世界影响力的科创中心、自贸区和国家级人才管理改革试验区的建设，鼓励地方、行业在人才体制机制改革上先行先试，建设各具特色的人才创新创业生态系统，对成熟的经验进行复制推广。

建立健全党管人才框架下对改革任务落实的督导、追踪机制，加大对人才评价、科技人才离岗创业、成果转化收益分配、股权激励、税收优惠等方面的政策完善力度，大力弥补人才法治和信用体系建设短板，要以更大力度深化国有企业和事业单位人事制度改革，转换用人机制，委派第三方权威专业机构开展体制机制改革和相关任务落实绩效评估，并根据评估结果调整改革的推动手段和方式。

要构建完善的适应新时代发展要求的人才发展治理体系，以加强基于职业的人才开发为主题，建立基于职业的人才分类新框架，形成面向国际、面向市场、面向创新驱动的人才开发和使用制度。推动由政府计划式治理、统筹式治理过渡到党管人才框架下的跨部门协同治理，增强党管人才战略的协同治理能力，通过政府、市场和社会的合理职责划分，为在市场竞争、价值和供求规律下，各类人才自由竞争、优胜劣汰、有效均衡提供配置空间。

三、"十四五"时期人才发展规划要突出的思维导向

"十四五"时期为推动我国人才事业创新发展，在人才发展规划设计布局中要强调以下方面的原则和导向。

首先，突出党管人才。党管人才既是党中央治国理政的政治安排，也有利于发挥执政党在推动人才发展中的集聚力、协调力和感召力。要健全完善党委统一领导，组织部门牵头抓总，有关部门各司其职、密切配合，社会力量广泛参与的人才工作格局，形成上下贯通、配套联动的有力人才工作体系。以市场化手段推动"党管人才"工作创新，进一步发挥政府人才管理部门的职能作用，建立健全经济产业部门人才开发职责，持续改进完善人才工作和人才服务的方式方法。

其次，突出市场导向。要遵循社会主义市场经济规律和人才成长规律，加快政府工作职能转变，突出市场驱动、市场标准和市场激励的人才配置作用，充分发挥市场作用促进人才顺畅有序流动。进一步强化市场需求、市场发现、市场评价、市场认可的人才引进培育机制，依靠社会力量和市场机制支持人才、评价人才和发展人才。

再次，突出产业聚焦。要回应行业产业发展需求，聚焦解决"卡脖子"相关问题，培育集聚一大批支撑科技创新和产业升级的高层次人才、青年创新创业人才，尤其是优秀产业骨干人才。进一步强化产业创新人才、实用人才、一线人才的开发，推动行业人才队伍结构转型、优化，推动产业劳动者知识技能更新、升级，畅通从人才强、科技强、产业强到国家强的传导渠道和链条。

从次，突出战略服务。要以实施创新驱动发展战略、推动动能转换、实现高质量发展为引领，围绕支撑"一带一路"、京津冀协同发展和长江经济带等国家发展战略，加强由领军人才、创新人才、专业人才和实用技术技能人才构成的人才生态体系建设，抢抓高精尖人才红利、研发人员红利、企业家红利、工程师红利、高技能人才红利，全面提升人才发展服务支撑国家战略的水平能力。

最后，突出改革创新。要坚持在改革中释放制度新红利，在开放中激

发改革新动力，在创新中打造发展新引擎。围绕"放权""搞活"，聚焦人才集聚、培养、流动、评价、激励等关键环节，进一步破除深层次人才发展体制机制障碍，建立人才、科技、产业、经济协同发展优势，加快推进产业行业人才发展法治化进程。

另外，还要突出国际发展。要放眼全球、对标国际，主动置身国际产业竞争、科技竞争和人才发展竞争，动态谋划和分析人才发展问题，深化国际人才开放和竞争合作，不断提高人才工作开放度水平。积极借鉴和运用国际通行、灵活有效的办法努力提升对全球智力资源配置的利用能力，为世界顶尖人才和优秀人才提供更多发展机会，大力提升对国际一流人才的吸引力、感召力和凝聚力。

第 7 章　新时代的"人才"概念内涵与人才分类问题

人才分类是人才队伍建设的底层问题，关乎人才理论的创新发展和人才政策供给的匹配度、精准度和有效度。当前，我国经济社会发展进入新时代，不论是人才总量、结构、素质，还是人才投入、创新、效能等主要人才指标的实现情况均超出预期。面对实施创新驱动发展战略，推动高质量发展的新需求、新挑战，人才工作和人才制度建设需要在此基础上进一步提质升级，以实现人才资源与实体经济、科技创新、现代金融等协同发展。在实践中我们看到，人才分类是人才调查统计、人才考核评价、人才培养开发、人才使用激励的工作基础。推动高质量发展，对人才工作提出了精细化、应需化、系统化及分类施策的更高要求。现有人才分类框架下的人才管理和政策供给模式，已经难以有效响应大规模、各门类不同人才的发展需求。另外，随着人才对外开放水平的不断提高，人才分类也需具备更强的国际可比性、工作衔接性，因此迫切需求建立更符合战略发展要求和时代发展要求的人才分类体系。根据中央人才工作会议精神，未来人才工作重点关注的是科技创新人才群体。但从全口径人才队伍开发视角看，仍有需要在新时代人才工作背景下，进一步优化整体人才队伍的分类框架。站在更高层面、更广视野、更加长远的角度，完善优化人才分类具有重要的理论和实践意义。

一、"人才"概念内涵及国外相关概念辨析

（一）"人才"概念界定及其理解层次

1. 对"人才"概念的溯源

20 世纪 80 年代初，我国人才学奠基人王通讯曾提出"人才"概念的

操作性定义,即:具有中专及以上学历;或具有技术员或相当于技术员及以上专业技术职务者。1982年的《国务院批转国家计划委员会关于制定长远规划工作安排的通知》和2002年颁布的《2002-2005年全国人才队伍建设规划纲要》均采用了这一"人才"概念界定。2003年出台的《中共中央 国务院关于进一步加强人才工作的决定》提出:只要具有一定的知识或技能,能够进行创造性劳动,为推进社会主义物质文明、政治文明、精神文明建设,在建设中国特色社会主义伟大事业中做出积极贡献,都是党和国家需要的人才。2010年颁布的《国家中长期人才发展规划纲要(2010-2020)》给出了人才概念的定义,即:具有一定的专业知识或专门技能,进行创造性劳动并对社会做出贡献的人,是人力资源中能力和素质较高的劳动者。这一人才概念,进一步明晰了人才的内涵与外延:一是掌握一定的知识或技能是成为人才的最基本条件;二是能够进行创造性劳动并产生价值增值,这是人才区别于一般劳动者的本质特征;三是能够对社会做出贡献,凸显了人才的价值属性。同时,在外延上厘清了两个方面:一是与人力资源的关系,即人才包含在人力资源中,是人力资源中能力素质较高的劳动者;二是在经济社会发展中,人才是第一资源。这一定义体现了包容性,努力概括凝练"人才"的本质与实质内涵,但在实践中,其操作性意义体现不够。

我们看到,总体上上述人才定义是一个综合性、统合性构念,但是从人才统计和地方工作实践看,在明确人才的特征、内涵和边界的基础上,还需要将"人才"进行操作化定义,以确定哪些"人"属于"人才"的范围。通过分析相关部门和地区文件我们发现,目前关于人才的操作性定义主要是依据学历、职称、岗位、技能等级、薪酬水平等来界定,各地标准不一、差异较大,特别是针对所谓"高层次人才",尚未形成统一口径。

2. 对"人才"的理解实际是分层的

当提到"人才"时,实际上在不同背景和语境下,我们每个人所指向的具体内涵会有所不同。我们观察到,人们所提到的"人才",实际涉及广义概念、中观概念和狭义概念三个层次。有时我们感到"话不投机""答非所问""互不理解",实际就是因为我们所说的"人才"概念,并非处于同一层级上。

如上所述,人们口头上的"人才"概念,大抵上意指"三个层次"之一。首先，广义的"人才"概念，即"形而上"的抽象概念。它重在概括、明晰"人才"的本质特征，重在突出"人才"内涵的政治、经济和社会性质。党的十八大以来，习近平总书记提出了一系列关于人才的重要论述和观点。其中的"人才"即主要指广义上的概念内涵，这对明确"人才"发展的重大意义，突出执政党的"人才"价值观，明确人才工作在全局工作中的角色定位，推动人才工作改革创新都具有重大的战略性、指导性和政治引领性作用。

其次，中观层面的"人才"概念，是有具体对应对象、操作对象的具象概念。这一层次上的"人才"内涵，实际是在广义抽象"人才"群体层面做了进一步"分类"和"落地"下移，一般多出现在地方和部门人才具体政策文件中，作为具体的政策实施对象和政策客体。其中常见的，如按照行业领域、职业类型、专业方向等对广义人才进行细分，如科技人才、教育人才、电气技术人才、人工智能（artificial intelligence，AI）人才、金融人才等。这一层面的概念，使我们对"人才"具体是谁，产生了具体的、具象化的对象投射。

最后，狭义的"人才"概念，这是与具体的人才评价标准密切相关的，是与人才具体范畴、统计范围界定紧密联系着的。这一层次上的"人才"内涵，不仅体现为对广义抽象"人才"群体进行"分类"，而且要进行"分层"。实践中，我们常按照教育背景、技能等级、职务级别、薪酬水平、获得奖励、头衔帽子等来标记不同"人才"，可见这一人才概念内含了对"人才"的操作性界定。

讲起"人才"，特别是科研人才、技术人才、专业人才时，总离不开一定领域、行业和岗位。在特定领域内是人才，换一个领域不一定是人才；彼时是人才，此时不一定是人才。从内部看，人才发展有其生命周期，如成长期、成熟期、衰弱期；从外部看，同类人才竞争，不同个体亦有其差别化的比较优势。与此同时，北京市的高层次人才与鄂尔多斯、前海的高层次人才亦会有很大差异。何谓"人才"，怎样评价人才，要"以用为本"，具体落到一个领域、一个阶段、一个门类、一个"时空"去考察，要坚持动态、发展的观点，以专业实践中的"水平""贡献"作为评价基点。对人才概念的认识讨论不能仅停留在抽象概念层面，人才具有杰出性、相对性、层次性、类别性的特点，因此，要进一步对人才分层分类，针对具体领域和层次谈人才、谈作用、谈价值才更具有效性和现实意义。

人才概念的层次性意味着，不同层次上的概念话语不具可比性和一致性，在"平行"概念上探讨分析才具有合理性、有效性。鉴于"人才"概念内涵是分层的，那么实际上"人才工作"也是分层的。我们看到有些专家熟悉宏观的战略走向、发展布局，但并不一定熟悉具体的操作举措、改革点位、政策差异或文件起草等中观、微观人才研究工作。有些研究者熟悉国家状况，但不知道地方如何；有些研究者知道局部细节，但不知道整体概貌；有些研究者仅知道是什么，但不知其"所以然"；有些研究者知道文件上的"文字"表述，但不知道背后意涵。

"人才"是个大众话题，甚至是个"口水"话题。但不同研究者，提到"人才"，其讨论的"人才"层面、对象、深度可能会有不同，对人才研究的"颗粒度"亦可能会有不同。所以，我们看到，一些"大专家"，当被问到具体人才政策、人才措施时，也会茫然，也会"顾左右而言他"，这很多时候是由研究"人才"内涵层次的错位所导致的。明白三个层面上的"人才"发展内涵及"人才工作"差异需要长期实践，潜心钻研，与国家政策实践实现紧密结合，同频共振。

（二）国内"人才"相关相近概念的辨析

1. 人口、人力资源、劳动力资源与人才的联系与区别

探讨人才概念，就涉及人口、人力资源、劳动力资源、人才这几个相关相近概念的内涵及相互关系问题（表7-1）。从定义上看，人口是指一个国家或地区所拥有的人口的总量，它是进行社会生产不可缺乏的基本条件，是构成一国综合国力的重要组成要素，这一定义包括了无劳动能力的人员。人力资源是指在一个国家或地区，发展经济和社会事业所需要的具有必要劳动能力的人口之和，而这里的必要劳动能力，是指智力与体力的结合；也有定义认为其是指处于劳动年龄、未到劳动年龄和超过劳动年龄，但具有劳动能力的人口之和。在企业和组织层面，人力资源是能够被组织所利用的体力和脑力的总和。这一概念没有专门的年龄范围限制，但附加了劳动能力条件。而所谓劳动力资源，则是指一个国家一定时期内，全社会拥有的在劳动年龄范围内、具有劳动能力的人口总数。按照我国现行规定，劳动力的年龄范围为16~60岁的男性、16~55岁（其中工人为50周岁）的女性，这一概念具有明确的年龄范围限制。如前所述，人才则是指具有一定的专业知识或专门技能，进行创造性劳动并对社会做出贡献的人，是人力资源中能力和素质较高的劳动者。这一概念具有最高的能力

素质要求,并被囊括为"人力资源"的部分构成,但也未有专门的年龄范围限制(图7-1)。

表7-1 人口、人力资源、劳动力资源、人才的界定

名词	概念界定	来源
人口	指一定时点、一定地区范围内的有生命的个人的总和	国家统计局《中国统计年鉴》
人力资源	人所具有的对价值创造的贡献作用,并且能够被组织所利用的体力和脑力的总和	《人力资源管理概论》(上海交通大学出版社2010年版)
劳动力资源	指在16周岁及以上,有劳动能力,参加或要求参加社会经济活动的人口。包括就业人员和失业人员	国家统计局《中国统计年鉴》
人才	具有一定的专业知识或专门技能,进行创造性劳动并对社会做出贡献的人,是人力资源中能力和素质较高的劳动者	《国家中长期人才发展规划纲要(2010-2020)》

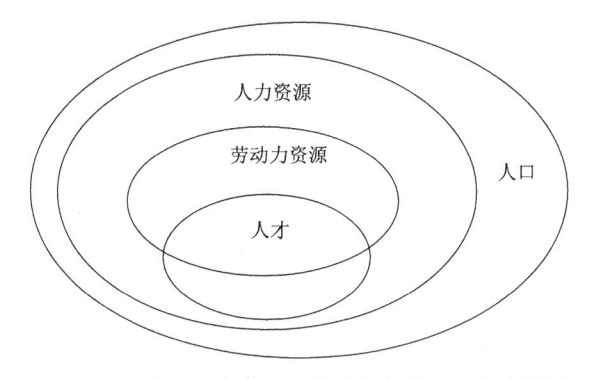

图7-1 人口、人力资源、劳动力资源、人才关系图

从联系上来看,这四个概念有一个包含关系。人口是一个最基本的底数,一切劳动力资源、人力资源和人才皆产生于人口这个基本盘子口中。人口中具备一定脑力和体力的那部分可称为人力资源;劳动力资源是人力资源中在劳动年龄范围内具有劳动能力的部分;而人才又是人力资源中能力素质较高、质量较高的部分,也是关键的少数。从区别上来看,这四个概念的本质是有所不同,有所区别的。就人口和人才来说,它们关注的重点不同,人口更多的是一种数量概念,而人才更多的是一种质量概念。

2. 科技人力资源、科技活动人员、R&D人员、科学家和工程师的联系与区别

科技人力资源的概念内容较为丰富,有较大的包容性,具体包括"科技活动人员""R&D人员""科学家和工程师""科技工作者""科技人才"等概念。

第 7 章　新时代的"人才"概念内涵与人才分类问题

从内涵方面来说，"科技人力资源""科技活动人员""R&D 人员"和"科学家和工程师"四个概念有明确清晰的界定标准（表 7-2、图 7-2），且具有国际可比性，主要测量实际的科技人力投入。这四个概念的范畴从大到小，在具体的统计指标上有所体现。

表 7-2　科技人力资源、科技活动人员、R&D 人员、科学家和工程师的概念界定

名词	概念界定	来源
科技人力资源	指实际从事或有潜力从事系统性科学和技术知识的产生、发展、传播和应用活动的人力资源，包括实际从事科技活动或科技职业的人员，也包括从事科技活动或具有科技职业潜能的人员	中国科学技术协会调研宣传部、中国科学技术协会发展研究中心《中国科技人力资源发展研究报告》
科技活动人员	指科技人力资源中直接从事科技活动，以及专门从事科技活动管理和为科技活动提供直接服务的人员	
R&D 人员	指直接从事 R&D 活动的人员，以及为 R&D 活动提供直接服务的管理人员、行政人员和办事人员	弗拉斯卡蒂丛书《研究与发展调查手册》
	指参与研究与试验发展项目研究、管理和辅助工作的人员，包括项目（课题）组人员、企业科技行政管理人员和直接为项目（课题）活动提供服务的辅助人员。反映投入从事拥有自主知识产权的研究开发活动的人力规模	国家统计局《中国统计年鉴》
科学家和工程师	指具有大学本科以上学历的科技活动人员，或虽不具有上述学历，但具有高、中级专业技术职称（职务）的科技活动人员	科技部《中国科学技术指标（2018）》

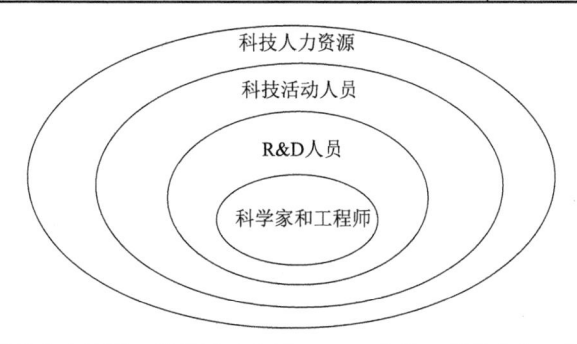

图 7-2　科技人力资源、科技活动人员、R&D 人员、科学家和工程师关系图

科技活动人员的统计口径包括五类：从事 R&D 活动的人员（R&D 人员）、从事 R&D 成果应用的人员、进行科技教育与培训的人员、从事科技服务的人员和科技管理人员[①]。

R&D 人员是科技人力资源的核心构成。经济合作与发展组织（Organization for Economic Co-operation and Development，OECD）根据人员

---

① 中国科学技术协会调研宣传部，中国科学技术协会发展研究中心. 中国科技人力资源发展研究报告[M]. 北京：中国科学技术出版社，2008：14.

在R&D中的作用,将R&D人员分为研究人员、技术人员和辅助人员①。研究人员是从事新知识、新产品、新工艺、新方法、新系统的构想或者创造的专业人员及R&D课题的高级管理人员。技术人员通常在研究人员的指导下参加R&D课题,应用有关原理和操作方法执行R&D任务。辅助人员是参加R&D课题或直接协助这些课题的高级技工、非高级技工、秘书和办事人员。

我国科学家和工程师是科技活动人员中的特定群体。我国在R&D人员统计时,将R&D人员中具有大学本科以上学历或具有高中级技术职称(职务)者称为R&D科学家和工程师。科学家和工程师的数量及占科技活动人员和R&D人员的比重反映了科技人员队伍的素质。而经济合作与发展组织国家依据职业标准和在R&D活动中的作用大小鉴定科学家和工程师,覆盖范围相对较小,所以在国际比较时应该注意该问题②。

3. 专业技术人员、科技工作者、工程技术人员、科技人才的联系与区别

专业技术人员、科技工作者、工程技术人员和科技人才是具有中国特色的专用词汇,这四个概念的范畴有交叉,在具体的统计指标上有所体现(表7-3)。

表7-3 专业技术人员、科技工作者、工程技术人员、科技人才的概念及细分

名词	概念界定	细分类别
专业技术人员	指从事专业技术工作和专业技术管理工作的人员,包括企业、事业单位中已经聘任专业技术职务从事专业技术工作和专业技术管理工作的人员,以及未聘任专业技术职务,现在专业技术岗位工作的人员	工程技术人员 农业技术人员 科学研究人员 卫生技术人员 教学人员 其他
	指已取得科学技术职称,或大学、中专的理、工、农、医科系毕业,以及国民经济各部门从工作实践中提拔,从事理、工、农、医等自然科学技术的研究、教学、生产的专业人员和在机关、企业、事业中从事科学技术业务管理工作的专业人员	

---

① 中国科学技术协会调研宣传部,中国科学技术协会发展研究中心. 中国科技人力资源发展研究报告[M]. 北京:中国科学技术出版社,2008:14.
② 中国科学技术协会调研宣传部,中国科学技术协会发展研究中心. 中国科技人力资源发展研究报告[M]. 北京:中国科学技术出版社,2008:14.

续表

名词	概念界定	细分类别
科技工作者	在自然科学领域掌握相关专业的系统知识、从事科学技术的研究、开发、传播、推广、应用,以及专门从事科技工作管理等方面的人员	工程技术人员 卫生技术人员 农业技术人员 科学研究人员 教学人员
工程技术人员	指在国民经济各行业中负担工程技术和工程技术管理工作并具有工程技术能力的人员	高级工程师 工程师 助理工程师 技术员 未评定职称的技术人员
科技人才	指具有一定的专业知识或专门技能,从事创造性科学技术活动,并对科学技术事业及经济社会发展做出贡献的劳动者	基础研究人才 应用研究和技术开发人才 社会公益研究人才 科技管理服务人才 实验技术人才

资料来源：中国科学技术协会调研宣传部,中国科学技术协会发展研究中心.中国科技人力资源发展研究报告[M].北京：中国科学技术出版社,2008:14；国家统计局.中国统计年鉴指标解释[EB/OL].国家统计局网,http://www.stats.gov.cn/tjsj/zbjs/201912/t20191202_1713041.html, 2019-12-02

专业技术人员是中共中央组织部和国家人事部门从 1952 年开始统计的一项指标。根据《中国统计年鉴》的统计口径,专业技术人员可以分为工程技术人员、农业技术人员、科学研究人员、卫生技术人员、教学人员和其他。

科技工作者按行业分为工程技术人员、卫生技术人员、农业技术人员、科学研究人员和教学人员五类。从统计角度看,科技工作者实际上是专业技术人员的一部分[1]。

根据《中国统计年鉴》中的界定,工程技术人员指在国民经济各行业中承担工程技术和工程技术管理工作并具有工程技术能力的人员,包括高级工程师、工程师、助理工程师、技术员和未评定职称的技术人员。

科技人才是我国专有的一个政策概念。根据教育部 1982 年的定义,科技人才包含两类群体：获得中专以上正规学历的人员（不包括高中学历人员）；获得技术员及技术员以上专业技术职称的人员,包括专业技术人员和经营管理人员。从这个概念界定上看,科技人才涉及专业技术人员和经营管理人员中的一部分。

---

[1] 国家统计局.中国统计年鉴指标解释[EB/OL].国家统计局网,http://www.stats.gov.cn/tjsj/zbjs/201912/t20191202_1713041.html, 2019-12-02.

科技人才一般是指从事科学研究，或运用科学概念进行技术开发与工程设计的人才，包括科学家、工程师、建筑设计师等。2018年，中共中央办公厅、国务院办公厅印发的《关于分类推进人才评价机制改革指导意见》将科技人员分为：基础研究人才、应用研究和技术开发人才、社会公益研究人才、科技管理服务人才、实验技术人才。

4. 专业人员、技术人员和专业辅助人员的联系与区别

我国目前六支人才队伍中的"专业技术人才"大致对应于职业分类中的"专业技术人员"，但是对比国外职业分类，我国的"专业技术人员"大致相当于《国际标准职业分类（2008）》（简称 ISCO-08）中的"专业人员""技术人员和专业辅助人员"这两大类之和。

根据国际劳工组织制定的《国际标准职业分类（2008）》，"专业人员"能够增加现有知识量，应用科学或艺术概念和理论，系统性地传授前述知识；或者参与到任何这些活动的组合当中。"技术人员和专业辅助人员"执行与科学或艺术的概念和操作方法以及政府或商业法规的研究和应用有关的技术和相关任务。

从 ISCO 和各国职业分类情况来看，"专业人员""技术人员和专业辅助人员"各自为一个大类，这两者的技能水平和教育水平相联系。根据"ISCO 技能等级与国际教育标准分类对应表"，专业人员的胜任能力要求达到第 4 级 ISCO 技能水平，相当于教育的 6 级和 5a 级，即高等教育第二阶段（可获得高级研究资质认定），以及高等教育第二阶段第一学位（中期学习），强调理论基础。该阶段的高等教育可以为从事研究（历史、哲学、数学等）和高技术要求的专业工作（如医学、建筑学等）做准备。技术人员和专业辅助人员要求达到第 3 级 ISCO 技能水平，相当于教育的 5b 级，即高等教育第一阶段（短期或中期学习），是实用型、技术性、职业专门化的高等教育。

5. 六支人才队伍概念的联系与区别

2010 年颁布的《国家中长期人才发展规划纲要（2010-2020）》曾提出六支人才队伍的概念，指党政人才队伍、企业经营管理人才队伍、专业技术人才队伍、高技能人才队伍、农村实用人才队伍、社会工作人才队伍。关于六支人才队伍的具体概念界定及来源见表 7-4。

表 7-4　六支人才队伍的概念界定

名词	概念界定	来源
专业技术人才/专业技术人员	指从事专业技术工作的人员，以及从事专业技术管理工作且已在 1983 年以前评定了专业技术职称或在 1984 年以后聘任了专业技术职务的人员	国家统计局《中国统计年鉴》
	指在专业技术岗位上工作并经法定专业资格认证，具有职称或职业资格证书者；获得专利发明证书者；获得县级以上政府科技奖励者；获得国家认可的国际职业资格证书者	中央人才工作协调小组办公室《国家人才发展规划专题研究报告》（2011）
	指在各类单位中从事专业技术工作、专业技术管理工作以及在管理岗位工作且具有专业技术职务（资格）的人员	中共中央组织部《中国人才资源统计报告（2016）》
高技能人才	指具有高超技艺和精湛技能，能够进行创造性劳动，并对社会作出贡献的人，主要包括技能劳动者中取得高级技工、技师和高级技师职业资格的人员	人力资源和社会保障部《高技能人才队伍建设中长期规划（2010-2020 年）》（2011）
企业经营管理人才	指在企业中从事经营管理活动的人才，主要包括出资人代表、经理人、党群工作者和经营管理专业人才	《国家中长期人才发展规划纲要（2010-2020）》（2010）
农村实用人才	指为农业农村经济发展提供服务、做出贡献、起到示范和带头作用的农村劳动者，是广大农民的优秀代表。根据统筹开展认定工作需要，将农村实用人才调整为新型职业农民、技能带动型和社会服务型三类，同时将新型职业农民调整为生产经营型、专业技能型和专业服务型三类	农业部《关于统筹开展新型职业农民和农村实用人才认定工作的通知》（2015）
社会工作人才/社会工作专业人才	社会工作人才指具备一定社会工作专业素质，在相关领域从事专门性社会服务的人员	中央组织部办公厅、民政部办公厅《关于开展全国社会工作专业人才资源统计的通知》（2016）
	社会工作专业人才指具有一定社会工作专业知识和技能，在社会福利、社会救助、慈善事业、社区建设、婚姻家庭、精神卫生、残障康复、教育辅导、就业援助、职工帮扶、犯罪预防、禁毒戒毒、矫治帮教、人口计生、纠纷调解、应急处置等领域直接提供社会服务的专门人员	中央组织部、中央政法委、民政部等 18 个部门联合发布的《关于加强社会工作专业人才队伍建设的意见》（2011）
党政人才/党政领导干部	党政人才指公务员、参照公务员法管理的群团机关工作人员。党政人才资源的统计范围指列入公务员法实施范围的中国共产党各级机关、各级人民代表大会及常务委员会机关、各行政机关、中国人民政治协商会议各级委员会机关、各级审判机关、各级检察机关、各民主党派和工商联的各级机关的公务员、试用期人员，以及参照公务员法管理的人民团体和群众团体机关的工作人员、试用期人员	中共中央组织部《中国人才资源统计报告（2016）》

续表

名词	概念界定	来源
党政人才/党政领导干部	党政领导干部指中共中央、全国人大常委会、国务院、全国政协、中央纪律检查委员会工作部门领导成员或者机关内设机构担任领导职务的人员，国家监察委员会、最高人民法院、最高人民检察院领导成员（不含正职）和内设机构担任领导职务的人员；县级以上地方各级党委、人大常委会、政府、政协、纪委监委、法院、检察院及其工作部门领导成员或者机关内设机构担任领导职务的人员；上列工作部门内设机构担任领导职务的人员	中共中央《党政领导干部选拔任用工作条例》（2019）

在这里专业技术人员与专业技术人才基本是一个统合、一致的概念，后者强调依据工作岗位和工作性质对人才进行划分，强调了人才的专业属性和技术能力要求。对六支人才队伍划分而言，这种分类方式主要是按照方便管理和部门职能归属进行划分的，其优点是责权归属清晰，而缺点是分类原则、逻辑不够一致，部分人才标准含糊，导致实际工作中出现了分类有交叉、有空白的问题。此外各支人才队伍体量差距巨大，其中专业技术人才和高技能人才规模巨大，达到上亿；而社会工作人才体量太小，规模在十万级左右。同时，在地方上由于对人才分类的理解不一，统计口径不清，人才数据统计存在困难或易产生偏差。

6. 知识分子与人才概念的联系与区别

1939年12月1日，毛泽东同志为中央起草了《大量吸收知识分子》的决定。此后，党中央开始重视知识分子工作。改革开放之初，邓小平同志提出了"尊重知识、尊重人才"重要思想，后来江泽民同志提出了"尊重劳动，尊重知识，尊重人才，尊重创造"，知识分子工作蓬勃发展。2016年习近平总书记强调，要深化科技、教育、文化体制改革，深化人才发展体制改革，加快形成有利于知识分子干事创业的体制机制，放手让广大知识分子把才华和能量充分释放出来[①]。

与工、农、商、学、兵等群体相比，知识分子是具有一定教育文化程度和知识素质水平，能够从事脑力劳动的劳动者。"知识分子"是在人才概念和人才工作广泛兴起之前，我国一直使用的概念。中央组织系统在成立人才工作部门之前，存在知识分子工作办公室。我们看到，"知识分子"和"人才"是最为接近的概念。但是前者更加突出政治性、知识属性，而

---

① 习近平. 在知识分子、劳动模范、青年代表座谈会上的讲话[J]. 中国工运，2016（5）：4-7.

后者更加强调创造属性、贡献属性。可以说，"知识分子"包含在大"人才"范围之内，但在职业化和专业化水平方面未做特定要求。由于"知识分子"在体制内的话语体系中主要侧重表达一个政治性，随着社会阶层的变化和时代的发展进步，这一概念逐渐淡化。

（三）国外"人才"相关相近概念的辨析

1. 国外没有"人才"的对应概念

可以说，"人才"（包括衍生出来的"人才工作"）概念在西方语言体系中找不到一个对应的准确词汇来表达，它是中国特色的本土创造，其背后代表着中国道路、中国战略和中国选择。

对国际文献的检索表明，国外文献中没有准确的"人才"提法。以往国外研究中有 gifted person、genius 等相近词汇，意指有天赋的人，即所谓的天才。在马克思、恩格斯经典著作当中，有"人""英雄""巨人""天才"等用词用语，但未发现对应我国"人才"群体和构念的相关表述。改革开放一段时间以来，随着中国人才战略、人才工作的不断发展和国际传播，一些国际学者用 talent 来指代、代替中国的"人才"概念。但对熟悉我国人才工作的相关工作者而言，其中具有重要的区别和显著的理解鸿沟。前者主要指"天才""有特别才能的人"，并不对应中国语境中"人才"的意涵。

另外，西方常用人力资源（human resources）的概念，这一概念偏重经济性表达，强调通过人力资源开发获得最大经济利益。与此对应，在西方企业管理理论中，有人力资源管理（human resources management）、人事管理（personnel management）的概念，近期在中国的影响下出现了英才管理（talent management）的提法。我们看到，这些相关概念主要应用于经济领域中的企业和组织管理层面，与"人才"内涵亦存在巨大差异。西方的以上词汇侧重于强调人的天赋才能，既达不到我国"人才"一词的丰富内涵，更跟不上我国"人才"一词在国家发展中的广泛应用。

人力资源和社会保障部前副部长王晓初曾专门提到："在对外交往中经常会遇到'人才'的翻译，我曾经想译成'Professional human resources，专业化的人力资源'，后来我发现不对，跟我们的人才内涵、外延对不上。"对于"人才"，"目前我们用得最多是 Talent，我痛恨'Talent'"，"因为 Talent 不是我们的人才，是天赋、天才，它指的是与生俱来的，而我们的人才强调的是在科学实践、科研实践、生产实践、社会实践当中的参与，是实践出人才，跟天生没有那么大关系，有点关系，关系不大，强调的是有知识、有能力的人……这两者之间差别很大"[1]。这种语言表达上的错位和不足反映了中西文化、政治背景上的深度差异。

令人欣慰的是，在联合国教科文组织专门组织召开的，针对中国人才工作和人才强国战略的研讨会中，在人力资源和社会保障部相关参会报告人员的努力下，"人才"这一特别词汇被同意以汉语拼音"rencai"作为汉译英的对应翻译用语，同时"rencai"也被列入联合国教科文组织的官方语言当中。自此，中国"人才"的英文翻译创造了一个国际通行用语的新概念、新范例。

另外，虽然西方没有对应中国"人才"的具体概念，在统计指标方面也未有准确对应口径，但还是有一些人才相关指标。例如，瑞士洛桑国际管理发展学院提出的国际竞争评价指标中有研究与开发人员、合格工程师、高级经理人员等相关指标。西方统计体系中也有合格"科学家与工程师"指标。在这里，科学家与工程师被界定为，具有大学本科以上学历、工程师以上资格的人员。如果达不到以上两项标准，但在专业岗位工作，那么可定义为"科技活动人员"，科技活动人员的范围更广，其中包含科学家与工程师[2]。

2. 国外可借鉴的"人才"相近概念

（1）"知识工作者"概念。

德鲁克曾提出"知识工作者"概念，此概念与我国的"人才"概念具有相近之处。德鲁克认为，随着科技进步及社会发展，我们已经进入知识社会，经济领域中出现了大量包含复杂性知识要素的技术及管理问题，那些利用自身知识资源和工具，承担知识任务的新兴工作群体可称为"知识工作者"。德鲁克提出，"知识工作者"是指通过正规教育获得工作、职位和社会地位，主要利用知识和信息进行工作的人，并认为电脑技术员、软件设计者、医师、律师、会计师等都是典型的知识工作者[3]。知识工作者通过应用理论知识和分析性的技术、技能提供创新性产品和服务；而使用

---

[1] 王晓初. 人才研究领域需特别关注四个方面的问题[EB/OL]. 中国网, http://www.china.com.cn/opinion/think/2016-01/25/content_37656513.htm, 2016-01-25.

[2] 中央人才工作协调小组办公室. 人才工作理论研究报告[M]. 北京：党建读物出版社, 2003.

[3] 彼得·德鲁克. 巨变时代的管理[M]. 朱雁斌, 译. 上海：上海译文出版社, 1995.

正规知识从事专业工作，是界定他们身份的主要依据。这类群体具备较强的知识学习和创新能力，并能够充分利用现代技术知识提高工作效率，知识经济将会极度依赖这类知识工作者。

与传统人力资源和劳动者相比，知识工作者具有以下特征[①]：一是职业的专业化。被称为"专业人士"的知识工作者所从事的工作一般需要通过正规的教育训练来建立特定的知识、技能储备才能胜任。其工作内容往往具有较强的技术性和内隐性，并且其通常都具备上级所不具备的专业素质和知识技能[②]。二是工作的自治性。知识工作者具有较强的工作能力和独立意识，具有工作中的高度自主性和自治性，是自己工作的主管。因此知识工作者往往被称为"企业家型"的专业人员。三是岗位的流动性[③]。这是由于知识工作者拥有自己的生产工具，凭借这些自己掌握的、可以携带的知识资本，他们对组织或者岗位有较大的选择权。四是知识投资的持续性。知识工作者需要对其生产工具——"知识"进行持续投资。事实上，掌握和运用知识的组织雇员在教育培训等方面的投资已经大大超过了传统的制造业工人，并推动形成知识社会"终身学习"的热潮。

由此可见，西方的"知识工作者"概念，与我国所提的"人才"概念是极为接近的。但前者主要突出这类群体的知识属性、专业工作者属性；而"人才"概念则更加突出创造属性、贡献属性和"以用为本"，只要有创新性贡献，哪怕所受正规教育不多，也属于"人才"群体。总体上，我们认为"人才"概念包括但大于西方"知识工作者"的内涵，"知识工作者"最为接近我国的"专业技术人才"的概念和范畴，这也是"人才"范畴中最典型和最大比例的群体。

（2）"人力资本"概念。

西方曾提出"人力资本"概念，这一概念来自经济学相关研究。19世纪末，英国经济学家马歇尔在《经济学原理》中提出："在所有的投资中，最有价值的是对人本身的投资"[④]，即人力资本投资。西方经济学人力资本理论认为，正是由于对人力资本的持续投入，才带来了经济社会的发展。20世纪60年代，美国经济学家舒尔茨曾明确指出：人力资本的收益高于

---

① 孙锐,陈国权.知识工作、知识团队、知识工作者及其有效管理途径——来自德鲁克的启示[J]. 科学学与科学技术管理, 2010（2）：189-195.
② 彼得·德鲁克. 创新与企业家精神[M]. 蔡文燕, 译. 北京：机械工业出版社, 2007.
③ 彼得·德鲁克. 功能社会：德鲁克自选集[M]. 曾琳, 译. 北京：机械工业出版社, 2007.
④ 马歇尔. 经济学原理：上卷[M]. 朱志泰, 译. 北京：商务印书馆, 1981：125.

物质资本。20世纪80年代，卢卡斯等人将人力资本分为社会一般化人力资本和专业化人力资本，前者主要是通过学校教育获得的，后者主要是在实践中获得的。但是，他们又认为专业化人力资本形成的规模和速度，直接取决于一般化人力资本已达到的水平。卢卡斯等人还提出，专业化人力资本才是促进经济增长的真正动力，故又称之为"内生经济增长理论"。这一理论在古典生产函数中加进了人力资本要素。西方人力资本理论主要是建构在受教育程度的基础上，其计量也主要是按照受教育年限来测算的。在经济层面，以往我们做人才贡献率研究，测算的人才发展对经济发展的贡献水平，与人力资本贡献率的计量比较接近。做人力资本测算，终究绕不开劳动力受教育程度以及其教育结构数据的支撑。

可以说，中国共产党作为执政党，自中华人民共和国成立以来一直坚持加大人力资本投资，特别是改革开放以来，我国受高等教育比例显著攀升，目前受过高等教育的人数已经达到2.14亿。对全世界来说，这都是举世瞩目的成就。笔者认为，这是除脱贫攻坚之外，中国为全世界做出的重大贡献。但这个贡献还不能概括中国人才工作的内涵和全貌。中国的人才强国战略，是全世界"独一份儿"，而人力资本概念是"舶来品"，但两者之间有相近的东西。当前，中国正在走一条中国特色的人才引领创新发展之路。其中，我们还强调高技能人才、大国工匠，如果按照人力资本投入来衡量，可能就比较低，他们受教育程度比较低，但却是我国急需紧缺的"人才"。当前，我们建造核潜艇最缺的人才之一——高水平电焊工，就是高技能人才。高水平电焊工，这类群体内蕴含着隐性知识的积累和使用，而这些不是通过大学教育那种显性知识传递方式获得的。他们技能高，贡献大，那就是"人才"。此外，"健康"也是人力资本强调的内涵之一，失去了健康，人力资本就会降低。但是像霍金这样的科学家，虽然健康情况很差，但其大脑活跃、创新性强。若单以"健康"进行度量，人力资本就会不高。

人力资本这个概念，已经研究了很多年，也有人因此获得诺贝尔经济学奖，为解释人类的经济学问题做出了重要贡献。人力资本的突出贡献就在于表明：在所有经济发展要素当中，人是最核心、最关键的要素，而不是物质要素，不是土地要素，不是金融要素。可以说，西方所提出的"专业化人力资本"概念与我国的"人才"概念，特别是"专业技术人才"概念的内涵有接近之处。但是，人力资本概念从基础上讲，是将"人"进行物化，作为经济发展的要素之一来看待，这主要是从经济视角来定义，而不是"以人为本"，不是将人作为"活生生的人"来看待。中国的"人才"

概念和人才工作，则是将"人"作为一种可发展、可成长、可创造的"活化"主体来看待，这不是一种单纯的"物化"观念。"人才"这个概念是历史的、立体的，不是平面的、单纯"经济性"的。我们不是将"人才"压缩为一个物质化、平面化的"经济要素"概念或"文字"词汇来审视，而是将其视为一个不断发展、不断生成、不断动态变化的"第一资源"和"第一主体"来定义和发展的。

（3）"专业人员"概念。

国际劳工组织制定的《国际标准职业分类（2008）》曾提出"专业人员"的概念和范畴。这里的所谓"专业人员"是指，增加现有知识存量，应用科学或艺术的概念和理论，以系统方式教授上述内容，或从事上述任意组合活动的人员群体。其中，具体包括了科学和工程学专业人员、卫生专业人员、教学专业人员、商务和行政管理专业人员、信息和通信技术专业人员、法律社会和文化专业人员。专业人员技能专业化程度高、技能水平要求高，一般需具备硕士及以上学历水平。我们看到，"专业人员"更多强调特定岗位、特定工作和专业性、技能性，相比而言，"人才"的内涵更为丰富化、多样化、多元化。在操作层面，"专业人员"可以纳入我国"人才"的具体范畴。

（四）关于"人才"相关概念内涵的总结

当前，我国经济社会发展进入新时代，不论是在人才总量、结构、素质，还是在人才投入、创新、效能等主要人才指标上，我们的发展均超出预期。人才内涵具有相对性、动态性。从早期的三支人才队伍，到后来的五支人才队伍、六支人才队伍，再到中央人才工作会议提出的战略人才力量，其人才内涵、重心和重点都在不断变化迭代。改革开放之初，人才意识萌发，"行行出状元""人人皆可成才"理念的提出有利于引导全社会重视人才价值，有利于鼓励各类人才竞相涌现。当前随着社会各界对人才重视程度的提升、人才整体素质的显著提高和人才竞争日益激烈化，新时代的"人才"内涵需要与时俱进。

改革开放四十多年以来，我国经济社会快速发展，人们受教育程度普遍提高，社会行业、职业、专业门类日益增加，人才评价基线逐步抬升，人才评价标尺日趋多元。早期以中专学历、初级职称作为口径来定义人才，符合20世纪七八十年代的国情背景、符合时代发展要求。当前随着社会成员受教育程度普遍提升和新产业、新就业形态的不断出现，以往单纯以学历、职称、职业资格等来界定人才，难以满足新时代经济社会发展的需求。

在市场经济条件下，什么是"人才"，不是仅看学历、资历和证书，而是要看发挥的作用、创造的价值，以实践、社会和市场作为检验的主体。从内部来讲，人才作用的发挥有其生命周期；从外部来讲，同类人才亦有其差别化的比较优势。何谓"人才"，怎样评价人才，要围绕"以用为本"，具体落到一个领域，要以一个区域、一个阶段、一个门类、一个"时空"去考察，坚持动态发展观点，以专业实践中的"水平""贡献"作为评价基点在当前才具有更大意义。在新时代背景下，"人才"概念更加强调和突出专业性、创新性、贡献性、发展性、引领性和杰出性。谁能为高质量发展和高水平科技自立自强做出贡献，谁就首先进入最受党和国家关注的人才群体范畴。与此同时，我们也要大力解决人才概念边界模糊，精准性、落地性、操作性较差的问题，在中观层面和操作层面对人才概念做进一步厘清，为工作实践提供指导。

在这方面，一些发达地区人才统计的实践给我们提供了部分参考借鉴：可以本地受大学教育的经济活动人口数框定一个基数，然后对本地典型单位、行业及小区域进行抽样，进一步发现其学历型人才与非学历型人才的比例规律，然后在以上基数的基础上，进一步删减或提高活化的学历型人才数量，配比扩展活化的非学历型人才数量，从而得到本地人才规模总量的概括性数值。

二、人才分类实践中存在的问题

为了解当前人才分类存在的问题和对人才分类改革的建议，本书课题组赴山东省、江苏省，以及重庆市、晋江市、宁波市、苏州市等地开展实地调研，同时向人才工作相关部门的工作人员发放调研问卷。从实地调研和347位受访者的问卷调研情况看，当前人才分类基本上反映了我国人力资源的职业结构和主要特征，对推动我国人才工作的深入开展起到了重要作用，但面向未来发展需要，当前人才分类存在以下突出问题。

1. 不具备统一的逻辑体系

目前的六支人才队伍是在党政人才、企业经营管理人才和专业技术人才三支人才队伍的基础上逐渐演化而成的，划分依据综合考虑了政府管理职能与职业类别，并非基于统一的逻辑体系。其中，党政人才、专业技术人才、高技能人才、社会工作人才等人才群体的划分多是从政府角度出发，分别有相应的政府主管部门，便于政府开展人才管理工作。专业技术人才、社会工作人才、企业经营管理人才、农村实用人才等人才群体，在一定程度上具有所从事工作的同一性特征，与职业分类有一致性。人才分类与职业分类的对照关系示例如表 7-5 所示。

表 7-5 人才分类与职业分类的对照关系示例

人才分类	编码	职业
党政人才	1-01	中国共产党机关负责人
	1-02	国家机关负责人
	1-03	民主党派和工商联负责人
	1-04	人民团体和群众团体、社会组织及其他成员组织负责人
	1-05	基层群众自治组织负责人
	3-01-01	行政业务办理人员
	3-01-02	行政事务处理人员
	3-01-03	行政执法和仲裁人员
	3-02-01	人民警察
专业技术人才	2	专业技术人员
	2-01	科学研究人员
	2-02	工程技术人员
	2-03	农业技术人员
	2-04	飞机和船舶技术人员
	2-05	卫生专业技术人员
	2-06	经济和金融专业人员
	2-07	法律、社会和宗教专业人员
	2-08	教学人员
	2-09	文学艺术、体育专业人员
	2-10	新闻出版、文化专业人员
	2-11	其他专业技术人员

续表

人才分类	编码	职业
企业经营管理人才	1-06-01	企业负责人
社会工作人才	2-07-09	社会工作专业人员
农村实用人才	5	农、林、牧、渔业生产及辅助人员

资料来源：《中华人民共和国职业分类大典（2015年版）》

2. 六支人才队伍体量不一

六支人才队伍的划分属于较为常见的一级式人才划分。根据《全国人才资源统计指标体系》，每支人才队伍的细分程度不同，有的分为两级式（大类-中类），如党政人才、企业经营管理人才、专业技术人才、农村实用人才；有的未进一步细分，如高技能人才、社会工作人才。整体来看，尚未形成逻辑统一、形式一致的分类结构（表7-6）。问卷调研结果显示，36.39%的受访者认为，当前人才队伍类别的划分无法有效指导工作实践。

表7-6 现有人才分类结构

一级分类	二级分类
党政人才	公务员、参照公务员法管理的群团机关工作人员
企业经营管理人才	出资人代表、经营管理人员、党群工作者
专业技术人才	工程技术人员、农业技术人员、科学研究人员、卫生技术人员、教学人员、其他
高技能人才	
农村实用人才	生产型人员、经营型人员、技能服务型人员、技能带动型人员、社会服务型人员
社会工作人才	

资料来源：中共中央组织部. 中国人才资源统计报告（2010）[R]. 北京：中国统计出版社，2012

3. 人才分类存在交叉重合

问卷调研结果显示，有61.45%的受访者认为当前人才分类之间存在重合交叉，这不仅为人才统计带来困难，而且使得出台的相关人才政策的适用范围模糊。例如，企业的技术部门负责人既属于专业技术人才，也属于企业经营管理人才；取得相应职业资格的社会工作人才也可视为从事专门性社会服务工作的专业技术人才，如从事"精神卫生、残障康复、应急处置"等工作的人员；高技能人才与农村实用人才有部分重合。

4. 人才统计调查实施困难

人才分类的重要目的之一就是为人才数据统计调查提供重要依据。从中共中央组织部组织的全国人才资源统计情况看，目前两级式人才分类统计框架与已初步应用职业分类的人口普查、城镇劳动力调查、薪酬调查等工作难以衔接。问卷调研结果显示，有37.28%的受访者认为当前六支人才队伍的分类与其他人才统计数据无法有效衔接。例如，我国人才资源统计的"专业技术人员"包括科学研究人员、工程技术人员、农业技术人员、卫生技术人员、教学人员、其他等六类。但《中华人民共和国职业分类大典（2015年版）》（以下简称《职业分类大典》）中"专业技术人员"中的飞机和船舶技术人员，经济和金融专业人员，法律、社会和宗教专业人员，文学艺术、体育专业人员，新闻出版、文化专业人员未纳入统计范围。

5. 对工作实践指导性不足

当前人才采取一级划分方式分为六支人才队伍，人才分类的精细化程度不够，主要是应用于六支人才队伍数量和人才总量的统计，不能满足地方人才工作实践的需求。调研中，有的地方的人才工作部门负责人表示，"目前各支人才队伍总量的意义不大，只是领导关注而已"。地方政府相关部门关注人才多因为其与人才政策紧密相关，"基层部门更关注产业人才"。人才工作为产业发展提供支撑，人才引领产业发展，但现有人才统计缺少产业人才的相关数据，无法指导地方更有针对性地开展人才工作。

6. 与高质量发展不相适应

问卷调研结果显示，有47.93%的受访者认为当前人才分类与现实的高质量发展需求不匹配（图7-3）。具体体现在以下方面。

类别	占比
各支队伍之间存在交叉重合	61.45%
人才队伍分类与高质量发展需求不匹配	47.93%
难以指导地方人才工作实践	37.57%
与其他统计数据衔接性较差	37.28%
人才队伍类别划分过粗	36.39%
与其他国家相关数据缺少国际可比性	25.15%
其他	5.33%

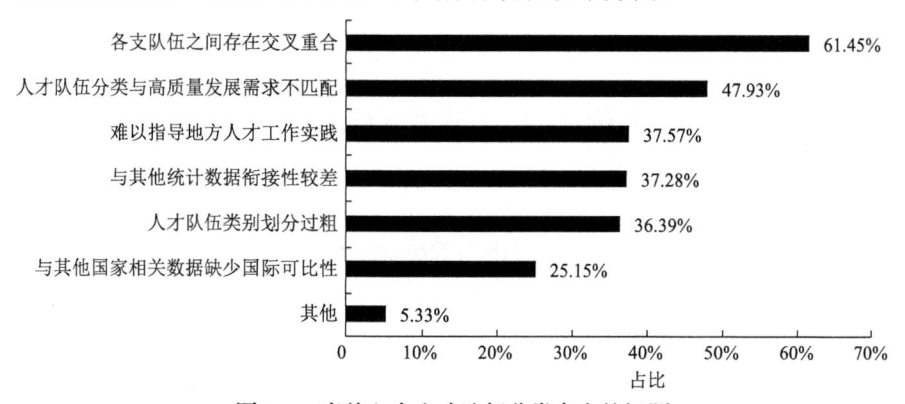

图 7-3　当前六支人才队伍分类存在的问题

一是党政人才不宜与其他人才群体纳入同一工作框架。从管理角度看，党政人才与其他人才的管理原则、管理规律、改革方向有较大差异。党政人才多属于国家党政干部，受《中华人民共和国公务员法》、干部管理条例及各项规章制度的规范管理，有完备的制度体系，其管理原则是从严从紧；而面向其他人才队伍的制度改革方向是放权、松绑、激发活力。调研中，曾从事公务员管理和专业技术人员管理的部门负责人表示，党政人才管理是干部工作，人才工作色彩不明显。从中央表述看，党政人才应用较少，且与人才工作有别。党的十八大报告首次提出"建设高素质执政骨干队伍"；习近平总书记曾指出："干部工作也好，人才工作也好，本质上都是用人问题"[①]；在中央政治局第二十一次集体学习时，习近平总书记对抓好执政骨干队伍和人才队伍建设提出了一系列新观点新论断新要求。由此可见，执政骨干队伍的表述应用较多，且与人才队伍建设并列。

二是专业技术人才与高技能人才分类管理不符合人才成长规律和经济社会发展需求。"高技能人才"和"专业技术人才"概念的提出主要依据传统工人与干部的身份之别。随着数字技术、信息化技术、互联网技术等的广泛应用以及身份意识的淡化，高技能人才和专业技术人才相互交叉融合，界限越来越模糊。在当前实施创新驱动发展战略、推进新旧动能转换的大背景下，对两支人才队伍分开管理不利于促进人才能力提升和职业发展，也不利于创新工作的实践需要。

三是我国相关人才数据缺少国际可比性。例如，我国使用专业技术人才、科技人才、工程技术人员等概念并进行相关统计，国际通用的则是科技人力资源、R&D 人员、科学家和工程师等概念，因此无法直接进行国际对标、比较。问卷调研结果显示，约 1/4 的受访者认为，我国的人才分类与其他国家相关数据缺少国际可比性。

三、优化人才分类的相关体系参考

从工作实践看，人才分类与国民经济统计中的行业分类、人才评价开发中的职业分类、人才培养中的学科分类密切相关，以此为参照有利于提

[①] 习近平. 贯彻落实新时代党的组织路线 不断把党建设得更加坚强有力[J]. 求是，2020（15）：4-9.

高人才分类结果的效用、可比性和相互衔接性。

（一）行业产业的分类体系

行业（或产业）是从事相同性质的经济活动的所有单位的集合[①]。行业产业分类是按照用人单位（包括企业、事业单位、政府机关等）的经营活动内容和性质来确定的，是产业人才统计的重要基础，也是各地结合自身产业基础进行人才开发和人才战略布局的重要依据。从目前的行业产业分类看，主要有以下三大分类：一是整体性、综合性行业分类，即国民经济行业分类。当前中国人才资源统计亦根据国民经济行业分类标准（GB/T 4754-2017）对人才进行细分。二是重点产业群分类。例如，战略性新兴产业分类、高技术产业（制造业）分类、高技术产业（服务业）分类、生活性服务业统计分类、生产性服务业统计分类等。三是具体某一产业分类。例如，数字经济及其核心产业统计分类、科技服务业统计分类、健康产业统计分类等。从各地人才工程中所提出的重点支持对象看，除教育、卫生和社会工作人才外，多是关注战略性新兴产业、高技术产业及其他特定产业内的人才，故重点人才工程项目设计多以行业产业分类为基础。

（二）国内外职业的分类体系

社会分工是职业分类的基础。职业是指主要任务和职责具有较高相似度的工作集[②]。职业分类是制定国家职业资格标准、推进职业技能鉴定和职业资格证书工作的先行性、基础性工作[③]，也是不同国家和地区间开展人才评价互认的基础。目前很多国家和地区都已经建立起本国的职业分类标准，并在此基础上进行人才资源统计。以职业分类为参照进行人才类别划分，不仅有助于弥补人才研究和人才工作领域中相对模糊和不确定的人才细分问题，而且有助于提升我国人才分类及其统计数据的国际可比性、数据兼容性与共享性。

对主要发达国家和地区的职业分类研究发现，工作内容和职责、技能水平、教育背景（专业领域）、行业等是开展职业分类的重要参照。国内外的职业分类标准体系大致可以归结为两大类：一类是以国际劳工组织的《国际标准职业分类（2008）》为蓝本建立的国家标准职业分类体系。典型

---

① 参见《国民经济行业分类标准》（GB/T 4754-2017）。
② 参见《国际标准职业分类（2008）》。
③ 陈慧梅，谢莉花. 美国标准职业分类的新发展及其启示[J]. 当代职业教育，2019（2）：95-101.

代表国家有中国、英国、澳大利亚、新西兰、新加坡等（表7-7）。按照该分类体系，职业分类依据为技能水平（skill level）和技能专业化程度（skill specialization）。在职业分类"大—中—小—细"的结构中，技能水平通常用于大类的分类（8~10个大类），技能专业化程度通常用于中类、小类和细类的分类。需要特别指出的是，ISCO和其他各国都将专业人员[①]、技术人员和专业辅助人员[②]分列。另一类是以统计应用为导向设计的职业分类体系。典型代表为美国的标准职业分类系统（Standard Occupational Classification，SOC-18），该分类体系结合产业分类与国际劳工组织的国际职业标准分类，将职业分为23个左右的职业大类（表7-8）；同时专门设置了《职业与职位直接匹配目录》，明确职业与职位的对应关系；在编码设计方面对23个大类提供了多种聚类分组方式，以满足不同的统计需求。目前美国已实现将职业分类信息与国家经济信息统计、劳工就业统计、人口普查、国家薪酬调查、教育培训调查和科学与工程职业统计等多个联邦政府统计项目相衔接。

表7-7 国际劳工组织及部分国家职业分类大类结构

国际劳工组织国际标准职业分类（2008）	中国职业分类（2015）	英国标准职业分类（2000）	新加坡标准职业分类（2010）	澳大利亚和新西兰标准职业分类（2006）
管理者	党的机关、国家机关、群众团体和社会组织、企事业单位负责人	管理人员和高级官员	立法者、高级官员和管理人员	管理人员
专业人员	专业技术人员	专业性职业	专业人员	专业人员
技术人员和专业人员助理	办事人员和有关人员	辅助专业技术职业	辅助专业人员和技术人员	工程、ICT和科学技术人员
办事员	社会生产服务和生活服务人员	行政和秘书职业	职员	社区与个人服务工作者
服务人员及销售人员	农、林、牧、渔业生产及辅助人员	技术熟练的技术性职业	服务和销售人员	文书和行政人员
农业、林业和渔业技术员	生产制造及有关人员	个人服务职业	农业和水产业工人	销售人员
工艺及有关人员	军人	销售和客户服务职业	手艺人和相关行业的工人	机械操作工和司机
机械机床操作员和装配工	不便分类的其他从业人员	工序、成套设备和机器操作员	设备与机械操作和装配工	体力劳动者
非技术工人		初级职业	清洁工、劳工和相关行业的工人	
			未分类职业的从业者	

注：ICT（information and communications technology），即信息与通信技术

[①] 专业人员能够增加现有知识量，应用科学或艺术概念和理论，系统性地传授前述知识；或者参与到任何这些活动的组合当中，其胜任能力要求达到第4级ISCO技能水平。

[②] 技术人员和专业辅助人员执行与科学或艺术的概念和操作方法，以及政府或商业法规的研究和应用有关的技术和相关任务，其胜任能力要求达到第3级ISCO技能水平。

表 7-8 美国标准职业分类大类结构

编码	大类名称
11-0000	管理职业（Management Occupations）
13-0000	商业和金融运营职业（Business and Financial Operations Occupations）
15-0000	计算机和数学职业（Computer and Mathematical Occupations）
17-0000	建筑与工程职业（Architecture and Engineering Occupations）
19-0000	生命、物理和社会科学职业（Life, Physical, and Social Science Occupations）
21-0000	社区和社会服务职业（Community and Social Service Occupations）
23-0000	法律职业（Legal Occupations）
25-0000	教学与图书馆职业（Educational Instruction and Library Occupations）
27-0000	艺术、设计、娱乐、运动、媒体职业（Arts, Design, Entertainment, Sports, and Media Occupations）
29-0000	医疗实践和技术职业（Healthcare Practitioners and Technical Occupations）
31-0000	医疗保健支持职业（Healthcare Support Occupations）
33-0000	保护服务职业（Protective Service Occupations）
35-0000	食品加工与服务相关职业（Food Preparation and Serving Related Occupations）
37-0000	建筑和地面清洁和维护职业（Building and Grounds Cleaning and Maintenance Occupations）
39-0000	个人护理与服务职业（Personal Care and Service Occupations）
41-0000	销售及相关职业（Sales and Related Occupations）
43-0000	办公室和行政支持职业（Office and Administrative Support Occupations）
45-0000	农业、渔业和林业职业（Farming, Fishing, and Forestry Occupations）
47-0000	建造与开采业职业（Construction and Extraction Occupations）
49-0000	安装、维护和维修职业（Installation, Maintenance, and Repair Occupations）
51-0000	制造业职业（Production Occupations）
53-0000	运输和物料搬运职业（Transportation and Material Moving Occupations）
55-0000	军事特定职业（Military Specific Occupations）

资料来源：美国《标准职业分类》（2018）

（三）教育学科分类体系

学科门类是对具有一定关联学科的归类，是授予学位的学科类别。根据国务院学位委员会和教育部颁布修订的《学位授予和人才培养学科目录

（2018 年）》和《国务院学位委员会 教育部关于设置"交叉学科"门类、"集成电路科学与工程"和"国家安全学"一级学科的通知》，我国的学科划分为哲学、经济学、法学、教育学、文学、历史学、理学、工学、农学、医学、军事学、管理学、艺术学、交叉学科等 14 个门类，共下设 113 个一级学科。为满足国家宏观管理和科技统计需要，我国还制定了《中华人民共和国学科分类与代码》（GB/T 13745-2009）。该标准依据学科的研究对象、学科的本质属性或特征、学科的研究方法、学科的派生来源、学科研究的目的与目标等五个方面，将学科分为自然科学类、农业科学类、医药科学类、工程与技术科学类、人文与社会科学类等 5 个门类、58 个一级学科。

前者的学科门类根据学科发展与人才培养需要而设，是连接产业人才需要与院校人才供给的重要基础；后者主要依据学科知识体系而设，两者均可反映人才个体的知识、能力构成，可为人才分类和人才资源的统计提供参考。美国国家科学基金会（National Science Foundation，NSF）在统计美国的科学家和工程师劳动力规模时，采用两种统计口径，分别反映该领域人力资源的现状与潜力：一是指任何领域的从事科学与工程或科学与工程相关职业的大学毕业生，通过界定美国《标准职业分类》中的相关职业细类实现；二是指在任何科学与工程或科学与工程相关领域至少拥有学士学位（或更高）的个人，通过界定美国《学科专业分类目录》中的相关学科和专业实现。

（四）人才开发主体的职能边界体系

人才资源管理开发的主体包括政府主管部门、事业单位、企业及行业性社会组织等，人才资源也主要分布于上述几类组织。不同人才资源开发管理主体对人才资源的管理权限、边界也有所不同。其中，民营企业、外资企业等作为用人主体对企业内人才有充分的自主权；政府机关对公务员群体有严格且完全的人才管理权限；相对而言，事业单位作为用人主体同时受政府主管部门的管控，随着人才管理自主权下放，其管理自主权逐步增大。鉴于此，从政府管理权限和管理边界角度看，可以将人才分为体制内人才（包括政府机关的党政干部、事业单位和国有企业的各类人才等）和体制外人才（包括企业、社会组织、民办非企业单位内的人才，自由职业者等）两大类。

政府对体制外人才的数量、结构、分布、质量、供求等相关情况掌握较少；而针对体制内人才则制定了相应的人事制度和人才管理政策，定期开展人才资源统计，也形成了特定的人才分类[①]。此外，教育、卫生健康、文化旅游、农业等政府主管部门，基于部门管理权限也开展了相应的人才资源开发管理工作，对系统内人才进行分类。因此，人才分类可结合人才管理开发主体的权限、政府的管理边界、现有人才资源统计基础，从可操作性、衔接性等角度综合考虑。

（五）人才分类框架与以上分类体系的关系

按照学科、职业、行业、开发主体也可以对各类人员进行划分，其面向的群体与人才分类面向的群体之间存在如下关系（图7-4）。其中，学科分类只面向获取学历的人员，人才则既包括部分学历人才，也包括非学历人才。职业、行业和开发主体分类面向所有就业人员，既有学历人员，也有非学历人员。相比之下，人才分类只包括其中的部分杰出人才群体。从适用关系看，学科分类适用于部分人才群体分类，职业、行业和开发主体分类适用于整个人才群体分类，因而行业分类和职业分类更具参考性。需要注意的是，地方人才工作相关部门更关注行业产业人才，但行业产业分类已有明确标准，依据人才所在行业产业划分即可，不属于本书探讨的重点。人才分类需体现人才的本质属性和特点，相对而言，职业是个体利用生产资料和资源的基本途径，要求人才必须具备相应的能力素质，是人才个体价值实现的重要依托，故职业分类对人才分类更具参考价值。

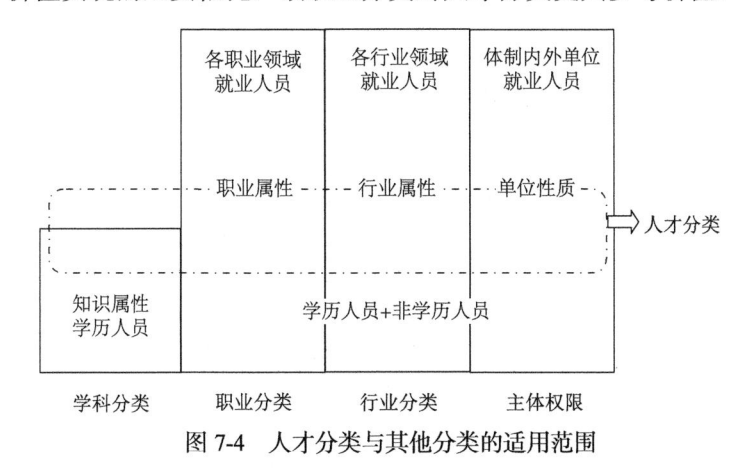

图7-4 人才分类与其他分类的适用范围

[①] 例如，中共中央组织部发布的《中国人才资源统计报告（2016）》。

四、优化人才分类新框架的基本思路

1. 明确现阶段人才分类的目的

一是要服务国家战略发展需要。以科学的人才分类提升人才工作效能，最终推动国家战略目标的实现。二是有利于政府人才资源管理开发。人才分类既要便利现有政府部门服务管理，又要推动部门分工和人才工作体系完善。三是能够为用人单位微观管理提供指导和参考。例如，能够反映用人单位的人才需求、引导企业做好人才评价等。四是打破人才发展的身份壁垒，即要打破干部、工人、农民等身份障碍，遵循人才成长成才规律，为人才创造更大发展空间（图7-5）。

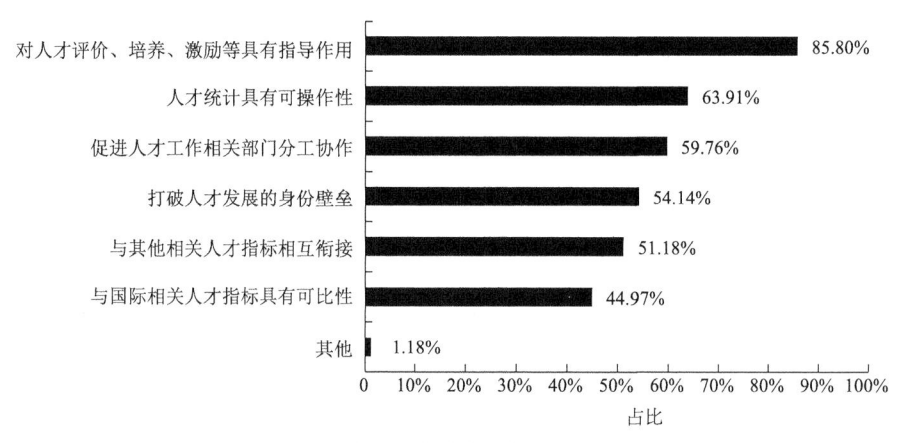

类别	占比
对人才评价、培养、激励等具有指导作用	85.80%
人才统计具有可操作性	63.91%
促进人才工作相关部门分工协作	59.76%
打破人才发展的身份壁垒	54.14%
与其他相关人才指标相互衔接	51.18%
与国际相关人才指标具有可比性	44.97%
其他	1.18%

图 7-5 关于人才分类目标的问卷调查

2. 建立科学明晰的人才分类依据

理想的人才分类体系要满足：排他性和穷尽性，但从实践操作看，难以找到唯一且能全覆盖的人才分类依据。国际劳工组织的职业分类依据为技能水平和技能专业化程度两个维度，我国的职业分类和现有人才分类也是依据多个维度划分的结果。问卷调研结果显示，76.04%的受访者赞同按照横向领域与纵向水平相结合的方式对人才队伍进行划分。据此建议，借鉴职业分类做法，横向以职业领域为依据，纵向以专业水平或职业复杂度为依据对人才进行分类。人才大类与子类划分依据可不尽相同，但能体现出清楚的逻辑关系。

3. 建立统一的两层式人才分类结构

人才分类既要坚持全口径、全覆盖，又要结合各地区战略发展，体现重点领域人才需求。考虑职业发展走向分工细化和交叉融合的趋势，人才分类又不宜划分过细。因此，建议建立"大—中"两层式人才分类结构，明确大类和中类分类标准，形成逻辑统一、形式一致的人才分类结构。大类力求实现全面覆盖，体现普遍性、可比性，中类突出重点人才群体，体现针对性、可操作性。同时，为增强对新兴产业人才、复合型人才、创新型人才的包容性，可在中类中设置"其他人才"项。

4. 立足战略需求动态调整人才类别

针对现阶段提升原始创新能力，突破关键核心技术和"卡脖子"技术，尽快实现科技自立自强的要求，多位被访者表示，有必要将科技人才队伍单列，并由各地结合自身需要进一步细化二级分类。问卷调研结果显示（表7-9），最需要单列的两类人才分别是：科技人才（65.98%），教育、文化及卫生医疗人才（56.21%）。与之相对应的是，参与问卷调查和实地座谈的人员表示，现阶段社会工作人才和党政人才不需要单列。其中，分别有39.64%和38.76%的受访者认同此观点。

表7-9 人才分类改革建议

题项1	较为赞同+非常赞同	非常不赞同+不太赞同
将专业技术人才和高技能人才整合	54.44%	35.20%
题项2	社会工作人才	党政人才
最不需要单列的人才类型（前两位）	39.64%	38.76%
题项3	科技人才	教育、文化及卫生医疗人才
最需要单列的人才类型（前两位）	65.98%	56.21%

5. 加强人才统计数据的相互衔接

一是加强顶层设计。建议中共中央组织部与统计局合作，推动人才资源统计立法工作，将人才数据纳入国民经济社会重要统计指标体系。二是数字化赋能人才资源管理。与统计部门联合建立全国统一的人才数据库架构和标准，自上而下分阶段、分层次建立人才资源管理平台，建立定期数据采集、更新制度。推动人才统计数据与公安、社保、税收、人口统计等数据的链接共享，将职称、职业资格、技能等级等重要指标纳入人口普查统计范围。三是注重与已有人才统计指标的相互衔接，保证数据的连续性。四是关注具有标志性、影响力的国际指标，提高人才统计数据的国际可比性。

五、改革完善人才分类框架的相关建议

1. 方式一：在现有人才分类基础上精简类别

该分类方式结合调研反映的突出问题，在最大限度保留、延续现有人才分类框架，尽量不改变现有政府主管部门分工的基础上，对人才队伍类别进行合并、精简，以保留最主要的人才类别。建议将农村实用人才和社会工作人才并入高技能人才或专业技术人才。由此最终形成：管理人才、专业技术人才、高技能人才三大类人才（表 7-10）。然后，根据人才使用领域和岗位情况对三大类人才进行二级分类。

表 7-10 人才分类框架（方式一）

大类	管理人才	专业技术人才	高技能人才
中类	高层管理者 党委（党组）负责人 部门负责人	科学研究人才 工程技术人才 农业技术人才 飞机和船舶技术人才 卫生专业技术人才 经济和金融专业人才 法律、社会和宗教专业人才 教学人才 文学艺术、体育专业人才 新闻出版、文化专业人才 其他人才	社会生产服务人才 生活服务人才 农林牧副渔业生产人才 生产制造人才

2. 方式二：结合职业分类框架重构人才分类

该分类方式参考国内外职业分类框架，结合国家战略导向和地方实践

发展需要，对人才分类框架进行重构。其中，科技人才在建设科技强国、实现高水平科技自立自强方面的作用极为重要，为此将科技人才单列。为破除专业技术人才与高技能人才的身份障碍，参考国外职业分类框架和国家战略发展重点，将专业技术人才和高技能人才拆解为三大类人才：科技创新人才、专业人才、技术和专业辅助人才。鉴于当前我国已开启全面推进乡村振兴的新时代，乡村振兴，关键在人，因此有必要突出、保留农村实用人才这支队伍，根据形势变化调整其内涵，并将其改称为乡村振兴人才。另外，将企业经营管理人才与事业单位和非营利部门的管理人才合并为管理人才。由此最终形成：管理人才、科技创新人才、专业人才、技术和专业辅助人才、乡村振兴人才五大类人才（表7-11）。

表 7-11 人才分类框架（方式二）

大类	管理人才	科技创新人才	专业人才	技术和专业辅助人才	乡村振兴人才
中类	高层管理者 党委（党组）负责人 部门负责人	科学研究人才 工程技术人才 农业技术人才 飞机和船舶技术人才 信息与通信技术人才	卫生专业技术人才 经济和金融专业人才 法律、社会和宗教专业人才 教学人才 文学艺术、体育专业人才 新闻出版、文化专业人才	社会生产服务人才 生活服务人才 农林牧副渔业生产人才 生产制造人才	农村合作社带头人 家庭农场经营者 乡村工匠

3. 方式三：根据人才评价方式确定人才分类

该分类方式打破了既有的分类框架，依据人才评价标准定义人才，以人才评价制度体系为基础重新构建人才分类框架。建议进一步缩小人才的操作性定义，将人才界定为：获得职称、职业资格、职业技能等级认定的专业群体，根据用人单位评价、社会评价、行业评价结果来识别和判定人才。当前职称制度、职业资格制度和职业技能等级认定制度是我国人才评价的三大基础制度。一级人才分类可根据职称制度、职业资格制度、职业技能等级认定制度的适用群体范围来确定，二级人才分类可参考分类方式一而定。由此形成：职称评价认定的人才、职业资格评价认定的人才、职业技能等级认定的人才等三大类（表7-12）。在此基础上，按照不同产业行业和职业领域进行二级分类。本分类方式将没有获得相关人才评价制度认可的人员归为人力资源或一般性行业产业从业者。

表 7-12　人才分类框架（方式三）

大类	职称评价认定的人才	职业资格评价认定的人才	职业技能等级认定的人才
中类	高校教师 科研机构的科研人员 企业的科研人员 其他机构的科研人员 或 自然科学类人才 农业科学类人才 医药科学类人才 工程与技术科学类人才 人文与社会科学类人才	工程技术人才 农业技术人才 飞机和船舶技术人才 卫生专业技术人才 经济和金融专业人才 法律、社会和宗教专业人才 教学人才 文学艺术、体育专业人才 新闻出版、文化专业人才 其他人才	社会生产服务人才 生活服务人才 农林牧渔业生产人才 生产制造人才

4. 方式四：基于《职业分类大典》形成人才分类

以《职业分类大典》为基础，对现有的人才分类框架进行调整。一是保持稳定，总体上承接现有人才的内涵。二是突出衔接与统计应用，能够明确目前人才分类与《职业分类大典》职业分类的关系，明确所包含的职业范畴。三是突出岗位属性，以人才所在的岗位、实际从事的工作而非受教育水平或资格（资质）来判定人才类别。四是突出国家认可的技能水平，对技能人才的判定依据其是否达到国家认可的相应的职业技能等级。最终形成：管理人才、专业技术人才、行政/安全和消防领域人才、社会生产服务和生活服务领域人才、农林牧渔业生产领域人才、生产制造技能人才等六大类人才。

5. 以上四种人才分类方式的优缺点比较

分类方式一：一级分类参考了现有六支人才队伍的分类基础，二级分类充分结合了已有人才统计分类和职业分类。优点：从管理角度看，该分类方式基本延续了之前的分类框架，调整幅度较小，现有政府相关部门在不改变职能分工的前提下可继续开展相应人才工作。缺点：该分类方式相对简化，不能充分体现地方的人才特点与需求；延续以往的分类框架，也不利于打破专业技术人才与技能人才的身份壁垒。应用范围：该分类适用于国家宏观层面对人才队伍的管理与开发，可应用于国家人才发展规划编制和综合性人才文件的编制。

分类方式二：以职业分类为参照，充分考虑了现阶段国家战略发展导向、地方人才工作实践的需要和人才个体发展需要，在突出重点人才队伍的同时，增强了人才分类与职业分类的相互衔接性。优点：该分类对人才工作实践更具指导性，分类结果的应用领域也更为广泛，不仅有利于国家层面的人才发展战略管理，而且可以体现地方的人才需求，为地方人才工作提供指导与参照；以国际通行的职业分类框架为基础，有利于开展人才资源的国际比较分析。缺点：需要重新界定、厘清科技创新人才、专业人才、技术和专业辅助人才之间的关系，打破了原有政府部门分工，不利于人才统计与部门人才工作的延续。应用范围：该分类可应用于各级人才发展规划的编制和相关人才政策的制定。

分类方式三：打破了现有的分类框架，是在人才评价体系基础上的重构，使"人才"概念具有可操作性，是一种国家行政部门对"人才"的操作性定义。此分类的前提与核心是要建立和完善职称制度、职业资格制度和职业技能等级认定制度。优点：体现了现有人才评价制度的引导性，将"人才"概念范围收敛，突出了人才分类的专业性、可认定性，对人才标准、层次、范围等有了清晰明确的界定，有利于人才统计分析；通过开展职业资格的国际互认，有利于推动具体职业领域人才资源的比较。缺点：由于目前这三大评价制度尚有待进一步改革完善，所覆盖的人才群体范围有限，因此，与上述两种分类方式相比，该种分类方式工作基础相对薄弱，需要较长的时间逐步完善。应用范围：该分类可应用于职业分类，以及职称制度、职业资格制度和职业技能等级认定制度的修订与完善。

分类方式四：以我国《职业分类大典》为唯一参照进行调整，分类基础较为成熟，随《职业分类大典》的修订不断完善。优点：将人才分类与我国当前的职业分类相衔接，人才统计范围明确、二级分类更详尽，有利于开展人才资源统计；依据岗位属性进行人才分类，能够更充分体现用人单位的人才需求，为基层人才管理部门的工作实践提供更有效的分类指导。缺点：行业产业属性、国家战略导向体现不充分；从分类结构看过于偏重技能人才群体。应用范围：该分类适用于地方人才供需统计和人才政策制定。

第8章　为培育发展新质生产力提供人才支撑

2023年9月，习近平总书记在黑龙江考察时首次提出"新质生产力"的概念。同年，在中央经济工作会议上他再次指出："要以科技创新推动产业创新，特别是以颠覆性技术和前沿技术催生新产业、新模式、新动能，发展新质生产力。"[①]2024年1月，在中共中央政治局第十一次集体学习时，习近平总书记进一步强调："发展新质生产力是推动高质量发展的内在要求和重要着力点""为发展新质生产力、推动高质量发展培养急需人才"[②]。2024年3月，在参加十四届全国人大二次会议江苏代表团审议时，习近平总书记再次强调，"要牢牢把握高质量发展这个首要任务，因地制宜发展新质生产力"[③]。

新质生产力，是我国在走中国式现代化道路上，通过实践探索总结提炼出来的一个理论概念，它不仅是对马克思主义生产力理论的继承和发展，也为新发展阶段我国加快科技创新、推动高质量发展提供了重要的学理支撑和实践指导。新质生产力与高质量发展、科技创新紧密联系，更与人才作用的发挥密切相关。其中，不仅深刻蕴含着要进一步突出、强化人才要素特别是创新人才要素核心作用的内在要求，更为回答中国为什么要走一条创新驱动、人才引领，加快建设世界重要人才中心和创新高地的人才强国之路提供着逻辑解析和道路诠释。

一、人才驱动是发展新质生产力的本质要求和内在意涵

新质生产力是创新驱动型生产力，也是人才驱动型生产力。习近平总

---

① 中央经济工作会议在北京举行 习近平发表重要讲话[EB/OL]. 中央人民政府网，https://www.gov.cn/yaowen/liebiao/202312/content_6919834.htm，2023-12-12.

② 习近平. 发展新质生产力是推动高质量发展的内在要求和重要着力点[EB/OL]. 中央人民政府网，https://www.gov.cn/yaowen/liebiao/202405/content_6954761.htm，2024-05-31.

③ 习近平在参加江苏代表团审议时强调 因地制宜发展新质生产力[EB/OL]. 江苏人大网，https://www.jsrd.gov.cn/hyzl/qgrdh/d_12198/ywdt/202403/t20240305_568425.shtml，2024-03-05.

书记指出：国家科技创新力的根本源泉在于人，"创新驱动实质上是人才驱动"①。作为传统生产力的进阶和跃迁，新质生产力是创新起主导作用，摆脱传统经济增长方式、生产力发展路径，具有高科技、高效能、高质量特征，符合新发展理念的先进生产力质态。创新驱动本质上是人才驱动，因此，新质生产力本质上也是人才驱动型生产力。以人才创新作用发挥为核心，以高质量发展为目的的新质生产力，将会带来高价值性、高延展性、难以模仿性和难以复制性，为一个经济体实现加速赶超和可持续发展提供核心能力。

对新质生产力而言，科技创新、高质量发展是其核心意涵，与之匹配的不再是以简单重复劳动为主的普通劳动者，而是与研发、创新密切关联的科技型人才，特别是那些能够做出原始性发现、颠覆性创新，能够带领我们走入科技"无人区"的战略科学家、一流领军人才和优秀青年科技人才，还有那些能够熟练掌握、使用新质生产资料和生产对象的应用型人才，即以卓越工程师为代表的工程技术人才和以大国工匠为代表的高技能人才。进一步而言，新质生产力比传统生产力更加依赖高素质、创新型的劳动者，即高水平人才这一最活跃的生产力要素，通过调动发挥其内在创新创造能力，组织、整合新型劳动资料和劳动对象，开展复杂性的创新活动，特别是智力密集型、知识依赖型的原始性、颠覆性创新活动，以及"0~1"的技术创新活动，以发展新产业、新赛道、新动能。

围绕培育新质生产力调整国家人才工作布局的发展逻辑。当前，全球科技创新进入空前密集活跃时期，以数字经济、人工智能、生物医药、量子信息、清洁能源等技术为主的新一轮科技革命和产业变革方兴未艾。这些前沿性、战略性、颠覆性技术的不断突破，正在重构全球创新版图、重塑全球经济结构，与我国加快转变经济发展方式形成历史性交汇。面对"百年未有之大变局"，党中央提出"加快实施创新驱动发展战略"。习近平总书记强调："实施创新驱动发展战略决定着中华民族前途命运。全党全社会都要充分认识科技创新的巨大作用"，"紧紧抓住和用好新一轮科技革命和产业变革的机遇，把创新驱动发展作为面向未来的一项重大战略实施好"②。而这种战略范式的升级和转变，要求我们在未来一段时间进一步实现科技创新由学习模仿走向前沿突破，实现若干重大发展课题的自主独

---

① 中共中央党史和文献研究院. 习近平关于人才工作论述摘编[M]. 北京：中央文献出版社，2024：20.
② 习近平在中共中央政治局第九次集体学习时强调 敏锐把握世界科技创新发展趋势 切实把创新驱动发展战略实施好[EB/OL]. 中央人民政府网，https://www.gov.cn/ldhd/2013-10/01/content_2499370.htm，2013-10-01.

创解决，形成引领全世界向前发展的动能和势能。

人才是经济发展的基础性支撑。经济发展战略是一级战略，人才发展战略是二级战略，人才发展要服务于经济社会发展的总体目标。面向经济高质量发展、高水平科技自立自强，其关键路径在于通过实施创新驱动发展战略，将传统生产力升级为新质生产力，并以此作为持续发展的动力源泉。习近平总书记强调指出："发展是第一要务，人才是第一资源，创新是第一动力。中国如果不走创新驱动道路，新旧动能不能顺利转换，是不可能真正强大起来的，只能是大而不强。强起来靠创新，创新靠人才。人才政策、创新机制都是下一步改革的重点。"①人才发展及人才政策在落实创新驱动发展战略中、在培育新质生产力的发展布局中，都起到了重中之重的作用。

从党的十八大提出"加快确立人才优先发展战略布局"，到2018年习近平总书记提出"加快建立人才引领发展战略布局"，这是一次与国家总体战略的同步升级，与当前加快培育新质生产力的人才工作的同频转向。放在发展新质生产力的要求下来看，所谓"人才优先发展"，其内涵仍旧是将人才资源要素与数字资源、金融资源、土地资源等物质资源要素放在同等位置上，但是人才发展要"先行一步"。而所谓"人才引领发展"，其内涵发生了重大变化，它是将人才资源要素摆在其他各类生产要素的前面，人才发展不仅要"先行一步"，而且要发挥人才引领驱动作用。可以看出，推动"人才优先发展"，实际上对应由传统生产力到新质生产力的过渡阶段，而推动"人才引领发展"，是在调整人才工作方针，使其更加符合新质生产力发展阶段的内在要求和基本规律。从"人才优先发展"到"人才引领发展"的调整转变，体现着党和国家对新时代执政兴国、大国崛起，以及生产力发展和走中国式现代化道路主要矛盾的深刻认知和规律遵循，同时，这也与发展新质生产力的人才要求一脉相承。

二、高质量发展的竞争是新质生产力的竞争，也是人才的竞争

人才发展及其作用发挥对形成新质生产力具有内生性和路径依赖性。历史上发达国家高速赶超的事实表明，一个处于加速追赶进程中的国家或

---

① 习近平. 发展是第一要务，人才是第一资源，创新是第一动力[EB/OL]. 中央人民政府网, https://www.gov.cn/xinwen/2018-03/07/content_5272045.htm, 2018-03-07.

竞争实体,其人才智力资源,特别是由高精尖人才水平、总体人才质量、人才发展活力所组成的人才智力资本,对其战略赶超效率发挥着倍增效应。研究表明,一个经济体发展的阶段越高,其人力资本和专业型人力资本对其经济发展的贡献率越大。根据世界银行的测算,在发达经济体的要素贡献率当中,人力资本包括专业型人力资本的贡献度达到了70%。由此可见,高水平人才对培育和发展新质生产力不仅会产生直接正向作用,甚至会产生非线性的爆发性正向效应。

环顾世界发展大势,我们可以看到,培育和发展新质生产力,将有一个战略机遇期,新质生产力的形成发展不抓紧,就会落后。其中,人才助推发展的马太效应,或者说新质生产力捆绑的人才发展协同放大效应,在一定程度上为新质生产力的先发国家"越跑越快"提供了动力。

笔者在实践调研中发现,当前我国不同地区,其人才工作也处于不同的发展阶段,大体可划分为城市化进程、传统工业化进程、新型工业化进程和创新经济发展进程等四个阶段(表8-1)。其中,处于城市化进程阶段的地区(如西部一些依靠农牧业和旅游经济发展的后发地区),首先要解决"人才在哪里""人才从哪里来"的问题;处于传统工业化进程阶段的地区(如包头),首先要解决人才"有没有""多不多"的问题;处于新型工业化进程阶段的地区(如宁波),则首先面临解决人才"强不强""活不活"的问题;处于创新经济发展进程阶段的地区(如深圳),要大力解决人才"优不优""精不精"的问题,而在这一阶段中,配置高端创新创业要素、汇集顶尖人才智力、开展基础原始创新,代表国家参与世界科技创新竞争是其重要任务和面临的机遇挑战。

表8-1 不同地区人才工作阶段及其相应人才工作主要任务

不同地区人才工作所处的经济发展阶段	不同经济发展阶段人才工作的主要任务	人才发展对地方经济社会发展的作用效果
城市化进程	解决"人才在哪里""人才从哪来"的问题	
传统工业化进程	解决人才"有没有""多不多"的问题	
新型工业化进程	解决人才"强不强""活不活"的问题	跨入新型工业化进程后,即形成和依靠新质生产力的阶段,"人才引领"成为地区新质生产力发展的主要标志物,在此阶段人才发展对地方经济社会发展的贡献产生了规模效应和变轨效应
创新经济发展进程	解决人才"优不优""精不精"的问题	

相关调研认为，总体上，当前全国大部分地区正处于由传统工业化进程阶段迈入新型工业化进程阶段的关键节点，或已进入新型工业化进程阶段；处于创新经济发展进程阶段的地区较少，但其数量在不断增加。其中显现出的基本规律是，当进入新型工业化进程阶段后，即完成"动能转换"之后，引进一个人才、组建一个团队、兴起一个产业，其中的人才"雁阵效应"会成为一种常态化操作。在这一阶段，"人才引领"成为新质生产力发展的主要标志物，人才发展对地方经济社会发展的贡献产生了规模效应和变轨效应。

从新质生产力来看，所谓"动能转换"，其核心是以信息化、数字化、智能化提升传统制造业的发展质量，实质上是将传统生产力升级为新质生产力的转变过程。当前的世界人才高地，如美国硅谷、以色列特拉维夫、法国苏菲亚园区等已经由创新经济阶段进入大脑型经济阶段，其竞争正是基于新质生产力发展水平的竞争，而其表象则显现为高端人才的争夺、留用和"人才创新创业生态系统"塑造的竞争。这表明，新型人才力量的发展趋势在某种程度上正反映着新质生产力的发展趋势。

习近平总书记指出，"国家发展靠人才，民族振兴靠人才"[①]。当前，大力推动原创性、颠覆性创新，大力培育未来产业，及早面向前沿领域开展布局，加快形成新质生产力是我国不容错过的重要战略机遇。为此，要显著增强人才资源对经济社会发展的引领性、支撑性作用，以人才引领驱动高质量发展，进一步提升人才要素对经济社会发展的贡献水平成为转变经济增长动力的关键问题。

三、以人才创新发展为牵引培育新质生产力的地方探索

近年来，我国载人航天、探月工程、深海探测、超级计算、北斗导航、大飞机制造等一批前沿领域取得了核心技术突破，高速铁路、5G通信、新能源汽车、新冠疫苗等重大创新成果领世界潮流之先，华为、腾讯、字节跳动、阿里巴巴、大疆等正成长为世界级头部企业，这为形成壮大新质生产力奠定了坚实基础。与此同时，中央提出在北京、上海、粤港澳大湾区

---

① 习近平. 深入实施新时代人才强国战略 加快建设世界重要人才中心和创新高地[J]. 求是，2021（24）：4-15.

建设高水平人才高地，在一些中心城市建立吸引集聚人才平台，为打造新质生产力发展的先锋地区创造了机遇。近期，各地以人才创新发展为牵引，培育新质生产力的地方探索呈现出如下特点。

依托特色资源禀赋，打造差异化人才工作体系。北京聚焦打造具有世界影响力的科创中心，以中关村科学城、怀柔科学城、未来科学城和北京经济技术开发区"三城一区"建设为引领，启动拔尖人才培养战略行动，实施关键核心技术"攻坚战"计划、成果转化人才培育"朱雀计划"，建立科技成果转化学院、国家火炬创业学院，大力盘活驻京高校院所科教资源，吸引优秀科技成果就地转化。上海围绕打造具有全球影响力的科技创新中心，基于自贸区和张江国家自主创新示范区，打造"双自联动"人才改革试验区，大力汇聚集成电路、生物医药、人工智能全球创新创业资源，深入实施国际引才聚才工程，建立"学科（人才）特区"，探索外国专业人才"自由执业"制度改革，按照薪酬水平推动外籍人才市场化评价，产生了国际引才传播效应。杭州围绕打造互联网+"创新创业新天堂"，大力推动城西科创大走廊建设，加快大科学装置落地，支持西湖大学等民办大学超常规发展，聘任阿里云创始人王坚担任之江实验室主任，建立人才服务银行，培育阿里系等创业创新人才"新四军"，推行"店小二"人才服务，以特色小镇人才集聚模式推动产业、投资、创新、人才、服务"五链融合"。

推动产才互嵌融合，塑造城市新动能新优势。苏州围绕打造世界一流生物医药"大脑型"园区，与"世界生命科学圣地"美国长岛冷泉港试验室共建亚洲会议中心，将新加坡园区打造成为全球生命科学网络核心节点，形成35 000余名高层次研发人才集聚、交流、合作的生物医药创新生态圈。近期，其新药创制、医疗器械、生物技术规上产值超过2100亿元。宁波聚焦先进制造业发展，重构现代制造业产业人才体系，与吉利汽车集团共建杭州湾汽车学院，实施"2年在校+2年在企"数字化汽车工程师联合培养新探索，对学院引进的博士师资，按照在编教师与吉利工程师的双重身份进行管理，在编制、考核、待遇方面大胆创新，实现"产业人"和"高校人"的"无缝链接"。沈阳推动中德园及中德学院建设，建立了"一个中德学院+一个跨企业实训中心+N个企业培训中心"的双元制技术技能人才培育新体系，形成了企校人才培养"双主体""双教师""双教材""双证书"产教深度融合的人才培养新机制。

深化人才发展体制机制改革，增强区域人才竞争力。深圳"一人一策"

为顶尖科学家量身定制事业平台，仿照美国国立卫生研究院（National Institutes of Health，NIH）建制，建立深圳医学科学院并引进美国普林斯顿大学终身讲席教授颜宁出任创始院长并担任深圳湾实验室主任；为前微软全球执行副总裁沈向洋定制打造特殊事业平台，引起广泛带动影响；支持腾讯公司基金会等市场化机构设立10亿元"科学探索奖"，每年遴选50名青年人才开展前沿基础研究。前海通过资格认定、合伙联营、执业备案等特殊安排，为香港金融、财税、法律、规建等专业服务人士在前海执业创造便利条件；河套深港科技创新合作区，试行科创合作跨境政策，加快推动两地数据、物质、资金及人员流通。对在横琴粤澳深度合作区工作的境内外高端人才和紧缺人才，个人所得税超过15%的部分予以免征。广州南沙推动在香港科技大学（广州）开展重点人才项目自主举荐试点，探索建立南沙粤港澳三地共建共管人才协同发展促进机构。

调研表明，各地在主动融入国家发展战略布局，大力发展战略性新兴产业和未来产业，汇聚国际优秀人才和创新资源，打造人才干事创业新型平台，深化重点人才发展体制机制改革，推动人才链、创新链、产业链、创业链深入融合，发展孕育基础性、颠覆性创新方面先行先试，在培育新质生产力方面占得先机。未来这些人才中心城市将在国家层面上成为培育和发展新质生产力的示范区和增长极。

四、提升新质生产力水平的人才工作对策发力点

近年来，我国在推动高质量发展、高水平科技自立自强和人才队伍建设方面取得了很多重要成就。但与加快培育新质生产力的最新要求相比，还有许多不适应的地方。例如，高精尖人才严重不足，高水平技术技能人才供给不够，人才创新产出的世界级贡献不多等。在人才培养、使用、引进和激励方面存在重学历、轻技能；重书本，轻实践；重白领，轻蓝领；重论文，轻实绩；重资历，轻能力；重增量，轻存量；重引进，轻培育；重院所，轻企业等问题。为此，需要加大改革创新力度，加快培养新质生产力发展所需紧缺人才，加紧建立与新质生产力相匹配的新型生产关系和制度体系。

一是畅通教育、科技、人才"三位一体"良性循环。在工作实践中，

当前还广泛存在教育、科技、人才工作各说各话、各办各事、各自为政的相互脱节、"两张皮"问题。习近平总书记在二十届中共中央政治局第十一次集体学习时强调，"要按照发展新质生产力要求，畅通教育、科技、人才的良性循环，完善人才培养、引进、使用、合理流动的工作机制"[①]。为此，要聚焦高质量发展、高水平科技自立自强最高目标，开展"三位一体"流程再造，重构部门间统筹协同运行机制，明晰相关工作逻辑、权责体系、组织职能和操作运行机制，形成服务新质生产力发展的职能整合、体系贯通和动力支持系统。坚持大系统观念，对标新质生产力发展要求，推动创新链、产业链、资金链、人才链深度融合，深化产教融合、产城融合、科教融汇，一体化解决人才自主培养质量不强、工程人才培养"科学化"、人才培养与使用相脱节、"钱学森"之问未解答、人才创新活力激发不足以及"0~1"和"卡脖子"科技问题的人才支撑度不够等重点问题，充分发挥头部企业和产业联盟的作用，建立前沿项目、人才发现机制，构建新型人才创新发展支持平台和一体化政策保障平台。

二是培育匹配新质生产力发展的战略人才力量。对标新质生产力发展，人才首先要能够服务高质量发展和高水平科技自立自强，其中更加突出专业性、创新性、技能性、发展性和贡献性。新时代的人才发展要面向世界科技前沿、面向经济主战场、面向国家重大需求、面向人民生命健康，为此，要大力实施名家大师、战略科学家、青年科技人才、卓越工程师、"大国工匠"培育计划；建立新动能和新经济产业骨干人才、"天才少年"、战略企业家、现代服务人才支持计划；加大数字经济、人工智能、量子技术、生物医药、商业航天等重点新兴产业人才开发投入。推动实质性产教融合、校企合作，大力实施"订单式"人才培养，推广"清华姚班"经验，实施"天才少年"书院制培养试点。重构应需化、多样化的继续教育新体系。在国家重点项目实施中，对资深专家设置人才培养任务指标。建立新型企业学徒制，打造新时代权威性"新八级工"制度。

三是深化重点领域人才发展体制机制改革。围绕激发人才创新活力，创新人才资源，创新资源配置方式，下大力气打通束缚新质生产力发展的制度堵点卡点。完善新型举国体制，打破传统事业单位管理体制，创新国家实验室引才用才体系，用好用足人才调用调配机制；建设一批大科学装

---

① 习近平. 加快发展新质生产力 扎实推进高质量发展[EB/OL]. 中央人民政府网, https://www.gov.cn/yaowen/liebao/202402/content_6929446.htm, 2024-02-01.

置，发起设立国际大科学计划，建立更加灵活的人才集聚使用制度，支持新型研发机构创新发展。对标国家赋予的使命定位，对各类高校院所建立使命达成任期考核制度，试点理事会管理改革，使机构领导能上能下、能进能出。以世界一流原始创新为导向，建立国际一流人才主导的人才发展体系和科研体系，进一步扩大领衔科学家全权负责制和"PI"负责制范围。针对从事基础研究、科技攻关、应用转化和技术开发的人才，加快建立分层次、分类别，体现其具体创新价值、能力、贡献的评价体系。推动人才、科研平等竞争，改变凭人才"帽子"获取各类资源的配置方式。探索技术经理人制度，按照科研规律优化科研经费支出项目，推广经费"打包制"试点。建立体现知识、技术、人才市场价值的收益分配机制。加快形成科学家本位的科研组织体系，完善科研任务"揭榜挂帅"、"赛马"制度，建立健全目标导向的"军令状"制度。下决心改革高校科研和医疗事业单位官僚化管理体制，将"行政本位"转换为"专家本位"，构建"使命导向型""专家本位型"的人事人才管理制度。分层分类推动人力服务业态升级，支持人才资本服务机构业务创新，提高市场化人才资本配置效率。

第 9 章　推动教育科技人才"三位一体"改革再突破

2024 年，党的二十届三中全会通过的《中共中央关于进一步全面深化改革 推进中国式现代化的决定》（以下简称《决定》），对未来五年中国政治、经济、社会等全方位各领域全面深化改革举措进行了系统化安排。《决定》既同党的十八届三中全会确定的全面深化改革的目标一脉相承，又同党的二十大作出的战略部署紧密衔接，为进一步解决影响中国式现代化的体制机制问题明标定向。

党的十八大以来，以习近平同志为核心的党中央，立足统筹中华民族伟大复兴战略全局和世界百年未有之大变局，作出"必须把创新作为引领发展的第一动力"的重大战略抉择，把人才工作摆在治国理政大局的关键位置，强调坚持教育优先发展、科技自立自强、人才引领驱动，释放出走一条从人才强到科技强、产业强、经济强、国家强的中国式现代化大国崛起之路的强烈信号。

自党的二十大首次将教育、科技、人才作为专章阐述并开展一体部署以来，党的二十届三中全会对深化教育科技人才体制机制一体改革进一步作出接续部署，为健全完善具有中国特色的创新驱动发展体系和人才发展治理体系定向铺路。

我们必须深刻认识到，科技是第一生产力，人才是第一资源，创新是第一动力，只有深入实施科教兴国战略、人才强国战略、创新驱动发展战略，统筹推进教育科技人才体制机制一体改革，健全新型举国体制，才能形成人才引领驱动高质量发展的倍增效应，为中国式现代化提供智核能量和人才支撑。

一、把握关键历史时期人才引领驱动的主要矛盾和关键问题

历史走到今天这个重大节点，时代背景变了，发展阶段变了，挑战机

遇不同，目标任务不同，战略取向不同，路径手段也随之有所不同。未来五年是中国式现代化爬坡过坎、全面推进的关键时期，也是世界百年变局加速演进，新一轮科技革命和产业变革深入发展，全球政治经济格局深刻调整的历史时期。当前，大国博弈加剧焦灼演变，世界经济下行风险持续加大，全球治理遭遇巨大挑战。与此同时，人工智能、大数据、区块链、量子技术、新一代信息技术、智能制造、生物医药、新材料等新兴领域蓬勃兴起，市场需求结构快速迭代，新场景新应用持续扩展，未来全球产业布局、经济格局加速重构。科技创新和新质生产力进一步成为奠定大国竞争力的核心基础。而人才是创新的根基，创新驱动实质上是人才驱动。国家竞争的背后实质上是人才竞争。习近平总书记提出，当前，"人才资源作为经济社会发展第一资源的特征和作用更加明显，人才竞争已经成为综合国力竞争的核心"[①]。高水平创新型人才正在成为大国角力的战略性依赖力量。如何培养、引进和用好人才，来推动原始性、颠覆性创新，催生新产业新动能，培育发展新质生产力是实现中国式现代化的关键问题之一。

改革开放 40 多年后的今天，我国经济总量稳居世界第二位，220 多种工业产品产量全球第一，主要劳动年龄人口受过高等教育的比例超过21.2%，人才总量达到 2.2 亿，科技人力资源总量超过 1.1 亿，我国已形成世界最全工业门类和最大规模的人才资源积累。但是，我们还面临原始性、基础性创新不足，核心技术、底层技术受制于人的尴尬。虽然近年来我国专利数量、SCI 研究论文数量已居世界第一，但基础研究世界级贡献不多，科技成果转化率仅有 10%左右，重要技术装备主要依靠进口，制造业仍处于全球价值链的中低端，在科技和产业领域还存在大量"卡脖子"问题、"0~1"问题未解决。现实表明，我们在大规模培养、集聚、配置和使用全球一流人才智力和创新创业资源方面与世界发达国家相比还具有显著差距；我国是科技大国而非科技强国，是人才大国而非人才强国的基本态势尚未完全扭转，人才队伍"大而不强"的问题还没有得到很好的解决。

近期，我国科技攻关实践反复告诉我们：解决"卡脖子"问题，关键不在"投钱"，而在"投人"。2021 年中央人才工作会议和 2022 年党的二十大提出加快建设世界重要人才中心和创新高地的新时代人才强国战略新目标。党的二十大报告进一步提出"人才引领驱动"的新思想新论断。

---

① 习近平. 在欧美同学会成立 100 周年庆祝大会上的讲话[EB/OL]. 中央人民政府网，https://www.gov.cn/ldhd/2013-10/21/content_2511441.htm，2013-10-21.

在这里，"人才引领驱动"是人才引领创新驱动，人才引领驱动高质量发展，以人才引领驱动实现中国式现代化。加快建设世界重要人才中心和创新高地，要求科技领域从引进、模仿型创新向原创、颠覆型创新转变，人才发展从数量、规模优先向质量、水平优先转变。在此背景下，传统人才发展治理结构、方式和手段都面临着新时代新需求的重大挑战。传统发展模式下的人才培养、引进、评价、使用、流动、激励等方面的小问题，在推动原始性创新、对标世界一流的背景要求下，逐步激化成为阻碍人才创新创造的大问题。比如，人才评价去"四唯"的背后，就是对标跟随式创新、模仿型创新的传统评价机制与当前创新驱动发展战略要求之间的矛盾被拉大和激化，逐渐成为推动实质性创新的阻碍和问题。也即，传统"行政化""官本位"的人才发展治理体系与创新驱动发展战略推进之间存在着一定的协同性偏差。

现阶段，我国人才发展的主要矛盾也在发生显著变化，更加凸显为建设世界重要人才中心和创新高地的战略需求与当前人才队伍建设和人才工作水平不协调、不匹配之间的矛盾。实现高质量发展和高水平科技自立自强，关键需要人才引领、人才支撑。如何进一步突破和解决人才发展、人才创新的体制机制重点问题，进一步激发人才创新活力是实施新时代人才强国战略，加快建设世界重要人才中心和创新高地的关键问题。当前，我们亟待构建一套推动人才发展与高质量发展有效协同，与大国复兴战略有效呼应，能够显示世界竞争力的人才制度体系，并在此基础上塑造和形成国际人才发展竞争优势。那么，下一步如何应势而谋、乘势而动，推动相关工作改革突破、克难攻坚，培育具有国际一流创新能力、水平和效能的人才队伍，实现国家人才发展动能、势能由量到质的重大转变是我们推动中国式现代化的一个重大挑战。

二、深入认识人才发展体制机制改革的核心脉络和主线

党的十八大以来，习近平总书记高度重视人才发展体制机制改革工作。党的十八届三中全会通过的《中共中央关于全面深化改革若干重大问题的决定》提出"建立集聚人才体制机制，择天下英才而用之"的重大改革任务。此后，在习近平总书记的安排部署下，2016年3月中央印发了《关于

深化人才发展体制机制改革的意见》，人才发展被首次纳入国家治理体系的总体布局进行重点部署。该意见强调，要通过深化改革，破除思想观念和体制机制障碍，"构建科学规范、开放包容、运行高效的人才发展治理体系"，着力形成具有国际竞争力的人才制度优势。以此为肇始，我国迎来改革开放后国家首次系统性、全口径、实质化的人才发展体制机制改革期和重大人才制度调整期，"解放思想、解放人才、解放科技生产力"迈入一个历史新阶段。

这一时期，《关于深化人才发展体制机制改革的意见》被分解细化为46项具体任务，明确36家牵头责任部门，以激发人才发展动力和创新活力为导向，围绕向用人主体放权、为人才松绑的工作主线，大力推进人才培养、引进、评价、流动、激励、保障等重点领域和关键环节改革。其间，2021年出台的《中国共产党组织工作条例》，重申了"构建科学规范、开放包容、运行高效的人才发展治理体系"的改革目标。围绕《关于深化人才发展体制机制改革的意见》的落实，中央和国家机关先后出台了《关于加强新形势下引进外国人才工作的意见》《关于深化职称制度改革的意见》《关于分类推进人才评价机制改革的指导意见》《关于鼓励引导人才向艰苦边远地区和基层一线流动的意见》等一系列配套改革文件。据统计，全国上下共制定配套政策文件140余项，其中以中央或国务院名义印发的超过30项，各省区市出台改革政策700多项，打出了一套点上具有突破性、线上具有带动性的人才制度改革组合拳。

我们看到，通过这一系统性改革行动，党管人才工作体系健全强化；人才评价、使用、流动和激励机制所涉及的职称制度和职业资格制度改革、机关事业单位人员养老保险制度改革、院士增选和管理制度改革，以及人才创新创业激励改革等取得重要突破，市场配置人才资源的决定性作用进一步发挥，用人单位自主权进一步下放，体现知识和创造价值的收入分配机制正在建立，人才分类评价、人才评价去"四唯"和项目评审、人才评价、机构评估"三评"改革深入推进，27个职称系列改革指导意见制定出台，事业单位科研人员创新创业得到支持鼓励，科技成果转化激励和知识产权保护政策得到健全，海外人才引进体系进一步完善，引导人才向基层边远贫困地区流动的工作力度得到增强，限制人才顺畅有序流动的体制壁垒正在被打破，一些人才关心的兼职、出国、科研经费使用等热点焦点问题得到重视和解决，人才发展治理体系的建设更加符合国家战略发展需要，更加适应人才创新创业实际需求。

所谓人才发展"体制"主要指人才工作领导体系、职能分工和权责结构等；而人才发展"机制"则主要指将人才发展各环节联系起来统筹推进、接续运转、协调运作的相关流程和体系等。而所谓体制机制改革，不仅是要处理相关流程性问题，更要处理其中的结构性问题，进而触及人才制度的深层次内容。可以说，在此之前，改革开放40多年来我国人才发展主要是依靠政策创新来推动的，而不是依靠人才制度创新和体制机制改革实现的。《关于深化人才发展体制机制改革的意见》的出台实施，是中央从顶层设计层面发力，大力补足影响人才发展的体制机制滞后短板的重要举措。

党的十八届三中全会以来，特别是《关于深化人才发展体制机制改革的意见》实施以来，中国共产党以强大的意志力、战斗力、组织力、驱策力推动着释放人才活力的不懈斗争和以国家为主体的制度迭代行动。人才发展体制机制改革已成为实施新时代人才强国战略的"撬动点"，在广泛推动纵向和横向重点改革行动的同时，中央层面更是通过建立人才工作领导小组，进一步优化和提升了"党管人才"的核心治理构架和人才发展治理能力。总体上看，2016年以来，我国以体制机制改革为主线优化人才发展治理体系的历程，是以解决实践中的突出问题为导向不断推进的。但是，面对新时代、新要求，问题导向的改革方式达成的"部分改革均衡"和"阶段性治理均衡"已不足以支撑人才引领发展的整体格局。随着当前体制机制改革进入攻坚期和深水区，需要下大力气，以系统化思维进一步解决人才发展治理的关键问题和结构化问题。

三、以深化教育科技人才一体改革谋划更高层面的创新突破

解决影响中国式现代化的体制机制问题，推动高质量发展和高水平科技自立自强，不仅要用好改革开放法宝，将改革进行到底，更要开拓视野、打开格局、打破壁垒，构建政策供给链条的一体化改革新格局。

党的十八大以来，我们逐步走出一条以创新驱动高质量发展、带动经济增长的发展路径。在以往政策框架下，科技归属于经济建设工作，教育归属于社会建设工作，人才工作则归属于党的建设的相关内容。党的二十大报告首次将教育工作、科技工作、人才工作统筹考虑、整体部署，体现

了站在更高位次上谋划全局工作的系统化布局和战略性思考。本次三中全会进一步强调，教育、科技、人才是中国式现代化的基础性、战略性支撑，并围绕"构建支持全面创新体制机制"，展开深化教育科技人才体制机制一体改革的全面部署。不同于党的十八届三中全会，二十届三中全会在改革路线和方法上，实现了在更高层面上深化改革的升维设计，以及在更广领域突破传统部门藩篱的路线跃迁，这更有利于聚焦国家总体战略布局和最高战略目标，实现"三位一体"的协同聚力，提高对中国式现代化的贡献水平。

我们看到，教育、科技、人才工作三者之间具有重要的连接关系，它们之间是相互依托、相互嵌入、相互支撑的。站在人才工作的位置和角度看，"教育"是其前端，可造就"潜人才"，形成人才储水池；而"科技"是其后端，是人才工作的产出或效能。同时，人才工作不是"就人才论人才""就人才数人才"，而是要看其服务高质量发展，推动科技创新和产业升级的成效。

长期以来，教育、科技、人才或多或少地存在谁也不顾谁、谁也不靠谁、谁也不为谁，各说各话、各办各事、各自为政的相互脱节、相互分离的"两张皮"问题。应该承认，这三个方面、三个领域的工作，或多或少地存在对标推动经济高质量发展、实现高水平科技自立自强的国家更高战略目标的偏差问题。聚焦"构建支持全面创新体制机制"，在教育领域中，当前还存在人才自主培养质量不高、拔尖创新人才培养不够、工科人才培养"科学化"、人才培养与使用相脱节、人才评价重"论文"、科技成果转化率较低、高校师资与产业发展相隔离、"钱学森之问"未解答等问题；在科技领域中，还存在基础研究人才队伍较弱、世界一流人才和战略科学家匮乏、解决"0~1"和"卡脖子"问题的人才支撑度不足、科研投入产出效能不高、科技项目形成机制和科技奖励不完善、院士制度争议增大、简单套用行政管理办法对待科研工作，以及对"论文写在中国大地上"响应度不足等问题；在人才工作领域中，则存在人才"四唯"评价仍然严重、人才"帽子"满天飞、"聚天下英才而用之"的政策支撑体系尚不健全、高校科研院所人事管理过多过死、高精尖人才数量与大国地位不匹配、产业骨干人才量质落后于产业发展需求等问题。可以说，在某种程度上，当前我国还存在一系列"卡脖子"问题，原始性、颠覆性创新不足问题，这些均与教育科技人才工作一体化水平不高、协同度不强，对标国家战略不够，服务中心工作贡献度不足等具有直接关系。

与此同时，相对于教育、科技工作具有既有的工作领域和职能边界，人才工作则显现出其工作可扩展性的特征，它渗透于各项工作中，包括教育、科技工作，特别是中心工作之中，其涉及范围更大、更广、更远，复杂性、创新性和挑战性更强，同时其作用力、影响力和渗透性也更强。可以看到，人才工作的重心是围绕国家总体战略而动态性变化调整的。亦可以讲，"人才工作"是聚焦基础资源、战略资源、第一资源，既体现经济属性，也体现发展属性，更体现政治属性和社会属性的一项纵贯线工作。党的二十大报告首次将"人才"摆到中心工作中，即经济工作的论述模块，与教育、科技进行联动部署，其背后逻辑是将人才工作定位为新质生产力的关键要素去前瞻考虑、系统布局，这更加强化了人才工作的经济属性、生产力要素属性。统筹谋划、整体推动教育科技人才一体改革，有利于充分发挥人才引领驱动的角色作用，也有利于将包括教育、科技改革举措在内的人才发展体制机制改革落到实处。

总体上，二十届三中全会，聚焦构建支持全面创新的体制机制，来推动教育科技人才一体改革，强化了"三位一体"的体系贯通、职能整合和流程再造，真正落实了创新链、产业链、资金链、人才链的深度融合，为全方位培养用好人才的工作要求实现了闭环设计，从而建立起一个推进中国式现代化的有效战略组织和执行体系。

四、突出进一步深化人才发展体制机制改革的关键点位

深化人才发展体制机制改革涉及方方面面，这不仅意味着对旧桎梏的破除，也意味着对既得利益者的挑战，同时需要站在中央高位，开展战略安排和系统推进。当前，人才发展体制机制改革"破"得不够、"立"得也不够。自2016年改革任务推动以来，我们在转变政府人才管理职能、改革人才评价机制、强化人才创新创业激励、健全海外人才引进机制和完善人才流动配置机制等重要领域和环节上取得了一系列重要成绩。但是，也要看到当前我国科技人才创新活力尚未得到充分激发，人才发展存在区域不平衡、不充分，阻碍人才培养开发和创新创造的体制机制问题仍然存在。与创新驱动发展和高质量发展的战略需求相比，我国人才制度还存在大量需要改革破题和优化完善之处。特别是针对承担创新驱动任务的高校院所

和国有企业专家人才群体,如何建立"不能像管行政干部那样管科研人才"的配套制度,提出破除"官本位"的杠杆型举措,构建"科学家本位"的科研组织体系,进一步对用人单位和科学家放权、赋权,优化人才评价机制,支持青年创新人才成长发展,形成有利于人才潜心研究的发展环境,建立以信任为基础的人才使用机制等,都是新时代人才工作创新突破的主题。

为此,二十届三中全会在贯穿中央人才工作会议和党的二十大精神的基础上,围绕加快建设世界重要人才中心和创新高地,进一步增强国家人才发展竞争力、激发人才创新活力,建立聚集人才引领创新的基础性、杠杆性制度和推动教育科技人才改革一体协同等展开,为走好人才引领支撑的中国式现代化之路奠定基础。

首先,强化了新时代人才强国战略核心布局。包括完善人才自主培养,推进国家"3+N"人才高地和人才平台建设、国家战略人才力量建设,强调促进人才区域合理布局,加强对青年创新人才的培养和支持,完善潜心研究支持等。这里,进一步突出了一流产业技术工人队伍建设,提出了深化东、中、西部人才协作的举措及健全保障科研人员专心科研的制度,对推动产业高质量发展,解决东、中、西人才发展不平衡,支持青年科技人才职业发展提供了改革支撑。

其次,突出了下一步深化人才发展体制机制改革的重点。包括重申"授权、松绑"的基本改革路线,完善人才评价、交流、引进制度等。其中,人才评价突出了"实效",人才流动明确了打通高校、科研院所和企业人才交流的通道,并提出了探索建立高技术人才移民制度等,为进一步开展人才评价"破四唯""立新标"提供了方向指引,为解决高校院所与产业企业的隔离问题打通了"旋转门",为"聚天下英才而用之"提供了增量制度供给。

最后,推动教育、科技、人才改革协同联动。其一,协同深化教育综合改革,包括优化教育布局、学科布局及人才培养模式,推进高校改革,完善职业教育和学生实习实践制度,建设一流大学和学科、引进国外高校合作办学等。其二,协同深化科技体制改革,包括强化关键技术协同攻关,加强国家战略科技力量建设,扩大国际科技交流合作,改进科技计划管理机制,加强有组织的基础研究,支持企业开展科技创新,扩大科研经费"包干制"范围,赋予科学家更大技术路线决定权、更大经费支配权、更大资源调度权,完善非共识项目的筛选机制,允许科研类事业单位实行更灵活的管理制度,探索实行企业化管理,深化科技成果转化机制和职务科技成果赋权改革，加强技术经理人队伍建设，赋予人才科技成果转化收益分配更大的自主权，建立职务科技成果资产单列管理制度，改革高校、科研院所收入分配制度，对国有企业科研人员开展多种形式的中长期激励等。这些举措为解决我国人才自主培养能力不强，人才创新能力偏弱，人才培养与产业发展相脱节，以及人才基础研究贡献不足，原始性创新不足，对科技人才"潜心研究"、成果转化、创新激励的引导、支持和保障不足等问题提供了对策方案。此外，全会还提出，完善国家战略规划体系和政策统筹协调机制，加强国家重大战略深度融合的相关举措，为"三位一体"改革提供了机制保障。

未来一段时间，加快建设世界重要人才中心和创新高地，全方位培养、引进、用好人才，进一步激发人才创新活力是国家层面人才制度改革的主方向和突破点。自现在起到2029年，我们将坚持面向世界科技前沿、面向经济主战场、面向国家重大需求、面向人民生命健康，围绕当前人才制度改革呼声大、尚未落实、亟待突破的一些重点难点问题，深入推进人才评价、人才培养、人才流动、人才分配、创新创业激励、科研经费管理、科技成果转移转化等重点制度改革，力争在培养、集聚和使用国际一流人才上有所突破，在提升人才高地平台载体能级上有所突破，在建设高质量战略人才集群和发展赋能上有所突破，在破解一系列"卡脖子"技术人才培养问题上有所突破，在推动院校院所人事人才管理制度创新上有所突破，进一步完善新时代人才发展治理体系，为实现中国式现代化提供人才引领支撑。

第10章　我国人才管理体制改革的相关问题与重点突破

党的十七大将"人才强国战略"确定为我国三大基本战略之一,"以人才强国""建人才强国"成为我国谋求创新发展、提高国际竞争力的战略选择①。2015年,党的十八届五中全会和《国民经济和社会发展第十三个五年规划纲要》进一步提出,深入实施人才优先发展战略,加快推进人才发展体制改革和政策创新,形成具有国际竞争力的人才制度优势,聚天下英才而用之,提高人才质量,优化人才结构,加快建设人才强国。这是中央对人才强国战略进入新的历史阶段作出的新的阶段性战略部署,对推动"十三五"时期我国人才队伍发展,抢占国际科技竞争和产业竞争制高点具有重大且深远的意义。为更好地实施人才优先发展战略,建设规模宏大的高素质人才队伍,不仅要着力解决当前人才发展面临的突出问题,更要下大力气解决和理顺长远性、深层次的人才发展领导体制和管理体制问题②。

确立科学有效的人才管理体制关系我国人才强国战略和人才优先发展战略目标的实现③。改革开放以来,党和国家高度重视这一问题,将其作为加强党的建设的一项重要内容统筹考虑。2002年,中央召开全国组织工作会议,首次提出"党管人才"原则,将人才工作和组织工作、干部工作紧密结合起来,作为执政党实施人才强国战略的顶层设计。2003年,中央召开第一次全国人才工作会议,会议提出必须坚持党管人才原则,切实加强对实施人才强国战略的组织领导。同年,中央成立人才工作协调小组,在中央组织部设立人才工作局,履行人才宏观管理职责,探索实现党管人才的有效途径。2007年,党的十七大将人才强国战略写入党代会报告和党章,标志着人才工作提升到了国家最高战略层面。至此,我国人才管理体制总

---

① 吴江,等. 建设世界人才强国[M]. 北京:党建读物出版社,2011:22.
② 孙锐. 中国人才战略规划区域实施效果评估测度研究[J]. 科学学研究,2014(9):1329-1338.
③ 吴江. 尽快形成我国创新型科技人才优先发展的战略布局[J]. 中国行政管理,2011(3):11-16.

体框架基本确立,并形成了相应的组织安排和制度保障。2010年,中央召开了第二次全国人才工作会议并颁布《国家中长期人才发展规划纲要(2010-2020)》(以下简称《规划纲要》)。《规划纲要》提出,要"坚持党管人才原则,创新党管人才方式方法,完善党委统一领导,组织部门牵头抓总,有关部门各司其职、密切配合,社会力量广泛参与的人才工作格局",并强调"完善党委组织部门牵头抓总职能,发挥政府人力资源管理部门作用,强化各职能部门人才工作职责",旨在建立一个中央综合管理与部门专业管理统分结合、上下联动,适应经济社会发展需要的人才工作体系。2012年中央出台了《关于进一步加强党管人才工作的意见》,该意见系统总结了改革开放特别是党的十六大以来党管人才的工作经验,并进一步明确要"加强党委统一领导,发挥组织部门牵头抓总作用,促进职能部门各司其职、密切配合,切实发挥用人单位主体作用,调动社会各方面力量参与人才工作的积极性",其中突出了在国家人才管理体制中发挥社会人才主体作用的重要性。2016年中央印发了《关于深化人才发展体制机制改革的意见》。该意见围绕实施创新驱动发展战略及十八届三中全会提出的"建立集聚人才体制机制,择天下英才而用之"的目标要求,提出转变政府人才管理职能,保障和落实用人主体自主权,健全市场化、社会化的人才管理服务体系,加强人才管理法治建设等人才管理体制改革的重点环节,在顶层设计层面为推进人才管理体制与经济社会发展相适应做出了积极努力。2021年中央人才工作会议召开,中央人才工作协调小组升格为中央人才工作领导小组,同时小组组长也由以往的副国级领导担任改为正国级领导担任。本次中央人才工作领导机构的升级,不仅是名称名义的变化,更是党对领导实施人才强国战略工作的全面加强。习近平总书记专门提出,"各级党委宣传部门,各级教育、科技、工信、安全、人社、文旅、国资、金融、外事等部门,要充分发挥职能作用,共同抓好人才工作各项任务落实"[1]。中央人才工作领导小组的建立有利于在更广领域、更大范围、更高层级上推动落实新时代人才强国战略,组织完成一系列重大改革任务,为建设世界重要人才中心和创新高地提供组织保障和战略保障。

党的十八大以来,我国开展着国际上最大规模的人才资源开发活动[2]。

---

[1] 习近平. 深入实施新时代人才强国战略 加快建设世界重要人才中心和创新高地[J]. 求是, 2021(24): 4-15.

[2] 中国人事科学研究院课题组. 国家中长期人才发展规划实施一周年情况评估报告[R]. 中国人事科学研究院, 2012.

随着人才强国战略的实施，我国人才队伍建设在总量、质量、效能和发展水平上都跃上了新台阶[1]，并受到了国际发达国家的普遍关注，产生了广泛且深远的国内外反响[2]。另外，随着当前经济社会形势的变化和发展，我国人才管理体制和运行机制中也暴露了一些行政力量过强，以及管理中出现的错位、越位、不到位问题。在新形势下如何改革完善我国人才管理体制，在理论界和实践工作部门中还存在一定争议，对这一问题开展探讨和分析对推进未来五年内人才工作创新发展具有重要意义[3]。

一、我国人才管理体制的基本构架和运行体系

"党管人才"是执政党为实施人才强国战略作出的政治安排，为此中央人才工作协调小组作为专门职能机构，容纳了中央组织部、中央宣传部、中央统战部、人力资源社会保障部、国家发改委、教育部、科技部、工业和信息化部、财政部等20余个部委成员单位，为负责全国人才工作宏观指导提供了组织基础。2012年《关于进一步加强党管人才工作的意见》提出要建立"党委统一领导，组织部门牵头抓总，有关部门各司其职、密切配合，社会力量发挥重要作用"的人才工作格局，并在"县级以上地方党委建立人才工作领导小组"，首次对地方建立人才工作领导机构加以明确。同时，在领导小组成员配置方面要求："由党委或政府主要负责同志担任人才工作领导小组组长的，党委组织部部长和政府分管领导同志担任副组长；由党委组织部部长担任领导小组组长的，政府分管领导同志担任副组长"；"领导小组成员由党委、政府人才工作职能部门的主要负责同志担任"[4]。同时，要求"实行人才工作目标责任制"，建立"一把手"亲自抓、分管领导具体抓、班子成员一起抓的人才工作领导责任体系。截至2012年，全国31个省区市、新疆生产建设兵团和15个副省级城市全部成立了人才

---

[1] 孙锐，吴江. 公共项目评估视角下的我国人才战略规划实施效果评估机制研究[J]. 中国软科学，2012（7）：18-27.

[2] 中国人事科学研究院课题组. 国家社科重大课题《实施人才强国战略重大问题跟踪研究》研究报告[R]. 中国人事科学研究院，2014.

[3] 孙锐. "十三五"时期我国人才管理体制改革相关问题探讨[J]. 国家行政学院学报，2016（3）：30-34.

[4] 关于进一步加强党管人才工作的意见[M]. 北京：人民出版社，2012：5.

工作领导小组；99.8%的地市和 98.6%的县级党委设立了人才工作领导机构；全国已有天津、上海、江苏等 11 个省区市建立了人才工作目标责任制。至 2012 年 6 月，各省区市党委组织部门全部设立了专门的人才工作机构，配备了专职工作人员。近 97.3% 的地（市）和 81.2% 的县（市、区）组织部门建立了专门的人才工作机构，从中央到省、市、县，配备专职人才工作力量近 6000 名[①]，全国各级党委人才工作组织体系基本建立健全。

  实践中，我们也不断探索人才管理体制的职责定位。一般而言，"党管人才"是指管宏观、管政策、管协调、管服务[②]，具体包括牵头制定人才发展战略和规划、牵头制定人才发展重大政策、组织实施重大人才工作项目、直接联系和服务高层次人才、对人才工作的宏观指导和督促检查、推进体制机制改革创新，营造人才工作良好环境[③]，以及开展理论指导和创新、引导人才队伍建设、协调各方推动人才工作等[④]。中央人才工作协调小组作为专门职能机构，负责履行人才战略规划、政策研究、宏观指导、工作协调等方面的人才宏观管理职责[⑤]。作为中央人才工作协调小组主要成员单位和政府人才综合管理部门，人力资源和社会保障部门承担着公务员、事业单位人员、专家人才、外国专家、留学人员、博士后管理，以及职称制度、继续教育、职业培训、技能人才鉴定、工资福利、养老失业医疗保险和国家荣誉等工作职责，其管理职能涉及培养开发、评价发现、选拔任用、流动配置、激励保障等人才开发的主要环节和方面。同时，在国家人才管理体制的整体框架中，人力资源和社会保障部门在制定人才政策法规、构建人才公共服务体系、培育和发展人才资源市场、推动专业技术人才和高技能人才队伍建设等方面担负着主要责任。中央人才工作协调小组的其他成员单位，如国资委、农业部、民政部、科技部、教育部、文化部、财政部等部门则承担着企业经营管理人才、农村实用人才、社会工作人才、科技人才及各领域各系统人才队伍建设和人才开发投入等方面的工

[①] 赵振宇. 提高党管人才工作水平为党和国家事业发展集聚人才——党的十六大以来各地各部门加强党管人才工作回眸[N]. 中国组织人事报，2012-09-10.
[②] 提高党管人才工作水平 为党和国家事业发展集聚人才——解读《关于进一步加强党管人才工作的意见》[N]. 人民日报，2012-10-09.
[③] 中央人才工作协调小组办公室，中共中央组织部人才工作局.《国家中长期人才发展规划纲要（2010-2020 年）》学习辅导百问[M]. 北京：党建读物出版社，2010：88-93.
[④] 李源潮 8 月 24 日在加强党管人才工作会议上的讲话[N]. 人民日报，2012-10-08.
[⑤] 中央人才工作协调小组加强宏观指导和统筹协调[EB/OL]. 中国人才网，http://cpc.people.com.cn/n/2013/0121/c244802-20269904.html，2013-01-21.

作职责。中央提出组织部门"牵头抓总",不是包揽代替其他部门的工作,而是按照党管人才"四管"的要求,做到总揽不包揽,到位不越位,通过加强与有关职能部门的联系,充分调动各方面的积极性、主动性和创造性,整合资源,形成合力[①]。因此,党管人才不是党组织简单地把人才管起来、统起来,也不是要党委部门取代职能部门的作用,而是以人才发展为导向,更好地统筹人才发展和经济社会发展、统筹人才和其他各项工作、统筹人才工作的各个方面,更好地用好用活人才,为人才成长和发挥作用提供支持和服务。

二、我国人才管理体制运行中的外部及内部一致性问题

改革开放以来,特别是第二次全国人才工作会议以来,我国人才工作推动和人才队伍建设取得了重要成绩,但是在人才管理体制运行中也还存在一些短板和问题。本书课题组在2011年对《规划纲要》一周年实施的第三方评估中发现,我国人才工作中存在"四热四冷"和"四多四少"的问题[②],如"政府热、用人单位冷;上面(中央、省、市)热,下面(县、市、区)冷;组织部门热,其他部门冷",以及"政策创新多,机制创新少;领导推动工作多,法制保障人才少"等。具体的,就是在我国人才管理体制中政府还扮演主导角色,而市场主体作用发挥不足;中央、省和地市级政府重视人才工作,而县及以下基层政府对人才工作作为较少;在行政体系内,组织部门重视人才工作多,而其他党政部门关心少;在工作推动方式上,人才政策出台多,体制机制创新少,法治保障更少;在人才工作推动手段上,还主要依赖地方、行业主要领导重视和推动,尚未形成健全成熟、运行有序的人才工作管理制度体系。近期,我们的调研也反映,当前人才工作还主要依靠"政府推动+行政主导"模式,市场力量调动不足。

可以说,改革开放以来我国人才工作发展还主要是依靠政府推动,而非依靠制度创新和完善法治实现。总体上看,我国使用计划思维管理人才

[①] 中央人才工作协调小组办公室,中共中央组织部人才工作局.《国家中长期人才发展规划纲要(2010-2020年)》学习辅导百问[M]. 北京:党建读物出版社,2010:88-93;孙锐,赵巍. 发挥政府人才工作综合管理部门的作用相关问题探讨[J]. 第一资源,2013(27):101-111.

[②] 中国人事科学研究院课题组. 国家中长期人才发展规划实施一周年情况评估报告[R]. 中国人事科学研究院,2012.

的惯性仍然很大，人才市场机制还不够健全，人才法治体系亦不健全，突出表现在：首先，统一的人才市场体系还未形成，区域人才市场分割严重，产业行业人才市场发展薄弱，人才市场不同程度地存在政事不分、体制不顺、机制不活的问题。其次，人才公共服务体系不健全，人才公共服务定位、内容、标准、程序还不够清晰，服务机构数量和水平不适应市场发展的需求，人才服务产业发展滞后，人才中介与人才工作还搭不上界。再次，国内与国际人才、体制内与体制外人才、机关事业企业单位人才的互通机制尚未完全建立，流动渠道还不够畅通，户籍、档案、社会保障制度改革滞后。还有，政府主导具体人才的选拔、评价、考核、使用较多，某些方面政府人才管理事权高度集中，事业单位等用人单位自主权尚未落实，对高校、科研院所的编制、岗位总量、岗位设置、公开招聘、职称评审、薪酬分配、人员调配等统得过严过死，企业人才开发主体作用不突出。而在国家荣誉、职称评审、工资收入等方面制度还不完善，人才满意度较低。另外，人才工作与教育、科技工作还存在一定程度上的脱节问题，有些地方党委组织部门陷入"直接管人"的误区，有些政府职能部门人才工作定位不清，职能不明，且不同部门出台的人才政策不统一、不协调，统筹力度差，甚至出现政策打架的问题。还有一些地区和部门存在人才工程政绩化、人才工作表面化、工作力量分散化、工作利益部门化等相关问题。

总体上，我国人才管理体制运行中还存在外部一致性和内部一致性不足的短板。所谓外部一致性不足是指在人才工作推动中，政府、市场和社会的协调性不足的问题；内部一致性不足是指在人才工作行政管理体系内，不同职能部门间的职责定位协调性不足的问题。当前，要解决人才工作实际存在的政府、市场"一头热、一头冷"的问题，解决市场配置和市场竞争机制作用发挥不足的问题需要进一步深化认识、转变思路。

三、当前人才发展体制机制存在的突出问题及不足

党的十八大以来，我们在推动人才体制机制改革和政策创新，破除计划经济条件下人才桎梏方面取得了很大成绩。但是，对照尊重社会主义市场经济规律、人才成长规律和科研创新规律的要求，当前我们还有以下主要问题亟待解决。

第一,"官本位"思想的影响。当前,部分专业技术领域内存在的"官本位"现象,其背后涉及的是人才,特别是科技人才的地位问题。现实中,科技人才的地位、话语权和所获得的资源确实有限。而部分科研评奖、项目申报中存在的"官者通吃"现象,又对稳定科技人才,特别是青年科技人才队伍产生了"逆激励"。同时,在我国科研管理领域,政府发挥着重要作用,这使得一些科技共同体在人才评价、资源分配、成果评估等方面会受到影响。另外,以官职论水平、论成败的观念也仍然存在。因此,给科技人才一个什么样的地位和话语权,如何建立公开、公平、公正的人才评价和科技评价体系是关系科技人才、基层一线人才生存、发展和成长环境构建的重要课题。

第二,分配激励瓶颈。当前一流人才难获一流待遇、一流报酬,人才价格与人才价值背离的现象还较为普遍。特别是大多数体制内人才群体,其工资性收入,与其生活成本、物价、房价相比,使其难以获得较好的物质保障,承担的压力和负担过重,影响了其工作的积极性和创造性。我们讲"聚天下英才而用之",首先要使"天下英才"、国际化人才在物质上不吃亏,并进一步获得更加丰厚的回报。我们提出和推动中国梦,必须提供更多"草根"人才通过自己的合法、辛勤劳动和努力奋斗,为自己和家人带来美好生活的机会和途径,为"成就各类人才"树立良好的典范。

第三,职业化发展落后。当前,我国专业人才,如教师、工程师、律师、会计师等的职业化、国际化发展水平不高。在相关人才制度设计方面,职业化意识不强,对专业技术人才还是按照传统干部、身份标签进行管理,仍然存在唯学历、唯职称、唯资历、唯身份倾向。在人才评价方面,没有建立起通用的职业能力标准,如一些地方职称评定还主要是基于年资,而不是完全基于能力,职称等级尚未充分体现个人专业化水平,一些专业技术人才的社会认可度和职业地位持续下降;相关专业人才的院校教育没有紧密对接社会工作实践,培养出来的大学毕业生会写论文,但不会解决实际问题。在人才国际化方面,虽然已开展了一些职业资格的认证试点以推动国际相关职业资格和人才水平互认,但还没有建立起行业权威、公认、统一的认证程序和体系,没有形成与重要国际互认协议相对接的人才开发制度。

第四,市场决定机制不足。首先,我国使用计划思维管理人才的惯性仍然较大,统一的人才大市场体系还未形成,人才市场机制还不够健全,产业行业人才市场发展薄弱。其次,国内与国际人才、体制内与体制外人才、机关事业和企业单位成熟人才的交流互通机制和"旋转门"尚未建立，档案、社会保障等因素还影响着人才流动。在现实中我们经常看到，在许多地方和部门人才名义上具有流动权，但实际上根本不能够按照个人意愿和专长选择单位和岗位，人才被单位、部门、领导"捆绑"的现象还较为严重。最后，人才公共服务定位、内容、标准、程序还不够清晰，服务机构的数量和水平不适应市场发展的需求，人才服务产业发展滞后，人才中介与人才工作还未建立直接联系，企业人才开发主体作用不突出，这些都呼吁我们要尽快形成符合市场经济要求的人才供给机制、价格机制、竞争机制和激励保障机制。

第五，政府职能转变的要求。有些地方党委组织部门推动工作陷入"直接管人管事"的误区，与此同时，有些政府部门人才工作定位不清，职能不明、统筹协调弱，导致人才政策"政出多门"，不统一、不一致，甚至出现政策打架的问题。此外，政府主导具体人才选拔、评价、考核、使用较多，某些方面政府人才管理事权高度集中，事业单位等用人单位自主权尚未落实。当前，人才工作与教育、科技工作还存在一定程度上的脱节问题。而在国家荣誉、绩效工资、事业单位管理等方面制度还不完善，人才满意度较低。另外，在基层实际工作当中，还存在政府人才工作抓得力度不够与"管理过度"并存的问题，如"组织部门热，其他部门冷"的问题，"政府热、市场冷"的问题。同时，我国人才法治化建设不足，要吸引港澳台专业人才以及国际一流人才，亟须建立有利于人才公平发展的法治环境保障。

四、构建新时代人才发展治理体系的着力点

1. 发挥市场配置人才的决定性作用

树立"有限政府""服务型政府"的理念，充分发挥市场配置人才资源的决定性作用，凡属于可以通过市场机制解决的，政府不介入，已经介入的要逐步退出。按照社会主义市场经济规律和人才成长规律，健全人才市场体系，尽快形成符合市场经济要求的人才供给机制、价格机制、竞争机制和激励保障机制，推动人才自由流动。充分发挥用人单位在人才培养、吸引和使用中的主体作用，克服人才管理中存在的行政化、"官本位"倾

向，建立面向国际、面向市场、面向现代化的人才开发和使用制度。构建天下英才汇聚涌现、平等竞争、自由发展的人才发展环境，借助市场力量和价格杠杆配置人才、检验人才和使用人才，最大限度地激发各类人才的创造活力，实现人尽其才、才尽其用、用有所成。

2. 推动政府人才管理职能的转变

大力推动政府部门简政放权，使其从人才工作"前台"走向"后台"，从"重微观"向"重宏观"转变，从"重操作"向"重服务"转变，从"重政策"向"重法制"转变，从直接介入干预人才具体工作逐步过渡和转变到营造公正公平的人才竞争环境上来，转变到健全人才公共服务、加强平台载体建设、完善人才权益保障、建立公开透明的市场监管机制上来，通过加强法制建设、完善行政许可、加大政府采购等宏观管理和间接调控手段推动人才工作，重点解决市场失灵问题。坚持政企分离、政资分离、政事分离、管办分离，建立政府人才管理服务权力清单和责任清单，进一步减少和规范行政审批和收费事项。重点加强事中和事后监管，为在竞争规律、价值规律和供求规律等市场机制的作用下，实现人才发展的有效均衡让出空间。

3. 更好地发挥政府的人才管理作用

进一步理顺党委和政府人才工作职能部门的职责，建立党委统一领导，组织部门牵头抓总，职能部门各司其职、密切配合，发挥用人单位主体作用，调动社会各方面力量积极参与的相关工作体系和职能体系，推动人才管理体制统分结合、放管结合，建立专业分工的职能体系，推进人才管理专业化，推进人才工作与产业、行业、领域发展紧密结合，将重点行业、领域人才队伍建设列入相关职能部门三定方案。逐步建立和完善人才工作格局，突出各级、各部门履行职责重点，明确职责权限，形成全面衔接、分工合理、有序高效的政府管理职能体系。

4. 加强社会组织服务人才发展的职能

积极培育各类社会专业组织，充分调动和发挥协会、学会和社会组织的力量，逐步承担起管理、推动人才发展的相关职责。加快实施政社分开，推进社会组织明确权责、依法自治、发挥作用。实现行业协会与主管部门真正脱钩,逐步承接人才培养、流动、评价、激励等政府职能,推进行业协会、学会有序承接水平评价类职业资格具体认定。逐步将政府组织开展的人才规划、项目评估、统计评价等工作,通过授权委托或招标方式,交由社会组织等第三方组织实施。发挥行业协会人才评价和行业自律功能,加强人才诚信建设,协调解决行业人才纠纷,发布专业人才需求动态等。加强对社会组织、中介机构、行业协会和学会的规制、监督,使其成为专业人才开发的重要载体和阵地。

5. 加大事业单位人才管理改革的力度

坚持先易后难、循序渐进、试点先行原则,推动政府放权和监管相结合,用人单位自主与自律相结合,建立与现代科研院所、大学和公共医疗卫生制度相适应的人才管理体制。改变政府对高校、科研院所和医院的招聘、编制、岗位设置、岗位总量、结构比例、工资总额、绩效总额等的计划控制,大力推动其实行编制备案制,逐步弱化并最终取消编制管理。建立健全现代科研院所制度,形成符合创新规律的法人治理结构,逐步取消学校、科研院所等单位的行政级别。改进高校事业岗位的管理模式,逐步取消岗位总量和结构比例限制,实行岗位总量动态调整,结构比例分类指导。落实高校、科研院所高层次人才引进和使用自主权。建立以大学章程为核心的内部治理结构和现代大学制度建设。

6. 健全人才法治和信用体系建设

法律具有稳定性、强制性等特点,加强立法有助于把人才工作定位转化为国家意志,有助于降低政策的不稳定性。我们要进一步整合各种有关人才工作的法律法规和规章制度,建立完整、结构协调、内容充分、形式丰富的人才法律法规体系,形成有利于人才发展的综合法治环境。实现人才综合立法(人才开发促进法)与人才分类立法(终身学习、工资管理、事业单位人事管理、专业技术人才继续教育、职业资格管理、人力资源市场管理、外国专家来华工作管理)相结合,形成涵盖国家人才安全保障、人才权益保护、人才市场管理和人才培养、吸引、使用等人才资源开发管理各个环节的人才法律法规网络。建设覆盖全社会主要人才群体的信用体系,建立健全相关人才信用登记网络系统,形成信用违背惩戒机制,创造有利于人才发展的良好法治和信用环境。

五、加快人才制度改革，塑造人才发展治理优势

在不同的历史发展阶段，政府在人才工作中的角色和定位也有所不同。在人才工作启动阶段，政府发挥主导作用，扮演引导角色，一般能够对人才工作起到培育、引导和助推的作用，有利于实现人才工作的良好开局，可以发挥出积聚社会资源办大事的优势，聚焦更多人才工作注意力，产生更大人才工作影响力。当人才工作"这壶水"烧热之后，政府就要调整自己的角色，考虑退出问题，依靠市场化手段，通过调动社会多元主体力量，发挥企业作用来推动人才工作，以此将政府本位、权力本位、官员本位，让渡为市场本位、人才本位、专业力量本位，退出"全能"政府角色。

这就需要我们面向国际、面向市场、面向高质量发展，破除人才管理中的体制分割、条块分割、部门分割和权力分割，加快形成一种政府、市场与社会的新型协同关系，构建三者在推动人才发展中相互协作、相互促进、互为补充的人才工作新格局。建立这样的人才发展治理体系，就要强化党管人才战略协同能力、议程协同能力，在此基础上政府后退一步，市场、社会前进一步；在推动人才发展中，进一步增强市场激励、社会推动和行业规制的力量，充分调动人才创新创造的内在能量和发展动力。为此，要强调治理化转变、市场化导向、社会化参与，突出国际化视野和法治化保障。

第 11 章　硅谷、特拉维夫、中关村、筑波人才高地的形成演化

人才是推动高质量发展和高水平科技自立自强的基础性、战略性资源。2021年9月，习近平总书记在中央人才工作会议上提出"加快建设世界重要人才中心和创新高地"的新目标，并围绕"北京、上海、粤港澳大湾区建设人才高地，一些高层次人才集中的中心城市着力建设吸引和集聚人才的平台"提出了明确目标、作出了重要部署[①]。2022年10月，党的二十大报告进一步强调"加快建设世界重要人才中心和创新高地"的战略目标，并提出完善人才战略布局，深刻阐明了"人才高地"成为当前人才工作的目标任务和主攻方向。可以说，"人才高地"不仅是新时代人才强国战略的战略擘画和系统布局，更是新时代人才工作的重大理论创新，凸显了人才引领驱动支撑中国式现代化的时代意蕴。

从实践角度来看，人才高地的相关构想与科学中心密切相连，二者之间相互塑造、相互嵌套、相互捆绑。汤浅光朝通过量化国家科学成果的总数对世界科学中心转移规律进行新诠释，并提出引发轰动效应的"汤浅现象""汤浅定律"，指出全球先后出现了意大利、英国、法国、德国和美国五个世界公认的科学中心。需要指出的是，世界科学中心的显著特征是在科技领域拥有突出贡献的优秀人才，可以说在一定意义上全球科学中心就是世界重要人才中心[②]。在区域层面，人才高地最早可追溯到20世纪90年代上海市提出"人才高地"的战略设想，认为设立人才高地并产生人才集聚效应是实现上海建设国家科学中心发展目标的关键。由此可见，人才高地的提出体现了我国对世界科学中心转移规律、区域发展规律认识的深化与科学把握，深入探究人才高地的演化逻辑和建设路径成为当前亟待探究的紧迫问题。

纵观已有研究，人才高地的理论探讨略显薄弱和滞后，仍存在以下缺

---

① 习近平. 深入实施新时代人才强国战略　加快建设世界重要人才中心和创新高地[J]. 求是，2021（24）：4-15.

② 孙锐. 构建人才引领驱动高质量发展战略新布局[J]. 人民论坛·学术前沿，2023（21）：76-87.

口：一方面，现有研究多从静态视角探讨"人才高地"的特征、要素，对人才高地的深层次动机及演化机制的研究鲜有涉及，未能很好地解释人才高地的形成、演化和深化过程；另一方面，既有文献仍致力于"人才高地"的现象考察、差异描述，缺乏对其异质化行为的探讨，尚未清晰地识别人才高地的差异化类型，尤其是对生成模式及建设路径的讨论不足。针对上述理论局限与实践诉求，本书构建了"动因—过程—结果"逻辑框架，选取了硅谷、特拉维夫、中关村、筑波进行纵向多案例研究，探讨了人才高地的演化与形成过程。研究发现：一是人才高地演化过程是由初始阶段、发展阶段、成熟阶段构成的，经历了竞争优势驱动、政府干预驱动、价值最优驱动的动态更迭；二是人才高地形成机理显现为资源聚合机理、资源整合机理、资源耦合机理的有序推进，体现出关键科创人才"开发者→架构者→引领者"的演变趋势；三是人才高地实现了由低阶到高阶的"点状结构—线状结构—网状结构"的递进演化，显现为自发迭代型生成模式、创业延伸型生成模式、生态拓展型生成模式、科研深耕型生成模式等差异化类型。本书还构建了人才高地的演化过程理论模型，挖掘了人才高地的机理和模式，以期为建设人才高地和人才平台提供有益借鉴。

一、人才高地相关文献回顾与研究框架

（一）文献回顾

人才高地是新时代人才强国战略的总体构想和战略布局，是人才发展与科技创新融合交叉而衍生出来的新概念，更是对人才中心与创新高地辩证关系的最新时代阐述。由此，为了更高质、更广量界定人才高地，本书着力探讨基于功能视角、结构视角、综合视角下人才高地的概念及内涵。

从功能视角来看，人才高地旨在提升人才综合竞争力、人才资源配置力、人才发展驱动力和创新示范带动力，形成人才势能和发展动能的资源优势，表现为高质量人才供给、高成长人才机制、高效能人才治理。其一，从人才供给来看，人才高地着力集聚规模宏大、素质优良的人才队伍，培养高精尖的梯次衔接人才队伍。例如，王通讯提出人才高地是全球化人才的汇聚之地，强调集聚与产业需求相匹配的高层次人才[1]；Gallardo-Gallardo

---

[1] 王通讯. 人才发展战略论[M]. 北京：中国人事出版社，2013.

等以企业为研究对象,探讨了汇聚高绩效、高潜力青年员工的重要性[①]。其二,从人才机制来看,人才高地关注人才成长进程中的核心诉求,着力破除制约人才发展的体制机制瓶颈。例如,刘云等在遵循科技创新规律和人才成长规律的基础上,以中国科协人才为例,探讨建立了科技人才分类评价体系[②]。其三,从人才治理来看,人才高地强调企业、高校、科研机构、社会组织和个人等多元主体的积极参与。例如,孙锐和吴江提出地方打造各具特色的人才高地的关键是构建政府、市场、社会共同参与的高质量人才发展治理体系[③]。

从结构视角来看,人才高地被视为由高等院校、科研院所、领军企业及天使投资等构成的复杂系统,表现为高能级人才平台、高品质人才环境。其一,从人才平台来看,人才高地的关键目标在于提高科技创新要素集聚整合能力,建立承载一流卓越人才和优秀人才成长发展的高能级载体平台。例如,裴玲玲探究了领军企业对人才的引领带动作用并构建了"产业—人才—城市"融合发展的新模式[④];常旭华和仲东亭聚焦国家实验室的管理体系,分析了国家实验室及其重大科技基础设施对人才集聚的内在互动机制和外在影响因素[⑤]。其二,从人才环境来看,人才高地着力推动人才、技术、基地、资本等创新要素高效统筹、协调推进和联动集成,形成一流人才创新创业生态系统。例如,Snell 等将人才集聚扩展到工作与组织的生态系统,认为人力资源管理生态系统对人才高地的打造至关重要[⑥];张波和丁金宏分析了经济环境、创新环境、社会环境、文化环境等人才生态环境对高端人才聚集的差异化效应[⑦]。

从综合视角来看,人才高地是世界人才中心和创新高地的战略支撑,

---

① Gallardo-Gallardo E, Thunnissen M, Scullion H. Talent management: Context matters[J]. The International Journal of Human Resource Management, 2020, 31(4): 457-473.
② 刘云, 王雪静, 郭栋. 新时代我国科技人才分类评价体系构建研究——以中国科协人才奖励为例[J]. 科学学与科学技术管理, 2023, 44(11): 15-26.
③ 孙锐, 吴江. 创新驱动背景下新时代人才发展治理体系构建问题研究[J]. 中国行政管理, 2020(7): 35-40.
④ 裴玲玲. 科技人才集聚与高技术产业发展的互动关系[J]. 科学学研究, 2018, 36(5): 813-824.
⑤ 常旭华, 仲东亭. 国家实验室及其重大科技基础设施的管理体系分析[J]. 中国软科学, 2021(6): 13-22.
⑥ Snell S A, Swart J, Morris S, et al. The HR ecosystem: Emerging trends and a future research agenda[J]. Human Resource Management, 2023, 62(1): 5-14.
⑦ 张波, 丁金宏. 中国人才生态环境对高学历人才集聚效应影响分析[J]. 科研管理, 2022, 43(12): 24-33.

是当前形成人才国际竞争比较优势的关键所在。一方面，在地域维度上，人才高地以城市及城市群为基本单元，集聚战略人才、科技领军人才、创新团队，以人才引领科技创新、带动区域协同发展。例如，孙锐提出区域增长极是人才发展的高势能区，体现在人才数量的高密度、人才素质的高标准、人才结构的高对应、人才流动的高活力、人才产出的高效能上[①]。另一方面，在领域维度上，人才高地以产业需求为牵引，着力打造良好的人才创新生态环境，凸显人才支撑产业竞争的引领作用和溢出效应。例如，萧鸣政等从人才高地的标准和路径入手，提出建立以人才为核心的产业资源整合系统，认为人才高地体现出创新效能强、创新成果多、创新价值高、创新贡献大等特征[②]。整体来看，人才高地旨在汇聚高等院校、科研院所、领军企业、产业孵化器等平台载体，实施更加开放的人才引进培育体系和人才价值实现体系，是依靠人才资源及创新要素产生前沿性、原创性、颠覆性科技创新成果的有机集合体。

（二）研究框架

为深入剖析人才高地的形成与演化逻辑，需要在链接现有理论的同时结合案例有效实现理论构建与突破，人才创新创业生态系统理论为其提供了新颖的切入点。从本质来看，人才创新创业生态系统理论强调人才主体通过发挥异质性与其他主体进行协同创新，实现价值创造，并形成相互依赖和共生演进的网络关系[③]。再者，人才创新创业生态系统是包括创新主体、创新资源和创新环境等在内的复杂系统，呈现为人才主体与创新资源基于共同愿景和目标进行创新活动，并在与环境非线性作用下形成整体协同效应进而实现资源进阶的过程。在人才创新创业生态系统中，物种之间存在共生、竞争等共存关系，会经历初创、成长、成熟等阶段，其演化路径分为种群形成、群落形成和系统形成等阶段，与人才高地的渐进性构建并不断发展等特征相匹配。由此，本书根据人才创新创业生态系统的"种群→群落→系统"演化规律将人才高地演化过程划分为初始阶段、发展阶段、

---

① 孙锐. 新时代人才强国战略实施若干问题研究[J]. 中国软科学，2022（8）：1-11.
② 萧鸣政，应验，张满. 人才高地建设的标准与路径——基于概念、特征、结构与要素的分析[J]. 中国行政管理，2022（5）：50-56.
③ 孙锐，等. 人才创新创业生态系统案例研究[M]. 北京：中国社会科学出版社，2020.

成熟阶段[①]，并遵循"动因—过程—结果"的逻辑框架，赋予人才高地以生态化内涵，并以生态演化规律揭示其动因、过程机理及阶段性生成结果等，以期识别并提炼其整体演化过程、样态演变及生成模式。

二、人才高地演化与形成的相关研究设计

（一）方法选择

本书旨在探索人才高地的演化与形成，重点关注演化过程、形成机理以及进阶路径，因此采用探索性纵向多案例研究方法实现理论建构。主要原因在于：第一，采用探索性案例研究可以更生动、细致地展示研究问题，回答人才高地"How"和"Why"问题；第二，采用纵向案例研究以便在演进过程中挖掘其涌现的内在机理，深入阐述人才高地的演化过程及其形成机理[②]；第三，采用多案例研究能够通过详细的证据展示多情景、多维度的演化交互呈现出的适应性特征，便于归纳不同人才高地所呈现的趋同现象及其所蕴含的共性逻辑。

（二）案例选择

本书遵循 Eisenhardt 和 Graebner 的理论抽样原则，从等结果设计所要求的"殊途同归"出发探寻具有较高相似性的案例分析单元[③]。在仔细筛选和翔实探究的基础上，选取了美国硅谷、以色列特拉维夫、中国中关村、日本筑波作为案例对象，原因如下：第一，典型性原则，所选案例均坚持高精尖人才与科技创新发展互融共生，是全球最具竞争力、发展势头猛的人才高地，为本书的研究提供了典型样本；第二，启发性原则，所选案例在制度环境、资源禀赋等差异化情境下构建起了人才高地，具有明显特色和显著差异，为不同情境下多案例研究的复制与拓展打下了基础；第三，

[①] 孙锐，孙雨洁，孙彦玲. 人才创新创业生态系统的构成与运行机制研究——以苏州工业园区为例[J]. 中国科技论坛，2021（11）：113-122.

[②] Langley A, Smallman C, Tsoukas H, et al. Process studies of change in organization and management: Unveiling temporality, activity, and flow[J]. Academy of Management Journal, 2013, 56（1）：1-13.

[③] Eisenhardt K M, Graebner M E. Theory building from cases: Opportunities and challenges[J]. Academy of Management Journal, 2007, 50（1）：25-32.

便捷性原则，研究团队对所选案例进行了长达 7 年的持续跟踪，为探索现象背后的理论创新、挖掘人才高地的演化机制奠定了厚实的数据基础。

从人才集聚效应来看，硅谷聚集了 160 多万名科技人员、逾千名美国科学院院士和约 30%的全球前 100 强科技巨头总部，曾涌现出 83 位诺贝尔奖得主，是美国高层次科技人才最集中的地区。特拉维夫获取硕博士学位的创业者及企业员工比例高达 40%，从事科技研发的科学家和工程师的数量位居世界前列，是世界领先的人才中心和创新高地。中关村科技人才总量达 272.1 万人，同时集聚了上百位两院院士和 5 万余名留学归国人员、1 万多名天使投资人及若干名杰出人才，本科及以上学历的从业人员占比 73.5%，形成了高端高智、活力多元的人才格局。筑波建设了质子同步加速器 PS、脉冲散裂中子装置 KENS 等具有国际科技竞争力的大科学装置及 29 个国家级研究和教育机构，科技人才总量、高层次科技人才数量都保持稳定增长态势，曾涌现出 6 名诺贝尔奖获得者，是日本人才集聚度最高的地区。

（三）数据收集

本书采用新闻报道、网站资料、集中访谈等多样化数据（表 11-1），数据收集历时 7 年（2016 年 7 月～2023 年 8 月），具体流程如下：第一阶段，官方权威资料收集，研究团队借助大数据爬虫技术对硅谷、特拉维夫、中关村、筑波的官方网站、相关新闻、发展报告等进行了收集；第二阶段，直接访谈资料收集，研究团队采用线上、线下相结合方式，就发展概况与历程、科技创新与服务、平台打造与搭建等内容与所选案例相关工作人员及代表性企业负责人展开深度访谈；第三阶段，间接访谈资料收集，研究团队对相关管理人员及代表性企业负责人参与的媒体采访、高管对话、圆桌论坛等公开访谈及讲话稿进行了收集；第四阶段，相关文献资料收集，研究团队借助文本分析法搜集了所选案例的研究报告、文献及书籍等资料。最后，本书采用 Huberman 和 Miles 所建议的三角验证法[①]，将来自不同渠道的数据资料进行交叉验证，剔除不符合三角验证的资料，确保了资料的可靠性。

---

① Huberman A M, Miles M B. Drawing valid meaning from qualitative data: Some techniques of data reduction and display[J]. Quality and Quantity, 1983, 17（4）：281-339.

表 11-1　案例资料收集情况统计

数据类型		硅谷	特拉维夫	中关村	筑波
公开资料	新闻报道	129	119	112	103
	网站资料	132	115	122	136
	人物专访	13	11	21	9
观察数据	会议名称	中关村硅谷全球未来创新峰会（2）、企业家经验分享（3）	北京—特拉维夫创新大会（2）、企业家经验分享（2）	内部闭门会（4）、线上访谈（2）	企业家经验分享（4）
访谈数据	被访者	政府工作人员（1）；代表性企业负责人（9）	政府工作人员（1）；代表性企业及孵化中心负责人（7）	政府工作人员（4）、社会组织工作人员（2）；代表性企业负责人（8）	政府工作人员（2）；代表性企业负责人（8）

注：（1）表中数字代表篇数或次数、人次；（2）硅谷、特拉维夫、中关村、筑波的数据编码分别为 A、B、C、D，公开资料为 a，观察数据为 b，访谈数据为 c，具体呈现在后续典型例证中

（四）数据分析

本书遵循纵向多案例研究的典型归纳逻辑，采用 Gioia 等提出的结构化数据分析方法[①]进行编码，具体流程如下：首先，整合多种数据源进行深度整理，依照时间顺序和事件系统理论对收集的数据资料进行预分类，采用叙事分析进一步挖掘关键事件；其次，在秉持过程本体论的前提下，按照时序区间对原始数据进行动态过程的系统性概念化，进而提炼出一阶概念，同时对一阶概念进行抽象提取，形成具有理论内涵的二阶概念；最后，根据涌现的理论维度将相似的二阶概念进行整合，提炼出聚合构念。为保证数据分析的合理性，研究中由 1 名研究员、1 名博士生采用背对背形式进行独立编码，对于存在异议的编码结果通过多样化的数据来源进行交叉验证与研讨，并征求第三位专家的意见。最终，在"数据—关系—理论"之间进行反复迭代的基础上，形成如图 11-1 所示的数据编码。

[①] Gioia D A, Corley K G, Hamilton A L. Seeking qualitative rigor in inductive research: Notes on the Gioia methodology[J]. Organizational Research Methods, 2013, 16（1）: 15-31.

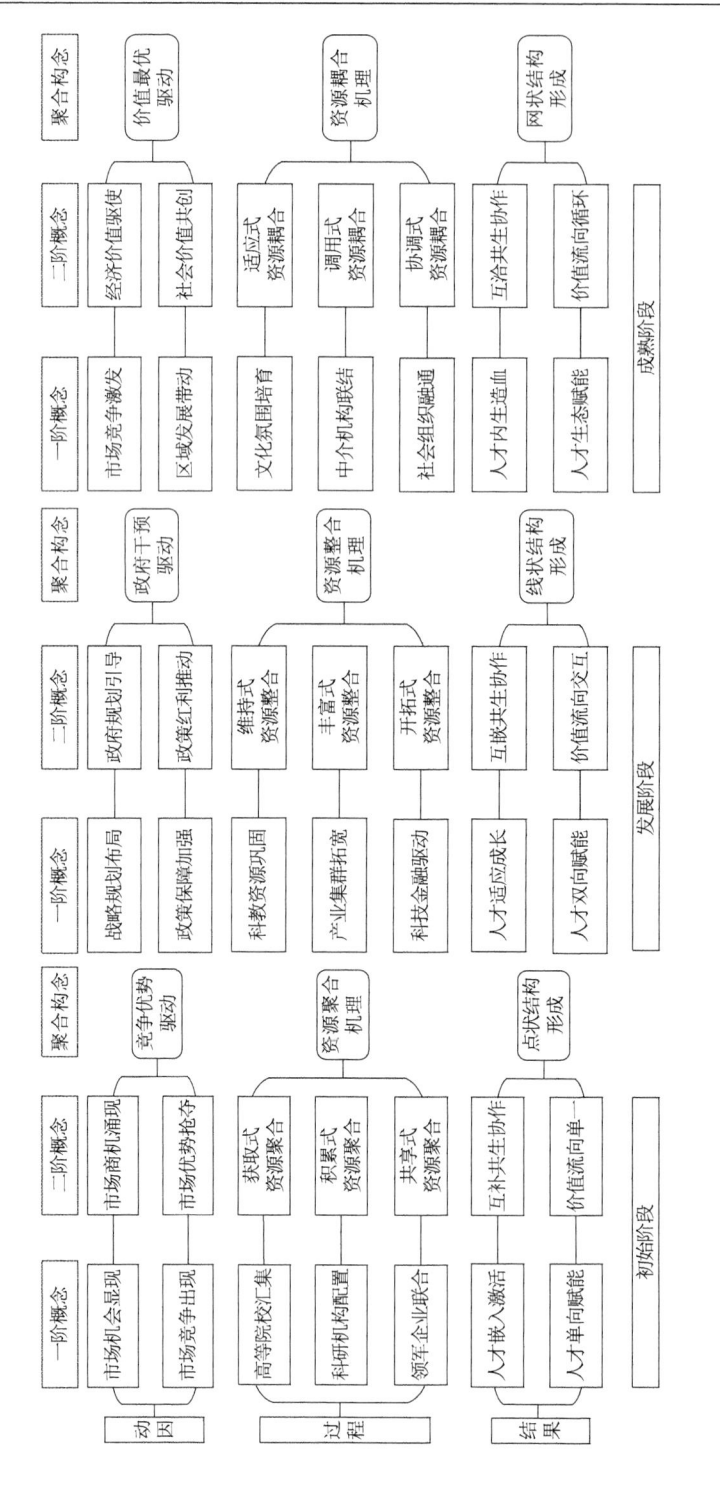

图11-1 数据编码

三、硅谷、特拉维夫、中关村、筑波纵向案例的分析与发现

(一) 初始阶段

1. 动因: 竞争优势驱动

初始阶段的动因体现为"竞争优势驱动",是指面对复杂的外部环境,部分企业及人才受利益导向驱动,通过识别市场机会整合和重构内部资源,从而产生更高经济效益优势,在获得可持续竞争优势的同时实现了产业人才集聚。在此基础上,识别出两类驱动逻辑:一是"市场商机涌现",是指通过注意到市场空白进而识别市场机会。例如,中关村起步于陈春先、王洪德、柳传志等人对商机的发现,敢为人先、率先突破机制阻碍,辞职开创企业,构筑了高科技产业集群,进而引领了电子信息领域的产业人才集聚。二是"市场优势抢夺",是指通过新颖技术的研发和创新产品的打造进而抢夺市场优势。例如,在特曼的推动下斯坦福大学工业园创建,通过吸引斯坦福大学的教师、毕业生和荣誉合作项目,该工业园成为产业人才的集聚地。此阶段,竞争优势驱动主要体现在:一方面,凸显出市场机会的驱动作用,驱使人才自愿参与创新开发管理过程;另一方面,显现出抢占市场优势的响应作用,使得人才集聚效应出现和产业链传导机制有效对接,促进了人才高地的壮大升级。

2. 过程: 资源聚合机理

初始阶段主要体现了人才高地集聚功能的发挥,通过资源积累、集聚实现资源聚合,解决了资源不足和分散的问题,在资源完备性的指导下提升了资源聚合能力,汇聚成初期的生态种群,形成资源聚合机理。本书识别出以下类型:其一,获取式资源聚合,是指以学术研究中心建设为核心集聚人才,使得人才资源迅速涌入。例如,筑波科学城陆续迁入了宇宙航空研究开发机构(Japan Aerospace Exploration Agency, JAXA)等43个国家级研究机构和150多家民间研究机构,为筑波的科研环境奠定了基础,吸引了一批科学家和研究人才。其二,积累式资源聚合,是指以高等院校

集聚为导向培育人才，通过合理协调和配置内部资源等方式塑造人才"蓄水池"，带来了人才资源的爆发式增长。例如，硅谷聚集了斯坦福大学、加利福尼亚大学伯克利分校等顶级高等院校，中关村聚集了清华大学、北京大学等一流学府，这些院校和学府提供了丰富的人才源泉。其三，共享式资源聚合，是指以领军企业为主导赋能人才发展，通过建立和维护重要创新主体关系实现资源协作，为人才提供发展机会。例如，中关村依托于强大的科教资源，带动了大规模创业潮，诞生了两海两通、联想等民营科技企业，实现了初步的科技创新[1]。

3. 结果：点状结构形成

根据观察，人才高地打造以系统集成为核心的竞争优势，呈现为多核要素互补的有机集合体，表现出人才依托高等院校、科研机构、领军企业等主体进行集聚，呈现为"单核散点式"分布。通过梳理案例资料发现，初始阶段建设结果呈现为点状结构：从协作方式来看，人才通过各类参与主体实现价值创造、明确共同目标、共享信息和资源，建立了透明开放的沟通制度，形成了"互补共生协作"；从价值流向来看，人才溢出的知识、资源、技术使得相关主体得利并发挥自身价值为参与主体进行单向赋能，但参与主体对人才的反哺效应较弱，人才以"外在化形式"扮演开发者角色，呈现为"人才单向赋能"[2]。例如，硅谷的产学研用体系区别于传统产学研"大学负责研究、企业负责商业化"的线性模式，斯坦福大学与硅谷企业之间建立了"共生"的相互依存关系，开展了合作研究、人才培养、数据共享等多形式、多主体的协作机制，同时吸引着来自全球的顶尖人才，使得人才聚集效应导致的规模效应和区域创新效应带动了硅谷整个区域人力资本的快速积累与提升。此阶段，人才高地的关键要素是教育机构集聚、科研机构建设、领军企业引领，重点是培养创新的学术氛围和推动科研成果的涌现。

由此可见，初始阶段呈现"为我所有"的资源聚合机理，所选案例受竞争优势的驱动，通过建立基础设施，发挥高等院校、科研院所、领军企业等人才平台载体的独特优势，实现要素集聚、主体关联，从而为人才高

---

[1] 崔静波，张学立，庄子银，等. 企业出口与创新驱动——来自中关村企业自主创新数据的证据[J]. 管理世界，2021，37（1）：6，76-87.

[2] Collings D G, Mellahi K, Cascio W F. Global talent management and performance in multinational enterprises: A multilevel perspective[J]. Journal of Management, 2019, 45（2）：540-566.

地的生成提供根源，相关数据例证见表 11-2。

表 11-2　初始阶段的代表性编码与典型例证

聚合构念	二阶概念	一阶概念	典型证据援引
竞争优势驱动	市场商机涌现	市场机会显现	陈春先等人开发了一批满足市场需求的紧缺技术和产品（Cb3）；筑波抢占无机材料的发展优势及全球市场（Db3）
	市场优势抢夺	市场竞争出现	特曼规划了斯坦福研究院和工业园，使得电子信息成为其拥有绝对优势的领域（Ac2）
资源聚合机理	获取式资源聚合	高等院校汇集	中关村聚集了众多高校，提供了人才源泉（Cc5）；斯坦福大学吸引了一批优秀的科学家和工程师，提供了丰富的人才基础（Ab4）
	积累式资源聚合	科研机构配置	日本政府建设了理化学研究所、物质·材料研究机构等大规模的科研机构，吸引了一批科学家和研究人才（Db1）
	共享式资源聚合	领军企业联合	领军企业升级推动了对高端人才的需求（Da3）；硅谷崛起了一批科技巨头，吸引了更多的顶级人才（Ac2）
点状结构形成	互补共生协作	人才嵌入激活	顶尖人才的转变和跃迁发挥了重要作用，激发了企业谋发展的积极性，形成了互惠式信任协作关系（Aa2）
	价值流向单一	人才单向赋能	产学研合作更多的是联合高校院所的人才为企业进行单向赋能（Dc7），企业并没有对人才进行反哺（Da2）

（二）发展阶段

1. 动因：政府干预驱动

发展阶段的动因体现为"政府干预驱动"，是指通过自上而下的政府行动实现政策扩散，同时主导和推动城市转型和升级，实现人才及创新活动的高效升级。在此基础上，本书识别出两类驱动逻辑：一是"政府规划引导"，是指政府通过精准战略导向和服务赋能持续发展。例如，特拉维夫专门设立移民吸引部，从安家落户到政策扶持制定了多项政策，使得人才集聚效应及规模效应得到了强化[①]。二是"政策红利推动"，是指政府通过提供灵活便捷的政策发挥资源统筹激发人才活力。例如，日本相继实施"产业集群计划"、"知识集群计划"及"综合特区制度"，通过给予制度、

[①] Aamir M, Naeem M. Beyond Silicon Valley: Exploring global perspectives on technological innovation[J]. Journal of Universal Sciences and Technology, 2023, 2（1）：1-4.

政策、税收、财政、金融等支持，使得人才集聚呈现出政府规制和人才自发互洽的特征。此阶段，政府干预推动主要体现在：一方面，发挥组织协调功能，聚集大量国家级科学要素，强化发挥域内高水平高校及科研机构等核心资源，为人才发展提供支撑；另一方面，发挥统筹规划功能，设计城市发展的远景规划、完善人才发展体制机制等，促使人才高地快速调动资源和快速建设。

2. 过程：资源整合机理

发展阶段主要体现了人才高地整合功能的发挥，通过保持自身优势及吸纳其他良性资源实现资源整合，解决了资源利用率不高和组织合作松散的问题，在资源关联性的指导下提升了资源整合能力，汇聚成生态群落，形成资源整合机理。本书识别了以下类型：其一，维持式资源整合，是指从现有资源中组合、重置进行共享和协同，打造体系化的人才培养方案。例如，筑波大学取消教学研究合一的学部制，设置二者分开的学群（学类）、学系制，使得人才培养适应实践需求。其二，丰富式资源整合，是指以产业集群发展为核心实现产业人才的集成与扩张。例如，斯坦福的校友们创立了惠普、谷歌、推特（Twitter）等电子信息领域巨头，同时以更高的收入水平、更多的产业集聚、更好的创新氛围形成人才流入的正向循环。其三，开拓式资源整合，是指通过识别、投资和培育项目作为人才汇聚的助推器。例如，硅谷通过"天使+孵化"模式搭建了由科技企业孵化器、创新型孵化器、创业服务机构、天使投资人/机构等各类主体组成的创业孵化服务体系，构建了从项目发现、识别、孵化、投资到退出的全过程培育体系，以良好的人才发展机会吸引着来自全球的创业者。

3. 结果：线状结构形成

根据观察，人才高地呈现为多元链条互嵌，通过吸引参与者从单一主体协作延伸至体系化建构，表现出依托于政府统筹、孵化机构、产业集群等连接参与主体。通过梳理案例资料发现，本阶段建设结果呈现为线状结构：从协作方式来看，顶尖人才更多体现出从主导者到参与者的价值传递，并以天使投资人身份给予更多的自主权，帮助其他人才提升个人能力，使得更多人才获得收益，形成人才集聚，形成"互嵌共生协作"；从价值流向来看，区域领军企业及其他创新主体以中介机构为纽带，形成生产环节并行化、产业资源集成化和行为主体协同化，通过给予领军人才更多的自由裁量权与发展空间吸引并培养人才，表现为与上、下游企业的纵向协同和横向协同，人才以"定制化部署"扮演架构者，统筹合作实现人才集聚与科技创新的互联互通，呈现为"人才双向赋能"[①]。例如，中关村依托"创业者—企业家—天使投资人"的良性循环，诞生了"金山系""搜狐系""腾讯系""摩托罗拉系"等同行创业者互助共享的"圈子"。此阶段，人才高地的关键要素是产业集群发展、科技金融兴起、政府扶持推动，重点是产学研合作加强、科技创新和创业孵化。

由此可见，发展阶段呈现"为我所用"的资源整合机理，所选案例受到政府统筹规划的驱动，以核心项目、合作平台、孵化机构等形式实现产业链协作下人才吸引、产学研协同下人才培养、多层次合作下人才发展，实现要素叠加、效应辐射，从而为人才高地集聚功能的发挥提供基础，相关数据例证见表11-3。

表11-3　发展阶段的代表性编码与典型例证

聚合构念	二阶概念	一阶概念	典型证据援引
政府干预驱动	政府规划引导	战略规划布局	特拉维夫的发展离不开精准持续的科技战略导向，使其能持续吸引人才（Bc6）；"新筑波计划"加强了对人才的吸引（Da3）
	政策红利推动	政策保障加强	中关村推行了一系列先行先试的改革，为人才发展赋能（Cb1）；筑波制定了资金资助、税收优惠等政策支持，吸引了大量人才（Dc5）
资源整合机理	维持式资源整合	科教资源巩固	筑波大学为跟踪和探索前沿研究，改革设立了学群制，培养各种类型的人才（Da3）
	丰富式资源整合	产业集群拓宽	中关村逐渐形成了具有协同效应的电子信息类产业集群，集聚了产业领军人才，也不断吸引和培育人才（Cc7）
	开拓式资源整合	科技金融驱动	多层次的资本市场满足了创业者的各类资金需求，为创业企业赋能，也给人才提供了发展的机会（Ac3）
线状结构形成	互嵌共生协作	人才适应成长	来自金山的雷军带出了小米、冯鑫带出了暴风影音，人才衍生出一个企业群（Ca2）
	价值流向交互	人才双向赋能	斯坦福大学的BIO-X项目与强生、诺华等生物制药巨头开展合作（Ab2），拓宽了产学研互动链条的合作范围与内涵（Aa1）

---

① Kim S, Vaiman V, Sanders K. Strategic human resource management in the era of environmental disruptions[J]. Human Resource Management, 2022, 61（3）：283-293.

(三) 成熟阶段

1. 动因：价值最优驱动

成熟阶段的动因体现为"价值最优驱动"，是指通过政府干预与市场协调发展、价值创造和捕获，实现人才效能的最优化。在此基础上，本书识别出两类驱动逻辑：一是"经济价值驱使"，是指人才集聚所带来的最优化经济效应。例如，斯坦福大学通过改革完善对内对外的技术转化服务体系，给予教师授权费、版税、股权等，使得人才开发效率和资源使用效能得到全面提升。二是"社会价值共创"，是指通过人才集聚解决社会问题、实现区域高质量发展。例如，特拉维夫通过实施开放人才政策，实施"国家数学和科技促进计划"，设立"高技术人力资本基金"、增加STEM[STEM为科学（Science）、技术（Technology）、工程（Engineering）、数学（Mathematics）四门学科英文首字母的缩写]科目培训，同时启动"高技术产业人力资源快速培训与安置应急计划"，构筑起工程人才的培育及集聚高地。此阶段，价值最优驱动主要体现在：一方面，依靠人才价值创造及自发突破魄力，促成科研技术成果有效转化，促进创新主体聚集形成正向生态循环；另一方面，依靠人才赋能区域发展，提升社会资源配置效率，加快产业、技术、人才向更优结构转变，促进区域升级与进步。

2. 过程：资源耦合机理

成熟阶段主要体现了人才高地溢出功能的发挥，来源于不同创新主体的资源协同及资本市场的资源投入，解决了资源局限和失调均衡问题，在资源协同下提升了资源链接能力，构成了生态系统的结构维系，形成了资源耦合机理。本书识别出以下类型：其一，适应式资源耦合，通过营造、孕育和涵养文化作为人才辈出的催化剂。例如，硅谷铸就了鼓励冒险、善待失败、以人为本的包容性文化，使得人才、资本和技术跟随包容文化进行集聚和循环。其二，调用式资源耦合，通过成立枢纽型机构将要素市场获得资源和现有资源进行捆绑，为人才提供多方面支持。例如，特拉维夫通过首席科学家办公室（Office of the Chief Scientist，OCS）对内组建全方位的科学技术信息网络，对外整合国内外高水平研发资源，为人才提供信息互动与分享。其三，协调式资源耦合，通过建立、搭建和协调各类社会组织作为资源共享、价值共创的助推器，实现人才发展与区域发展相一致的目标。例如，中关村以"公共服务+技术服务"闻名的各类社会组织（企业孵化组织、科技服务组织、创业导师组织），搭建起创业者与成功企业家、风险投资家、专家学者、政府部门之间互动交流的平台，成为"人才+"的纽带与桥梁[①]。

3. 结果：网状结构形成

根据观察，人才高地呈现为开放的生态互洽，表现为多个主体要素融合共生的体系，其内在结构的维系与创新功能的发挥，来源于系统内各要素之间基于长期信任关系而形成的松散又相互关联的系统。通过梳理案例资料发现，本阶段建设结果呈现为网状结构：从协作方式来看，以各类创新主体的交互性、协同性为驱动，形成以"人才"为中心，促使新知识和新技术不断涌现实现价值共创，使得人才和创新主体、支持主体得以在协作中实现共同演化与发展，呈现为"互洽共生协作"；从价值流向来看，在互利融合中人才与众多参与者既互相依赖又互相成就，人才以"构建式赋能"参与合作，扮演引领者，呈现为"人才生态赋能"。例如，筑波整合科研实力雄厚的高校和科研院所实现知识集成、资源协同，同时天使投资、科技金融、中介机构及社会组织等异质性主体通过知识共享和技术转移，形成知识融合、知识集成、技术扩散，将人才能力提升与技术创新、产品创新和服务创新集合于一体。此阶段，人才高地的关键要素是文化氛围熏陶、社会组织撬动、枢纽型机构协调，重点是加强国际合作、融入全球创新网络、形成创新创业生态系统。

由此可见，成熟阶段呈现"以我为主"的资源耦合机理，所选案例受到价值最优的驱动，通过连接更多的参与主体、联结创新合作伙伴来连通生态网络、塑造生态优势，将科技中介与服务平台、文化氛围与城市环境有效耦合，实现要素循环、信息流动，从而形成人才高地的生态化循环，相关数据例证见表11-4。

表 11-4 成熟阶段的代表性编码与典型例证

聚合构念	二阶概念	一阶概念	典型证据援引
价值最优驱动	经济价值驱使	市场竞争激发	在移动互联网、人工智能等新技术带来的日新月异的改变中，数以千计的创业人才将中关村变成试验场（Ca3）
	社会价值共创	区域发展带动	特拉维夫提高了"创业国度"的国际知名度和竞争力，为创业者提供了全新的平台（Bb4）

---

① 赵晨，林晨，高中华. 人才链支撑创新链产业链的融合发展路径：逻辑理路、中美比较以及政策启示[J]. 中国软科学，2023（11）：23-37.

续表

聚合构念	二阶概念	一阶概念	典型证据援引
资源耦合机理	适应式资源耦合	文化氛围培育	技术发烧友建立起了特立独行、包容万物的文化，这是孕育创新、培育人才一个重要的文化土壤（Ab5）
	调用式资源耦合	中介机构联结	OCS 与高校、企业等建立了广泛的合作关系，为人才的集聚和培育做出了积极贡献（Bc3）
	协调式资源耦合	社会组织融通	中关村设立了"人才 E+"工作站，接入易北京·国际人才综合服务平台，提供各项人才服务，建立了利益相关方合作体系（Cb4）
网状结构形成	互洽共生协作	人才内生造血	硅谷形成了以创新为核心的生态系统，为人才提供了广阔的发展空间和机会，不断推动着科技创新和产业升级（Ac3）
	价值流向循环	人才生态赋能	中关村形成了具有国际竞争力的人才创新创业生态系统（Ca2），为科技创新和产业升级提供了强有力的人才支撑（Cb5）

（四）跨案例比较分析

本书对所选案例的数据编码分别进行了打分，并对比了各个编码在跨案例比较分析中的显著度和关联度。具体而言：第一，由 1 名研究员、1 名博士生再次通读案例资料，找到各个编码的案例证据并进行单独打分；第二，当意见不一致时进行讨论并请教第三位专家，进一步确定最终得分（表 11-5），以此来揭示所选案例的差异化特征。

表 11-5　数据编码的跨案例对比分析

比较项	聚合构念	二阶概念	硅谷	特拉维夫	中关村	筑波
动因	竞争优势驱动	市场商机涌现	5	4	5	3
		市场优势抢夺	5	4	4	5
	政府干预驱动	政府规划引导	4	5	4	5
		政策红利推动	5	5	5	4
	价值最优驱动	经济价值驱使	5	4	5	4
		社会价值共创	4	5	5	4
过程	资源聚合机理	获取式资源聚合	5	4	5	5
		积累式资源聚合	4	3	5	4
		共享式资源聚合	4	5	3	5
	资源整合机理	维持式资源整合	4	5	5	4
		丰富式资源整合	5	4	4	3
		开拓式资源整合	5	5	4	3

续表

比较项	聚合构念	二阶概念	硅谷	特拉维夫	中关村	筑波
过程	资源耦合机理	适应式资源耦合	5	4	5	4
		调用式资源耦合	4	5	4	5
		协调式资源耦合	5	5	4	3
结果	点状结构形成	互补共生协作	5	4	5	3
		价值流向单一	5	4	3	4
	线状结构形成	互嵌共生协作	5	4	4	4
		价值流向交互	5	5	4	4
	网状结构形成	互洽共生协作	5	5	5	4
		价值流向循环	5	4	4	3

注：依据数据结构和案例资料进行跨案例编码的5级制打分。5：显著；4：较显著；3：中等；2：不太显著；1：不显著

通过归纳发现，筑波的各类行为显著性一般（大多≤4），建设成效处于中等水平（≤4）；中关村、特拉维夫的各类行为显著性良好（大多≥4），建设成效处于一般水平（大多≤4）；硅谷的各类行为最为显著（≥4），建设成效也很显著（=5）。根据比较（表11-6），将所选案例划分为自发迭代型生成模式（硅谷）、创业延伸型生成模式（特拉维夫）、生态拓展型生成模式（中关村）、科研深耕型生成模式（筑波），具体特征及演化过程见图11-2。

表 11-6 所选案例典型特征比较

典型案例	动因来源	聚合机理	整合机理	耦合机理	关键人才类别	模式	主要特征
硅谷	人才自发、市场自发	强	强	强	技术创新者、创业家和风险投资家、工程师和科技专业人才、科学家和研究人员、多元文化团队	自发迭代型	高校院所聚集、技术创新引领、风险投资兴起、技术巨头崛起、多元文化融合、军工研究与技术转移、科技合作与产业集群
特拉维夫	人才自发、政府统筹、市场竞争	中	强	强	技术创新者、创业家、科学家和研究人员、海外人才	创业延伸型	军工技术奠基、兵役制度培育、高校院所建设、政府政策支持、风险投资涌入、全球化合作
中关村	人才自发、政府规制、市场竞争	强	强	中	科技创新者、创业家和企业家、工程师和技术专业人才、投资者和金融专业人才、海归人才	生态拓展型	高校院所集聚、政府政策扶持、企业文化培育、科研人才转型、产业集群形成、国际交流与合作

续表

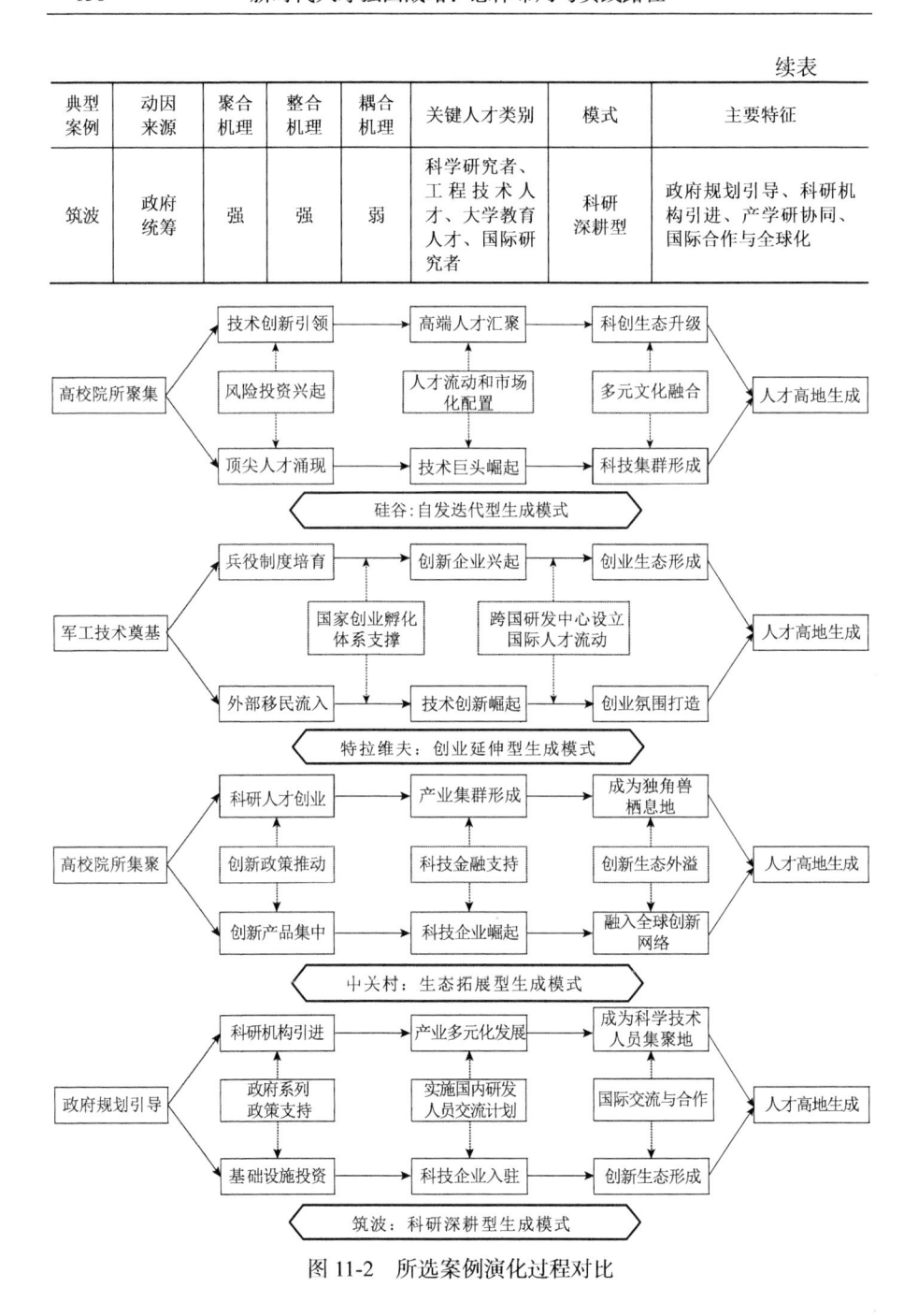

典型案例	动因来源	聚合机理	整合机理	耦合机理	关键人才类别	模式	主要特征
筑波	政府统筹	强	强	弱	科学研究者、工程技术人才、大学教育人才、国际研究者	科研深耕型	政府规划引导、科研机构引进、产学研协同、国际合作与全球化

图 11-2 所选案例演化过程对比

（1）自发迭代型生成模式。硅谷得益于市场环境的自发性，依靠斯坦福大学完成了原始资源的获取与积累，进而实现了集人才培养、人才发展、人才吸引于一体,这既是人才培养的连续性量变过程也是进行创新资源汇聚的非连续性质变过程。可以说,硅谷人才高地的生成是一个自发迭代的过程,表现出"根在人才→起于技术→成于资本",呈现为"科教资源集聚→技术创新引领→风险投资兴起→顶尖人才涌现→技术巨头崛起→高端人才汇聚→科创生态升级→人才持续吸引"的演化过程。

(2)创业延伸型生成模式。特拉维夫源自军工与国防导向引入了大量的科学家和工程师,进而依靠融合不同领域的创新和国际化的合作成为著名的海外研发基地,并进一步通过国家机构统筹和整合资源赋能人才发展,加速了人才的流动与留存。可以说,特拉维夫人才高地既有国家科技创新体系的深刻"烙印",又体现了其独特的运作模式和具体策略,表现出政府共识重塑和规则衔接,呈现为"军工技术奠基→高端人才集聚→创新企业兴起→技术创新崛起→高端人才吸引→创业生态形成→人才持续吸引"的演化过程。

(3)生态拓展型生成模式。中关村源于高校院所的集聚为其提供了丰富的人才资源,进而依靠科研人员转型创业完成人才价值实现,同时围绕科技创新面临的体制机制障碍,持续迭代推出先行先试政策,完成了人才培养与开发的迭代。可以说,中关村是改革开放基本国策与市场自生自发力量互相成就、共同孕育的奇迹,既源自对国家发展战略的主动响应与承担,也得益于市场经济改革,呈现为"科教资源集聚→科研人才创业→科技企业崛起→产业集群形成→创业生态构建→融入全球创新网络→人才持续吸引"的演化过程。

(4)科研深耕型生成模式。筑波通过政府规划引导打开了人才高地建设的"机会窗口",依靠科研机构的建设聚集了大量的学者和科研人才,同时依托政府政策的支持得以激发人才活力,持续吸引国内外的科学家和研究人才入驻。可以说,筑波构建了以政府为主体的开放式整合创新体系、多元化投融资体系、多主体产学研合作的人才培养和开发体系,具有快速调动资源和快速建设起步的巨大优势,呈现为"政府规划引导→研究中心建设→产业合作形成→赋能人才培养→技术创新迭代→人才持续吸引"的演化过程。

四、人才高地演化与形成的研究结论与局限

(一)研究结论

人才高地作为人才生存与创新发展的重要载体,是建设人才强国和创

新型国家的重要抓手。本书通过对硅谷、特拉维夫、中关村、筑波进行案例研究，构建出以"动因—过程—结果"为逻辑链条的人才高地演化过程模型（图11-3）。具体而言：在初始阶段，人才高地受到竞争优势驱动，通过获取式、积累式、共享式等资源聚合机理，以及顶尖大学、领军企业的人才密度优势显现，形成点状结构样态；在发展阶段，人才高地受到政府干预驱动，通过维持式、丰富式、开拓式等资源整合机理，依托友好的制度环境及其完善的孵化和投资生态实现人才自由流动，形成线状结构样态；在成熟阶段，人才高地受到价值最优驱动，通过适应式、调用式、协调式等资源耦合机理，人才、技术、资本等创新要素高效统筹、协调推进和联动集成，形成网状结构样态。

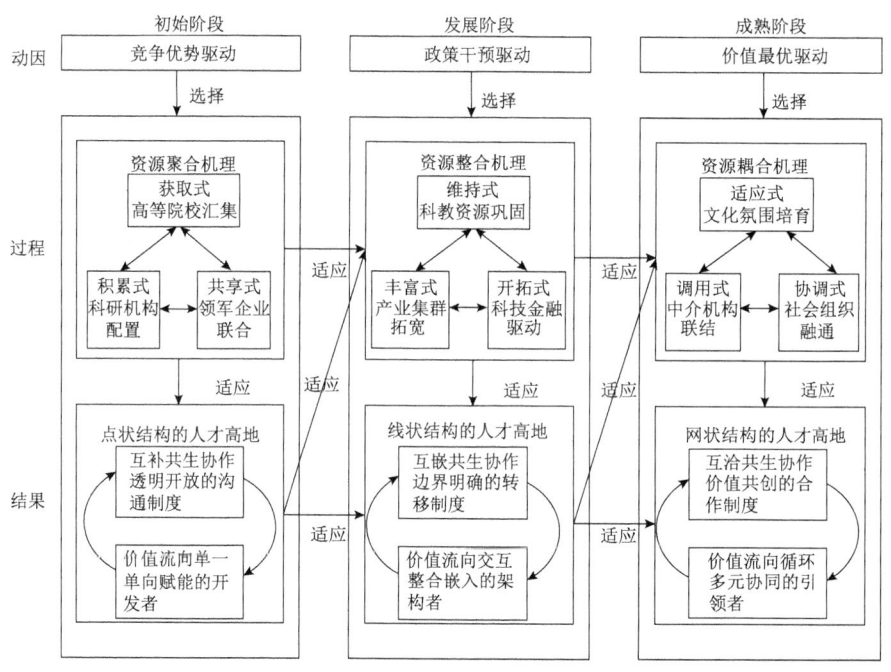

图 11-3　人才高地的演化过程模型

人才高地呈现为循序渐进的多阶段动态演变，经历了"点状结构→线状结构→网状结构"的渐进性演变。从阶段性形成结果来看，点状结构是依靠资源聚合机理把分散的创新或创业物种集聚起来，形成人才高地初期的种群，重点在于人才载体建设，关键要素为教育机构建设、科研机构配置、初步科技创新、人才培养吸引；线状结构是依靠资源整合机理在创新主体与创新资源之间建立起有机衔接，催化了人才高地的生态群落生成，重点在于创新产业集群形成，关键要素为产业集群发展、科技创新蓬勃、科技金融涌现、产业人才集聚；网状结构是依靠资源耦合机理在创新主体与创新资源、创新环境之间建立起互动关联，促进了生态系统的形成，重点在于科技创新体系和产业生态系统的构建，关键要素为枢纽机构联结、社会组织融通、人才持续吸引。

人才高地体现出关键科创人才从被动参与到主动建构的演变趋势，人才角色呈现为"开发者—架构者—引领者"的差异化进阶（图11-4）。初始阶段，关键科创人才被视为价值效能创造的源起，优势人才扮演开发者角色，以"外在化形式"传递知识，占据优势生态位，控制着整个人才高地的方向。发展阶段，关键科创人才被视为催化产业升级的根源，人才与其他创新主体的互动增多，政府作为制度主体通过打破原有惯例产生新规则，人才作为架构者以"定制化部署"统筹合作，人才高地内部自组织性逐渐提升。成熟阶段，关键科创人才被视为构建生态的关键，人才主体逐渐建立起知识优势，作为引领者以"构建式赋能"参与合作、实现资源共享，人才高地进入完全开放状态，处于动态平衡之中。

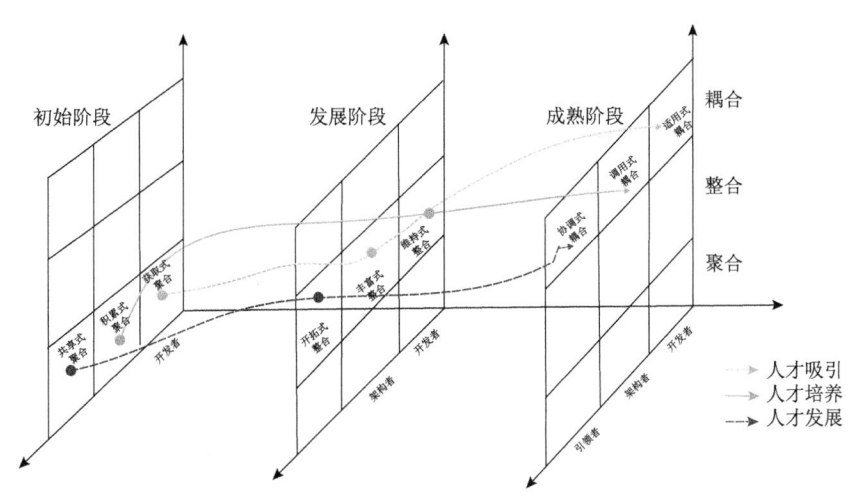

图11-4 人才高地中关键科创人才角色的差异化进阶

（二）研究局限

本书借助4个案例解释了人才高地的形成与演化机制，但对于研究结果来说仍存在外部效度的问题，未来有待结合以下内容做进一步探索。第一，本书基于人才创新创业生态系统理论，从相对系统化的视角对案例进行剖析，对其中典型人才个体的具体行动解释仍然比较有限，未来可以结合人才与区域共演视角展开进一步探讨。第二，本书基于中央建设世界重要人才中心和创新高地的战略部署，加快推进"3+N"人才高地、平台建设的总体布局，所选案例聚焦于创新导向的科技园区层面。尽管案例资料呈现出卓越创新高地与创新园区均重视人才的集聚与发展，表现为区域人才高地，但是，重视人才集聚的城市或区域，却不一定会形成创新中心或创新高地。这是由于创新中心需要更加丰富的条件，而人才高地是其形成的前提和基础。例如，深圳形成了区域人才高地和创新中心的耦合效应，其中"敢于第一个吃螃蟹"的创新文化氛围和市场化政府治理模式也发挥着重要作用。为此，未来可以更广泛的视角，进一步探讨区域人才高地的衍生要素及与创新高地、创新中心形成的匹配条件，进一步拓展本书的相关论述。

第 12 章　海外高层次创新人才引进的形势背景与工作对策

习近平总书记在党的二十大报告中强调，"实施更加积极、更加开放、更加有效的人才政策"，"聚天下英才而用之"，"加快建设世界重要人才中心和创新高地"[①]。当前面对百年未有之大变局和中华民族伟大复兴战略全局，全球人才竞争，特别是高精尖人才竞争更趋激烈，我国海外人才引进工作需要抢抓机遇。加快建设世界重要人才中心和创新高地，需要我们以更大力度深化人才发展体制机制改革和政策创新，加强我国人才开放引进力度，进一步增强我国对全球优秀人才的感召力、集聚力和吸引力，加快建立我国人才政策和制度竞争优势。

当前，美国在关键技术和人才领域对我国进行遏制、封锁和打压的趋势更加明显，这使得我国海外人才引进工作面临更多挑战。近期，笔者对北京、上海、深圳、杭州、苏州、宁波、成都、济南等地，聚焦集成电路、人工智能、智能制造、新一代互联网等重点领域内的龙头企业、科研机构及相关高端人才群体，就当前大国竞争背景下，我国海外人才引进面临的形势、状况及工作重点开展相关调研访谈。调研结果显示，在美国的高科技人才回国（来华）态度显著分化。人工智能和集成电路等不同领域引才应各有侧重，同时需为海外高端人才引进搭建配套平台，以"互利互惠共赢"理念推动海外引才模式创新，并围绕提升创造力和问题解决能力，进一步深化青年人才培养机制改革。

一、美国对我国人才发展与国际交流战略打压的新态势

近年来，美国在核心技术领域对我国采取了更为严密、更强力度的封

---

① 习近平. 高举中国特色社会主义伟大旗帜 为全面建设社会主义现代化国家而团结奋斗——在中国共产党第二十次全国代表大会上的报告[M]. 北京：人民出版社，2022：34, 36.

锁打压，增强了科技人才交流和国家干预限制模式。一方面，美国于 2022 年 8 月出台了《2022 年芯片与科学法案》等文件，加强自身产业、人才集聚，对抗、遏制中国半导体产业崛起；另一方面，通过强化移民体系（除华裔外）、政治干预、诉诸司法途径等对中美人才交流合作进行打击。

一是强化理工类人才吸引。特朗普时期，美国收缩了投资移民，但对杰出人才移民 EB-1（第一类优先职业移民）则给予了更大便利。拜登政府上台后，提出包括鼓励高技能人才来美、放宽 STEM 专业留学生申请 O-1A 工作签证条件、放宽 H-1B 的签证限额在内的三项主张，呈现"定向宽松"态势。2022 年，美国进一步放宽部分签证的申请条件、标准和要求，以提高 STEM 人才保留率，但是对华裔人才的入籍、绿卡、签证反而增加了限制。

二是直接定向打击。首先，战略遏制打击。先后出台《2021 年美国创新和竞争法案》、《2022 年美国竞争法案》及《2022 年美国芯片与科学法案》等，从战略角度系统谋划对中国的打压策略，严控与中国的技术交流合作。同时，增加联邦对关键技术和先进产业的研发投入力度，谋求美国科技领先地位。其次，精准遏制打击。2020 年特朗普政府开始禁止部分中国高校留学生赴美学习。2021 年，拜登政府在恢复中国留学生签证审批的同时，继续收紧在机器人、量子计算、半导体、人工智能等领域的学生签证。对重点领域中持有美国绿卡的中国公民、美籍华裔科技人才和留学生，压缩签证有效期、取消签证、拒签、拒绝入境、遣返，限制我国科技人才赴美开展学术访问和会议交流，禁止华裔科学家参加核心科技项目，切断多项中美交流项目，以"小院高墙"策略开展精准打击。

三是联盟遏制打击。美国以"科技民主"和"科技专制"为借口，拉拢盟友以对华联合施压。2020 年 10 月，英国政府以"国家安全"为由，限制"敏感学科"领域的中国学者到英国工作、学习，相关领域中国学者需事先申请"特别专业许可证"，还必须"披露自己与军方的关系"。2021 年 2 月起，对在 44 个领域学习或工作的海外学者实施新一轮安全检查，中国学者到英学习或工作将受到阻碍，已在英学习或工作的学者若被认定"构成风险"，将被吊销签证。同年，日本政府计划出台"许可制"政策，限制外国留学生，尤其是中国留学生学习半导体、机器人等所谓"涉及安保的敏感技术"；日本高校若为在日留学半年以上的外国学生提供"重要技术"，校方必须获得经济产业大臣的许可；等等。

四是"威胁"舆论和诉诸司法遏制打击。美国政府发布《中国科技威胁论白皮书》《对美国研究界的威胁：中国的人才招聘计划》等系列报告，恶意诋毁中国人才战略和计划，将中国科技人员视为天然问题人群和不信任对象，将科技议题泛政治化，并在知识产权等方面施压。据了解，美国于1996年通过的《经济间谍法》将窃取商业机密或知识产权等无形资产认定为刑事犯罪。近20年来美国政府指控违反该法案的被告人族裔分布数据显示，华人所占比例从1996~2008年的17%上升到2009~2015年的52%。由此可以看出，针对华裔科技人员的调查与指控在海外高层次人才大批回归之后明显增加。

五是间接隐秘打击。2022年2月美国司法部宣布暂停以往五年间开展的"中国行动计划"（可称为针对在美华裔教授及科研人员的"猎巫行动"），但国家安全事务官员披露，相关调查并未停止，也不会减少，但会采取更为隐蔽的方式。例如，敦促各类实体在签证推荐程序上从严筛除风险人员，实施更为严格的背景调查和聘用程序，以"潜规则"的方式将风险人员排除在主流学术圈外等。

在此形势下，很多与中国合作的科学家被迫"站队"，切断合作。最新《自然》（Nature）上的研究表明，2021年中美合作论文数量首次下降；同年，一项针对美国近2000名科学家的调查发现，半数华裔受访者都表示对美国政府的监视感到恐惧或焦虑。

二、我国海外人才引进工作面临的新状况与新趋势

1. 在美高科技人才回国（来华）态度呈现显著分化的新动向

2020年12月，美国通过的S386"高技术移民公平法案"禁止与中国共产党和中国军方有关的人士入境和办理绿卡，对在美华裔高科技移民产生了较广泛的影响。2021年4月，美国商务部更新了贸易实体清单，新增7家中国企业及实验室作为出口管制对象。根据美国《出口管制条例》，以上机构将无法使用来自美国的技术，且美国高校不能与上述机构发生接触。对一些典型高科技企业的调研表明，有些企业在美的研发机构已与国内切断联系，其在美招聘也已很难实施。有人工智能的高科技公司表示，美国对于AI领域的海外高端人才进行持续监控，我国政府部门公示的一些重点项目负责人（PI）已成为美国重点关注的对象；一些意向来华交流的

敏感领域的在美研发人员，在美国口岸就会被带走审查或被迫谈话，这让很多专家感到忧虑。

在此背景下，大量在美华裔高水平科技人才被迫"站队"。一些已获绿卡且深度扎根美国的华裔专家，将被迫切断与国内的合作联系。也有部分有意回国发展的中青年科学家，由于其子女在美上学，选择继续留美。但同时，仍有一些资深华裔专家，甚至一部分外籍著名科学家因对中国发展大势长期看好，放弃美国来华发展，一般选择到上海、深圳、杭州、广州等沿海一线城市。

2. 人工智能、集成电路专业人才引进重点应有所不同

近年来长期关注 AI 领域科创孵化的创投人士指出，当前中、美两国在科学领域的水平差距相对较大，而在工程技术领域的水平差距相对较小；而世界 AI 领域顶级人才还主要集中在美国，尤其集中在微软、谷歌、脸书等硅谷头部企业和平台载体上。其中，OpenAI（前期主要由 SpaceX 创始人马斯克、微软等投资）和 Deepmind（前期主要由谷歌投资）等顶级 AI 研发机构最有可能在未来一段时间产生颠覆世界生产生活方式的技术创新。因此，吸引世界 AI 顶级人才仍需重点关注美国等一流发达国家。

在集成电路（integrated circuit，IC）领域，相关企业和专家提出，华为取得了自立自强的重大突破，但总体上美国硅谷仍是世界芯片业发展的"心脏"，其中大量的世界级芯片企业掌控着高端芯片、基础芯片研发的全球主导权，而芯片制造业已转移到美国其他地区，以及日本、韩国和中国台湾等地。近年来，韩国三星和我国台湾地区的台积电作为国际芯片制造业的引领者，培养了大量具有实际操作经验的 IC 专业化人才。1976~1980年，日本实施超大规模集成电路计划后，在芯片设计、动态存储、材料、设备、功率器件等方面也积累了大批优秀的专业人才。笔者的调研显示，近年来 OPPO、VIVO、比亚迪等国内头部企业产生了显著人才竞争力。韩国三星等一批老牌企业的大量成熟芯片人才在高薪竞争下有所流失。同时，较多日籍、韩籍退休半导体高级人才有意愿来华工作，并且已经有部分人员成行。但是，由于目前我国引才体系中门槛过高和年龄限制等原因，很多人才来华阻碍较大、渠道不畅。调研表明，在引才方面，台湾芯片人才的集体主义观念较重，引进单个人才的难度较大，一般需要以"整部门""整团队"的方式集体引进。

3. 顶尖人才引进需要配备相应的事业承托平台

调研表明，水平越高的人才，越看重事业发展平台和发展前景。中关村部分受访者提出，20 世纪 90 年代，依托微软亚洲研究院、摩托罗拉研发中心等高水平创新平台，我国从硅谷成功引回一大批世界顶尖华裔专业人才，并带动产生了大批海外人才归国创业的"创业潮"。有专家强调，很多欧美顶级人才更专注学术研究，而较少选择科技创业，但其中一部分人现在期望为其学生创业创造条件。因此，引入海外顶级人才，既要为之搭建匹配其学术量级的学术平台，也要为其打造科技创业平台和成果转化通道，增强其来华发展的吸引力。

近期为引入全球著名计算机视觉专家 A 教授，北京大学和清华大学分别聘请其担任 AI 研究院院长、通用 AI 研究院院长，北京也专门为其配套建设了新型研发机构，推动其开展产业融合和区域嵌入，产生了非常不错的效果。三年前，为引进全球知名计算机系统专家 B 教授，清华大学聘请其担任高等研究院研究员岗位，某沿海地区为其专门设立大湾区数字经济研究院，自此之后产生了一大波相近人才引进的涟漪效应。当前国内一流高校、新型特色研发机构、世界头部企业或前沿技术科创公司主导岗位混搭形成的"职位组合体"，正成为吸纳海外顶尖人才落地的重要"砝码"和"吸引子"。

4. 以"互利互惠共赢"理念推动海外引才模式创新

20 世纪七八十年代，日本经济实力快速攀升引发了美国、西欧等的不满。在此背景下，日本出资 33 亿美元在法国成立人类前沿科学计划组织（Human Frontier Science Program Organization，HFSPO），推动实施"人类前沿科学计划"，吸引全世界优秀科学家广泛参与，在推动全人类科学进步方面承担更多的国际责任。该计划前后吸引 30 多个国家的学者与日本共同开展研究，不仅促进了国际前沿研究与合作，改善了日本的国际环境，更以互惠共享方式助力日本获得了许多优秀成果。当前美国推动"小院高墙"战略，不遗余力动员其盟国及伙伴国家加强对中国的围堵。有科学家提出，我们可借鉴日本前期做法，主动成立国际科学发展基金，按照"互利互惠共赢"原则，支持全球优秀科学家独立或与其合作开展科学研究，打开国际交流和美国围堵的突破口。

调研发现，当前我国引才模式还存在与国际通行规则不相适应的问题。以往我国引进海外高层次人才的方式方法行政色彩较浓，并缺乏相关法律风险审查和合规性评估的经验，很容易被人才所在国视为有政治目的而加以警惕甚至抵制，不能把市场用人单位的积极性、主动性充分调动起来。例如，美国政府在301调查报告中就提出中国在多个政府计划和实体的支持下，通过补贴国有企业以提供远超市场价格的薪酬、支持企业在美建立"人才基地"招聘顶尖人才等方式，聘用美国企业的高级工程师和高管，给美国带来损失。近期，深圳清华研究院创新海外引才方式，在海外不注册机构、不设法人机构，而是通过与海外高校院所、科技企业、孵化器等签订市场化合作协议，以委托人雇用、联合项目雇用等方式就地聘请外籍项目甄选经理或技术转化团队，以利益分成的方式推动与海外协议方的业务合作，实现互利共赢，规避了传统引才的政治风险和法律风险。

5. 围绕提升创造力和问题解决能力深化青年人才培养机制改革

多位国家级专家提出，在重视人才引进的同时，深化改革人才培养机制显得同样重要和迫切。有专家疾呼，当前的中高考制度让很多偏才、怪才难以获得成长发展空间，应试教育打压了很多学生的好奇心，压抑了一批"天才少年"，"青年人会做题，不会解决实际问题，缺乏创造力是一个大问题"。在高校人才培养方面，近期对中、美、俄、印工科学生的一项研究发现，中国学生的批判性思维能力和学术技能水平在大学四年间不升反降，引发了国内的高度关注。

本书的调研表明，一些地方已经开始相关改革探索，突破当前中高考的教育体制束缚，给予有天赋、有潜质的拔尖青少年以绿色成长通道，正成为北京、深圳等地推动国际科技创新中心建设的重要政策争取内容。但当前高校人才培养与产业需求脱节问题仍未得到有效解决，企业、科研机构、行业组织等在参与高校人才培养方面仍面临重重障碍，高校教师对工程实践、产业实际了解不足，甚至出现脱节，有丰富实践经验的企业界专家又无法走进课堂，教育主体的单一化问题亟待破解。在职后教育方面，调研反映，专业技术人员继续教育与个人职业发展、行业能力需求尚未实现紧密衔接，需进一步创新继续教育模式，提升专业培训效果。

6. 以博士后海外引才为抓手推动博士后国际化

博士后制度是世界通行的吸引、培养、集聚优秀青年科研人才的一项重要制度。本书的调研表明，以往中国顶尖高校最优秀的博士毕业生大多首选到欧美发达国家从事博士后研究。据统计，美国各高校博士后一半以上来自美国以外的国家，其中亚洲国家尤其是中国占了很大比重。在欧美发达国家，越是国际知名的实验室，博士后占工作人员的比重就越大，其在科研团队中的贡献也越大。而我国博士后队伍中来自其他国家的比例只有15%左右，且大多数来自第三世界国家。当前背景下，需要加大我国博士后制度的吸引力，在留住国内优秀博士的同时，加大博士后海外引才力度，为关键核心技术突破储备优秀青年人才。

三、进一步加强我国海外人才引进工作的相关建议

1. 健全优化创新创业引才配套体系

把握好未来2~3年引才窗口期，推动实施海外青年人才接引工程、海外高端人才回流承托工程，探索给予海外人才落地适应期，建立海外创新创业人才工作"周转港"，帮助海外人才对接国内发展机会、载体平台和落地场景。探索建立国家重点引才单位"白名单"支持制度，开展国家重点人才项目计划配额制试点，推广人才引进举荐制。以"精干力量、精准对接、精细服务"增强对海外顶尖人才引进的深度投入，以"人对人联络""点对点服务""一揽子打包服务"等方式，重点解决海外引进高端人才的住房、子女教育、医疗、出行等问题。

2. 在急需紧缺领域建立专业人才特殊引进机制

在AI领域，持续追踪美国，围绕重点机构、重点人物和重点团队实施"焦点战略"，基于长期、多边、直接间接相结合的对接工作，投入国家战略资源，"一人一策"引进AI顶尖人才。在IC领域，充分发挥头部企业和地方力量的作用，面向欧美及日本、韩国等地实施"拓面战略"，大范围搜罗成熟的IC专业人才，布局建设国家级IC人才集聚高地，着重完善配套服务体系，给予具有国际竞争力的相关待遇。

此外，我们建议在国家战略竞争领域，参照美国"回形针"计划管理体制，布局战略科学家引进工作；深入推动高水平人才团队"整建制"引进，通过"带土移植"培育"人才高峰"梯队。围绕人工智能、集成电路

等前沿领域，面向全球招募首席科学家，实施科学家全权负责制。以引进的行业领军人才为核心，探索实施前沿产业"领路人"梯队建设计划，支持打造"0~1"技术创新领域的开拓团队。推动实施"华裔卡"，允许获得外国人永久居留身份证的外籍人才担任新型研发机构的法定代表人，进一步下放重点领域A类、B类海外引进人才自主认定权，放宽对急需紧缺外籍专业人才的年龄限制，吸引有丰富经验的重要领域海外退休专家来华工作。

3. 以特殊机构特殊平台为基础打造制度创新新高地

建议对标国际一流科创平台，以产生国际一流成果为导向，打造一批基于新体制、新机制的"类海外""超海外"创新平台和"高精专尖"新型科研机构。鼓励国内龙头企业投入建设世界一流技术研发机构，建立世界级人才集聚中心。围绕国家科技战略力量建设，打造基础研究特区、科学家特区，推动建立国际通行的科研人才评价、职称评定、晋升发展制度，扩大领军科学家和PI全权负责制，探索国家科技战略力量与高校院所人才双聘、人才复用模式，推动多载体、跨平台的人员交叉互动，为一流人才提供一流待遇体系，这些将为新形势下引进顶级人才带来更大机会。

4. 以市场通行机制和国际开放研发计划开放式引人用人

围绕体现世界大国胸怀和担当，面向全球科学家设立"国际开放科研基金"，实施"国际开放科研计划"，引导全球优秀人才为人类文明进步贡献力量。在欧美发达国家和地区，通过第三方外资合作伙伴、非营利组织，以委托雇佣或项目雇佣的方式，利用外籍服务人员调研、搜寻人才创新创业项目落地国内，推动引才引智模式创新。加大国内孵化器与海外高校、孵化器及企业开展战略合作的支持力度，以国内市场资源优势互荐互引优秀人才团队和创业项目，实现互利共赢。

5. 建立人才培育特殊通道和新型特色大学

建议在人工智能等重点领域，推广"清华姚班"经验，遴选国际一流师资，制定个性化人才培养方案，实施"大师带徒"人才定制培养机制，打通高潜力青少年中小学、大学贯通渠道。推动与世界顶尖高校、头部企业、产业行业和社会力量合作，打造具有国际影响力的"小而精、精而强"的新型研究型大学、特色学院。以产业行业需求为核心，以龙头企业为主导，推进职业教育改革。加快建立校企人员交流"旋转门"制度，在高校设置流动岗位，吸引产业一流人才到校任教，建立相关事业单位管理接续体系。

6. 推动设立高水平国际化博士后青年人才培养项目

建议抓住有利时机，以中国博士后基金会名义，设立博士后海外引才专项；结合国家实验室等高水平科研平台，在高校和科研院所设置博士后创新岗位；提供有国际竞争力的博士后薪酬，吸引更多海外优秀博士来华（回国）从事博士后研究；重点引进欧美发达国家和"一带一路"国家的战略性、基础性、原创性研究和关键核心技术领域的优秀博士，带动博士后国际化水平的提升。

第13章　新时代海外人才引进政策变化动向追踪

在习近平总书记"聚天下英才而用之"战略思想的指引下，党的十八大以来，我国进入了一个政策高度创新时期，海外人才引进工作在制度顶层设计上取得了突破性进展，海外人才引进的体制机制和政策不断创新。很多地方在海外人才引进工作方面积极探索实践，先行先试，其经验为中央制定总体文件提供了借鉴和参考。然而，我国当前在吸引和集聚海外人才的规模和层次上与发达国家、全球城市创新中心还有较大差距。在追踪总结我国海外人才引进政策的发展脉络、主要工作进展，以及北京、上海、广东、福建、海南、香港等国内先进地区海外人才引进先行先试经验的基础上，本书深入分析了目前我国在海外人才引进工作中存在的主要问题，并结合美国、德国、新加坡、欧盟、英国、澳大利亚等发达国家和共同体的有益制度经验，针对性地提出了我国下一步海外人才引进工作的对策建议，为我国各级组织、人社、外专、科技等部门提供了政策参考和改革思路。

一、先进地区海外人才引进的有益经验

一个国家的对外开放，必须首先推进人的对外开放，特别是人才的对外开放。当前，一场解放思想、解放和发展生产力、激发和增强社会活力的改革正在中国全面推进，新一轮高水平对外开放正在中国实施。引进用好外籍人才，是全面扩大开放的重要内容，也是形成全面开放新格局的重要标志。党的十八大以来，面对国际人才竞争加剧的形势，面对创新型国家建设对高层次人才需求激增的形势，以习近平同志为核心的新一届中央领导集体，从深化改革开放及实施创新驱动发展战略的高度对海外人才引进工作提出了新的思路和要求，海外人才引进工作正发生着历史性变革。

近年来，面向海外高层次人才开发的人才管理改革试验区取得了突破性进展，一定程度上为人才营造了"类海外"的创新创业环境。本书选取北京、上海、广东、福建、海南、香港等地区，总结分析我国先进地区关于海外人才引进政策方面先行先试的做法及突破，分析基本成效和可供借鉴的有益经验。

（一）北京海外人才引进的有益经验

1. 海外人才管理服务政策体系不断完善

近年来，北京市围绕建设具有全球影响力的科技创新中心对人才的战略性需求，不断完善海外人才管理服务政策体系，整合利用全球创新要素和人才资源，加快打造世界高端人才聚集之都[①]。2009年，北京市颁布了《关于实施北京海外人才聚集工程的意见》，随后印发了《北京市鼓励海外高层次人才来京创业和工作的暂行办法》《北京市促进留学人员来京创业和工作暂行办法》《北京市面向海外高层次人才设立政府特聘岗位暂行办法》，这些构成了首都吸引海外人才的基本政策体系。中关村人才管理改革试验区对完善海外人才发展体制机制、优化海外人才发展环境做出了一系列政策创新。2014年，北京市制定出台了《关于进一步加强我市留学人员就业创业服务有关工作的通知》，在留学人员就业报到、返京工作、人事档案建立转接及留创企业招才引智等方面实行优惠政策，鼓励和支持留学人员回国返京创新创业。

2015年3月，北京市人才工作领导小组办公室印发了《中关村国际人才创新创业生态系统建设工程》的通知，要求用3~5年的时间，逐步建成国际人才创新创业生态系统，以集聚高端人才为核心，积极开发以外国专家、海外高级专业技术人才、海外高级经营管理人才、海外创业人才为代表的海外人才资源；提出10项主要任务，包括：深入实施重大人才工程、拓宽国际人才创新平台、打造国际人才创业平台、支持企业开发国际人才、打造跨境协同创新平台、建设跨境合作创业平台、完善跨境科技金融服务、建设国际人才市场体系、抢占知识产权与技术标准制高点、营造国际人才发展"软环境"。同年10月，中共中央组织部、外交部、发改委、教育部、科技部、公安部、财政部、人社部、商务部、国资委、外专局和北京市出

---

① 中共北京市委组织部. 打造中关村人才"硅谷"[N]. 光明日报，2016-05-07.

台了《关于深化中关村人才管理改革的若干措施》("人才八条"),从简化外籍高层次人才永久居留证办理程序、简化外籍高层次人才签证及居留办理程序、为海外人才创业就业提供便利、扩大人力资源服务业对外开放、完善人才评价机制、开发国外高端智力要素、完善新型科研机制、强化人才培养与使用衔接这八个方面加大人才管理改革的力度。2017年,北京市出台了《深化改革推进北京市服务业 扩大开放综合试点工作方案》,提出要强化人才保障服务,实行"护航式直通车"国际引智机制。

2020年党中央、国务院作出建立中国(北京)自由贸易试验区的重大决策,发布《中国(北京)自由贸易试验区总体方案》。其中该方案提出要优化人才全流程服务体系,探索制定分层分类的人才吸引政策。试点开展外籍人才配额管理制度,探索推荐制人才引进模式。优化外国人来华工作许可、居留许可的审批流程。采取"线上+线下"模式,建立全链条一站式服务窗口和服务站点。探索建立过往资历认可机制,允许具有境外职业资格的金融、建筑设计、规划等领域符合条件的专业人才经备案后,依规办理工作居留证件,并在区内提供服务,其境外从业经历可视同境内从业经历。对境外人才发生的医疗费用,开展区内医院与国际保险实时结算试点。探索优化非标准就业形式下的劳动保障服务。

2. 出入境政策创新力度不断加大

北京市以敢为人先的精神,不断加大海外人才出入境政策的创新力度,持续发挥创新引进和先行先试的示范带头作用。作为第一个国家级人才管理改革试验区,中关村目前有"三个直通车,两个20条"。中关村开展外籍人才申请永久居留直通车试点,截至2018年4月底,有408名外籍人才获得在华永久居留权。为不断提升示范区人才国际化水平,2016年3月,在公安部的支持下,中关村推出外籍人才出入境20项政策,其中有10条是中关村独有的,如外籍高层次人才申请办理外国人永久居留身份证的时间由过去的180天压缩为50个工作日。2018年2月,在中共中央组织部等部委的支持下,又推出了中关村国际人才新政20条,紧扣人才和用人单位反映强烈的突出问题,统筹考虑人才、科技、产业、服务政策,为国际化人才提供便捷、高效的服务。新政是对先前出台政策的深化、发展和创新,其中多项政策为全国首创。

在2020年7月已启动对中关村人才管理的第五轮改革。在国家移民管理局的大力支持下，北京市推出了5条出入境"新政"并将制订10条具体细则，还出台了一批含金量高、突破性强的政策措施，包括外籍人才申请永久居留、在职攻读学位、办理停居留证件、京津冀三地互认工作类居留证件、配偶和未成年子女随同申请永久居留、工作许可和工作类居留许可整合等事项[①]。

3. 创新创业生态持续优化

当前，中关村已经形成了一套独具特色的创新创业生态系统，陆续出台了"国际人才20条"、《关于优化人才服务促进科技创新推动高精尖产业发展的若干措施》，深化建设"一站式"外籍人才服务平台、"中关村外籍人才服务窗口"、中关村海外人才创业园和中关村高端人才创业基地，不断优化有利于人才集聚和发展的创新创业生态系统，集聚了一批国际领先的创新团队[②]。原中关村管委会主任郭洪对这套创新创业生态系统进行了归纳总结，提炼出六大要素：一是领军企业，中关村成长起来了一大批拥有自主知识产权的高新技术企业；二是高校和科研院所，国家对科教区的布局，使中关村成为全国科教智力资源最密集的地方；三是人才，中关村积极拓展高层次人才引进渠道，汇聚众多海外高端智力资源；四是科技资本，中关村的科技银行、天使投资人、风投公司、创投基金、信用中介机构、知识产权机构、产权交易机构等金融机构和科技中介机构是中关村创业生态系统中的"腐殖层"，为创业提供了广阔且肥沃的土壤；五是包括创业导师、创业服务机构在内的创业服务体系；六是中关村特色的创业文化，即与硅谷类似的"创业—成功—再创业"的良性循环，以及"创业—失败—再创业"的独特文化。

这套创新创业生态系统已经成为中关村国际人才竞争的核心要素，并逐步显现出吸引海外人才来京创新创业的"马太效应"。近年来，北京市依托中关村国家人才管理改革试验区，探索实行更积极、更开放、更有效的海外人才管理新机制，努力构建具有国际竞争力的人才制度优势，并在此基础上不断加强城市软实力建设，持续优化创新创业生态，打造国际人才社区，从自然环境、城市文明和生活配套等方面提升区域国际人才竞争

---

① 武红利. 市人才局局长桂生：中关村第五轮人才管理改革已启动[EB/OL]. 新浪网, http://k.sina.com.cn/article_1893892941_70e2834d02000u61d.html, 2020-09-17.

② 双创周持续引领 北京中关村打造一流创新创业生态[EB/OL]. 搜狐网, https://www.sohu.com/a/424041089_355034, 2020-10-12.

力水平,整合利用全球创新要素和人才资源,加快打造世界高端人才聚集之都。

(二)上海海外人才引进的有益经验

1. 海外人才重要作用得到高度重视

改革开放以来,上海始终强调海外人才是我国现代化建设、城市发展不可或缺的重要人才资源,把引进和支持海外人才以多种方式来华创新创业作为人才工作的重要组成部分,在制定宏观发展战略、完善政策体系、健全工作协调机制、建立服务体系、实施创业支持计划,以及努力营造有利于海外人才来华创新创业的良好环境等方面发挥了重要的指导作用。

2. 海外高层次人才引进的独特优势不断凸显

上海对海外人才的吸引力显示出强大的"人才磁铁"效应,这得益于突出事业机遇、制度创新和环境优化三个优势的综合作用。特别是在不同的时代,以独特的上海机遇、广阔的空间和舞台,作为吸引、集聚留学人才和海外人才的重要条件,是人才近悦远来的重要基础。

3. 海外人才工作国际化特点日益突出

结合我国经济社会发展特别是上海城市发展的需要,统筹开发利用国内国际两种人才资源,在加速国内人才培养的同时,始终把引进高层次国际化人才作为工作的重点。通过海外高层次人才的引进集聚,加强自主创新,加快发展高新技术企业和现代服务业,推动产业升级和结构优化,促进经济社会发展。

4. 海外人才政策创新优势正在形成

近年来,上海格外重视政策创新,聚焦人才发展体制机制中的重点难点问题,密集出台各类海外人才引进政策及其配套措施,在改革中释放政策新红利,率先形成具有国际竞争力的人才政策优势。例如,持续放宽外籍人才出入境和居留的申办条件,简化申办程序,扩大申办范围。不断探索从居留向永久居留的转化衔接机制,充分发挥人才签证政策的作用,创新外国留学生在沪创新创业政策,实施港澳居民特殊人才及家属来上海定居政策，开创地推出海外人才居住证（B 证）制度等。

5. 海外人才体制机制创新突破持续加大

加大吸引留学人才和海外高层次人才工作的顶层设计，围绕"万名海外留学人员集聚工程"等人才计划的推进，围绕"人才高峰工程"，不断加大人才工作领域改革开放的力度，不断破解一些长期制约人才发展的陈旧观念和体制机制障碍、难点热点，形成覆盖产学研、中央地方衔接、内容多样的人才引进体系和政策体系，不断加大工作投入和资助力度，不断加大海外人才载体平台建设，为海外人才提供保障，为吸引海外人才奠定重要基础。

6. 海外人才服务体系与环境建设不断完善

得益于历史的积淀、独特的区位优势、规模经济，以及来自中央政府的大力支持，各地在建设创新创业发展的投资基础环境，与国际接轨的公平、透明的营商环境和宜居、活力、幸福的生活工作环境方面都获得了长足的发展，特别是以北京、上海、深圳等为代表的城市，成为跨国公司研发机构的集聚地、创新创业发展的策源地，为海外人才施展才华、安居乐业提供了良好的环境基础。改革开放 40 多年来，上海始终把优化环境、完善服务体系建设作为一项重要的工作任务来抓。针对海外人才特点和现实需求，制定特殊的支持政策，建立留学人员创业园和海外人才离岸创新创业基地，完善创业服务功能和网络，妥善解决工作生活中存在的现实困难，为海外人才来华创新创业提供了有力的支撑[1]。

（三）广东海外人才引进的有益经验

1. 人才政策体系不断完善

2016 年实施"海外专家来粤短期工作资助计划"和"海外青年人才引进计划"，形成广覆盖、多层次、较完备的"珠江人才计划"引才工作体系。2016 年 6 月，公安部正式批复同意广东省自 2016 年 8 月 1 日起实施支持广东自贸区建设和创新驱动发展的 16 项出入境政策措施，为外籍高层次人才和创新创业人才提供出入境和停居留便利。2017 年 1 月，广东省委

---

[1] 汪怿. 上海集聚海外人才的现状与展望[J]. 神州学人，2019（9）：54-57.

印发了《关于我省深化人才发展体制机制改革的实施意见》，强调建立具有全球竞争力的人才制度体系，加快建设人才高地。

2. 创新驱动发展大力实施

以创新为主要引领和支撑的经济体系和发展模式为引进海外人才的工作发展提供了广阔空间。创新驱动实质上是人才驱动，必须牢牢抓住人才这个根本。从战略层面看，广东省委、省政府大力实施创新驱动发展核心战略，着力打造国家科技产业创新中心，高标准建设珠三角国家自主创新示范区，深入推进产业结构调整和转型升级，推动高水平大学建设等，这都迫切要求加快引进大批优秀外国人才。从市场需求看，目前广东省先进制造业与现代服务业"双轮驱动"的现代产业发展格局初步形成，高技术制造业增加值占规模以上工业增加值的比重达 27.6%，未来新技术新产业对高层次人才的需求将加速增长。

3. 重大人才工程持续推进

引才政策平台建设为引进外籍人才工作奠定了坚实基础。2009 年以来，广东省把实施重大人才工程作为吸引国际高端人才的重要抓手，打造形成包括创新创业团队引进计划、领军人才引进计划、海外专家来粤短期工作资助计划和海外青年人才引进计划在内的"珠江人才计划"，每年投入财政资金达 8.5 亿元。目前省财政投入已超过 30 亿元，在海内外引起广泛影响，形成了品牌效应。在省的带动下，各地各部门纷纷优化引才政策，形成多层次、多领域的引才支持体系，广东引进外国人才工作翻开了新的篇章[①]。

4. 引才体制机制逐步优化

2015 年以来，广东省围绕实施创新驱动发展战略，以推进"外国人入境就业许可"和"外国专家来华工作许可"整合为"外国人来华工作许可"和"落实支持广东自贸区建设及创新驱动发展 16 项出入境政策措施"为重点，着力深化引才体制机制改革，大力简政放权，使外籍人才管理服务机制进一步理顺，外籍人才出入境和停居留更便捷。引才机构建设不断加强，为今后的外籍人才管理服务工作提供了很好的基础。

---

① 具体参见 2017 年的《广东省加强新形势下引进外国人才工作研究报告》。

（四）福建省海外人才引进的有益经验

1. 人才政策坚持需求导向

近年来，福建省出台了《福建省人才兴企促进计划》《福建省工科类青年专业人才支持暂行办法》《2016年度各设区市、平潭综合实验区人才工作目标责任制考核实施办法》《福建省特殊支持高层次人才管理暂行办法》《福建省引进高层次人才推介奖励实施细则（试行）》等五份政策文件。这五份政策文件坚持问题导向、需求导向，立足实际，服务福建省重大战略实施，亮点颇多。政策内容涉及外籍人才管理的多个方面，突出应需化特点。

2. 企业主体作用得到有效发挥

《福建省人才兴企促进计划》着眼于发挥企业主体作用，界定了政府、企业、市场在人才工作中的职责和作用，从完善政策、强化服务、搭建平台、健全机制、培育市场、营造环境等六个方面，进一步加强外籍人才管理工作。根据该计划，福建省将出台解决高层次人才住房问题的意见，鼓励支持大型企事业单位和产业园区建设人才公寓，争取国家支持，先行先试人才签证、永久居留、出入境管理方面的政策。

3. 人才工作注重指标考核

福建省采用人才工作目标责任制考核的方式，进一步完善外籍人才管理工作。根据《2016年度各设区市、平潭综合实验区人才工作目标责任制考核实施办法》，对人才工作将重点考核人才发展环境、高层次人才（团队）和高技能人才新增数量、人才平台载体新增数量等三项指标，这三项指标分别占40%、30%、30%的权重。各地根据指标数据的全面目标值和实际完成值，分别计算形成人才发展的目标值和完成值。该办法还明确考核结果向各地通报，作为地方党政领导班子考核评价的内容，纳入各设区市、平潭综合实验区的绩效考评指标。

（五）海南省海外人才引进的有益经验

1. 引才留才力度逐步加大

一是让人才在出入境、落户等方面更加方便快捷。推动落实公安部给予海南省的国际人才出入境和居停留新政策,在现行的59国人员入境旅游免签政策的基础上,进一步优化入境免签政策,扩大免签入境事由范围,方便外国人员往来;允许境外高等院校的学生到海南实习等。二是畅通引才渠道,完善多元化引才机制。依托驻外使领馆、海外人才联络站、海南乡团联谊会等力量,强化团队引才、专场招才、中介猎才等多渠道引才方式,形成多元化引才新机制,吸引集聚更多人才来海南发展创业。根据自贸区、自贸港建设的需要,及时修订相关政策,鼓励人力资源中介机构加大对国际人才、急需紧缺人才的引进力度。落实好《海南省引才奖励实施办法(试行)》,对全职引进国际高层次人才的用人单位、中介组织或个人按标准兑现奖励。聘请知名专家、知名高校校友担任"海南招才大使",在国际知名高校设立"海南引才工作站",拓宽引才引智半径范围。

2. 引才聚才平台做大做强

产业集聚人才,唯有更好的产业才能吸引更多优秀的国际人才。应继续以旅游业、现代服务业和高新技术产业为主导,着力培育12个重点产业,谋划实施若干先导性项目,推动国际人才与产业融合发展。产业园区是支撑产业发展和汇集人才的重要载体。优先支持海南生态软件园、复兴城等专业产业园区发展,推动国际知名众创空间在海南省设立分支机构,牵头组织国际大科学计划和大科学工程,以考察讲学、项目聘用、研发合作、专题培训等方式,发现和吸引各类优秀国际人才。全力配合国家在海南建设重大科研基础设施和条件平台,推动国内知名高校和研究机构在海南设立分支机构,吸引国家级科研院所整建制迁入或在海南建设整建制机构,推动国内外知名企业总部或区域性总部落户海南,以一流的平台集聚一流的国际人才。

3. 人才激励奖励政策更具竞争力

在各地悄然展开"人才拉锯战"的大背景下,海南要拿出最大的诚意,采取最务实的举措,打动人才、招来人才、留下人才。比如,对标自贸港人员往来和用工自由的要求,争取国家有关部委支持,在部分产业园区试行具有国际竞争力的人才税收政策;在服务贸易行业对外籍人才到海南工作试行"目录清单"管理的基础上,建议扩大适用行业范围,定期对外发布各行业岗位需求目录,在总额控制的前提下,让外籍人才应聘目录内岗位可直接办理工作许可证；探索建立"外籍人才职业资格认证直通车"制度等。此外，加大对高层次人才创新创业的支持，探索设立外籍人才就业创业扶持资金，将外籍人才纳入海南省就业创业扶持范围。对外国留学生加大奖学金奖励，设置更多的留学生奖学金项目，扩大留学生规模。加大对国际优秀人才的表彰奖励，在推荐授予国家勋章、科技进步奖、劳动模范等荣誉奖项时，建议对符合评选条件的外籍人才给予更多关注。

（六）香港海外人才引进的有益经验

1. 海外人才引进政策精准、可控

香港通过不同层次、不同类型的人才计划按需引才，并辅以人才清单和咨询委员会等措施加强引才的精准性和可控性。以2018年出台的"科技人才入境计划"为例，香港特区政府对计划时长、所需人才的具体领域、每一年的人才配额都有着十分具体的量化标注，并且这一计划贴合香港近年来对于高端创科的重视。

2. 海外人才引进政策态度严谨

以"优才计划"为例，尽管该计划每年面向全球开放1000个名额，但申请人数众多，香港身份的争抢尤其激烈。并且审批程序十分严格和谨慎，香港特区政府自2006年推出"优才计划"以来，每年获批来港的优才都不足400人，通过率仅在20%左右。

3. 海内外人才共同发展齐头并进

随着粤港澳大湾区的发展，对于人才尤其是科创人才的争夺正日益激烈。为此，香港一方面积极完善并新增人才引入计划，吸引外来优秀人才；另一方面针对本土教育制度里科技教育的短板，筹谋改革。以"科技人才入境计划"为例，申请的公司/机构在提交配额申请时，须承诺遵守聘用本地雇员的规定，即每聘用三名经计划获入境事务处批准来港工作的非本地科技人才，便须增聘一名本地全职雇员（合约为期最少一年）和两名本地实习生（合约为期最少三个月）。

4. 海外人才管理工作人性化特点突出

这主要体现在两个方面，一是将人才的居留签证时限由原来的

1+2+2+3年，改为2+3+3年，延长了签证的有效期，减少了续签次数，有利于人才更加专心、安心在港工作。二是携受养人来港的政策充分考虑了人才的多样化情况，将受养人界定为除了传统意义上的配偶和子女，还包括根据缔结地有效的法律缔结的同性民事伴侣关系、同性民事结合、同性婚姻、异性民事伴侣关系或异性民事结合的另一方，符合人性化的特点。

二、发达国家海外人才引进政策的有益经验

当今，新一轮高科技人才争夺战正在全球范围展开，而且愈演愈烈。在科技创新驱动经济发展的大背景下，各国都加大了对海外人才尤其是高层次人才的争夺。在西方发达国家，自2008年金融危机以来，伴随着经济发展动力不足，次级劳动力市场[①]失业现象逐渐突出，而主要劳动力市场供给不足。因而，要通过大力吸纳高素质人才，如带项目、带资金、带技术的科技创新人才，来激活劳动力市场，并进而实现创新驱动发展。美国、日本、英国、法国、德国等发达国家和印度、巴西等发展中国家，以及新加坡、墨西哥等国家，都把大量吸纳全球知识资本和科技人才作为国家科技战略、人才战略和创新战略的重要支点。在一些国家和地区，如西欧部分国家和俄罗斯，由于人口总量供给不足，吸纳高层次科技创新人才的诉求更为强烈。纵览海外主要国家的海外人才政策，技术移民政策、长期居留权、留学生制度、绿卡制度等较为普遍，从本质上来看，这类政策凸显了其海外人才政策的"长效机制"，因为这些政策能够给海外人才以稳定的预期。"他山之石，可以攻玉"，其他国家的一些有益做法，可以为我国的引才政策创新提供参考和借鉴。为此，本书选取美国、德国、新加坡、英国、澳大利亚等发达国家和欧盟国家共同体，重点介绍其最新的移民制度改革以及引才战略来调整思路，分析国际高层次人才战略的发展趋势和经验借鉴，以期从制定更加开放的人才政策的角度为我国海外人才引进政策创新提供有益启示。

---

① 次级劳动力市场的概念来自二元制劳动力市场分割理论。该理论认为，劳动力市场存在主要劳动力市场与次级劳动力市场的分割，主要劳动力市场中的劳动者收入高、工作稳定、工作条件好、培训机会多，有良好的晋升机制；而次级劳动力市场则与之相反，劳动者收入低、工作不稳定、工作条件差、培训机会少，缺乏晋升机制。

（一）美国海外人才引进的有益经验

1. 海外人才管理法治环境逐步优化

在人才全球化流动的时代，建立一个具有透明规则和稳定预期的法治环境比短期优惠更具有吸引力，在法治的框架内进行引才政策创新已经成为趋势。美国之所以能够成为人才强国，离不开引进人才的法治化建设。美国的移民法可追溯到 1776 年建国时，国会授权总统保证进入美国的外国人没有疾病并且品行端正。此后有关移民的法律和规定相继出台，经多次修改，最终形成了世界上最庞大的移民法规体系。现行的《1990 年移民法》（也称《合法移民改革法案》），增加了职业移民类别，配额由 5.4 万名增加到 14 万名；此外还创立了"投资移民"类别，配额为 1 万名，投资额至少 100 万美元，郊区和高失业地区投资额为 50 万美元并需雇佣 10 人以上。20 世纪 30 年代以来，美国颁布了 20 多部有关就业和劳动保护方面的法规，以减少和避免就业领域存在的种族、身份、宗教歧视等，为来自不同国家和地区的人才提供了充分的权利保障。美国还通过一套完整的知识产权法律体系，为人才创造知识产权提供了良好的法律支持[1]。

2. 海外人才管理政策从一维走向多维

"独木不成林"，人才迸发创新活力，不仅需要自身技能，也需要项目、资金、政策等诸多要素的对接。当前外籍人才管理政策创新的一个突出趋势是从过去单纯围绕人才谈人才的一维政策创新，转向以人才政策为核心，同时关注科技、教育、外交、经贸多维度的政策协同创新。在西方发达国家，引进人才除了移民相关的政策改革和创新之外，更重要的是通过科技、教育、研发等领域的政策创新来推动。美国人才战略的一个重要内容就是主导创新，重点扶持和培养高风险性、高回报性及跨领域研究人才。美国规定联邦政府研究机构预算中至少 8% 用于机构的自主研发投入，以促进高风险、高回报性研究的开展。同时，出台各种激励措施，加大知识产权保护，加大税收优惠政策的实施力度[2]。

---

[1] 吴帅. 我国引进海外人才政策创新研究[M]. 北京：党建读物出版社，2015.
[2] 吴帅. 我国引进海外人才政策创新研究[M]. 北京：党建读物出版社，2015.

3. 海外人才引进凸显靶向性和储备性

当今世界，新一轮科技革命和产业变革正孕育兴起，美国对人才的需求，尤其是对高端人才的需求不断增加。2007年，着眼于提高劳动力质量，提升科技和教育的竞争力，美国发布了《美国竞争力法案》。该法案提出，吸引全球精英服务美国，保持美国全球创新大国的地位。2009年，美国制定实施了"创新国家战略"。2011年2月，奥巴马政府对这一战略进行了"升级"，发布了题为《美国创新战略：确保我们的经济增长与繁荣》的报告。这一新版"创新国家战略"，将"创新、教育和基建"归结为美国"赢得未来"的三大超越。美国将引进人才和智力的重点转向创新人才，具体来看大致形成一种"金字塔"形的创新人才梯队：低端是支撑科技创新的专业技术人才和高技能人才，中端是衔接科技创新和市场的科技型企业家，顶端是实施具体创新突破的科学家。

美国还将"人才国际竞争"的"火线"前移，即加大引进具有培养潜能的留学生，通过本土的再教育、再培养，使他们成为符合美国需求的人才。例如，美国在第二次世界大战之后就开始用奖学金制度吸引外国学生来美学习。据美国国家科学基金会的统计，有25%的外国学生在学成后留下来在美国定居，进入美国国家人才库。美国近年来提出加大引进STEM领域的年轻人才，将其作为一项重要的国家发展战略，给予在外国出生，在美国大学获得科学、技术、工程和数学领域硕士以上学位的人绿卡，并允许上述领域已获得绿卡的高科技人才的配偶和子女到美国来团聚[1]。

4. 海外人才引进注重柔性引才方式

美国是世界第一人才强国，通过柔性引才方式引进外籍科研人才是其人才战略的一项重要举措。美国以合作攻关的名义充分利用外籍专家的智力资源。美国政府目前在其他国家和地区设立了多个研究机构，与70多个国家签署了800多个科技合作协议，利用各自的资源优势合作攻关一些重大的科研项目，如由美国、欧盟、日本和俄罗斯等共建的阿尔法国际空间站，是人类航天史上跨国合作攻关的经典工程，因美国投资最多、参与的科学家最多，美国就成为最大的受益者之一。与此同时，美国企业也在不断吸引国外的人才。美国的大型跨国公司大多在其他国家和地区设立了研

---

[1] 吴帅. 我国引进海外人才政策创新研究[M]. 北京：党建读物出版社，2015.

究开发机构,就地招聘所需专业人才。全球知名度较高的微软、IBM、惠普、戴尔等大型公司均在多个国家和地区设立了研究所和开发中心。

(二)德国海外人才引进的有益经验

1. 人才战略具有明显的国家干预特点

德国各级政府在教育和人才规划方面发挥积极作用。从普鲁士教育体系的建立,德国劳动力市场和职业教育的研究与规划,到最近十几年加强高科技人才和紧缺人才的外国移民和本国人才保留,都有明显的政府主导和积极政策的影响。

2. 行之有效的法律体系是外籍人才管理的依据

德国制定了《外国人居留法》和《外国人就业法》作为技术移民的法律依据。2000年,德国实施了新国籍法,通过放松国籍政策最大限度保留非德裔人才资源。2005年实行新移民政策,有重点地吸引高层次人才移民入境。2007年修订《科学期限劳动合同法》,为德国青年科学家提供更具吸引力的工作条件。该合同法关乎科研人员的基本权利和切身利益,是确保科学家和工程技术人员享有研发自由的一部重要法律。

3. 制定有产业针对性的海外引才政策

德国政府及时发现其产业人才缺口,适时制定"绿卡计划",引进大批IT领域人才,帮助德国的IT产业发展实现弯道超车。"绿卡计划"为非欧盟国家的专业人员到德国工作打开了缺口,短期内填补了德国所急需的人才[1]。受人口结构变化的影响,劳动力短缺已逐渐成为德国经济和社会发展所面临的挑战,为了进一步加强专业人才保障,德国拟启动实施专业人才战略。该战略旨在加强德国的人力资源开发,并吸引欧洲及欧洲以外国家的专业人才。专业人才战略主要包括以下三个方面:一是从德国国内、欧洲及国际市场发掘专业人才潜力。二是结合企业内多样化的继续教育资源以及雇员的积极性,构建全新的继续教育文化。三是积极吸纳高素质的移民群体。为此,德国将扩大"德国制造"这一人才招揽信息平台,修订

---

[1] 密素敏. 21世纪以来德国的技术移民政策与中国移民[J]. 华侨华人历史研究, 2015(1): 45-55.

相关的法律法规，在政策上更加重视高素质专业人才的培养与引进[①]。

4. 设立相关奖项吸纳国际顶级科学家

德国政府十分重视建立研发机构和科研奖项来招聘海外优秀人才。为了引进国际顶级科学家，2007年德国政府设立了"国际研究基金奖"，该奖项的最高奖金为500万欧元，被用于表彰所有在德国工作且其研究工作处于世界领先地位的各学科的杰出科学家。为了吸引世界顶尖人才来德国高校工作，提升德国学术实力，德国政府2008年启动了"洪堡教席奖"计划，该奖项旨在帮助德国高校解决它们在构建科研特色、聘请一流学术人员时的经费困难，从而建造一流的学术团队，使德国大学的科研能力达到国际一流水平，提升德国高校在国际上的影响力[②]。同时通过德国学术国际网吸引德裔学者回国效力。为了吸引海外德裔学者回国，由德国研究联合会、洪堡基金会和德国学术交流协会联合组成的德国学术国际网，为海外青年学者提供1万个教育或科研领域的高级职位，其中3000至5000个职位是随着联邦和州政府共同甄选出的"精英大学"所产生的，并且德国学术国际网还兼顾了学术人员子女的教育及眷属的就业问题[③]。

（三）新加坡海外人才引进的有益经验

1. 需求导向的海外人才引进机制

新加坡在海外人才引进方面，一直围绕国家经济社会发展需求开展。新加坡政府相关部门会紧密结合市场情况调整需求目录。人才引进涉及的人力资源部、经济发展局之间相互协调，促进上下链条工作的一体化，保障引进的人才确实是新加坡需要的人才。人力资源部根据经济发展的需要，每年制定和更新"关键技能列表"，为人才引进提供策略性的指导。

2. 高效的海外人才融入机制

新加坡海外人才融入政策注重政策设计的系统性，内容全面，层次分明，环环相扣，稳步推进，包括入境前和入境后，以及不同融入阶段的初

[①] 陈正. 德国拟启动实施专业人才战略[J]. 世界教育信息，2018，31（24）：75.
[②] 刘渤. 人才引进看德国[J]. 科学新闻，2016（6）：62-64.
[③] 李恩平，杨丽. 发达国家引进高科技人才政策的比较及启示[J]. 经济论坛，2010（6）：50-52.

期、中期和长期目标和任务。建立本地人才和海外人才的双向沟通交流机制，使海外人才从旁观者到参与者再到组织者甚至领导者的转变顺畅且自然，稳固了海外人才融入政策实施的成果。一些海外人才还参与社会融入工作，为后来的海外人才提供服务，形成了良性循环。

此外，新加坡政府在海外人才融入方面与各类相关社会组织建立了广泛的伙伴关系，发挥了社会组织更加贴近基层、工作方式更加灵活和善于创新求变的优势，淡化了海外人才融入工作的行政色彩，达到了较好的效果。社会组织参与机制体现在，政府和社会组织合作举办活动、设立资助社会组织举办活动的基金，以及政府采购社会组织的相关服务[①]。

3. 国家主导下的多维行政架构人才政策

在总体战略方面，新加坡将人才战略作为国家战略，由政府高层直接推动，对于人才战略的发展方向始终坚持综合性、总体性、规划性。李光耀、吴作栋、李显龙三位总理在新加坡建国以来的五十年中，基于新加坡的国情和发展需求，先后重点发展行政人才、专业人才和高技术人才，从提高政府公共部门的工作效率开始，发展国家生产力，而后扩大人才储备，促进良性循环。建国初期，新加坡公共部门面临着自身的难题，李光耀总理将人才建设重心集中于行政人才，稳固了执政基础；之后的两任总理将创新型技术人才作为培养和引进的主要目标，逐渐提高了新加坡各个行业的专业水平，为新加坡的经济发展提供了直接动力。而新加坡的人力资源组织和部门之间明确主导政策的分工协作，发挥多维行政架构活力，可以说从宏观规划、具体政策的制定和执行、与其他部门协调的各个层面，均有相应的部门负责，从而构建了一套完整有序的人力资源政府管理体系[②]。

4. 全方位的海外人才生活保障体系

为了吸引人才，更为了持续发展，新加坡致力于打造世界级国际环境。廉洁高效的政府和公正透明的法律制度，对来自世界各地的人才都具有吸引力。在新加坡，政府一个月内就可以完成发放个人签证、协助土地取得、

---

① 冯凌. 国外引才政策研究[M]. 北京：党建读物出版社，2015.
② 李政毅，何晓斌. 新加坡面向创新驱动型经济的人才政策经验与启示[J]. 社会政策研究，2019(2)：130-138.

银行快速受理贷款等系列程序①。作为一个宜居城市，新加坡具有广受认可的可持续发展的环境、高品质的生活。2018年美世咨询（Mercer）发布的美世生活质量调查报告（Mercer Quality of Living Rankings）中将新加坡列为亚洲排名最高的城市。除了和谐的人才工作环境，社会、福利、家庭、基础设施等因素也是影响人才集聚的重要因素。新加坡努力创造优质的生活、福利条件，为人才提供更好的工作软环境，持续推动完善社会保障体系、税负、子女教育、医疗环境和城市环境，促进外来人才在新加坡定居生活。这使得新加坡在保持现有人才储备的同时，可以让外来人才更快地融入当地生活②。

（四）英国海外人才引进的有益经验

1. 人才来去自由，不通过政策约束外流趋势

英国在人才战略方面采取放任自由的宽松政策。由于英、美高等教育体系以及人才市场的总体差异，学术人员在英国所赚取的工资普遍少于美国，因此，每年都有不少英国高科技人才受优厚薪资和福利的吸引而流向美国。对此英国并不刻意限制，而是执行"来去自由"的政策。但是随着英国注重基础科学研究，将重点放在创造良好的研究氛围和高标准的学术质量上，英国的文凭越来越受到国际的认可和尊重。所以英国政府采取一系列措施为高端人才的回流创造宽松的环境和创业条件，使许多在美国大学任教的教授最终回国③。

2. 奉行全球化的人才观念

英国在不断输出人才的同时，也开放性地从全球吸引人才。它有一套完整的移民政策，英国移民署在高层次人才和高素质有技能的劳动力人员签证方面具有完善的机制，对人才签证的类型具有明确的规定，申请者只需按照政策指南填写申请。政府的代理机构根据移民署的分配名额，做好

---

① 孔娜. 韩国、新加坡引进高层次人才战略现状分析及对我国的启示[J]. 科技信息，2012（14）：83-84.

② 李政毅，何晓斌. 新加坡面向创新驱动型经济的人才政策经验与启示[J]. 社会政策研究，2019（2）：130-138.

③ 望俊成，邢晓昭，鲁文婷. 英国吸引和培养国际优秀科技人才的举措和特点[J]. 科技管理研究，2013，33（19）：28-32.

申请者的审核、汇总、联系、管理等相关工作。同时英国也在不断改革和调整移民政策,让高技能人才更容易到英国工作,从而为英国的科技事业和国家发展做贡献[1]。另外,英国还将人才引进视线扩展到欧盟以外,加大了从亚洲、非洲等人才引进的力度。例如,英国文化协会发起了英印教育研究倡议、非洲教育伙伴关系等多项计划,同时英国的许多大学还在海外设立分校并与当地大学合作办学来加强教育联系。此外,英国边境署专门设立了"土耳其工商签证",为在英国建立公司和工作的土耳其公民提供了更大的留英机会[2]。

3. 以优厚的条件和待遇聘请海外人才

英国政府通过发布国家科技发展白皮书,制定和调整吸引人才的策略。对高科技、基础研究和高等教育领域中的优秀人才实行倾斜政策,国家拨专款大幅度提高他们的工资待遇,其中由英国政府锁定的几百个杰出人才,年薪达到10万英镑以上。另外,英国政府对人才的定义也更加宽泛和有弹性,包括金融、科技、教育、信息、法律、医学等各个领域,辨别人才的标准也下放到英国著名的大公司和研究机构,它们拥有自己签发工作许可证的特殊权利。同时英国建立高级人才招聘计划,重金聘请顶级人才。政府认为,花很长时间和大量金钱培养急需的高技术人才不如购买高技术人才和他们所创造出的成果。政府还与沃尔森基金会、英国皇家学会合作,每年出资400万英镑作为启动资金,高薪聘请50名世界顶级科学家,以保持英国在世界研究领域中的领先地位[3]。

4. "多元文化"与"多民族共存"的人才政策

语言和文化在移民融合和迁入社会的进程中发挥着关键性作用。纵观世界各国的移民政策,都或多或少地反映出那种与生俱来的民族排他性情感,大多数国家在对外来移民的选择和接纳中表现得较为含蓄,所以"族群认同与社会融合"这一理念在移民体系的建设中就显得十分重要。《英国未来技术移民白皮书》中提出:移民必须学会说和理解英国的语言,并

---

[1] 望俊成,邢晓昭,鲁文婷. 英国吸引和培养国际优秀科技人才的举措和特点[J]. 科技管理研究,2013,33(19):28-32.
[2] 刘洋,蓝志勇. 英国科技人才政策的战略走向[J]. 天津行政学院学报,2014,16(5):89-95.
[3] 鄢圣文. 国外人才引进政策的主要做法与经验借鉴[J]. 中国证券期货,2012(9):246-247.

充分利用英语来成为英国社区的一员。随着英国离开欧盟,这一点只会变得更加重要,人们必须团结起来成为一个整体,消除一切障碍,与广泛的利益攸关方合作,包括社区、志愿组织和宗教组织[①]。而且英国重视的是全球的人才,不仅局限于培养与使用本国的人才,大量的外国人在英国工作,已经成为英国人才市场的一大特征[②]。

5. 政府、企业协同创造吸引人才的环境

英国人才策略注重政府与企业和代理机构之间的分工合作,协同创造良好的科学环境。英国政府注重打造公共基础设施,营造公共舆论,增强公共意识,打造制度环境,鼓励科技人才的成长和发展,为科技人才提供良好的社会环境。这也是英国政府注重人才的战略走向,从科学环境和制度环境等方面培养人才、鼓励人才、支持人才、引进人才并容留人才。英国政府鼓励企业与高校合作,鼓励产学研结合,很多高科技产品在高校研发,在企业完成生产销售,使企业与高校的良好合作带来各种效益。另外,英国政府的代理机构有权限针对特殊的科技人才进行招聘,这些人才被招聘到政府部门就职,从而为政府服务[③]。

(五)澳大利亚海外人才引进的有益经验

1. 树立国际视野,加强国际合作

澳大利亚引进海外人才主要有两种模式:一种是用人单位通过移民政策,在技术选拔系统中检索有移民意向的海外人才;另一种是通过国际猎头、工作关系介绍或网络发布招聘信息引进海外人才,签订劳动合同并办理赴澳工作签证。其中,澳大利亚内政部在制定移民签证计划前会对国际人才市场进行充分的调研,调查全球产业发展概况、人才流动趋势,并征求国内移民审理委员会等相关部门的意见,确定移民签证的签发计划。同时澳大利亚还通过移民政策进行宏观调控,充分发挥市场主导作用,促使用人单位、人才中介、海外人才能够相互配合,从而使优秀的海外人才流

---

① 吴文峰,李琦.《英国未来技术移民白皮书》的理念、特点及对中国的启示[J]. 武警学院学报, 2019, 35 (7): 15-20.
② 熊汉宗. 英国、新加坡人才资源开发与管理政策及对我国的启示[D]. 临汾:山西师范大学, 2013.
③ 刘洋,蓝志勇. 英国科技人才政策的战略走向[J]. 天津行政学院学报, 2014, 16 (5): 89-95.

向澳大利亚各行各业[①]。

2. 基于劳动力市场需求筛选高技能人才

澳大利亚根据本国经济社会发展和劳动力市场对外国人才的需求建立与之相适应的移民职业清单制度和积分评估体系，通过移民职业清单制度确定本国劳动力市场需求的高技能人才，凭借积分评估体系从职业技术资格、工作经验、年龄、受教育程度等各个方面对这些高技能人才进行筛选，先后公布了《澳大利亚优先职业清单》《技术移民职业清单》《技术移民优先职业清单》《优先处理职业清单》，同时打分系统和打分标准也随着本国劳动力需求市场的变化而进行调整[②]。

3. 因地制宜，出台服务于不同区域发展的引才政策

澳大利亚在引进海外人才方面针对不同的区域实施不同的移民政策。澳大利亚 3/4 以上的人口集中在新南威尔士州、昆士兰州和维多利亚州，其余地区人力资源极其紧缺。为支持偏远地区的发展，澳大利亚政府出台了鼓励向偏远地区移民的政策。其重要做法是通过颁发地区技术临时签证、地区技术签证、地区担保移民计划签证，提供更加便利的移民条件和申请流程来吸引海外人才到澳大利亚偏远地区就业，从而获得澳大利亚永久居留签证或国籍。此外，澳大利亚还在奖学金计划方面投入更多的资金，鼓励留学生去偏远地区的大学或职业院校读书[③]。

（六）欧盟海外人才引进的有益经验

1. 欧盟外籍人才流动管理的背景和依据

自 1993 年正式成立后，欧盟试图让各个成员国的市场向一体化方向发展。这就需要保障跨成员国之间货物贸易自由、人员流动自由、服务贸易自由、资本流动自由这"四大基本自由"。为促进欧盟成员国内部人员自由流动，欧盟于 2007 年底通过了《欧洲联盟运行条约》（*Treaty on the Functioning of the European Union*，原《欧共体条约》修订版），第三部分

[①] 仪周杰. 澳大利亚引进海外人才经验对我国的启示[J]. 决策探索（下），2018（12）：92-93.
[②] 郭鑫鑫. 发达国家移民政策中的人才筛选及启示[J]. 北京劳动保障职业学院学报，2014，8（4）：23-26.
[③] 仪周杰. 澳大利亚引进海外人才经验对我国的启示[J]. 决策探索（下），2018（12）：92-93.

第四编中给予了较为详细的规定，旨在保障欧盟公民基于经济目的而在其成员国之间实现平等流动的权利。

2. 欧盟实施"蓝卡"计划

此前，欧盟分割的人才市场、各国移民政策的不统一，阻碍了第三方国家人才在欧盟境内的流动。"蓝卡"计划是欧盟在实现自由劳动力市场道路上迈出的重要一步，旨在使欧洲在国际劳动力市场上更有竞争力。"蓝卡"计划也是欧盟共同移民政策的一个必经阶段和重要步骤。其理论根据在于，欧洲如果能够联合在一起将比单独的成员国更能吸引人才的到来。

3. 促进研究人才流动的政策

欧盟促进研究人才流动的政策包括欧洲研究员合作计划和"欧洲研究区"计划。

（1）欧洲研究员合作计划。为提升欧盟成员国的研究水平，在欧洲建成一个世界级的研究系统，欧盟提出了欧洲研究员合作计划。政策客体包括长期从事基础研究的大学学者和大型研究机构中的科学家，致力于某项特殊任务的政府实验室研究员，从事市场导向开发工作的公司职员，从事技术传播或者产品、程序革新的中小型高科技企业人员等。成员国需采取如下措施：系统的公开的招聘机制；满足流动研究人员在社会保障和退休金方面的需要；为研究人员提供优厚的就职条件和良好的工作环境；为研究人员提供培训，提升其技能，丰富其经验。

（2）"欧洲研究区"计划。为缓解欧洲研发活动碎片化现象，消除欧盟成员国公共研究体系之间的隔阂，更好地组织欧盟范围内的研发活动，提升其研发实力，欧盟委员会提出了"欧洲研究区"计划，要求各成员国的决策者和研究人员共同做出努力，并确定优先发展目标以便建立一个统一的、无障碍的研究区域。为实现这一目标，需解决以下相关问题：研究人员的跨国流动、欧洲研究基础设施的更新、欧洲专利一体化，以及政府间科研合作的协调等。但是，"欧洲研究区"概念的诸多方面都受到既定国家差异的制约。例如，各国的津贴标准各不相同；创建统一的欧洲专利涉及不同的法律体系的协调问题；本国人优先的招聘政策使得研究机构不能受益于来自他国的优秀研究人员的知识和经历。

三、我国海外人才引进中存在的问题、成因及对策

（一）我国海外人才引进工作中存在的问题及成因

近年来，随着经济社会发展水平的提高和海外人才引进工作的持续推进，我国对海外人才的吸引力逐渐提升。然而，总体上，海外人才的聚集度仍然不高，主要表现在以下三个方面。

一是海外人才规模有限。我国自 2004 年起实施的外国人永久居留制度，曾被调侃为"世界上最难拿的绿卡"。近年来，这一制度的开放度有所提升，2016 年我国共批准 1576 名外国人在华永久居留，较上一年度增长 163%；2018 年国家移民管理局成立后，审批量再度大幅提升，2018年上半年共批准 2409 名外国人在华永久居留，同比增长 109%。然而，相比其他具有外国人永久居留制度的国家，在华永久居留的外国人占中国总人口的比例依然较小。从地区层面看，一线城市和部分新一线城市中获得外国人来华工作许可的在华外国人占城市总人口比例也均在 0.4%以下（图 13-1），与发达国家的国际人才高地差距巨大。

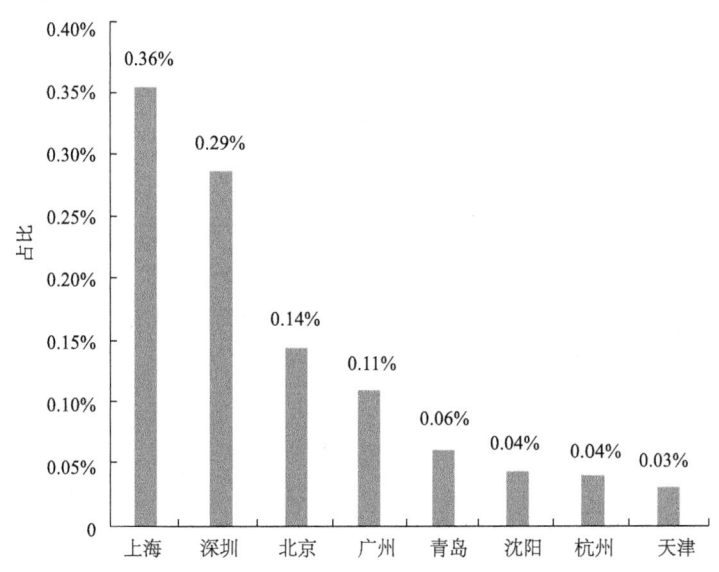

图 13-1 2017 年部分城市获得外国人来华工作许可的在华外国人占城市总人口比例
资料来源：根据国家统计局人口数据和原国家外专局外国人来华工作许可数据整理而得

二是外籍外裔人才引进少。我国当前从国家到地方的各类引才政策措施主要引进的是外籍华裔人才，外籍外裔人才非常有限。中关村外籍人才申请在华永久居留的积分评估政策也主要引进了外籍华裔人才，截至2017年底，非华裔人才仅占入选者总数的5.3%。

三是无论是外国人来华工作许可制度还是各类、各层次引才计划和工程（以下简称引才工程），主要引进的是已经在华的海外人才。以一线城市2017年4月1日至2018年4月27日在中国境外申请外国人来华工作许可的外国人数量占申请总量的比例为例，北京为19.2%、深圳为16.6%、广州为15.5%、上海为13.9%，各一线城市在境外申请外国人来华工作许可的外国人数显著少于在境内申请的人数[①]。

本书从引才政策工程、评价筛选工作、工作程序和引才主体几个方面，分析了我国在引进海外人才工作中存在的主要问题，包括：海外人才引进政策碎片化、引才政策的可操作性不强、海外人才的评价筛选困难、引才程序不够优化和便利、市场和社会力量参与度低等。

针对海外人才引进工作的问题表现，对照参考一些典型国家引进海外人才的相关政策措施和经验做法，分析产生上述问题的主要原因，包括制度建设、评价机制、部门协同、技术手段及市场化和社会化机制等方面的原因，具体为：人才开放的理念意识有待加强，引进海外人才的制度建设滞后，海外人才评价筛选机制不完善，政府部门的引才工作缺乏协同，引才工作中技术手段支撑不足，市场化和社会化引才机制欠缺等。

（二）完善我国海外人才引进工作的对策建议

当前，在经济进入"新常态"的大背景下，经济发展的关键词已经从"高速增长"转向"创新驱动"。在"新常态"之下，人才是发展新动力。面对"新常态"，海外人才引进政策要从过去的政府直接参与转向引导、鼓励和支持市场发挥决定性作用，充分发挥用人单位的主体作用，主动利用市场中介服务机构的市场化作用，积极调动民间组织和社会机构的活力，将涉及人才活动各个方面的服务要素整合起来，形成一个联系紧密的升级版海外人才引进政策创新体系，为海外人才提供集群服务以及全方位的支持。

---

① 参见国外人才信息研究中心的《成都市外国人才引进数据分析报告》。

1. 创新海外人才引进机制

海外人才引进工作要秉持"高精尖缺"导向，大力引进具有重大原始创新能力的科学家、具有推动重大技术革新能力的科技领军人才、具有世界眼光和开拓能力的企业家和我国经济社会发展急需的其他各类人才，不断提高出国（境）培训的质量和效益，使引进的海外人才和智力的规模、质量、结构与我国经济社会发展要求相适应。

建议高度统筹海外人才引进工作，大力发展国际引才中介机构，积极探索"柔性引才"的弹性政策，加快建立引进海外人才的分析研判机制，加快编制海外人才在华工作指导目录，设立开放公平竞争的国际引才计划，逐步完善我国引才计划的退出机制等。

2. 完善海外人才使用机制

在探寻合理化的海外人才使用政策支持的道路上，要转变用才观念，打破身份壁垒，以更大的气魄放手使用海外人才，给予其充分的空间参与到中国的发展和建设中来，共享"中国机会"、共筑中国梦。

建议缩小海外人才职业禁止范围，建立双边资格互认体系，支持海外人才领衔承担各层级科技项目，支持海外人才担任新型科研机构法定代表人，建立对海外人才用人单位的评审机制，打造区域创新创业平台，争取科研设备和信息使用便利化政策等。

3. 强化海外人才激励体系

从人才国际流动的动机来看，薪酬待遇、税收优惠、股权和期权收益、精神激励是海外人才关注的四大方面。建议创新税收激励政策，加强薪酬激励政策，试点股权期权激励政策，完善精神激励政策等。

4. 创新海外人才评价机制

建议完善引才政策的评价机制、优化海外科技人才评价机制、制定差异化的海外人才积分评估标准、提高海外人才评价的有效性等。

5. 健全海外人才服务保障体系

创新海外人才服务政策，为海外人才创新创业和发展提供全方位、个性化、高品质的服务。一方面，要积极发挥人才服务机构的服务职能，在社会保障、就业创业、政策咨询、信息服务等方面为海外人才提供便捷和温馨的服务；另一方面，探索建立社会化人才档案管理服务系统，健全政府购买公共服务的制度，加强对人才公共服务产品的标准化管理，充分发挥市场机制在人力资源配置中的基础性作用，将人才服务工作做到家，充分满足海外人才服务的多样化需要。

建议制定人才服务业管理的"负面清单"，统筹海外人才资源信息库建设，提升海外人才公共服务的质量，探索海外人才公共服务外包途径，建立健全我国海外人才融入机制，加强海外人才社会保障体系建设，加快推进国际人才社区建设。

第14章 基于生态位视角的科技人才评价问题分析

党的二十大和中央人才工作会议提出深入实施新时代人才强国战略，并开展一系列顶层设计和工作布局，其中将大师、战略科学家、科技领军人才及创新团队、青年科技人才、卓越工程师、大国工匠和高技能人才列为建设新时代人才强国的战略人才力量。要强化优化国家战略人才力量需要首先破解和处理好科技人才发展体制机制问题，特别是其中的科技人才评价问题。

人才评价是人才发展的指挥棒，评价工作直接影响人才队伍建设的整体水平和国际竞争力。人才评价问题不解决，就难以实现对科技人才的有效甄别、选拔、使用和激励，进而影响我国科技人才的整体水平和国际竞争力。科技人才评价涉及评价主体、评价标准和评价途径等，即由谁来评价、评价什么，以及如何评价等问题。要健全和改进科技人才评价机制，首先要厘清和认识其中蕴含的一些基本逻辑和内在联系，并在人才评价机制和制度建设中遵循把握，这样才能保证科技人才评价更加符合科技创新规律、人才成长规律和社会主义市场经济规律。

一、"人才"总是联系着某一职业、行业人才系统中的生态位

在调研中我们发现，"人才"总是分布在各个专业、行业或职业之中，不同人才个体在其行业、领域中总是占据一个生态体系中的生态位置，同时具有对应这一生态位的人才能级，或可称为人才的生态势能和动能。这种基于职业、行业的人才生态是由或小或大的职业共同体、专业共同体、科学共同体、知识共同体等自组织形成的，它的存在、发展和演化是基于

领域内专业群体的认知、行为和动态性规律的，是相对客观的，不以个别人的意志为转移。这类科学共同体、专业共同体、职业共同体体现着"专业"力量、"社会"力量和"市场化"力量，它们可以超出一国、一地的物理边界，在一定领域内联系着千千万万个专业、职业和知识化显性人才个体。人才个体在其生态共同体或生态体系中所处的生态位则由其自身能力、价值、贡献和专业化水平等多种专业化要素所决定。由于"人才"个体处于动态发展之中，是不断进步或倒退的，人才所占据的生态位也处于动态变化之中，仅在一定时期内具有相对稳定性。基于以上逻辑，笔者认为，总体而言，对人才的评价与这种人才生态体系密不可分，与人才所处的生态位密切关联。

二、对科技人才的评价首先是对其在专业领域的人才生态位的评价

科技人才相对于一般人才而言，处于专门的科学技术领域当中，并更加体现着人才的知识性、专业性、领域性和创造性特征。笔者认为，对科技人才的评价，其实质是确定特定"人才"个体在其专业领域人才生态中处于何种生态位，并通过一定手段去识别、测评和显性化其生态位代表着的生态势能和生态动能的过程。这里的生态势能主要是指人才个体的特定价值、能力、贡献，以及领域能量、能级和影响力等，其生态动能则主要是指人才个体其生态位振动和跃升的可能性和活跃度，这代表着人才个体发展或提升的潜能。

在某一科学或技术领域的人才生态中，学术大师、国际大家、一流专家，如诺贝尔奖获得者居于顶层；而初出茅庐、刚入职场的"新手"更可能居于底层。但随着人才的成长发展，其生态位在不断变动。对一名科技人才而言，其专业化程度不断提升的过程，能力贡献不断增长的过程，也就是其在专业人才生态系统中生态位逐步攀升的过程。由于科技人才都联系着一个由专业共同体、领域共同体、学术共同体自组织形成的人才生态系统，那么科技人才评价是否有效，就要考量"评价"本身是否反映了两个客观实在：一是人才个体在专业领域人才生态中处于什么层次、什么位置，是处于高端、中端还是底层？这主要反映了其生态位上的势能有多大；二是人才个体在其专业领域内是否具有较强的发展潜力，是否存在更多生

态位向上跃迁的可能，这主要表现了其生态位上的动能有多强。由于不同学科、领域间存在专业壁垒和信息不对称性，要得到真正能够反映客观实际，具有真正价值的评价结论，只有通过专业共同体的"同行评议"才能讲清楚。在这里同行专家是处于同一专业共同体、领域共同体、学术共同体或技术职业共同体之中的人，他们对特定专业领域内人才生态的整体构架和网络延伸具有更加深刻、全面、清晰的认知和理解。真正的"专家"都通晓本专业领域内的"人才生态地图"。"人才生态地图"是专业领域内显性和隐性程序性知识的综合体，它使得专家们在把握人才评价关键信息、确定人才评价关键因素、确认人才特定生态位及其人才能级方面比其他外行人更具话语权。

三、真正的科技人才评价要遵循真正的同行评议

科技人才评价一定要业内来评、同行来评和第三方来评，而不是由政府来评、组织来评和外行领导来评。同行评议的实质是专业共同体、领域共同体、学术共同体评价。在某一科学共同体、知识共同体内部，"专业化"不是一个空泛概念，而是具体的、实在的，是以一系列专业化工作、不同形式的创新成果以及其他核心技术性要素作为客观证据支撑、标识的。作为评价主体的"同行"，是指那些足够"专业化"的专家，因为只有具备一定程度的专业眼光和评价能力才能"慧眼识珠"。而业外人士往往很难知晓业内的创新标准和人才质量参照系，让"专家选择专家，让人才评价人才"才是科技人才评价的核心技术路线。但是在实践中，我们也能看到，一些政府部门和领导不是专业机构，也不是专业人士，可却在实际操作中评价成果、评价人才。有专家指出，当前一些政府部门沿用考核干部的办法来评价人才，在实施中又以"方便管理"为出发点进行具体操作，这必然带来人才评价的官僚主义和形式主义，背离科技人才评价的初衷。

科技人才评价中存在着"伪同行评议"问题。当前，人才评价出现"四唯"问题，评出的人才仍然"不准"，这在很大程度上是评价的"同行"专家出了问题。在实践中，所谓"同行评议"往往被执行为熟人评议、就近评议、方便评议、小圈子评议，甚至让跨学科、跨领域的专家来评议，这不是"真正"的同行评议。在上述情况下，评议"同行"存在三个突出问题：一是这些"同行"不具有权威性，本身尚不在学术人才生态中占据

较高位置，不是专业行业里公认的专家或有专业影响力的人；二是这些"同行"不具备"业内人士"应具备的职业修养、职业道德和职业精神，一切让"人情"说话，让"关系"做主，损害了评价公平、公正、中立的原则；三是所谓"专家"是专于一定学术领域的，一旦脱离本身的专业就不再是"专家"，如果跨越一级学科，恐怕在专业化程度上专家也会变成"小学生"，让他们评价实际上是"让外行评价内行"。这些"同行"评议，与其说是在选拔人才、激励人才，不如说是在耽误人才、戕害人才。当前，高校职称评审之所以成为一个热门话题，不遵循真正的同行评议，人才评价机制扭曲是一个重要的因素。

能够对本领域的科技人才进行评价是专家的专业化标识之一。科技人才评价与科技成果评价密不可分。在跨国界的科学共同体以及某一细化的专业共同体中，关于科研成果的评价和人才的评价会形成一套潜移默化的体系，而这套体系也正是专业人才生态得以自组织的规则和依据之一。可以说，在一个专业共同体内，对人才评价标准的知晓程度，本身就是人才"专业化"程度的标识之一，因为它属于一个专业知识体系中的"构架性知识"和"程序性知识"。作为一名"业内"人士，如果你对这一领域的标志性人物不知道，对什么是诺奖级的科技成果不敏感，对什么样的人可以称为专业"牛人"不知晓，那么你就还不是一个真正的行内专家。笔者的调研发现，实践中，在一个具体的、较成熟的学科内，对科研成果的评价和对科研人员的评价会有较为公认的要素，评价标准已经不成为一个问题，只是评价主体要是领域专家。同时，由于各个学科、专业存在巨大差异，不同领域内的高层次人才具有不同的内涵，人才价值体现在不同的层面，在人才评价中具体的关键决定因素会有不同。调研表明：当前在整体层面上，关于科技人才评价的现状是"行内知道，行外不知道；下面知道，上面不知道；一线知道，领导不知道"。还有一些部门、机构将人才评价简单化、政治化、同一化，总想使用统一标准和规则对各专业各门类的人才进行统一评价、"标准化"评价，结果也会导致很多矛盾和问题。

四、人才评价标准是个时空概念、相对概念、多元概念

人才发展不是"标准化"的，不是定制式的，对不同专业、不同领域

的人才评价标准会有所不同；在不同时间（时期）、不同空间（地区），对人才的评价标准更会有所差异。标准是分层、分类、多元的：有国际、国家、地区标准，有产业、行业、企业标准，也有系统、部门、机构标准，一级标准的门限值可能是另一级标准的最高点。谁会同意中关村、前海、包头、鄂尔多斯的"高层次人才"标准相同？谁会认为文博、旅游、海洋行业产业领域中的骨干人才性质一致？同样，今天的高层次人才，放在未来的评判视角下，可能称不上高层次和高水平。笔者认为，人才标准本身是个时空概念、相对概念、多元概念，人才标准要放到产业、行业、学科、领域中去发现，将它交给专业共同体、领域共同体、学术共同体和业内人士去制定，否则将会与"站在岸边学游泳"一样，导致理论和实践相脱节，目的和手段相背离。

五、人才评价标准最终要来自市场、社会和专业共同体

在新时代新阶段，推动国家、地区或部门人才评价工作创新发展，需要明确定位、因地制宜、分层分类、服务目标，根据各层级各地区战略层级和发展定位、经济社会发展需求、各领域人才生态实际对特定人才标准给出一个阶段性、操作性定义。人才评价应采取分层分类的思路，不同行业、领域、机构和状态下，会有不同的标准，这些标准的提出应来自领域、行业、市场和社会，而不是来自政府、上级和行政层面。人才的专业化标准不是自上而下形成的，而是自下而上形成的，其中体现着市场化、社会化的需求和推动力。在科技人才评价上，政府职能应聚焦明确战略目标定位、构建同行评价机制，提供人才发展政策导向和制度环境，而非确定具体的细化评价标准，主导人才评价过程。否则，如果政府给出的人才标准不专业，那么评出的人才也难以被专业共同体、社会部门和市场主体所接受，以往获得"高级工程师"职称的人才难以获得产业界和企业界广泛认可就是这类问题的突出反映。北京生命科学研究所的经验告诉我们，要选育国际一流人才，最重要的是找具有世界水平的人才来评，将评价标准交给大师来确定，"大师"会甄选"大师"。在这里，关键在于找出"对的人"，同时放弃具体的人才评价标准。顶尖人才的同行评价标准已经内化于心，具有动态性，有深层次、内隐性的评价维度，难以通过表面、量化

指标来显示。大师们可以通过其独特的认知体系和评价手段，来挖掘和找出那些稀少的、珍贵的能力特质。那些简单数论文数量、发表期刊影响因子的评价方法，实际是"外行评价内行"的方法，是间接评价方法。

六、关于科技人才评价中值得探讨的几个实践问题

首先，关于科技人才评价的目的与人才评价的分类。笔者认为，当前的科技人才评价，其主要作用是识别和发现人才，其工作出发点是要突出对人才发展的支持性、引导性和激励性，帮助提升我国科技人才的质量、水平和层次，进而有利于形成我国人才竞争比较优势。由此，科技人才评价可被划分为两类：选拔性评价和激励性评价。前者以各类人才工程入选人评价最具典型性，这类评价在考察人才素质、水平的同时，更加重视人才未来的发展以及未来可做出突出贡献的潜力；后者以各类职称评审以及突出贡献专家和院士、各类终身成就奖获得者的评选为典型代表，这类评价更加重视评价的荣誉性，是对人才达到水平的认可，或对其做出贡献的肯定。在这里，选拔性评价在考量受评者在专业领域中人才生态位的同时，更加重视考察其生态位的"动能"即生态位上升跃迁的可能，而激励性评价则将评价重点放在其是否在专业领域中处于较高的生态位及其生态位的"势能"上。此外，评价在阶段上又可分为事前评价、事中评价和事后评价，这些不同阶段的评价有利于跟踪入选各类人才工程、计划或项目受评者的发展状况，考察其人才生态位势能和动能的增强程度，以评估人才工程项目本身的实施效果。

其次，关于科技人才评价与工作绩效评价的关系。顾名思义，绩效评价往往是针对一项具体的工作、任务或项目开展的成绩和效果评价。进行绩效评价的一般前提是：具有明确的任务内容，具有明确的时间界限，具有可测量的预期目标或执行结果，即所谓"一事一评"或"多事一评"。对科技人才的评价与对一项工作/任务的绩效评价有所不同，但也有所联系。对科技人才的评价可以说是对人才以往承担各项工作、任务绩效评价的综合评价，其中不能以偏概全、一叶障目、断章取义。这种评价的基本假设是，对受评者以往所开展工作绩效的总体衡量可以体现或反映出具体人才个体的能力信息，而能力具有延展性，可以带来未来的工作绩效。当

然，如果个体以往取得的标志性工作或成果权重足够大的话，会对人才能力的整体评价产生晕轮效应。那么国外是如何测评"能力"的呢？在现代人力资源管理领域，能力有"属性"论和"绩效"论。国际研究者认为，能力是个体具有的潜在属性特征，这些属性特征与其工作的有效性或绩效成果具有因果关系，可以论证专门领域的绩效。因此，对一个人以往取得绩效的总体考察和回顾可以是评价其能力的一个重要参考层面。当然，在推动各项青年人才工程实施时，我们更要结合对评价对象潜质的评价和分析。

最后，关于若干科技人才评价的手段方法。虽然当前科技人才评价中的 SCI 论文指标受到诸多争议，但笔者认为，对基础研究人才而言，以高水平 SCI 论文作为评价其成果的重要指标之一具有一定合理性，"适度量化"也是国际评价的一个通行规则。国际上入选 SCI 的期刊绝大部分是"Peer review"期刊，即 SCI 论文的发表一般要经过较严格的"同行评议"。只有被同行专家认可的，具有一定创新性和较高质量的成果才会被出版并被收录到 SCI 中，这一过程本身是一种发挥了"同行评议"主导作用的过程。因此，SCI 论文作为一种间接评价标准，虽然不够全面，且不能保证个别问题的出现，但在总体上体现着专业共同体的评价认可。以往将 SCI 论文作为评价科技人才的主要指标之一，因为这样的"适度量化"原则能够反映一些科技人才的能力水准，并可以节省对科技成果和科技人才进行全方位评价的更多成本投入。虽然，当前个别领域出现了会写论文的"机器软件"，但绝不会产生高质量的研究成果，对这些"论文垃圾"，真正的同行专家会有足够的判断力。当前从各方面反映的问题看，我们面临的突出问题是不应简单地注重论文数量，而应更加强调研究质量，引导更多原创性、国际一流成果的产生。这实际上比"在评价中看一般 SCI 论文"提出了更高的要求，就如美国杜克大学王小凡教授所指出的，我们需要引入国际同行评价，即在更大范围的科学共同体中开展评价，同时要以发表高水平或者一流科研论文作为发展目标。

七、关于科技人才评价的若干典型事例

在科技人才评价实践中，我们也看到北京生命科学研究所、深圳光启研究院、华大基因等新兴科研机构带给我们的冲击。在北京生命科学研究

所看不到行政主导的影子,选人用人全无框框,但研究人员需要5年进行一次国际同行评估。近年来他们已在《科学》等顶尖杂志上发表高水平论文数十篇。深圳光启研究院采取"以人才甄别人才,以人才引进人才"的方式,力争实现从智力到产业的转化,在大循环中获得效益和回报。华大基因不搞职称评定,不搞定量考核,推动科研人员自由研究,但在国际专业科研机构排行中名列前茅。从中可以看到它们的共同特点:依靠年轻化的顶尖人才团队,它们评价人才的方式可能不同,但都重视个人能力和科研潜力;目光长远,除了选人用人外,它们更重视在机构的小环境中努力造就国际一流专才。从人才生态的视角看,这些机构在人才评价上取得的最大突破在于,绕开了国内传统评价的窠臼,放弃了体制内评价的优势与不足,直接放眼世界,对接一流,主动参与竞争,接受国际学术共同体的国际评价和市场评价,追求在国际科学共同体的人才生态中占有一席之地。这些先进机构给我们一个重要启示:将国内领域的人才生态引入国际人才生态中去检视、定位,以国际科学共同体的"同行标准"来评价人才和激励人才,未必不是我们某些领域能够实现跨越式发展的途径之一。

当前,我们面临的核心问题是科技人才创新能力不足,高精尖人才数量较少。在社会主义市场经济条件下,着力建立和完善以专业人才评价专业人才的体制机制,减少管理者的主观臆断,减少行政"认定"和行政干预,遵循市场法则,赛马而不相马,扩大科研院所自主权,将精力投入完善同行评价、市场评价等开放式制度和环境建设上来,让科技人才在干事创业和价值创造中脱颖而出不失为一项可行选择。

第15章 加强青年科技人才培育的问题调研与对策探讨

青年科技人才不仅是当下科技创新的生力军，更是未来科技队伍实力的决定性力量。习近平总书记在2021年中央人才工作会议上强调，要"把培育国家战略人才力量的政策重心放在青年科技人才上，支持青年人才挑大梁、当主角"[①]。党的二十大报告指出，加快建设国家战略人才力量，努力培养造就更多青年科技人才。2024年全国两会期间，青年科技人才队伍建设问题持续引发科技界的热议，多位政协委员、人大代表、两院院士对青年科技人才成长发展表示关注并建言献策；科学技术部部长阴和俊强调，要把对青年科技人才的培养作为一项长期的战略性工作，一直抓下去，努力为他们成长发展创造好的科研环境。近期，本书课题组针对"青年科技人才发现、培养、使用机制研究"在北京市开展专项调研，面向杰出科学家、人才项目和称号获得者、各领域青年科技人才代表进行问卷调查与座谈访谈，分析了当前青年科技人才队伍建设的现状、存在的问题及面临的挑战，并提出了加强青年科技人才培育的对策建议。

一、青年科技人才培育取得的主要成绩

党的十八大以来，以习近平同志为核心的党中央高度重视青年，加大对青年科技人才的支持力度，推动我国青年科技人才队伍建设取得历史性成就。根据《中国科技人力资源发展研究报告（2020）》的测算，截至2020年底，我国拥有科技人力资源约1.1亿人，39岁以下的科技人力资源合计占比73.9%，青年已经成为科技人才队伍的主体。从中央到地方，各地纷

[①] 习近平. 深入实施新时代人才强国战略 加快建设世界重要人才中心和创新高地[J]. 求是，2021（24）：4-15.

纷推出了加强青年科技人才队伍建设的创新举措。以北京市为例，近年来紧紧围绕习近平总书记对北京重要讲话的精神，聚焦全国科创中心建设的重点任务，利用科技创新人才资源丰富的优势和建设世界一流新型研发机构的契机，在青年人才培养、评价、激励等方面大胆突破、先行先试，推动了人才体制机制改革，强化了综合协调和整体推进，并取得了卓有成效的进展。

一是青年科技人才高端化趋势更加显著，人才贡献突出。根据《北京地区人才资源统计报告（2022）》的测算，到2022年底，北京地区从业人员达到1132.1万人，接受过高等教育的比例达60.2%；人才资源总量为796.8万人，人才密度是70.4%，对经济社会发展的贡献率超过56%。根据《中国科技统计年鉴（2020）》，劳动者中具有研究生学历的超过120万名。高学历人才成为研发主力，2019年本科以上人才占总量的87.3%，硕士、博士高达44.1%。近十年研发机构本科、硕士、博士人数位居全国首位。入选国家青年科学基金项目、优秀青年科学基金项目、杰出青年科学基金项目，以及获得中国青年科技奖的青年人才数量位居全国首位。2023年，北京"高被引科学家"上榜411人次，首次位居全球城市首位。

二是科学布局科技与人才支持项目，遴选支持优秀青年人才。北京科技、教育和人才资源丰富，拥有近百所高校、1000余家科研院所、2.8万家高新技术企业。近年来，北京市围绕创新链、产业链，加强青年人才培养，围绕高精尖急需领域，贯彻实施国家人才工程与项目，科学布局全市各级各部门科技和人才项目，以高创计划、优秀人才培养资助项目、突出贡献人才项目、首都杰出人才奖、北京市优秀青年人才项目等为抓手，有计划、有重点地遴选支持自然科学、工程技术领域的优秀青年科技人才，形成与高层次创新创业人才队伍相衔接的青年科技人才支持体系。一系列青年科技人才支持项目的实施取得了良好的效果。本书课题组的调查显示，72.01%的受访者认为当前北京市针对青年科技人才的支持项目资助的是真正优秀的人才。

三是着力强化国家重点实验室、新型研发机构等战略科技力量，培育集聚青年人才。近年来，北京市布局了128个国家重点实验室、68个国家工程技术中心，集中了20多个国家级重大创新平台，建设了北京量子信息科学研究院等一批量子科学、脑科学、光电子等前沿领域新型研发机构。特别是在新型研发机构建设方面，北京市坚持"市场化、法治化、国际化"和"简约"原则，持续深化科技领域"放管服"改革，实施新的治理机制、财政支持政策、绩效评价机制、知识产权激励和固定资产管理方式。截至目前，北京市的国家重点实验室和新型研发机构建设已取得了明显进展和成效，汇聚了一批战略科技人才及创新团队，培养了一大批青年人才，产出了一批具有世界影响力的研究成果。

四是积极推动青年科技人才发展体制机制改革。整合中央在北京高校、市属高校和国际创新资源三方的力量，建立健全央地人才联合培养和协同创新机制。积极推动人才评价改革措施落地，在条件成熟的科研机构、新型研发机构、新型智库推行职称自主评聘；首次将自然科学研究系列纳入社会化评价，建立了科研人员自主评价和社会化评价的分类评价模式。完善科研成果转化奖励制度，扩大科研经费使用自主权试点，修订完善科学技术奖励制度，加大对青年科技人才奖励的力度。

二、当前青年科技人才培育存在的问题

问卷调查显示，当前北京市青年科技人才发展面临的突出问题集中体现在政策资源支持、体制机制改革、交叉学科培养等方面（表15-1）。

表15-1 受访者认为当前北京市青年科技人才发展面临的突出问题

北京市青年科技人才发展面临的突出问题	选择比例
1. 青年科技人才所获得的资源和政策支持有限	56.29%
2. 青年科技人才成长还缺乏相应的评价和激励保障机制	46.23%
3. 部分科研事业单位仍存在行政化、官本位倾向，影响了青年科技人才的价值观	44.34%
4. 交叉学科的青年科技人才培养不够、融合创新不够	33.02%
5. 青年科技人才在重大项目中效能发挥有限	30.82%
6. 青年科技人才在高精尖产业中的总量不足	25.16%
7. 青年科技人才发挥作用还缺乏相应的社会支持氛围	21.07%
8. 具有国际竞争力和吸引力的环境尚未形成	19.50%

一是青年科技人才所获得的资源和政策支持有限。调查显示，56.29%的受访者认为，青年科技人才所获得的资源和政策支持有限，居本次调查中青年科技人才发展问题之首。具体来看，48.11%的受访科技人才认为，当前对青年科技人才支持的项目数量少，支持的广度不够。国家自然科学

基金委的数据显示，近几年，尽管各类项目资助量都有不同程度的提升，但相比于每年持续攀升的申请量，资助率整体上仍远低于 20%~25%的区间，且持续走低。根据国家自然科学基金 2022 年度绩效评价报告，其面上项目资助率，由 2014 年的最高值 25.4%已下降至 2022 年的 17.6%。此外，还有 53.46%的受访者认为，当前重要科研计划指南的制定较多遵照学术权威的意见，青年人难以参与（图 15-1）。

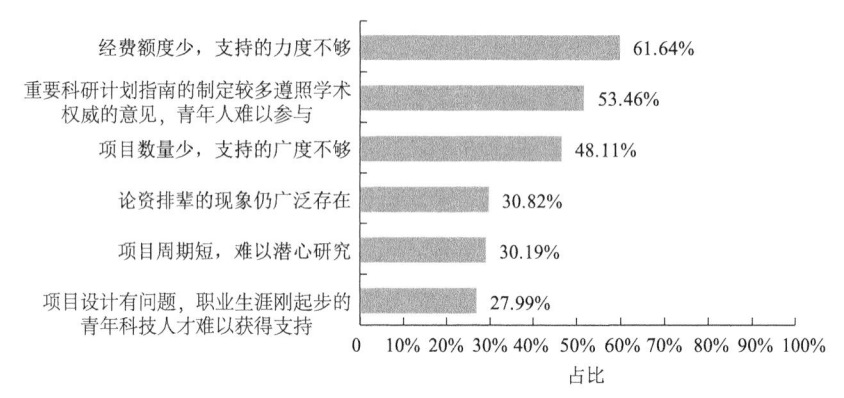

问题	占比
经费额度少，支持的力度不够	61.64%
重要科研计划指南的制定较多遵照学术权威的意见，青年人难以参与	53.46%
项目数量少，支持的广度不够	48.11%
论资排辈的现象仍广泛存在	30.82%
项目周期短，难以潜心研究	30.19%
项目设计有问题，职业生涯刚起步的青年科技人才难以获得支持	27.99%

图 15-1 青年科技人才支持项目与计划存在的问题

二是青年科技人才评价和激励机制有待完善。调查显示 46.23%的受访者认为，青年科技人才成长还缺乏相应的评价和激励保障机制。具体表现在以下方面。

对"帽子"的争夺已经超越了对创新本身的追求。调研了解到，青年科技人才对年龄和"帽子"的紧迫感越来越强。人才项目在有的单位、部门被异化，很多单位把"优青"项目当成小"杰青"对待，把"杰青"当成院士候选人对待。在当前科研人员待遇水平整体偏低的背景下，人才与科技项目携带巨大资源禀赋与学术声誉，迫使青年科研人员进入人才项目竞争轨道。目前针对青年科技人才群体的知名度较高的人才项目（"四青"）——国家"万人计划"青年拔尖人才（35 岁以下）、教育部"长江学者奖励计划"青年学者（自然科学和工科 38 岁/人文社科 45 岁）、国家自然科学基金优秀青年科学基金项目获得者（男性 38 岁/女性 40 岁）、国家自然科学基金优秀青年科学基金项目（海外）获得者（40 岁以下）——普遍都有年龄限制，同时国内博士延期毕业率越来越高。因此，青年科技人才普遍有较强的紧迫感。

破"四唯"、立新标有待持续推进。问卷调查显示，61.01%的受访认为,"老人评新人"、"伪同行"评议、关系评议等仍普遍存在。调研发现,在论文、称号、职称、学历、奖项等原有核心评价指标被破除之后,分层分类的新标准的建立需要一定时间和实践的探索与检验,出现了一些"有破无立"的现象。以代表作制度为核心的同行评议机制的建立,将成为"破立并举"的关键。然而,在科研机构和企事业单位内建立出高水平、公正且有效的同行评议环境,需要进行大幅度的评价制度和技术革新,这对于部分机构的难度不可小觑。一些科研机构的人才评价陷入了形式上的"去五唯",实际上的"无唯而治",以领导集体的评价替代专业群体的评议,以事务性工作的态度替代创新性工作的成果。而部分人才竞争激烈的科研机构则由"几个指标"变为"十项全能",从部分定量指标变为论文、专著、专利、项目、经费、奖项、教学、行政工作、团队建设、平台打造、学术影响、社会认同、经济效益等方面"皆唯"的要求。

此外,还有44.34%的受访者认为,部分科研事业单位仍存在行政化、官本位倾向,影响了青年科技人才的价值观。具体来说,50.63%的受访者认为,当前缺乏基于市场化的人才流动配置机制,"优才难留住,庸才难退出"。50.31%的受访者认为,高校、科研院所缺乏用人自主权,政府对编制、岗位设置、招聘、职称、工资总额等统得过严。受当前工资总额、绩效工资总额影响,在实践中甚至产生了新的"大锅饭"现象。还有44.03%的受访者认为,以论文为主的评价标准没有得到根本改变(图15-2)。

问题	占比
"老人评新人"、"伪同行"评议、关系评议等仍普遍存在	61.01%
缺乏基于市场化的人才流动配置机制,"优才难留住,庸才难退出"	50.63%
高校、科研院所缺乏用人自主权,政府对编制、岗位设置、招聘、职称、工资总额等统得过严	50.31%
以论文为主的评价标准没有得到根本改变	44.03%
"重物不见人"的现象仍普遍存在	28.62%

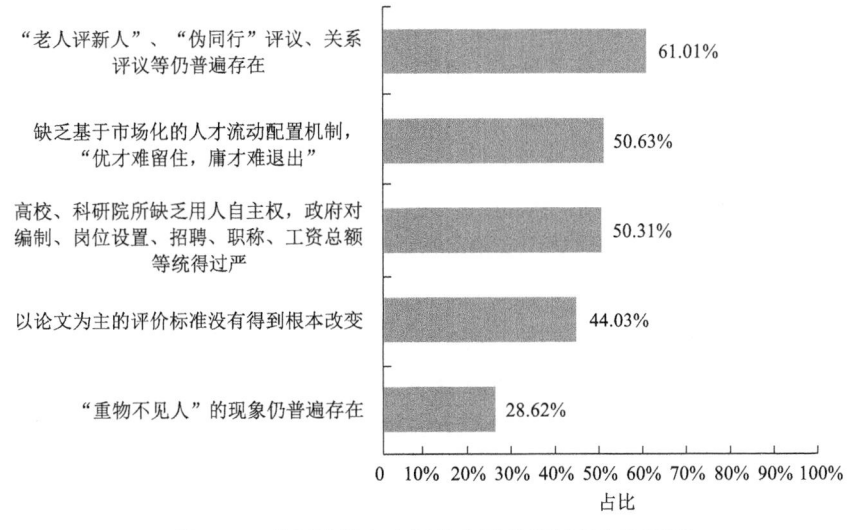

图15-2 青年科技人才评价和激励机制存在的问题

三是交叉学科人才培养发展支持不足。33.02%的受访者认为，交叉学科青年科技人才培养不够、融合创新不够。具体来说，63.52%的受访科技人才认为，当前学科之间相对孤立，青年人才缺乏交流的平台与渠道（图15-3）。受访者还认为，交叉学科的研究缺乏科技项目（基金）的支持（56.92%）和政策鼓励（53.77%）。38.36%的受访者认为高校新型交叉学科学生能力的培养难以满足社会需求，有利于跨学科科学研究和人才培养的学科新形态尚未建立。

问题	占比
学科之间相对孤立，青年人才缺乏交流的平台与渠道	63.52%
交叉学科的研究缺乏科技项目（基金）的支持	56.92%
交叉学科的研究还缺乏足够的政策鼓励	53.77%
高校新型交叉学科学生能力的培养难以满足社会需求	38.36%
北京市科技项目发布指南对交叉学科关键问题把握不足	31.76%

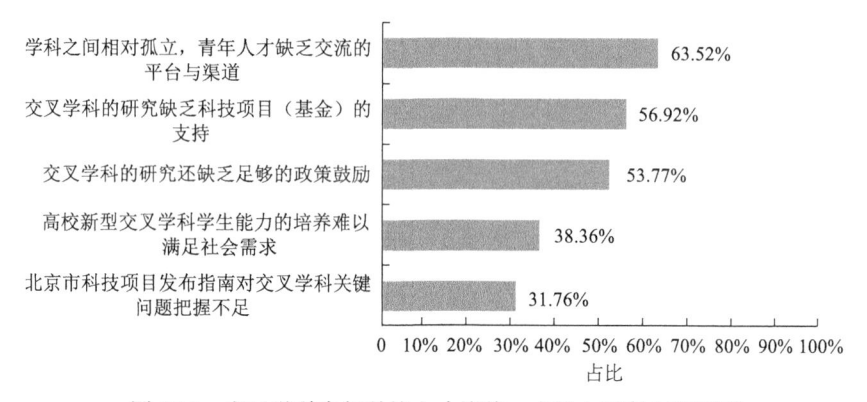

图15-3 交叉学科青年科技人才培养、成长方面存在的问题

四是博士后制度尚未成为青年科技人才成长的有力支撑。截至2023年6月，我国累计招收博士后约34万人，企业博士后约5万人，企业博士后的数量在博士后总量中占比较低，大约仅占15%。问卷调查显示，超过一半的博士后（52%）和设站单位（51%）认为，当前在企业一线从事应用研发的博士后数量太少。调研中受访中小型高科技企业普遍反映存在招收困难，主要体现在以下三个方面。

培养能力与招收动力不足并存，中小型高科技企业招收困难。问卷调查显示，30%以上的受访博士后和设站单位认为，中小型企业招收博士后的基础需要加强。从研究选题来看，访谈中有博士后指出，"企业提不出科学问题，博士后解决不了工程问题"，双方需求和预期难以达到良好匹配。从培养模式来看，虽然有校企联合导师的机制，但是高校导师的指导往往流于形式，而企业导师辅导的系统性、学术性不足，辅导方式也不够规范。另外，问卷调查显示，接近30%的设站单位认为中小型高科技企业招收动力亦有不足。调研中较多企业反映，相对于招聘专职研发人员或者向外委托课题项目，采取设站招聘博士后的形式存在暂时性、不确定性、难以掌控、创新转化慢等问题。而且中小型企业"设站易，维护难"的问题较为突出，博士后招收方面需要投入大量时间、精力，否则空站三年就会被"撤站"，这让不少企业望而却步。

体现企业博士后研究特点的出站考核标准尚未建立。调研中企业博士后普遍反映，当前体现企业博士后工作特点的出站考核标准尚未建立，实际上仍然以流动站的考核要求为主。各设站单位对博士后研究人员在站期间的科研成果和出站报告的要求，或严或宽，或高或低。部分流动站仍然以论文数量和高影响因子期刊为主，而一些偏重实际运用、成果转化的研究领域本身就没有很高影响因子的期刊。还有的流动站将申请发明专利作为应用工程型学科博士后的出站指标，但专利申请周期一般为 18～24 个月，受在站时间限制，实现难度较大。

部分制度规定弹性不足，加大了企业工作站博士后招收难度。根据《国务院办公厅关于改革完善博士后制度的意见》规定，年龄在 35 周岁以下、获得博士学位一般不超过 3 年的人员，可申请从事博士后研究工作；申请进入科研流动站的人员，年龄可适当放宽。但是与工作站联合培养的流动站因"控制设站单位招收本单位同一一级学科、超龄、在职的博士后人员比例"（即"三类人员"比例）的需要，往往会控制工作站超龄博士的指标。访谈中，不少用人单位和受访博士后都认为"35 周岁以下、获得博士学位一般不超过 3 年"的条件过于严苛。实际上企业工作站往往更加欢迎具有一定工作经验的博士进站，他们对产业、企业痛点的理解和把握更为深入和准确。

三、加强青年科技人才培育的对策建议

"十四五"是建设世界科技强国的关键时期，我们要聚焦青年科技人才成长发展面临的共性、突出问题，学习借鉴国外有益经验，进一步加大对青年科技人才的培养、支持和使用力度，不断完善有利于青年科技人才成长发展的制度环境，激发广大青年科技人才的创造力和创新活力。

（一）完善青年科技人才项目资助体系

加强青年科技人才项目资助体系规划和布局。采用科研年龄和生理年

龄双轨制划定青年科技人才范围。在项目资助和人才项目评选中，在采用生理年龄界定青年科技人才的同时，纳入科研年龄标准。借鉴美国国家科学基金等的模式，以获得博士学位或独立从事科学研究的年限作为补充标准。扩大各类科技项目里青年项目的资助数量和比例。增加对青年科研人员的资金支持，提高申报项目的成功率，并加大对青年人才的持续性经费支持。设立青年探索发展研究基金，针对创新性强、风险性高的研究进行前期支持。采取前期的小额资助方式或者根据成果分期资助，推进非共识项目进入实质性研究阶段，并形成一定的研究基础。

建立专业化国际化同行专家评审机制。适当提高青年科学家在项目评审中的比例和话语权。建立国际化科研项目评审机制。在重大科研项目的立项、结题验收等环节，遴选国际知名同行专家等非利益相关方进行外部评审。建立非共识科技项目的评价机制。设置单独评审渠道，对于创新性强、风险和难度大并且具有重大意义的非共识性项目，可弱化可行性的评估。

加大基础研究项目的资助力度。围绕国家重大战略需求、基础科学前沿，通过自然科学基金等渠道，长期稳定支持一批在基础研究领域取得突出成绩且具有明显创新潜力的青年科技人才。建立基础研究经费稳定增长机制和多元渠道。加大财政向基础研究的投入力度，建立持续稳定、多元化的资金投入支持机制。可推广北京市自然科学基金与企业联合基金资助模式，引导、鼓励社会以捐赠和建立基金等方式多渠道加大对基础研究的支持。

建立长周期的科技专项资助机制。面向拔尖青年科学家探索设立专项支持计划，支持拔尖青年科学家自由选题、自主开展风险高周期长的科学研究。面向科技与产业发展所需设立一批长期科技专项，聚焦重大科技基础设施建设、重大装备零部件研制、关键核心技术攻关等，凝练一批原创性高、需求性强的专项课题，探索构建经费"滚动补充"机制，以青年重点计划申报人员的科研能力、业绩和信用显示度指标为主要评价参考点，给连续做出高质量工作的人才以持续支持，简化评价程序。科学合理设置评价考核周期，突出中长期目标导向，鼓励持续研究和长期积累，适当延长基础研究人才、青年人才评价考核周期。

（二）创新青年科技人才发现评价机制

建立创新策源能力评价标准。切实减少"帽子"的类型和数量，切实减少各类行政部门对高校和科研机构的评比、评估，切实推动"帽子"和待遇脱钩。破除职称评审、岗位晋级、奖励评价、项目评审中的"伪同行"评议、"老人评新人"、关系评议等问题。不以院士、博导、获奖数量作为科技和人才评价的主要标准。不把论文数量或期刊影响因子作为唯一量化的考核评价指标。区别于人事人才制度中的常规人才评价标准，在相关的科技项目和人才项目中建立针对原创突破性成果和一流人才的评价标准。

探索推行青年科技人才举荐制。打破对人才的学历、资历、论文论著、科研成果等的硬性要求，探索推行青年科技人才举荐制。从头部企业、新型研发机构、知名科技服务企业、知名金融投资机构、两院院士等群体中遴选或聘任举荐委员，每名委员每年可举荐若干名优秀青年科技人才，被举荐的青年科技人才可享受相关扶持政策。

（三）完善青年科技人才使用激励机制

创新重大项目科技人才资源配置模式，创造青年承担大项目的机会。在大项目、大工程部署和前沿领域布局时，规划好相关专业领域青年人才梯队建设任务，鼓励和引导资深科技专家和中青年骨干人才结成对子，规定资深专家及时发现、培养、提携优秀青年人才的任务指标。推广中国航天科技集团的让贤制、竞聘制、青年助理制模式，及时将后备人才放到重要项目、重要岗位强化砥砺。将对青年人才的培养情况作为项目结题评估的重要条件。在国际人才交流项目中，重点扶持优秀青年人才与国际同行领域一流专家结成团队、紧密合作、交流互动，在与国际同行的交流切磋中提高创新能力。

推动建立现代科研院所制度，探索实施首席科学家全权负责制。筛选一批试点院所通过牵头或参与建设创新创业共同体、加盟高水平新型研发机构等方式，带动内部运行机制改革，整体向新型研发机构运作模式转型。支持高校和科研院所组建新型科研单位或创新组织单元，鼓励其加盟高水平新型研发机构，探索"一所（院）两制"运行管理模式。推广新型研发机构的改革经验，推动在研发机构开展首席科学家全权负责制改革试点，让一流人才引进一流人才、一流人才培养一流人才。探索首席科学家负责制，首席科学家对研究团队遴选、科研活动相关人员聘用等拥有自主权。

进一步落实科研事业用人单位自主权。合理界定主管部门的举办监督职责和科研院所自主运行管理权。试点探索管理基础较好的科研院所可根据事业发展需要自主调整内设机构。探索实行院所负责人公开遴选制度，可面向全球遴选院（所）长。健全完善事业单位聘用制度、人员交流政策等，加快形成优秀人才脱颖而出、充满生机与活力的事业单位用人机制。

尽快落实有关人才激励政策，推进国有企业和事业单位工资制度改革。进一步完善事业单位的基本工资和津补贴制度，提高基础工资在工资总量中的占比，落实事业单位工作人员基本工资标准正常调整机制；根据单位性质、功能定位、工作任务、人员结构、业绩状况等因素，科学核定事业单位的绩效工资总量，并实行动态调整；尽快落实事业单位高层次人才绩效工资总量单列政策，落实科研人员职务科技成果转化奖励政策；允许事业单位用于解决青年人员住房等生活困难的补助不纳入绩效工资总额；切实推进事业单位高层次人才分配方式灵活化，使协议工资制、年薪制、项目工资制等已有政策规定的工资形式能付诸实施；完善国有企业科技创新薪酬分配激励政策，指导国有企业分配向关键核心技术人才、高技能人才倾斜。

（四）推动博士后工作持续改革创新

加强中小型企业的培养能力，引导博士转变就业理念。引导各地博士后主管部门加强对中小型高科技企业特别是民营中小型高科技企业博士后工作的扶持。积极支持企业依托重大科技任务和创新平台设立博士后创新岗位，积极支持各地依托产业优势建立博士后产业创新联合体。加强对企业博士后的需求收集、政策和经验宣讲、问题解答等工作。加强观念宣传，以工程博士为重点，引导博士转变固守学术职业的传统观念，树立鼓励青年博士向一线企业流动的鲜明导向，引导基础理论功底扎实、专业技术能力和水平突出，具备较强工程技术创造能力的博士进站开展研究，扎根工程实践一线和生产一线解决复杂工程技术难题，在推动产业发展和工程技术进步方面作出创造性成果。

建立符合企业博士后特点的资助与考核体系。在博士后科学基金中设立专门的企业博士后资助项目。引导青年人才聚焦科技优先发展领域、战略性领域和产业前沿领域的新问题，开展创新性研究和前瞻性探索。组建针对企业博士后资助项目的专家评审委员会，提高来自企业、熟悉产业发展方向的专家比例。建立"菜单式"出站考核标准体系。合理设置出站论文和科研成果要求。应用性强、实践性强的研究方向不将论文作为出站考核的主要指标，标准中不简单设立论文数量、影响因子等硬性要求。逐步将论文"必选"转变为成果"多选"，建立"菜单式"评价指标体系。推广代表性成果制度，标准开发、技术推广、技术解决方案、创新突破、高质量专利、成果转化等成果均可作为出站成果。

放松招收规制，提高企业博士后比例。适时论证调整博士后年龄标准的可能性，放宽企业博士后进站的年龄限制。将企业博士后进站的年龄上限调整为40岁，不受"三类人员"比例限制，鼓励企业吸引具有工作经验的科研人员及海外博士进站开展科研工作。适时论证调整流动站和工作站联合培养的可能性，放宽独立招收的条件。调整当前从"联合培养的工作站"到"独立招收的工作站"的设站进阶模式，建立企业主导、自愿合作的独立招收模式。划定企业设站标准后，符合条件的企业设站单位可自主选择独立招收以及与流动站联合培养的方式。适时论证对连续三年空站运行的工作站采取撤销设站措施的必要性。对于评估合格、管理完善、具备设站和招收条件的设站单位，如果确有招收困难，可探索先不做撤站处理；探索对空站后拟重新招收博士后的工作站采取重新备案制度。

（五）营造有利于青年科技人才脱颖而出的发展环境

弘扬科学精神，加强内激励引导。弘扬老一辈科技工作者的科学精神，大力宣传科学家百折不挠、甘于奉献、团结协作、前赴后继的高尚情操。净化学术环境，反对"圈子"文化，不浮躁、不急功近利，构建正确的科学价值观，做负责任的研究与创新，引导青年科技人才树立"敢为天下先"的创新意识和自信心。设置科学节、人才节、青年人才节，组织各种形式的宣传活动，使科学家榜样成为青少年学习的偶像，科学家理想成为树立远大志向的标杆。

第16章 工程师群体职业化、国际化发展问题研究

党的二十大和中央人才工作会议提出，加快建设国家战略人才力量，并将卓越工程师队伍列为其中的关键队伍之一。近年随着人工智能、大数据、云计算、物联网、区块链和新一代通信技术等新兴技术的蓬勃兴起，国际上普遍出现工程师人才队伍短缺的问题。工程师在主要发达国家的人才竞争中占据日益重要的位置，合格工程师是推动和实现创新的关键，已成为国际社会的广泛共识。近现代的历史经验表明，工程师队伍在世界各国的工业化过程中发挥着核心作用，影响着工业化的进程和竞争力[1]。调查显示，当前我国工程师队伍的总体水平，与现代化建设的需要相比、与发达国家同类人才的素质相比还有较大差距。要缩短与发达国家工程师群体水平间的差距，增强我国自主创新能力以及全面提升国家竞争力，必须加快培养和造就创新型工程师队伍，加快建立职业化和国际化的工程科技人才开发体系。

一、工程师职业化和国际化的理论基础

1. 工程师职业化、国际化的理论意涵

职业化是社会学学者研究职业的一种形式，当前的国际研究趋势正逐步从对职业"特征"的分析转向对职业化"过程"的关注[2]。根据我国《职业分类大典》的定义，"职业"是从业人员为获取主要生活来源所从事的社会工作类别，具有目的性、社会性、稳定性、规范性和群体性特性[3]。《牛

---

[1] 中国工程院"创新人才"项目组. 走向创新——创新型工程科技人才培养研究[J]. 高等工程教育研究, 2010（1）: 1-19.

[2] 刘思达. 职业自主性与国家干预——西方职业社会学研究述评[J]. 社会学研究, 2006（1）: 197-221.

[3] 国家职业分类大典修订工作委员会. 中华人民共和国职业分类大典[M]. 北京：中国劳动社会保障出版社, 2011.

津英语词典》对"职业"的解释为：一个工作或专业（a job or profession）；一种生活方式（a way of spending time）。马丁（Martin）和辛津格（Schinzinger）在《工程伦理学》中提出，广义的职业是提供谋生手段的任何工作，而狭义的职业，如在工程领域中，则涉及高深的专业知识，自我管理和公共善协调服务等[1]，这与社会对工程师的角色定位和职责期望密切关联。总结职业的相关研究文献，我们可以看到一般所指的成熟"职业"是，形成了一定知识体系、共同语言、价值观念、职业道德和职业规范，具有一定入门门槛（如教育水平）和高度自治性，并被国家、社会所公认的专门工作领域，并且处于这一领域里的成员具有较强的职业认同感，如传统上的法律、医学等，其中更加体现了职业的"专业"性特征。自20世纪70年代起，学者们提出与其通过特征列举来理解职业，不如将注意力集中于职业化中知识的作用及垄断条件的社会分析上[2]。其中，"结构学派"将"职业化"作为研究的重点[3]，提出"职业化"过程取决于以下因素[4]：获得相对确定知识与实践的能力以及行业活动的具体化；获得知识和实践的机会；行业从业者自我意识的发展；行业外部对该行业作为一种职业的认同等。相关文献回顾表明，对职业化的认识有两种视角：从较宏观的职业发展视角看，"职业化"是指一个职业的从业者掌握了更多专有知识和技能，受到更多职业规范的约束，具有更多工作独立性、自主性和市场垄断性，从而逐渐成为一个成熟职业的过程；从较微观的个体发展视角看，"职业化"体现为职业路径完善清晰，职业台阶衔接有序，职业标准健全完备，职业素养逐步提升，专业能力持续增强的个体职业成长过程。

关于工程师这一职业，其出现是经济社会发展、社会化分工的结果，尤其在两次工业革命之后工程师职业群体迅速增加[5]。工程师不同于科学家，其目标不是探索基础理论，而是设计新物品，提出新方案，转化新技

---

[1] 转引自：毛天虹. 我国工程"职业化"研究——基于宏观工程伦理视角[J]. 自然辩证法研究, 2013 (1): 49-54.

[2] 刘思达. 职业自主性与国家干预——西方职业社会学研究述评[J]. 社会学研究, 2006 (1): 197-221.

[3] 毛天虹. 我国工程"职业化"研究——基于宏观工程伦理视角[J]. 自然辩证法研究, 2013 (1): 49-54.

[4] Millerson G. The Qualifying Associations: A Study in Professionalization[M]. Oxford: Oxford Press, 1964.

[5] 李曼丽. 工程师与工程教育新论[M]. 北京：商务印书馆, 2010: 57.

术[1]，因而除了专业知识，更要掌握工程技能，解决实际问题。随着工程技术对社会的影响更加广泛和深远，工程师的职责不仅是向雇主和顾客提供专业化的技术建议，同时要对整个社会的持续健康发展负责，这使得工程师"职业化"成为社会现代化进程中的一种必然[2]。在发达国家工程师已经成为一个从业标准明晰的成熟职业，而在有些国家，对工程师职业身份认知的模糊性成为工程师职业化发展的重要阻碍，这使得工程师职业伦理和职业制度的建设更加迫切。斯蒂芬·安格（Stephen Unger）曾提出："工程要致力于公共福利义务，工程师要开展道德讨论来影响他们的工作"，因此"过去的工程伦理学主要关心是否把工作做好了，而今天我们要考虑是否做了好的工作"[3]。此观点表明，工程师职业不仅需要重视专业技能和知识能力，更要注重职业伦理、职业道德和职业规范建设，这会影响工程师职业的社会地位、社会声望，同时构成了职业化的两个基本内容。根据Herkert工程伦理的基本框架[4]，当前工程师队伍的职业化，既要从"微观"视角考虑个体与工程师职业内部的关系问题，也要从宏观视角考虑工程师职业群体的社会责任以及相关社会决策问题。

具体地，结合工程师的成长发展，其"职业化"可以从以下三方面进行理解：第一，职业化是一个"过程"，即对应于一个个体人力资源持续开发的过程，一个个体"职业专业化"程度不断提升的过程，一个人才贡献、效能不断提升的过程。其中，涉及工程师职业伦理建设、职业规范建立、职业标准健全、教育培训完善、职业准入规范、职业社团发展、职业地位和职业声望形成等。第二，职业化具有指向性，体现于存在一个清晰的职业发展路径，同时，对应不同的职业发展台阶，具有公认、清晰、可见的职业能力和素质标准。在这里需要 套科学、有效的人才培养、使用、评价和激励的制度体系予以保障。第三，职业化具有开放性，即工程师的职业化发展基于政产学研开放合作、协调分工和认可认同。这里的"职业化"制度涉及高校培养、继续教育、专业评价、社会认可、岗位使用、等级晋级、薪酬回报等，其制度的设计和施行需要政府、产业、高校、社会、

---

[1] 孙锐，顾琴轩. 基于问题解决的科技创新人才能力培养策略研究[J]. 自然辩证法研究，2007(11)：95-99.

[2] 毛天虹. 我国工程"职业化"研究——基于宏观工程伦理视角[J]. 自然辩证法研究，2013(1)：49-54.

[3] 李曼丽. 工程师与工程教育新论[M]. 北京：商务印书馆，2010：57.

[4] Herkert J R. Future directions in engineering ethics research: Microethics, macroethics and the role of professional societies[J]. Science and Engineering Ethics, 2001, 7(3)：403-414.

工程界的共同参与和广泛认可。

为从工程师人才开发实践层面更加清晰地理解"职业化"的内涵，结合人才开发的关键环节，本书给出一个工程师职业化体系模型即操作性定义。如图 16-1 所示，工程师的职业化是以工程教育为起点，以能力标准为基础，以人才评价为核心，以等级晋升为台阶，以继续教育为保障，以教育认证和资质认证为支撑，以面向工程实践的能力素质和"专业化"水平持续提升为目标，职业发展台阶与专业能力水平紧密对应，对工程师成长发展具有引导作用的职业发展路径。工程师的职业化发展是一个长期规划和可被追踪的过程，其职业化的历程可被长期地、完整地、连续地记录和展示。同时，这一体系的建立和形成需要政府、院校、产业企业和专业组织的协调合作和紧密互动。

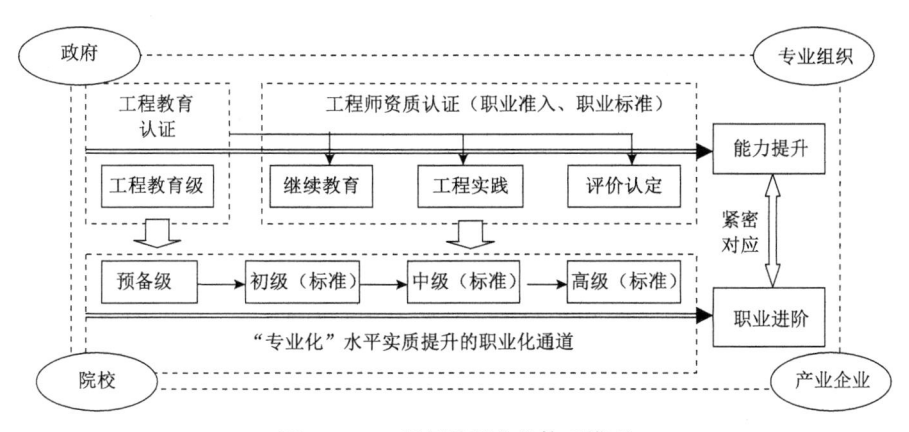

图 16-1 工程师的职业化体系模型

一般概念上的国际化，是指走向国际、国际通用或国际认可。人才国际化则包括宏观和微观两个层面：宏观层面上的人才国际化强调全球范围的人才流动和配置；微观层面上的人才国际化则强调为实现人才的国际流动和配置，个体不断提升能力素质，以适应国际化标准、要求的过程。宏观层面的国际化以区域为核心，表现在人才市场国际化、人才环境国际化、人才构成国际化以及人才活动空间国际化等方面。微观层面的人才国际化以个体为核心，体现在个体的思想视野国际化、职业素质国际化、专业能力国际化和产出水平国际化等方面，与之相对应的则涉及人才培养、评价、使用、回报等人才开发环节。具体到工程师而言，其国际化更强调国际标准、国际等效和国际认可，兼具宏观和微观人才国际化的内涵，并突出体现在技术水平和专业化程度的国际化方面，其国际化的最终结果在表象上体现为工程师无障碍跨国界流动。

2. 工程师职业化和国际化的关系分析

（1）职业化是国际化的基础。

对工程师而言，职业化和国际化既紧密联系，又有所区别，可以说职业化是国际化的基础，国际化是职业化的结果。工程技术人才职业化、国际化问题首先是一个工程技术人才开发问题。我国工程师的职业素质和能力水平达到国际水准，工程师的职业地位和职业资质获得国际认可，是以工程师的职业化制度建设为前提的。职业化建设的基本内涵在于形成围绕职业发展的人才培养系统，设置权威公认的人才评价标准和认证体系，构建基于能力提升的职业发展路径，建立专业化社会组织对职业群体进行规制构架，推动工程师在专门领域内持续提升其专业化水平，提高工程师实践问题的解决能力和做出实际贡献的能力，增强工程师职业的社会认可和社会声望，其中要体现自由竞争机制、市场机制和社会机制。

（2）国际化是职业化的目标。

国际化强调国际等效、国际对接和国际认可，其关键是能力等效、素质对接和贡献等同，这些都是职业化建设的目标。可以说，表面上是对工程师职业素质、专业能力、产出水平的国际认可，实质上是对工程师职业化开发制度的认可。这中间的基本假设是，只有建立了科学的开发流程（人才生产线），才能产出合格的产品（合格的工程师）。所以，要达到工程师的国际认可、国际可比，首先要解决人才生产的流程问题，即科学职业发展通道和相关制度的设计问题。其中涉及与人才教育、开发、评价有关的工程教育、继续教育和认证进阶等。所以，以往单纯推动人才国际化没有取得实质的成效，与没有建立完善系统的职业化人才开发制度具有一定关系。工程师职业化与国际化的关系模型如图16-2所示。

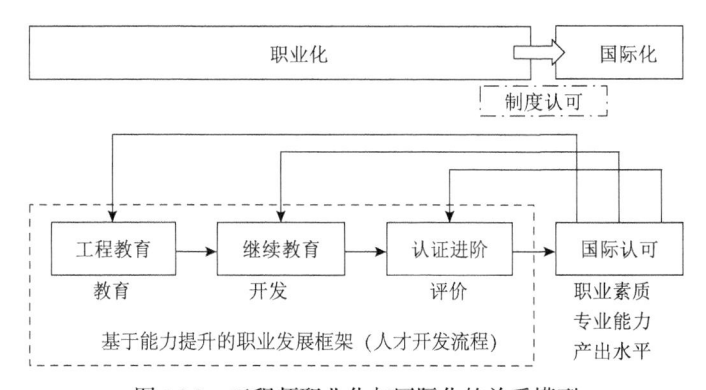

图16-2 工程师职业化与国际化的关系模型

（3）从职业化入手促进国际化。

职业化是手段，是途径；国际化是目的，是结果，二者不可分割。因此抓住职业化，促进国际化成为一种重要的策略逻辑。总结发达国家的相关做法，可以看到国际工程师开发主要基于两个关键认证：工程教育和工程师资质认证。它们一个处于人才开发的前端，一个处于人才开发的后端，共同构成了推动工程师职业化发展的关键支撑。国际经验表明，加入国际工程教育和职业资格互认体系是工程科技人才国际化的重要途径[①]。客观来看，不同国家或地区的工程师能力标准、水平会有所差异，人才跨域流动可能面临重新评估认定的问题。建立不同国家和地区之间对工程教育和工程师资质的互认框架，有利于以较少的鉴别成本减少人才流动和人才工作的障碍，为实现人才国际化配置打通渠道。因此，从职业化到国际化，关键要在工程教育认证和工程师资质认证上对标国际标准，实现国际等效，实现国际认可。同时，加强工程教育和资质等级认证间的有效衔接不仅有利于提升从业者的职业专业化水平，也有利于规范职业准入，增强职业的社会地位和权威性，提高工程师职业的成熟度。

二、工程师职业化和国际化的不足与存在的问题

当前，我国已成为世界第二大经济体，国际标准、国际水平将是我国未来发展需要考量的重要因素之一。虽然目前我国工科教育规模已居世界首位，但是，我国工程科技人才的整体素质水平，与我国现代化建设的要求相比，与发达国家的同类人员相比还有较大差距，整体表现为工程师队伍"大而不强"。有报道表明：我们培养出的工科大学毕业生只有10%能够胜任跨国公司的技术工作，有些毕业生的薪资水平还不及农民工，成为中国经济上行的硬伤[②]。本书对北京、上海、宁波、兰州、济南、包头、鄂尔多斯等地重点工矿企业、机构的基层工程科技人员、高级工程师、人力资源管理者和企业高层领导展开调研。结果表明，从职业化和国际化角度看，我国工程科技人才开发中存在如下突出问题：第一，我国工程师制度

---

① 王玲，雷环.《华盛顿协议》签约成员的工程教育认证特点及其对我国的启示[J]. 清华大学教育研究，2008（5）：88-92.
② 南方周末编辑部. 教育：中国经济上行的硬伤[N]. 南方周末，2010-10-28.

设计没有职业化意识,对工程科技人才还是按照传统干部、身份标签进行管理,唯学历、唯职称、唯资历、唯身份的"四唯"倾向严重;第二,在人才评价方面,没有建立起通用的职业能力标准,工程师职称评定主要是基于年资,而不是基于能力,职称等级难以与个体专业化水平挂钩,造成工程序列职称作为人才评价标尺的功能基本失效,工程师职业的社会地位偏低;第三,在工程教育方面,工科学生培养方案大多是从学科建设的角度设计、实施的,没有紧密对接工程实践,培养出来的工科学生能写论文,但不会解决实践问题;第四,在继续教育方面,重形式、轻内涵,没有融入职业化理念,继续教育难以对受教育者职业能力的提升产生显著的贡献;第五,在国际互认方面,工程师职业资格认证虽然开展了一些试点,但还是零散、不系统的,没有建立起行业内部权威,以及公认、统一的认证程序和体系,缺乏国家层面上的顶层设计。由于没有形成与重要国际互认协议相对接的工程师开发制度,要实现世界主要发达国家对我国工程师群体的资质认可,我们还有很长一段路要走。

以上存在的问题,在针对工程技术人员的问卷调查中也得到了印证[①]。本书课题组成员在我国东、中、西部地区,各选取样本发放并回收了两千余份有效问卷。其中,受访工程师对当前人才开发中存在的主要问题按重要度由高到低排序的结果为:大学教育不完善、职业发展通道不科学、成长激励不足、继续教育不完善、人才评价有问题。就选择比率来说,有67.20%的受访者选择了"成长激励不足",64.10%的受访者选择了"职业发展通道不科学",58.80%的受访者选择了"大学教育不完善",58.00%的受访者选择了"继续教育不完善",42.00%的受访者选择了"人才评价有问题"。同时有82.90%的工程科技人才认为,应适当学习借鉴国外经验在本行业建立认证注册工程师制度,其中有7.60%的受访者表示迫切需要在本行业建立注册工程师相关制度,问卷主要结果如图16-3所示。以上问卷反映出的问题与工程科技人才职业化、国际化发展的迫切需求息息相关,同时表明我国整体上还没有建立工程科技人才职业化、国际化的工作路径和制度体系。为此,有专家呼吁:我们不仅要有钱学森、袁隆平这样的大家,更要有大批具有较强问题解决能力、实用型的工程科技人才,这方面

---

① 孙锐,蔡学军,孙彦玲. 工程科技人才开发的问题与出路——基于职业化与国际化视角的调查与思考[N]. 光明日报, 2013-10-15.

的不足将成为我国实现经济转型、产业升级的最大桎梏[①]。2016年6月，在多部门的共同努力下，我国成为《华盛顿协议》第18个正式会员，标志着我国建立起与国际实质等效的工程教育（本科）专业认证体系，实现了工程教育国际互认[②]。截至2021年底，中国工程教育专业认证协会认证的专业超过1800个[③]。未来在工程教育专业认证的基础上，我国要加快推进工程师开发制度改革创新，大力推动我国工程师群体的职业化、国际化发展。

问题	占比
成长激励不足	67.20%
职业发展通道不科学	64.10%
人才评价有问题	42.00%
继续教育不完善	58.00%
大学教育不完善	58.80%

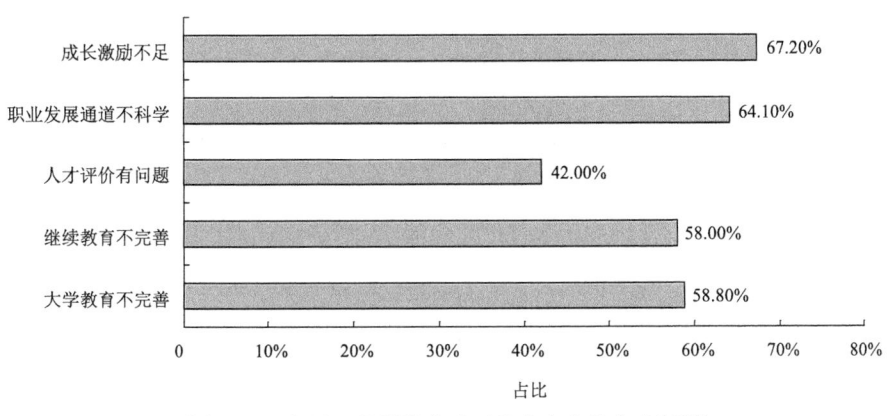

图 16-3　我国工程科技人才开发中存在的突出问题

三、推动我国工程师职业化和国际化的对策建议

1. 工程师职业化和国际化制度改革的关键问题

为进一步明晰我国工程师群体职业化、国际化制度改革需要着力解决的主要问题，本书课题组成员在以上工程师开发问题调研的基础上，梳理出了推进工程师职业化、国际化所涉及的改革关键环节和问题，并对工程师群体开展了相关满意度和重要性调查，调查结果如表16-1所示。

---

① 潘云鹤. 抓住机遇　大力培养创新型工程科技人才[J]. 中国高等教育，2009（24）：4-6，27.
② 吴启迪. 创新超越：当代工程师群体的崛起与工程成就[M]. 上海：同济大学出版社，2017：162.
③ 乔伟峰，王玉佳，王孙禺. 基于共同体准则的治理：工程教育认证的理论源流与实践走向[J]. 华东师范大学学报（教育科学版），2022，40（8）：9-18.

表 16-1　工程师职业化、国际化制度改革关键环节与问题调查

改革关键环节与问题	比较重要+非常重要	比较满意+非常满意	比例差值
改进现有大学工程教育制度	76.5%	27.5%	49.0%
推进我国工程教育鉴定认证	67.5%	33.1%	34.4%
根据工程师成长需要改造继续教育制度	74.8%	34.8%	40.0%
健全工程师的职业分类体系	74.6%	37.4%	37.2%
建立国际等效的工程师培养、开发制度	80.1%	37.0%	43.1%
推动我国工程师的国际资格互认	77.6%	38.4%	39.2%
根据工程师职业特点改革现有职称制度	69.9%	31.3%	38.6%

由表 16-1 可知，改进现有大学工程教育制度，建立国际等效的工程师培养、开发制度，根据工程师成长需要改造继续教育制度，都是重要性和满意度比例差值超过 40%的选项。而推动我国工程师的国际资格互认、根据工程师职业特点改革现有职称制度、健全工程师的职业分类体系、推进我国工程教育鉴定认证的重要性和满意度比例差值也超过 34%。当前，从推动工程师职业化发展的问题来看，主要是制度问题，其中涉及人才培养、评价、激励、晋升制度等。这类职业人才群体的职业化制度问题不解决，表现在形式上就是能力不足，并最终难以实现国际化。要推动工程师职业化和国际化发展，以上关键环节与问题方面都是需要关注的重要突破点。2011 年国家出台的《专业技术人才队伍建设中长期规划（2010—2020 年）》，提出要"建立和完善与国际接轨的工程师认证认可制度，提高工程技术人才职业化、国际化水平"。国际经验也表明，认证工程师制度的建立与完善将对规范工程技术人员的职业行为、提高其职业地位、促进其职业化发展和国际对接起到重要的推动作用。采用国际通行的认证认可制度其目的有两重性：第一，有效提高高等工科专业教育的质量和水平；第二，在资质认证的标准、程序上符合国际惯例。二者的有机统一，才能为工程师打入国际市场奠定基础[1]。未来一段时间，借鉴国际先进经验，积极推进工程师制度改革，建立、完善我国认证工程师制度体系是一项战略性工作。

2. 工程师职业化和国际化制度改革的基本思路

党的十八届三中全会提出"发挥市场在资源配置中的决定性作用"，

---

[1] 董秀华. 专业市场准入与高校专业认证制度研究[M]. 上海：上海人民出版社，2007.

"建立集聚人才体制机制"。在人才开发过程中,市场机制主要体现为人才竞争规律、人才价值规律和人才供求规律。充分调动工程师的积极性、主动性、创造性,建立面向国际、面向市场、面向现代化的工程师制度,是当前制度改革的重要取向。在工程师制度改革设计中,要进一步理顺政府与社会、市场之间的关系,推动政府实现角色、定位的转型,从人才工作的"前台"走向"后台",充分调动各类社会专业组织和企业组织的力量,承担起推动工程师职业化发展的责任,将制定人才评价标准、设计评价内容、开展水平评价、推动人才职业进阶交由社会机构承担,相关政府职责则定位于方向引导、规则制定、实施监管。通过政府、市场和社会职责的合理划分,为在市场竞争规律、价值规律和供求规律的作用下,实现工程师的优胜劣汰以及开发、配置的有效均衡提供空间。

在进行以上理论分析和相关调研后,本书认为我国工程师职业化、国际化的关键问题分别是:职业化制度建设问题、国际化能力标准达成问题。基于此,我国工程师制度改革的基本思路是:在建立工程师认证注册制度框架下,形成以认证工程教育为起点、以能力标准为基础、以人才评价为核心、以等级晋升为台阶、以继续教育为保障、以能力(专业化水平)提升为目标、以国际认可为结果的工程师职业化发展通道。借鉴国际相关制度经验,并结合我国背景和相关制度建立的可行性,在推动我国工程师相关制度改革时需要考虑以下几个方面。

首先,与西方发达国家相比,当前我国学会、协会等专业力量相对薄弱,单纯依靠学会和协会力量引导工程师的职业成长,并以会员身份体现工程师的资质等级差别,还不具备较强的工作基础。因此,可以借鉴美国的制度经验,抓紧建立权威、非营利、第三方的专业组织,在此基础上形成以行业规制为主、政府规制为辅(由政府颁发相应资质证书,以增强资质和认证的合法性、权威性)的管理模式,实现政府规制与行业规制的有效结合。

其次,对于工程师序列职称,在国家实施的专业技术职务聘任制中已经设立了高、中、初的相应等级,这种级别划分考虑了与其他行业情况的对等性;同时,当前我国事业单位和专业技术人员管理制度改革也都设立了相应级别。明确相应序列等级事实上也为工程师成长提供了阶梯路径,有利于引导工程师的职业成长[1]。结合我国国情,我们认为美国注册工程师

---

[1] 韩晓燕,张彦通. 英美注册工程师制度的级别划分研究[J]. 高等工程教育研究,2008(5):39-42,56.

体系中直接规定不同级别划分的制度设计对我国更具参照价值，可以在原有专业技术职务聘任制级别划分基本保持不变的基础上，严格明确各等级资质的评价标准和申请门槛，通过建立国际通行的基于"能力水平"的评价体系努力实现发达国家对我国工程师资质认可的目标。

最后，从我国国情和工程师开发现状出发，我们要广泛借鉴国际工程师制度的众家之长，同时规避各国具体制度中的短板和不足开展制度改革设计，形成与现有工程师制度的良好接续。例如，对于工程教育认证和工程师资质认证可以参照澳大利亚的做法，由统一、权威的第三方机构及其下属专业学会负责开展，以转变政府职能、简化程序、明确责任。在工程师资质标准建立以及等级台阶设置方面，可以参照英国的经验，建立分类别、分等级的职业标准体系，设置多个等级有序递升的职业发展通道，并强化认证工程师的继续教育。在人才评价方面，可借鉴美国、英国的长处，突破人才所在机构就近评价、单位"小同行评议"的做法，在全国范围内将考试和评审相结合，应用统一标准、统一程序开展全行业大评价和认证工作。在此基础上，要强化职业制度建设，增强工程师资质的权威性，同时倒逼获得工程师资质的从业人员增强职业自律。

3. 建立工程师职业化和国际化发展的制度体系

（1）基于产学研合作，大力推动工程教育鉴定认证工作。

将推动工程教育鉴定认证作为工程师质量保障体系的重要组成部分。持续推动对接《华盛顿协议》工作，将接受经过鉴定的工程教育作为工程师序列资质认证、注册的前置条件。明确申请不同等级的专业工程师资质都需具备相应的、经过认证的工程教育经历。工程教育认证可由高校就一个或多个专业提出申请，由相应领域的专业学会负责组织鉴定认证。各专业学会以《华盛顿协议》缔约国通行做法为参考，联合产业企业、工程界、高等院校、专业机构等以国家实际产业需求为基础，共同制定相关标准，开展鉴定认证工作。同时，与后继的工程师资质认证体系形成对接，确保工科毕业生具备从事工程实践的核心"素质能力"和学术水平。

（2）建立与职业发展密切联系的继续教育制度。

强化继续教育是工程师职业发展的一项基本义务，其与工程师资质认证和重新审核绑定在一起。丰富继续教育的内容与形式，使其与工程师的工作内容和职业发展紧密对接，与学历教育形成递延与互补的关系。进一步扩充继续教育的形式内涵，将参加培训课程、讲座、研讨会、学术会议，参与业内辅导/指导、授课、志愿者服务活动，发表专业论文，研发相关专利等，都转化为继续教育当量，计入学分。由专业学会负责审核工程师继续教育的学时、内容、机构，不达标人员将不能进行下一级资质认证或资质更新。同时，打破工程师职称和资质终身制，将继续教育作为一项重要考察指标，未达标者在限定时间内没有补齐，将被取消工程师职业资格。

（3）重构基于能力标准的评价认证机制。

构建符合国际惯例的工程师等级框架，提供一个可与现行工程师职称接续的，对应于职业专业化水平的认证注册级别。具体的，可设立与我国注册工程师体系相适应的实习工程师、助理工程师、注册工程师、高级注册工程师等级称号，为工程师指明职业发展目标，满足产业实践对人才鉴别、使用及激励的需求。重构以能力标准为依据，以（大）同行评议为基础，以考试、面试、考察为方式方法的评价认证机制。通过建立科学、清晰、递进的工程师水平等级标准，强化工程师职业进阶与能力提升的对应性。具体的，在健全工程师职业分类体系下，授权权威的专业机构联合企业、行业学会、高校和政府，制定以"专业技能、实践能力"为核心的"全国专业工程师能力素质标准"，并每隔若干年予以完善修订。将该标准作为国家工程师培养领域的纲领性文件，对认证工程师的能力水平和道德要求加以控制，并使工程技术从业人员对自身职业现状和未来发展都形成一个清晰的认知。在出台"全国专业工程师能力素质标准"的基础上，以权威专业学会为主体，施行全国性同行评议制度，规范工程师评价认证程序和方式，重视对工程实践能力和专业水平的考察，做到业内评价、标准统一、程序严格、客观公正、第三方操作，必要时以立法形式加以明确。

（4）实现政府规制与行业规制的有效结合。

由政府部门确定相应机构参与工程师认证注册工作，其主要职能是对认证合格的工程师加以审核、颁发证书、进行社会监督等，通过以上国家认定实现对注册工程师称号的国家认可。同时，建立由国家授权的、独立的、权威的、第三方全国性专业机构，如国家工程师理事会（在其下建立或附属各工程技术领域的相关学会），负责注册工程师的具体认证工作。明确我国注册工程师制度包括两大基本认证，即：工程教育认证和专业工程师资质认证。在认证实施中，由国家工程师理事会负责出台工程教育认证和工程师资质认证的相关标准，规定相关流程，并授权各专业学会对本行业的工程师进行认证等。其下辖各专业学会接受国家工程师理事会的授权，负责工程教育项目及工程师的鉴定认证，并跟踪记录认证工程师的职业成长过程。作为全国性非营利机构，国家工程师理事会的目标是以严格的注册标准和高尚的职业道德引导工程科技从业人员开展资质认证注册，从而保护社会公众的身心健康、人身安全和财产安全，进而引领工程师职业群体的未来发展，同时代表我国工程师群体参与国际事务，促进工程师资质国际互认。

在这种制度体系下，政府定位于提供基本的社会公共服务，在工程师职业发展中扮演组织、协调和认定角色，突出认证注册的权威性和国家认可；而将工程师标准制定、评价认证、工程教育鉴定、继续教育、国际交流合作等工作交由第三方专业组织承担，从而实现政府与行业各归其位、合理分工，保证工程师制度的健康可持续发展。

（5）健全注册工程师制度的配套保障体系。

首先，要建立人才信用体系，完善电子档案，严格信誉备案，对违背诚信、道德失范的从业者实现零容忍，剔除其相关专业会员资格，取消相关等级资质认证，并不得再从事工程师职业。其次，通过建立相关法规，对政府、专业机构和市场扮演的角色、承担的职能进行顶层设计，明确从业者的行为规范、权利义务，维护从业者和社会公众的利益。最后，积极开展国际交流，继我国加入《华盛顿协议》后，应抓紧启动《工程师流动论坛协议》等国际工程师职业资格互认工作。在做好相关制度建设基础工作的同时，要积极走出国门，邀请国际相关机构和知名专家不定期地开展交流和互访活动，更好地学习和借鉴国际经验，形成更加开放的国际人才培养机制，实现国际标准对接。

第17章 研发项目、组织学习与技术创新人才培养

2010年中央颁布的《国家中长期人才发展规划纲要（2010-2020）》，提出了未来10年人才优先发展的战略布局，其中居于首位的是培养造就创新型科技人才队伍。人才是一个国家的命脉，而创新人才是当今世界最重要、最宝贵、最稀缺的战略性资源。目前中国正处于从人力资源大国向人力资源强国的转变过程中，一方面，我国教育与科技事业蓬勃发展，已成为名副其实的科技、教育和人才大国[1]；另一方面，我国面临着高层次创新人才短缺、科技人才队伍结构失衡、人才整体创新能力偏弱、企业技术创新人才相对不足等诸多问题的挑战[2]，严重影响着我国产业结构升级、经济发展方式转变和经济社会可持续发展。因此，深刻反思创新人才培养体系机制，依据科技创新人才成长和培养规律，深入研究如何培养和造就具有较高创新水平和竞争能力的创新人才队伍，对建设创新型国家、提升企业自主创新能力，以及全面推进人才队伍建设具有重要意义。

在社会主义市场经济条件下，企业是自主创新的主体，也应成为创新人才培养的基本主体。但从我国实际情况来看，许多企业对创新人才培养问题还缺乏系统、深入的认识，尚未建立起有效的创新人才开发培养机制，突出表现在我国企业研发人才规模不大、缺少高水平科技领军人才上；在理论探讨方面，大多数研究主要从教育和激励层面展开，深入企业创新微观组织行为过程的研究非常匮乏[3]。《国家中长期人才发展规划纲要（2010-2020）》提出，人才培养要积极创新体制机制，促进创新人才向企业和一线集聚。在当前形势下，要转方式、调结构，必须建立和完善以企

---

[1] 马德秀. 培养拔尖创新人才需要孕育新突破[N]. 中国社会科学报，2011-03-10.
[2] 吴江. 尽快形成我国创新型科技人才优先发展的战略布局[J]. 中国行政管理，2011（3）：11-16.
[3] 孙锐. 克服创新人才不足"短板"[N]. 光明日报，2011-13-15；孙锐. 高层次创新型人才队伍建设亟待推进——"两会"代表委员关心的创新型人才议题[J]. 中国人才，2011（4）：71-72.

业为主体的技术创新人才培养体系。为此，需要改变急功近利的心态，结合创新管理和人力资源管理相关理论，提出一套有利于企业技术创新人才成长的培养模式和管理途径，为创新人才营造更加适合其发展的组织环境，形成有效的人才开发与管理机制。因此，本章首先在前期调研的基础上，提出创新、创造过程是一种问题解决过程，进而探讨了创新人才培养应着眼于塑造动态创新能力的观点，然后以调研企业为例对其高绩效科技创新人才培养实践进行了归纳总结，最后，对围绕重大项目实践，基于组织学习机制的创新人才培养模式，与创新人才动态创新能力塑造间的关系进行了研究，并据此提出了重大项目实践、组织学习与科技创新人才培养策略模型，分析了其中的相关机制和管理要素，以期对创新人才培养管理实践有所借鉴。

一、创新创造过程是一个"问题解决"过程

创新、创造本身是一个发现和解决非结构化问题的过程，其中涉及相关知识和智力的应用。个体在参与创新活动时，首先要对问题或任务进行描述、认知和解析，此后调动相关知识、信息储备来发现问题解决机会和创新途径，同时进行试错性反应，通过这种反应尝试建构问题解决方案[1]。在这一创新微观过程或问题解决过程中，涉及个人记忆的检索、关联、类推，智力的合成、转换、归类，相关概念、构思的属性发现、解析，以及相关功能推理和应用情景转换等脑力、智力活动[2]。创新人才知识、技能的精炼、整合和再造活动也延续于创新过程之中，这些活动使得创新可以根据需要被聚焦或者被扩展。Csiksentmihalyi 将创造、创新视为一个动态过程，认为其中涉及领域（domain）、个人（individual）与场景（field）三者的互动[3]：领域传递信息到个人，个人在场景下制造变异，场景将变异添加至领域。Amabile 则指出，个体创造力是专门技术、创造性技能、工作

---

[1] Amabile T M. Creativity in Context[M]. Boulder:Westview Press, 1996; Amabile T M. Assessing the work environment for creativity[J]. Academy of Management Journal, 1996（39）: 1154-1184.

[2] Finke R A, Slayton K. Explorations of creative visual synthesis in mental imagery[J]. Memory & Cognition, 1988, 16（3）: 252-257.

[3] Csiksentmihalyi M. Implications of a systems perspective for the study of creativity, In R. J. Sternberg（Eds.）. Handbook of Creativity[M]. Cambridge: Cambridge University Press, 1999: 313-335.

动机三种组成成分的交叠部分,三者的交叠程度越大,个体表现出的创造力就越高;而个体创造力会推动组织创新,组织创新的程度又取决于其资源配备、管理实践和组织动机的聚合部分[1],如图 17-1 所示。

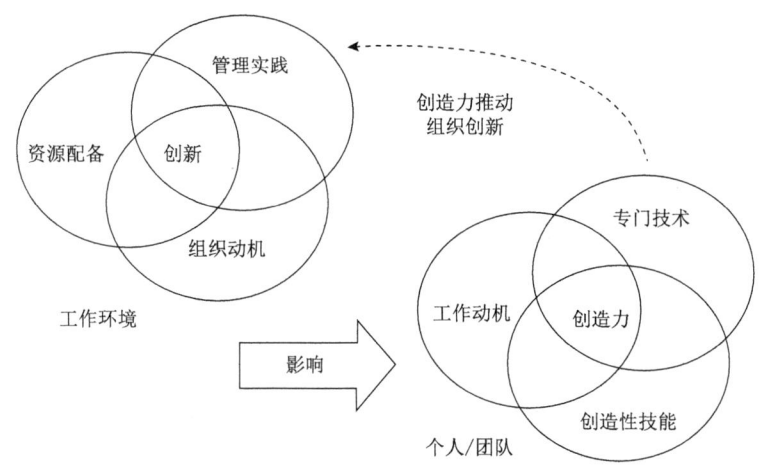

图 17-1 个体创造力与组织创新

由此可见,创新人才工作的关键特征是在一定任务场景中,凭借其专业领域积累,发现创新机会,并在个体动机驱使下,获取外部信息,描述和定义问题,激活相关知识储备,运用自身能力、技能和经验评价、搜寻和探索问题解决方案。这本质上是一个在特定场景中,发现问题、解决问题的过程,其中个体创造力表现为在这一过程中所运用的各种智力品质的总和,其中也包括个体情绪与内在动机等。国际创新研究专家吉尔福德曾经指出,"创新"和"问题解决"这两个概念具有本质上的一致性,因为二者都需要将既有的知识经验加以转换来产生新事物[2]。因此,创新活动可以视为一种特别的问题解决历程,只是这一历程是基于特定任务情景的,并且往往是分阶段的、非线性的、循环往复的。而那些表现出创新能力的创新人才个体,就是那些在某些专业领域中,针对特定任务,能够重新定义问题,解决问题,并且取得被认可、被接纳的创造性成果的人。

如上所述,创新人才的创造实践过程往往要历经资源约束和创意酝酿

---

[1] Amabile T M. Motivating creativity in organizations:On doing what you love and loving what you do[J]. California Management Review, 1997, 40(1):39-58.

[2] Guilford J P. Some changes in the structure-of-intellect model[J]. Educational and Psychological Measurement, 1988, 48(1):1-4.

的创新生成过程和探索历程，其中必要的工作动机和知识积累是创新的前提准备，而环境氛围、专业背景、任务情景等也将在背后起着重要影响。这一过程中体现着创新人才培养的重要规律。

二、创新人才培养的关键在于形成"动态创新能力"

在当今时代背景下，创新具有不可预测、不可组织、不可系统化的特征，这对创新参与者在知识存量、知识结构、知识运用能力、创新能力、应变能力和学习速度等方面提出了更高要求[1]。一般而言，人才"培养"是在特定的组织环境下，通过专门的指导活动使员工掌握工作相关的知识、规则与技能，改善其工作模式、态度和效率[2]，以保证员工胜任工作或符合岗位发展的要求，创造更多效益的人力资源管理活动。孙锐等曾提出，作为创新责任的主要承担者，创新人才需要从任务特征和组织情景出发，以发展的眼光，不断深化对相关业务领域的认知，动态地获取和掌握相关创新资源，并根据环境的变化对自身素质和能力结构做出适时的调整、优化和升级，以塑造柔性化的动态创新能力取得创新实效[3]。动态能力是一种在变化的环境中建立、整合和重组资源与能力的能力[4]。面对复杂、多变的创新性任务，创新人才要获得关于特定问题解决方案所需的方法和知识集合，就需要动态地调整和配置个体知识、技能集，形成多元化知识要素的动态组合能力。

在高风险的创新环境下，只有形成动态能力才能提高结构不良问题的解决效率。创新人才动态能力的塑造过程实质上就是其不断拓展和提升从事创新工作的综合素质，并动态构建其创新能力要素集合的过程。只有通

---

[1] 孙锐，陈国权. 知识工作、知识团队、知识工作者及其有效管理途径——来自德鲁克的启示[J]. 科学学与科学技术管理，2010（2）：189-195.

[2] 孙锐，石金涛. 知识环境下组织技术创新型人才培训机制探讨[J]. 科学学与科学技术管理，2006（5）：136-140.

[3] 孙锐. 高层次创新型人才队伍建设亟待推进——"两会"代表委员关心的创新型人才议题[J]. 中国人才，2011（4）：71-72；孙锐，陈国权. 知识工作、知识团队、知识工作者及其有效管理途径——来自德鲁克的启示[J]. 科学学与科学技术管理，2010（2）：189-195；孙锐，石金涛. 知识环境下组织技术创新型人才培训机制探讨[J]. 科学学与科学技术管理，2006（5）：136-140.

[4] Winter S G. Understanding dynamic capabilities[J]. Strategic Management Journal, 2003（10）：991-995.

过持续性地学习和实践活动，不断获取、整合和应用各种专业技能、知识和能力，进行创造性和开拓性工作，才能达到不断提供创新性产品和服务的社会期望。与此相适应，组织人力资源管理工作应以一种系统化的方式来推动外部知识资源的获取和内部知识经验的流动，通过正式或非正式的培养过程，推动创新工作所需的社会协作技巧技能发展，实现人员知识能力重组和潜力开发，塑造创新个体具有较强反应性和适应性的动态创新能力。

组织理论提出了一个重要观点，就是组织的洞察力以及创造性想法源于组织内的个体而非组织本身[1]。组织内的创新能量，不仅有一个从无到有的孕育过程，即创新的量变过程；同时，还有一个创新能量在不同组织层次间流动、演变、放大、转化的过程，我们将之称为创新能量的质变过程。可以想象，从个体层次上的一个创意的产生，到经过群体的评价、讨论、完善和增强，再到组织层面上各种资源的调配和生产，将之转化为一个具体、有形的产品或者服务，创新历程实现了由前半段到后半段的转化，也完成了由虚拟、抽象的创新意象到有像、有形的价值载体生成的转化，"创新"才能获得实现和体现。因此，从战略角度来看，创新人才的个体动态创新能力在组织创新中发挥着基础性作用，它可能为企业带来竞争优势来源的异质性。

从个体动态创新能力的提升到组织创新人才群体的涌现及创新绩效的转化，需要一种持续的、跨层次的集体学习机制，这种机制也是组织内部创新人才培养的系统化过程。有计划、高效地对已获取和正获取的，寄存于创新人才群体身上的知识、经验进行整合、内化、活化，有助于塑造基于人才动态创新能力的创新智力资本。组织实施基于特定组织背景的创新活动，如围绕重大项目聚集人才，解决实际任务问题，在任务情景中容纳知识管理、组织学习以及人力资源管理实践独特的关联管理要素、实践和流程，同时塑造推动创新的组织氛围，完善支持创新的后勤保障[2]，将有利于形成人才群体性动态创新能力，并使组织的创新行为具有不可模仿性和难以移植性。创新人才培养与组织项目流程紧密结合在一起，其中的动态性、项目性、群体性和社会性组织学习活动对创新人才动态能力培育产生着重要影响，其模型如图17-2所示。

---

[1] Hurst D. Crisis and Renewal[M]. Boston:Harvard Business School Press, 1995.
[2] 孙锐. 薪酬、授权、培训、职业发展与组织创新关系研究[J]. 科研管理，2010（2）：57-64.

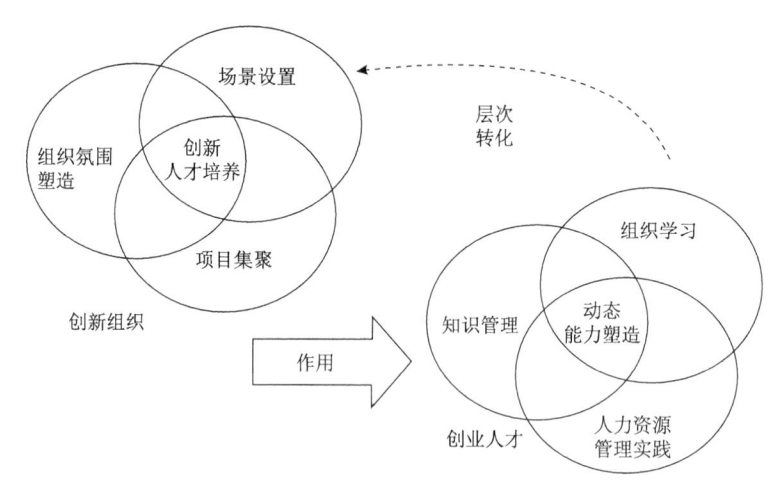

图 17-2　从创新人才动态创新能力到组织创新的表现

三、科技创新人才培养相关理论研究的总结分析

国际创新理论指出，科技创新过程是一个个人、团队与组织因素的社会化交互过程[①]，创新的实现依赖于不断提升创新者的创新技能，并在实践中充分调动其创造性潜力。文献回顾表明，国内创新人才培养的研究主要是从教育和激励两个角度进行的，理论研究较多，与一线人才培养实践相结合的研究较少。其中有学者提出的观点具有重要的参考意义，如袁树军指出，技术创新的人员能力构成包括：基础能力、行业能力和职业能力，其中职业能力不像知识那样可以通过课堂讲授就能够掌握，而需要参与与职业相关的实践活动逐步培养[②]。江卫东认为，团队型工作设计，符合创新任务的特性和创新人才的工作需求，有利于推动创新者的创新活动[③]。张利飞等强调，对创新人员的工作授权和环境激励很重要，学习培训、物质激励和职级晋升对研发人才有显著的正向激励作用[④]。俞晓军指出，尊重创新人才的自主性，增加创新工作的自由度，提高其组织地位会有力激发创新

---

① Amabile T, Barsade S, Mueller J, et al. Affect and creativity at work[J]. Administrative Science Quarterly, 2005, 50（3）：367-403.
② 袁树军. 技术人员能力结构及其培养[J]. 科技与管理，2005（1）：102-104.
③ 江卫东. 知识型员工的工作设计与激励[J]. 科学学与科学技术管理，2002（11）：58-62.
④ 张利飞,曾德明,张运生. 高新技术企业研发团队治理及其实证研究[J]. 科学管理研究,2004(4)：45-48.

人才的工作热情[①]。国际相关研究表明，创新活动具有高模糊性和不确定性，不仅要求创新者具有高水平、专业性、多样化和应急性的技术技能，也需要组织提供各种管理、服务和资源予以支持和推动[②]。国外针对创新人才开发主要有三种观点：一是人力资源策略推动。Shipton 等指出，提升创新人才知识多样性的人力资源管理实践（HRM）实践、培训与评估活动可以有效预测组织技术产品的创新绩效[③]。West 等指出，适当的 HRM 政策实践可以提高组织整体的创造力，如通过人员甄选可以判断不同人员是否具有做出独特创造性贡献的品质和潜质，引导、培训活动有助于提升创新人员的工作动机，并增强"创新"需要的发现问题、分享创意和挑战现实的相关能力[④]。二是基于实践的学习、训练和知识转移观点。Mascitelli 强调隐性知识分享和转移对技术创新的重要性[⑤]。他指出，组织应该充分鼓励创新者参与重大任务和工作场所中的学习活动，这样有利于提升创新者的实战性技能和勇于试验、承担风险的信心。May 等的调查表明，创新者将伙伴间的学习看作是重要的学习渠道，对他们而言，"做中学"和在职经验，是比传统学习方式如课堂培训更为高效的信息获取和教学方式[⑥]。Lohman 表明，有效创新者的技能开发，通常是以工作中的实际问题为导向的，"基于问题的学习"、"师带徒"和"行动学习"在创新专业能力培养方面具有重要的隐性传授价值[⑦]。三是领导管理和推动创新气氛支持观点。Janssen 的研究表明，领导者和管理者给予物质和情感支持对人才创新起到重要的积极作用，如能获取支持创新的重要资源，创新者将会感受到鼓舞和激励，

[①] 俞晓军. 日本企业研发机构的组织特征和运作方式分析[J]. 东北亚论坛, 2004（4）: 60-64.

[②] Mumford M D. Managing creative people: Strategies and tactics for innovation[J]. Human Resource Management Review, 2000, 10（3）: 313-351.

[③] Shipton H, West M, Patterson M, et al. Organizational learning as a predictor of innovation[J]. Human Resource Management Journal, 2006（1）: 3-27.

[④] West M A, Hirst G, Richter A, et al. Twelve steps to heaven: Successfully managing change through developing innovative teams[J]. European Journal of Work and Organizational Psychology, 2004, 13（2）: 269-299.

[⑤] Mascitelli R. From experience: Harnessing tacit knowledge to achieve breakthrough innovation[J]. Journal of Product Innovation Management, 2000, 17（3）: 179-193.

[⑥] May T Y, Korczynski M, Frenkel S J. Organizational and occupational commitment: Knowledge workers in large corporations[J]. Journal of Management Studies, 2002（6）: 775-801.

[⑦] Lohman M C. Cultivating problem-solving skills through problem-based approaches to professional development[J]. Human Resource Development Quarterly, 2002（3）: 243-261.

进而增强创新的内在动机[①]。也有学者强调了组织创新氛围对创新者的激励作用，指出当组织创新氛围更为浓厚时，将推动创新者进行自我知识和技能的更新，并会推动其主动投入创新活动中去[②]。目前，国际上关于创新型智力资本的前沿研究已从创新的个人特质转向关注组织工作情境和创新的外部支持，以及推进创新导向的组织系统构建方面。这对全方位视角下研究创新人才培养问题具有重要的引导和借鉴意义。

四、高绩效科技创新人才培养的实践经验总结

改革开放40多年来，有些管理先进的高新技术企业，显现出较强的自主创新能力，成为行业发展的领跑者。同时，它们在创新人才培养方面，建立起了独特的管理制度和体系，积累了一定的先进管理经验。基于前期对典型高新技术企业的实践调研[③]，笔者将创新人才培养典型实践归纳为以下内容。

（一）完善创新载体，推动创新团队运作

搭建创新人才培养的基本载体，是企业创新人才培养的首要条件。在创新导向的企业组织中，建立跨部门交叉的矩阵式组织结构成为一种典型经验。矩阵式组织结构有助于形成跨部门项目团队，当这种项目团队承担创新性任务时，由于其成员来自不同职能或技术部门，因此不仅能带来创新所需的物质资源，也能集合多种专家技能。这种跨部门团队形式，不仅是推动创新研发项目实施的基本任务单元，也是创新人才培养的孵化器和基本载体。在这种组织结构下，创新任务的执行过程，也是创新人才的参与和提升过程。围绕特定创新任务的执行，来自不同领域的技术人员，需

---

① Janssen O. The joint impact of perceived influence and supervisor supportiveness on employee innovative behaviour[J]. Journal of Occupational and Organizational Psychology, 2005,78（4）：573-579.

② West M A, Hirst G, Richter A, et al. Twelve steps to heaven: Successfully managing change through developing innovative teams[J]. European Journal of Work and Organizational Psychology, 2004, 13（2）：269-299.

③ 陈国权,孙锐. 个体能力发展的相关方法与策略途径研究[J]. 科学学与科学技术管理,2011（9）：157-165；孙锐,石金涛,李海刚. 围绕企业研发活动的创新人才培养与激励分析[J]. 科学学研究, 2008（1）：162-168；孙锐,石金涛. 基于研发项目的创新支持与人才培养机制[J]. 中国人力资源开发, 2006（11）：69-72，78.

要经历建设性的合作和问题解决过程，其中不同知识、经验和技能的整合、应用对创新人才意义重大，它有助于员工自身和集体创新能力的提升。因此，企业应高度重视创新团队建设工作。在创新团队的组建中要注意三点：一是团队成员要具有互补经验和技能，这样才能保证产生一加一大于二的效果；二是要注意团队成员的前期积累，以及对相关技术或顾客的熟悉程度，这样才能保证团队成员对任务实现有所贡献；三是要选择一个适合的团队领导，团队领导不仅应具备智商，更应具备一定情商。一个好的团队领导才会保证即使在较大的创新风险和工作压力下仍会有紧密追随的下属。调研发现，对企业而言，其创新活动或研发项目不仅是一种创新问题的解决过程，更是一种创新参与者的集体互动与能力开发过程。企业跨部门团队成员在创新过程中的协调搭配、同步互动，在显性层面上有助于团队任务实现，在隐性层面上有助于创新人才间知识的共享和转移。

（二）提供宽松空间，促进人际交流沟通

创新有时是一种对传统思维和行为方式的反叛，因此会在组织内部激起种种阻力。而创新的实现，需要组织提供一个宽松的空间，给予创新者以充分思考和选择的自由，配合种种软件和硬件条件，甚至是提供更强有力的后盾和支持。与此相对应，在创新人才培养方面，组织应充分考虑科技人员的工作兴趣和个人意愿，并赋予潜在创新人才以一定的工作自治性和自我决策权。在工作安排、工作方式和工作监督上，实行弹性的分散化管理，增强其工作的灵活性和个人自由度。其中，要加强沟通和反馈，通过定期的交流和会议制度保证组织成员工作活动的目标导向和有序进行。在基于组织技术实践的创新人才成长过程中，其领导和管理者应定位于后勤和支持者角色，与科技人员保持较近的情感距离，关心和支持他们正在做的工作，进行顺畅的意见交换，帮助他们克服或大或小的困难，有效协调工作任务的不一致性，减少、消除工作团队中的负面冲突，以使他们产生心理上的安全感和责任感。此外，企业内部应当建立有利于科技人员进行有效互动、交流的沟通渠道，以推动组织内部知识、技术的发布、推广和共享。具有较高创新绩效的高科技企业，往往通过建设半开放式的研发工作平台，将所有研发创新员工和创新团队集结在同一场地进行"群体式"工作，促进跨团队、跨部门、跨人际的信息联系、经验交流和知识借鉴。也有企业通过建立大量相互交叉的矩阵型工作平台，推动组织内正式和非

正式人际关系网络的建立，为创新者经验诀窍的共享、发布和转移提供便利。因此，开放式的组织工作设计不仅会为创新人才成长提供必要的群体学习场所，也会为具体创意的产生、提出提供火花来源。

（三）完善组织制度，重视经验诀窍传承

面对一项技术创新性难题，创新人才或创新团队仅靠前期经验和知识积累可能难以解决，这种情况在现代创新活动中经常发生。创新导向的企业往往通过完善智力资本的相关制度建设，提供"技术难题"的求助途径或保障经验诀窍的有序传承。例如，在某些创新型高新技术企业中，建立了可称为"问题黑板"的难题求助机制，以保证研发人员在急需时获得相关技术解决方案或提示。当研发人员遭遇创新难题时，可以向专业职能部门寻求解决方法。如果求助失败，则可在企业开放研发平台设置的多块空白黑板上，即"问题黑板"上对技术难题进行描述，公司内的其他技术专家将以自发的方式在问题记录上提出相关解答方案或解决途径。每过一段时间，组织会有专门人员对"问题黑板"上的"技术问答"进行搜集、整理，并以一种"经验借鉴卡"的资料管理工具进行积累、记录。所以"经验借鉴卡"成为保存企业相关技术瓶颈和难题、技术细节及相应解决方案的重要知识管理工具。当一位新的研发人员加入或者希望进行自我提升时，通过学习"经验借鉴卡"，就可以快速掌握组织相关技术经验的结晶，提升其创新研发效率。有更多的企业，针对现代创新人才培养，建立了一对一的专家辅导制度，即"传帮带"制度。其中较为典型的做法是，组织人力资源管理部门与创新人才所在部门合作，针对创新人才培养对象的经验和能力水平，以及对其创新能力和创新绩效的预期，为其指定一位专业导师。专业导师负责承担技术指导和工作解疑任务，并为培养对象提供有针对性的专业发展咨询。他们一般由组织内的资深技术专家担任。随着创新人才专业能力的不断提升，其导师将会更换为具有更高水平的专家。这种一对一的专家辅导和创新人才"过程导引"制度将成为高水平创新人才成长的进步阶梯。

（四）塑造创新氛围，打造内部支持环境

培养创新型人才，需要组织在保证相关资源和财政投入的基础上，强化创新软环境建设，将打造一支团结自信、善于学习、勇于创新的企业人

才队伍作为提升组织创新能力的支点。组织要确立革新挑战、勇于创新、团队合作与尽职尽责的核心价值观，并在全公司内推行容忍风险、鼓励学习、允许犯错的开放型企业文化，由企业领导者亲自推动宣传，带动组织创新氛围的提升。其中重点在于鼓励企业创新的"全员参与"，它建立在"人人成才"的理念之上。组织只有重视每位创新人才的话语权，充分发现每位创新人才的独特价值，尊重每位创新人才的革新意见，并鼓励其勇于担负企业责任，才能形成创新人才群体活力迸发的生动局面。此外，"支持创新"的领导方式和组织创新氛围的塑造也不可或缺。"支持创新"意味着赋予科技人员更加广阔的发挥空间，鼓励员工进行自我突破，塑造敢为人先的企业精神，在引导期持续提升个人和组织创新能力，让其积极投入试验、创意和协作等创新活动中去。其中，组织的创新氛围是个体创新中人际关系的融合剂和组织创新流程的润滑剂。不论是在企业还是在其他非营利组织中，从创造性想法的提出，到新产品、新技术的问世，都需要组织成员的协同配合，其间涉及一系列个体、群体与组织的社会化交互过程，并且创新成效与创新者个体的情绪等心理要素密切相关。组织的创新氛围可以在组织成员和客观环境之间起到关键的连接作用。组织的创新氛围即组织的创新支持感知是否建立，会直接影响组织内的成员是不是能创新、敢创新、愿创新。组织成员所处的工作环境对创新的激励程度越高，创新活动可运用的资源就越多，员工的创新支持感知也就会越强，从而推动员工更多的创新投入，最终引导组织创新水平和人才创新水平的提升。

五、研发项目实践、组织学习机制与创新人才培养

（一）创新人才成长与组织学习机制

德鲁克提出了"知识工作者"的概念，并认为持续的创新是知识工作者的核心特征，而这种创新在很大程度上是围绕着组织内的"任务"完成的，如图17-3所示[①]。

---

① 彼得·德鲁克.21世纪的管理挑战[M].朱雁斌，译.北京：机械工业出版社，2006.

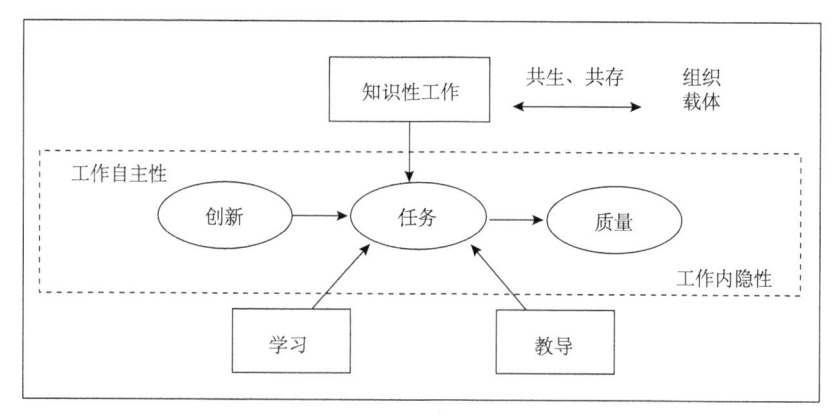

图 17-3 知识工作者的工作要素模型
资料来源：根据彼得·德鲁克《21 世纪的管理挑战》整理

科技创新人才是最典型的知识工作者。由于创新任务的工作内隐性及质量要求，知识工作者完成任务需要给予导出其责任心的工作自主性，而持续的学习与教导活动必须成为工作的重要组成部分[①]。创新是一种智力资本的释放、传递与知识交互的复合产物，创新动态能力的增强涉及对知识的知觉、关联、同化及应用等一系列过程，同时需要一个人际互动和尝试错误的学习过程，其中包括对多样化问题解决经验的累积[②]。

动态能力是主体不断调适、整合和重构其能力以应对快速变化环境的能力。Zollo 和 Winter 从另一个角度给出了动态能力的定义：一种持续的关于集体行动的学习方式，通过这种方式主体建立和修正其行为模式以不断实现更高的绩效[③]。他们强调动态能力源于一种系统的、持续的组织学习机制，并强调智力资本是构建动态能力的基础。在竞争环境和风险环境下，科技创新人才实现创新需要以组织学习机制、动态视角搜寻新知识，更新知识结构，塑造具有适应柔性的创新智力资本。基于组织学习的创新人才动态能力进化机制如图 17-4 所示。

---

① 彼得·德鲁克. 21 世纪的管理挑战[M]. 朱雁斌, 译. 北京：机械工业出版社, 2006.

② Zollo M, Winter S G. Deliberate learning and the evolution of dynamic capabilities[J]. Organization Science, 2002（3）：339-351; Huber G P. Organizational learning: The contributing processes and the literatures[J]. Organization Science, 1991（2）：88-115.

③ Zollo M, Winter S G. Deliberate learning and the evolution of dynamic capabilities[J]. Organization Science, 2002（3）：339-351.

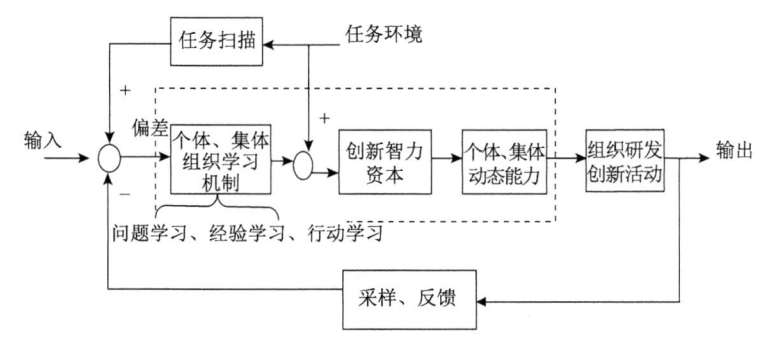

图 17-4 基于组织学习的创新人才动态能力进化机制

组织学习机制通过以下途径促进创新人才智力资本更新和动态能力进化[①]：通过基于实际问题解决的学习，在知识整合与经验集成中学习，在"师带徒"和"做中学"的行动中学习，开展实践、试验与原型设计，拓展创造视野，增强创新意识，知晓创新途径，获取创新方法。围绕特定任务实施，基于特定任务情景，引入、吸收、内化外部新知识，塑造创新型智力资本。持续更新智力资本的知识基和经验库，动态掌握新工具，获取新知识，优化新流程，发展应对多样化任务情景的柔性适应能力，形成动态性能力塑造模式，持续改善组织研发创新行为模式，提升创新绩效。将改进的创新行为模式输出反馈到组织学习的输入端，使组织学习机制根据个体创新模式效果进行实时的适应性调整。

（二）围绕重大项目实施的科技创新人才培养机理

有学者指出，高效的组织模式是对过去行为方式进行选优、保留和沉淀的结果[②]。其中表明了特定的组织载体及隐性知识对组织智力资本塑造的重要性。也有研究发现，个体的技术学习有助于提升个体创新所必备的能力、知识和动机[③]。个体的能力或能力与特定的工作背景、任务情景有密切联系，因而对于其他特定的组织背景和任务情景，先前有效的能力组合可能不具有可移植性。个人的创新能力要素包括思维中蕴藏的知识、对基本原

---

① 孙锐，顾琴轩. 基于问题解决的科技创新人才能力培养策略研究[J]. 自然辩证法研究，2007(11)：95-99；孙锐，石金涛. 知识环境下组织技术创新型人才培训机制探讨[J]. 科学学与科学技术管理，2006（5）：136-140；Huber G P. Organizational learning: The contributing processes and the literatures[J]. Organization Science, 1991（2）：88-115；孙锐，石金涛. 组织学习、知识创新与企业动态能力扩展研究[J]. 情报科学，2006（9）：1292-1296.

② Garvin D A. Building a learning organization[J]. Harvard Business Review, 1993（4）：78-91.

③ Nonaka I, Konno N. The concept of "Ba": Building a foundation for knowledge creation[J]. California Management Review, 1998, 40（3）：40-54.

理的认识、专门技术、个体素质和基本技能等，它可以通过员工基于高效组织的研发运作模式，围绕组织特定的重大研发项目活动，在基于工作场所的组织学习和创新实践中获得，其中包括与他人合作获取外部知识，在任务实践中内化、整合、活化，最终形成根植于个人的独特、隐性知识过程。

Nonaka 和 Konno 提出了"Ba"的概念[①]，可以将其表达为图 17-5[②]。他们所指的"Ba"意为知识创新平台，即知识学习发生的场所。"Ba"可以是物质空间，也可以是虚拟空间。它可以依据建立感情和信任、共享知识、规范知识和探索实践等不同的功能侧重，分为发起巴、对话巴、系统性巴和演练巴等，在其中不断进行着知识获取、分享、转化和应用的 SECI[社会化（socialization）、外显化（externalization）、组合化（combination）和内隐化（internalization）]螺旋循环。围绕重大项目的创新人才培养实践，其中蕴含着基于实践任务的组织学习机制。"重大项目"的设置本身形成了一个"Ba"，其中体现着教育与实践相结合、学习与应用相结合、创新与生产相结合。"Ba"为个人、群体、项目、知识、任务和环境之间建立联系提供了能量交换平台，同时也是将问题学习、经验学习、行动学习连接起来的场所，使组织学习和人才培养成为一个有机的过程体系。在这个"Ba"中，组织、团体、个体，以及新手、专家的知识性、经验性、概念性智力资产，在认知、探索和互动中得到结构、性质上的动态更新和升级。其中的关键活动是问题学习、经验学习、行动学习的活动。在"Ba"中，知识应用、观点碰撞和创意批判有助于创新人才深化对其行为模式与创新成果间因果关系的理解，"Ba"为基于组织学习的创新人才动态能力进化机制提供了载体平台。

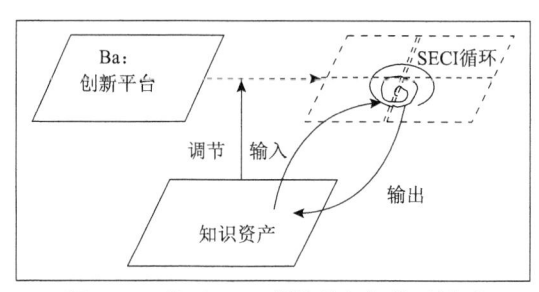

图 17-5 基于 SECI 螺旋的组织学习循环

资料来源：Nonaka I, Konno N.The concept of "Ba": Building a foundation for knowledge creation[J]. California Management Review, 1998, 40（3）: 40-54

---

① Nonaka I, Konno N. The concept of "Ba": Building a foundation for knowledge creation[J]. California Management Review, 1998, 40（3）: 40-54.
② 孙锐, 石金涛. 组织学习、知识创新与企业动态能力扩展研究[J]. 情报科学, 2006（9）: 1292-1296.

（三）重大项目实践、组织创新环境与创新人才培养策略模型

创新的动态性推动了以重大项目为平台的创新人才培养模式的产生。在上述讨论基础上，我们提出了一个研发项目平台、组织学习与科技创新人才培养策略模型，如图17-6所示。前期调研表明，创新人才的专业技能通常是以工作场所的实际问题作为开发工具的，而解决复杂性问题的动态能力通常是在实践或实验的基础上产生的[①]。基于重大项目的"Ba"，建立了以项目和团队运作为基础，具有边界柔性、可渗透、可扩展的灵活、自主"价值创造"平台。由于创新任务中某些隐性知识只能通过实际参与中的观察、揣摩和感悟，以个人体验的方式探悉，"Ba"中的"问题学习"、"经验学习"和"行动学习"在创新人才培养中具有不可替代的价值，它们有助于形成个体动态创新能力。

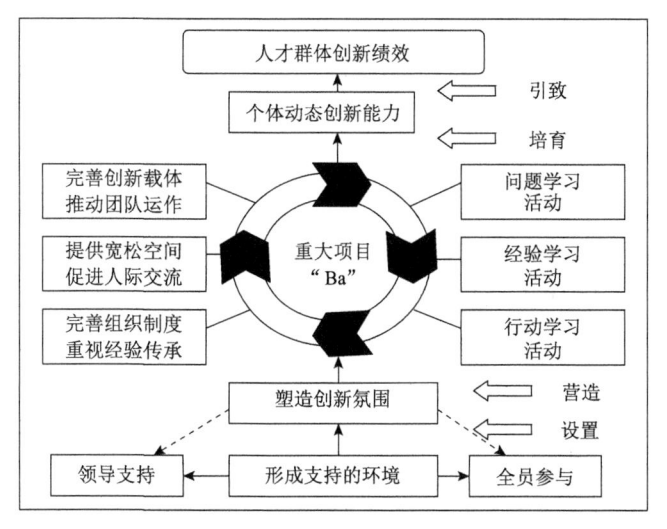

图17-6 重大项目平台、组织学习与科技创新人才培养策略模型

而前文中围绕研发项目的典型创新人才开发经验，如完善创新载体，推动团队运作；提供宽松空间，促进人际交流；完善组织制度，重视经验传承，以及在领导支持和全员参与下形成支持的环境，塑造创新氛围等本身就是三类组织学习的具体体现，或者反映着重要的组织保障层面，对基

[①] 孙锐，顾琴轩. 基于问题解决的科技创新人才能力培养策略研究[J]. 自然辩证法研究，2007(11)：95-99；孙锐，石金涛. 知识环境下组织技术创新型人才培训机制探讨[J]. 科学学与科学技术管理，2006（5）：136-140；孙锐. 互动型技术创新的人才培养[J]. 中国科技资源导刊，2010（7）：16-22；孙锐. 变革环境下企业创新人才培养研究——组织学习的视角[M]. 北京：经济科学出版社，2011.

于组织学习的创新人才动态能力塑造发挥着重要作用，产生着重要贡献。有效运用基于重大项目实践的创新人才培养模式将有助于提升创新智力资本的开发成效。

国内著名汽车厂商奇瑞公司多年来致力于推动实施行业前瞻的底层研发项目[①]。在重大项目实施过程中，公司鼓励每位创新参与者就技术路线和问题解决方案发表看法，提出建议。当遇到关键技术难题时，公司高层会亲自召集技术人员会商讨论，并推动尝试多种可行方案。公司不会因为一个研发项目的失败而追究某个人的责任，也不会因此降低创新人员的绩效考评和薪酬水平。奇瑞最初提出自主研发发动机项目时遇到各个方面的阻力，因为发动机研发项目风险太大，挑战性太高。但董事长还是给予大力支持和鼓励，他讲如果项目失败了，将会得到大项目的过程经验，员工不会受到惩罚；但是如果项目成功了，那么大家就都成功了。公司基于项目实施以各方面的管理和资源支持，最终奇瑞的发动机研发项目获得成功，令业内刮目相看。奇瑞聚焦重大研发项目，塑造支持性的组织环境氛围，为提供充分的组织条件，推动技术人才在项目实践中不断锻炼、摔打，在取得突出研发绩效的同时，也锻炼出一大批勇于开拓、善于钻研的技术创新骨干。

企业要承担起作为创新人才培养主体的责任，而科技创新人才最好的成长通道是以大项目、大工程来铺就。"两弹一星""载人航天"等重大项目在培养出一流创新人才方面取得了许多成功经验。实行"人才+项目"的培养模式，将创新人才的培养和使用结合起来，依托重大科研、工程、产业攻关项目，在实践中集聚、培养和锻炼人才是未来一段时期创新人才培养的重要选择。我们将重大项目平台、组织学习与科技创新人才培养策略模型总结如图 17-6 所示。

六、基于"研发项目"的创新人才培养理论分析与相关启示

（一）研发项目、创新实践与创新人才能力发展

对企业而言，组织内部研发活动是形成自主创新能力的源泉。研发任

---

① 孙锐，蔡学军. 营造企业创新氛围，激发人才创新活力[N]. 科技日报，2012-03-19.

务的执行依赖专业人员综合运用其技术、理论知识、分析工具和隐含性的判断技能,并通过心理、行为与任务特质的交互来实现。员工创造性能力的提升往往内嵌于组织流程中,具有路径依赖,难以通过模仿来获取。有研究指出:缺乏必要的、能够促使新知识和技能被完全理解的任务情景,导致个人不能充分掌握和利用关键的知识资源,从而影响了个体的创造性发挥[1]。Nybø 指出,随着任务非结构化和决策复杂性的增加,组织更加需要基于专业的和胜任力的人才发展策略[2]。特别是对于那些技术密集型创新任务的参与者,组织应扩展他们在工作场所中的学习机会,并赋予其工作程序的自由度和工作过程的自治权。

科技企业依据创新人才成长规律,将企业的实际研发活动作为技术创新人才培养的载体,这种基于问题的学习和行动学习方式更可能导致创新活动参与者的双环学习。基于问题的训练和学习方式使参与者处于一个问题解构、自我导向的学习,假设建立并验证的往复过程之中,以建立解决非结构化问题的能力。个体联系已有知识和过程学习的机会越多,对相关知识提取和利用的灵活程度就越高,同时有利于塑造具有适应性的创造性认知风格。通过参与研发项目活动,创新人才不仅能够获得新信息,创造新产品,还有助于提高探索现有信息并对其加以消化、吸收和利用的能力。企业科技通过高绩效的企业研发活动实践,配合相应的研发推动管理措施,将对创新人才的培训、指导、训练和开发紧密结合在一起,促进了创新人才软技能和硬技能的持续提升。

(二)创新导向的组织管理策略与人才培养激励

创新理论研究指出,组织创新的达成要落实在个人、团队和组织三个层次上[3]。在个人层次上,个体特质(如认知能力、人格特征)、创新意愿(内部、外部动机)等影响创新;在团队层次上,创新涉及团队结构(如团队异质性)、资源(如知识、技能和能力)与团队过程;在组织层次上,

---

[1] Bott R, Munro A, Lindsay P H, et al. Human Information Processing[M]. Orlando: Academic Press Inc., 1977.

[2] Nybø G. Personnel development for dissolving jobs: Towards a competency-based approach?[J]. The International Journal of Human Resource Management, 2004, 15(3): 549-564.

[3] Mumford M D. Managing creative people: Strategies and tactics for innovation[J]. Human Resource Management Review, 2000, 10(3): 313-351.

创新影响因素包括组织特性、结构、创新文化及领导推动等[1]。Huselid 的研究认为，创新性 HRM 组合实践涉及了信息共享、工作分析、内部晋升、团队与决策参与、薪酬制度、训练、申诉渠道、员工挑选，以及正式的绩效评估等多个方面[2]，这个框架指出了组织创新人才开发、人才保障和人才报酬等三个方面的管理内涵和方向。笔者曾经对一家大型跨国通信技术企业，简称 B 公司，基于研发项目创新性人才培养管理策略与实践进行案例总结分析，其主要管理策略如表 17-1 所示[3]。我们看到 B 公司依据创新人才的成长规律，将企业的实际研发项目作为技术创新人才培养的载体，这种基于问题的训练和学习方式使参与者处于一个往复的过程之中，进行问题解构、自我导向的学习，建立并验证假设以解决非结构化问题。个体联系已有知识和过程学习的机会越多，对相关知识提取和利用的柔性程度就越高，同时有利于塑造具有适应性的创造性认知风格。通过参与组织的研发活动，个体不仅能够获得新信息，创造新产品，还有助于提高探索现有信息并对其加以消化、吸收和利用的能力。该公司通过高绩效的企业研发活动实践，配合相应的研发推动管理措施，将对创新人才的培训、指导、训练和开发紧密结合在一起，促进了创新人才软技能和硬技能的持续提升。

表 17-1 围绕研发项目实施的创新人才管理策略

管理方面	创新管理实践
招募与甄选	管理者重资质、领导力，研发成员重特质、兴趣、专业潜力；研发人才结构的多元化和与公司价值观的匹配；人员测评、深度面谈等多种技术的综合使用
训练、开发	多层次的培训选择，培训项目的自我定制，较高的培训预算；利用外部技术合作推进学习，研发人员导师制度，专业发展咨询

---

[1] Cohen W M, Levinthal D A. Absorptive capacity, a new perspective on learning and innovation[J]. Administrative Science Quarterly, 1990, 35（1）: 128-152; Shipton H, West M, Patterson M, et al. Organizational learning as a predictor of innovation[J]. Human Resource Management Journal, 2006(1): 3-27; Mascitelli R. From experience: Harnessing tacit knowledge to achieve breakthrough innovation[J]. Journal of Innovation Management, 2000, 17（3）: 179-193.

[2] Huselid M A. The impact of human resource management practices on turnover, productivity, and corporate financial performance[J]. Academy of Management Journal, 1995（3）: 635-672; Amabile T M, Schatzel E A, Moneta G B, et al. Leader behaviors and the work environment for creativity: Perceived leader support[J]. The Leadership Quarterly, 2004（1）: 5-32.

[3] 孙锐,石金涛,李海刚. 围绕企业研发活动的创新人才培养与激励分析[J]. 科学学研究,2008(1): 162-168.

续表

管理方面	创新管理实践
绩效管理	强调胜任力基础，2W1H（what、why、how）的绩效考核主线；自我报告与管理层评估、反馈相结合；注重专利、论文和互助行为的考核；强调贡献、影响力和能力的平衡；绩效辅导与开发；培训、训练评估；重视对资深专家人才培养任务的考核
奖酬制度	以技术级别、创新绩效为基础的薪资体系；科研评比表彰，专利奖励制度；薪资分配比重对研发人员的倾斜；技术专家的荣誉身份；重视员工工作的满足感；建立自我发展、自我实现的组织环境；全面报酬制度
管理导向与组织文化	组织创新战略的支持，组织领导者的创新鼓励，组织价值观的导向，鼓励创新的文化建设，终身学习的理念，增强对高级人才的吸引力
人才发展	提供挑战性的工作；项目任务的参与选择；国际人才流动计划，国际研发轮岗；重视内部升迁，双阶梯晋升渠道，职业路径设计系统；识别、管理关键创新者，技术守门人计划
研发工作设计	交叉网络型研发平台；平台 HR 管理支持；推动研发团队间的竞争、互动；强调自治，明确授权的扁平化管理；沟通渠道畅通
组织学习与人际交流	团队、平台的互动机制，团队间的桥接、协作；咖啡吧和非正式组织交流；跨边界的合作研发学习；国际同行的双向流动；跨国创新团队的组建；内部知识、技能的传承与整合
资源提供与创新策略实施	充足的研发经费和先进的基础设施；市场驱动和技术驱动创新双线并行；技术产品创新的分类管理；自上而下与自下而上的双向创新渠道；原始型创新的松散管理模式，关键创新人才的政策和管理支持

B 公司围绕企业研发创新活动，通过建立网络交叉型研发平台，创新团队的有效配置，形成创新导向的自主工作环境，建立研发人才紧密联系的导师关系，实现多维人才成长计划，推动组织学习和内部交流，扩展企业外部的知识联系等管理和组织策略，将企业创新人才培养、开发与研发项目的实施推进结合成一个有机系统。公司通过在组织文化、组织结构、资源支持、政策与领导、行政影响、工作设计等方面的组织策略和管理制度，为组织创新活动和创新人才开发提供了组织创新支持性环境和背景。组织成员所处的工作环境对创新的激励程度越高，研发活动可运用的资源就越多，组织创新管理策略越适当，则员工的创新支持感知就会越强，组织创新气氛越显著，从而取得了较高的研发创新效率和组织整体创新水平。

（三）企业创新人才培养激励与组织创新气氛构建

目前，国际创新的前沿研究已从个体创新特质、创新过程的研究深入推动组织创新的工作情景和工作系统方面。创新的组成成分理论认为，组织创新是个人、团队与组织因素的社会交互过程，组织背景因素会激励或阻碍创新的实现，其中组织创新气氛是重要的作用变量[1]。

组织创新气氛是员工对组织政策、管理行为、组织流程以及其他重要环境因素促进或阻碍创新的主观认知[2]，它在员工个体与组织创新环境、制度间起着关键的连接功能。其中包括创造力鼓励（组织鼓励、领导鼓励和工作团队支持）、充足的资源、工作自主性、工作压力与组织创新阻碍（内部冲突、保守主义、正式结构）等五方面，为描述个人、组织因素与组织创新之关联关系提供了较为清晰的研究轮廓。企业以研发项目活动为创新人才培养的基本载体，通过在组织文化、结构、政策、领导，以及资源支持、工作设计等方面的组织策略和管理制度，为组织创新活动和创新人才开发提供组织创新支持性环境和背景，成功塑造了组织创新推动的环境气氛。在企业组织内部具有如下正反馈效应：组织成员所处的工作环境对创新的激励程度越高，创新活动可运用的资源越多，组织创新管理策略就越恰当，员工的创新支持感知也越强，组织创新气氛就越显著，从而取得了较高的研发创新效率和组织整体创新水平。

在相关文献基础上[3]，结合企业案例研究，我们提出基于企业研发项目的创新人才培养与激励模型，如图17-7所示。该模型包括三个层面，即微观的研发项目层，中观的领导支持层，以及由系统化管理政策、制度和文化所构造的组织环境层。在研发项目层，创新参与者通过在实际任务情境中进行技能识别、协同合作、知识整合和问题解决，在任务达成的同时实现创新参与者创新能力的提升；在领导支持层，公司通过关于研发活动的任务自选、资源支持、动态评估和顺畅沟通等管理支持手段和措施保障研发项目有效运作。在组织环境层，公司通过系统化的组织政策、制度，以

---

[1] Janssen O. The joint impact of perceived influence and supervisor supportiveness on employee innovative behaviour[J]. Journal of Occupational and Organizational Psychology, 2005, 78（4）: 573-579.

[2] Shipton H, West M, Patterson M, et al. Organizational learning as a predictor of innovation[J]. Human Resource Management Journal, 2006（1）: 3-27.

[3] Janssen O. The joint impact of perceived influence and supervisor supportiveness on employee innovative behaviour[J]. Journal of Occupational and Organizational Psychology, 2005, 78（4）: 573-579; 孙锐,石金涛. 基于研发项目的组织创新支持与人才培养机制研究[J]. 中国人力资源开发, 2006(11): 69-72, 76; Huselid M A. The impact of human resource management practices on turnover, productivity, and corporate financial performance[J]. Academy of Management Journal, 1995（3）: 635-672; Amabile T M, Schatzel E A, Moneta G B, et al. Leader behaviors and the work environment for creativity: Perceived leader support[J]. The Leadership Quarterly, 2004（1）: 5-32.

及企业文化导向形成推动创新型人才培养和发展的系统组织管理环境[①]。研发创新的活动过程、管理领导的创新支持以及组织创新环境等三个层面的因素决定和塑造着特定组织的创新气氛。创新气氛的强弱关系创新任务执行者对组织创新推动的整体感知。组织创新气氛的增强，会导致组织员工创新行为在数量和频度上的增加，进而推动企业组织在技术创新能力和创新绩效方面的持续提升。

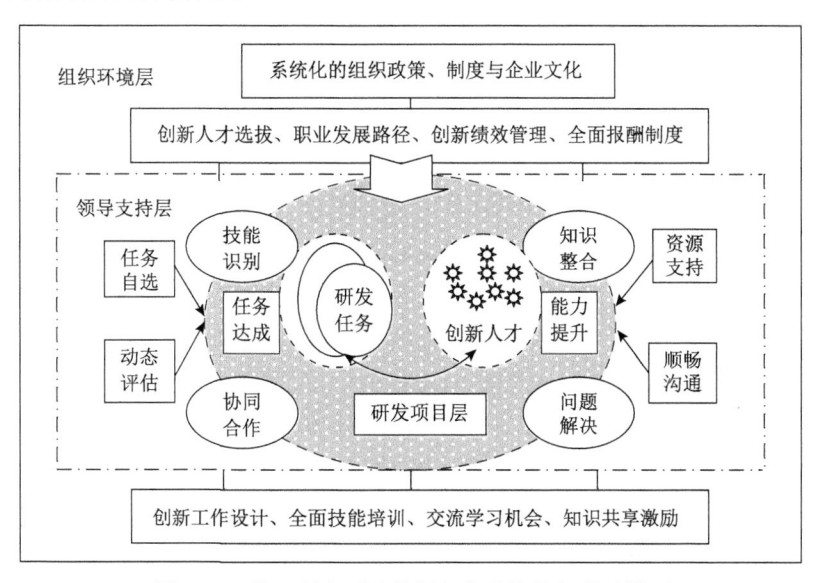

图 17-7　基于研发项目的创新人才培养与激励模型

Amabile 提出了 KEYS 量表，用以分析影响组织创新气氛的工作环境因素，要提升企业的竞争能力，培养思维敏捷、知识完备、具有创新精神和创造力的核心人才是根本保证。围绕研发活动的创新人才培养与激励模式，为创新人员设置了基于问题情境的知识共享和行动学习环境，在有效的组织支持、创新氛围和环境保障下，是一种重要的创新人才培养途径。

[①] 孙锐，石金涛. 基于研发项目的组织创新支持与人才培养机制研究[J]. 中国人力资源开发，2006（11）：69-72，76.

第18章 典型城市青年科技人才引进政策评估

人才是实现民族振兴、赢得国际竞争主动的战略资源。自2017年以来，在全层面一场不见硝烟的人才争夺战在各城市之间大面积爆发，各大城市乃至各企业间出现了激烈的人才竞争现象。从本质上看，人才争夺战的愈演愈烈离不开政策的支持与引导，各地纷纷使出浑身解数，释放"政策红利"，启动了百余项计划、出台了多项政策措施来加大人才吸引力[①]。然而，人才引进政策在内容制定方面还亟待完善。例如，尽管人才引进政策遍地开花，但政策内容过于"同质化"，存在许多雷同和照搬，政策优势落入了"财大气粗"的俗套，其表现就是缺乏对青年科技人才的整体性研究和认知，即大部分政策文件只照搬一线城市的相关条例，缺乏结合当地特征、有针对性的"引子"[②]。此外，青年科技人才发展社会环境制约明显，人才管理部门监管不完善，偏重人才的"引"，忽视有质量的"留"，对待青年科技人才不能一以贯之，缺乏"精耕细作"，难以有效提质增速。因此，构建青年科技人才引进政策评价机制，不仅有利于从总体上考察人才强国战略的阶段性特征，为当前白热化的人才争夺战提供理论价值；也有利于监测各地区在人才引进政策制定中存在的问题和具体差距；还有利于各地区对政策要素进行优化改进，以结合当地特征制定行之有效的政策，形成有地方特色的人才引进政策实践体系，提升地区话语权，增强区域人才制度的竞争力，形成独具特色的人才工作导向。基于此，本书在厘清相关理论特征的基础上，构建了青年科技人才引进政策评价指标体系，建立了政策量化标准手册，聚焦于济南、武汉、成都、南京的青年科技人才引进政策，通过量化赋值与比较分析对以上城市核心地区人才引进政策进行了综合评价、实证分析。基于政策内容分析，本书有效实现了非结构化政策文本数据的结构化转换，在检验政策文本的一致性、比较政策文本的差异性等方面

---

① 孙锐. 构筑新时代人才发展治理体系[J]. 人民论坛，2019（26）：58-60.
② 孙锐，黄梅. 人才优先发展战略背景下我国政府人才工作路径分析[J]. 中国行政管理，2016（9）：18-22.

颇具优势；同时基于相关政策评估实证研究，为区域政策文献与政策实践的有效对话提供了切入点，为构建新时代人才发展治理体系提供了一定参考。

一、人才引进政策评估的相关理论框架

（一）相关概念内涵分析

在人才优先发展的战略背景下，青年科技人才引进政策体系的构建是一项任重道远的系统工程，体现在地区经济发展、产业结构升级与青年科技人才之间的有限对应关系上。青年科技人才引进政策的核心要义在于提升人才拉动力，通过改善引才待遇、工作条件、引进程序等来增强对人才的"虹吸效应"。从作用机理分析，青年科技人才引进政策可以刺激地区经济，增强地区吸引力，优化产业转型升级，提升地区竞争力。从政策构建分析，青年科技人才引进政策的制定应当与青年科技人才的发展高度契合，有效衔接青年科技人才成长需求，符合青年科技人才发展的内在规律和制度需要；青年科技人才引进政策还应当与地区政策紧密相连，通过政策约束下的机会利用，引导青年科技人才适应地区政治、经济、文化等多维环境。

（二）相关研究文献回顾

政策文本作为政策信息的"载体"，透过政策主体、政策客体、政策目标和政策工具等信息能够反映政府行为的变动与偏好，为政策制定者和研究者进行观测和探讨提供路径与渠道。目前，围绕青年科技人才引进政策研究形成了一个复杂多维的"议题集"。有学者聚焦政策文本的内容分析，如郭俊华和徐倪妮基于创业政策框架对科技创业人才政策文本进行了文本分析[1]；刘忠艳等探讨了1978~2017年国家级科技人才政策的演进逻辑，发现政策着力点与区域经济发展、产业结构调整呈现出高度的耦合性[2]；李燕萍等在提炼科技人才政策发展脉络的基础上，总结了科技人才引进政

---

[1] 郭俊华，徐倪妮. 基于内容分析法的创业人才政策比较研究——以京沪深三市为例[J]. 情报杂志，2017（5）：54-61.

[2] 刘忠艳，赵永乐，王斌. 1978~2017年中国科技人才政策变迁研究[J]. 中国科技论坛，2018（2）：136-144.

策内容的演化逻辑和变迁特征[①]。有学者关注政策工具的选择与组合，如倪海东和杨晓波通过构建政策设计、政策目标和政策环境的三维体系，对海外青年科技人才引进政策的选择与组合进行了全面分析[②]；陈星平等基于中央政府工作报告在流动与吸引、选拔与培养、评价与激励等方面对科技人才创新创业的注意力进行了测量[③]。有学者将重点放在科技人才的评价体系构建上，如盛楠等探究了创新驱动战略背景下科技人才评价体系的构建，揭示了科技人才对全要素生产率的增长效应[④]；吴江和张相林从奖励型、保障型和发展型政策出发，探讨了人才的工作冲突、人才团队建设的现状以及团队建设的政策需求，探究了"团队式"对人才引进力度的影响机理[⑤]；张同全和石环环基于政策的"投入—产出"探讨了科技人才引进政策的实施效果，着重探索了"经费投入"对科技人才满意度的影响机制[⑥]。

综上，关于科技人才引进政策领域的理论研究，既有文献形成了政策内容－政策工具－政策评价的逻辑框架。但整体来看，有关政策内容的相关研究方兴未艾，仍存在一些迷惑和缺失，大多数文章对科技人才引进政策内容的整体性把控和认知感悟仅局限于单一视角，缺乏整体性思考。同时，政策评价体系的文献相对薄弱，仅有的几篇文献仅聚焦于政策实施效果评价体系的构建，并非以政策内容视角为切入点，对政策制定的现实指导性不强。基于此，本书立足于政策内容视角，强调通过政策文献来了解政府的行为印迹，从宏观上梳理政策的内容体系，对人才引进政策进行监测评估，以此得到评估结论和相关成效原因，发现隐藏在政策背后的"红利"，进而分析政策吸引力的影响过程。

（三）研究框架与方法

政策文献是政府执政理念与信息的物化载体，客观反映了政府进行公

---

① 李燕萍, 刘金璐, 洪江鹏, 等. 我国改革开放40年来科技人才政策演变、趋势与展望——基于共词分析法[J]. 科技进步与对策, 2019（10）: 108-117.

② 倪海东, 杨晓波. 我国海外高层次人才引进与服务政策协调研究[J]. 中国行政管理, 2014（6）: 110-113.

③ 陈星平, 毕利娜, 吴道友. 中国政府推进科技人才创新创业的注意力测量——中央政府工作报告（1978~2017）文本分析[J]. 科技进步与对策, 2018, 35（23）: 155-160.

④ 盛楠, 孟凡祥, 姜滨, 等. 创新驱动战略下科技人才评价体系建设研究[J]. 科研管理, 2016（S1）: 602-606.

⑤ 吴江, 张相林. 我国海外人才引进后的团队建设问题调查[J]. 中国行政管理, 2015（9）: 78-81.

⑥ 张同全, 石环环. 科技园区创新人才开发政策实施效果评价——基于山东省8个科技园区的比较研究[J]. 中国行政管理, 2017（6）: 85-89.

共事务管理的行为印迹,并通过客观的、可追溯的文字记录政策系统与政策过程[1]。随着大数据技术的发展,政务公开更加透明化,依托文本数据挖掘方法与技术,为以政策文献为研究对象的公共政策研究提供了更广阔的平台[2]。值得指出的是,本书聚焦"内容分析法"这一研究范式与分析视角,内容分析法是一种定量分析与定性分析相结合的语义分析法,可以反映政策文献中非量化、非结构化的信息,挖掘和探究隐藏在政策文献背后可分解的政策类目[3]。

青年科技人才引进政策的体系构建是一种基于政策内容的价值判断,是关于地方政府引才力度和强度的判断,也是对人才吸引力的判断。经综合考量,本书研究步骤如下(图18-1):第一,选取2007~2018年颁布的国家级青年科技人才引进政策文本为样本,根据政策文本的内容属性和结构特征进行归类、提炼;第二,基于内容分析法的原理与逻辑构建政策评价指标体系,并运用层次分析法计算各指标的权重系数;第三,依据政策文本的力度、强度构建政策量化标准手册;第四,选取典型城市的政策文本进行统计和量化分析,计算出政策评价综合指数 $q_i = \sum_{i=1}^{n} h_{ij} B_j$,并比较 q_j,得到各区域的优劣顺序。

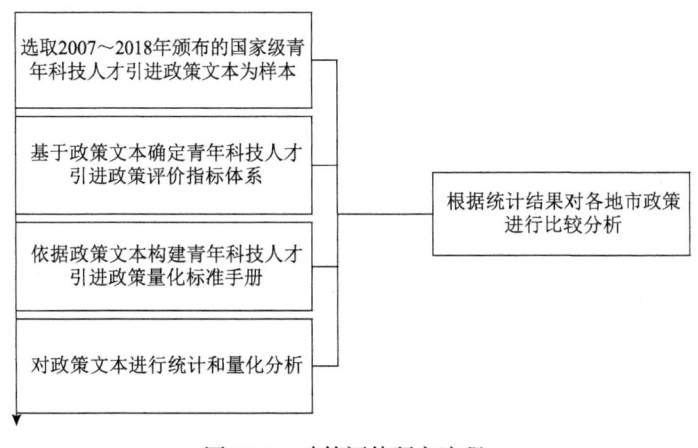

图18-1 政策评估研究流程

---

[1] Kågeson P. Control techniques and strategies for regional air pollution from the transport sector the European case[J]. Water, Air and Soil Pollution,1995,85(1):225-236.

[2] 黄萃,任弢,张剑. 政策文献量化研究:公共政策研究的新方向[J]. 公共管理学报,2015,12(2):129-137.

[3] Gormley W T. Intergovernmental conflict on environmental policy: The attitudinal connection[J]. Political Research Quarterly, 1987, 40(2):285-303.

二、地方科技人才引进政策评估的研究设计

(一)政策文本的选取

自 2007 年"人才强国战略"被确定为我国的基本战略以来,中央和地方有关部门陆续出台多份改革文件以深化人才发展体制机制改革,完善人才引进政策,加快建设人才强国。因此,本书在选择政策样本时,考虑到全面性、权威性、系统性等因素,将 2007 年作为研究起点,检索了 2007～2018 年我国青年科技人才引进政策作为样本来源。其中,所选取的政策文本均采集于中央政府相关部委网站以及国内人才工作协会网站公开的数据资料,政策类型包括法律法规、决定、意见、暂行办法、通知公告等,对所收集政策根据其政策条目及所做的政策筛选规则做进一步整合筛选,最终得到 40 份政策文件。

(二)评估指标体系的构建

1. 分析单元界定

在政策研究中,分析单元是进行政策量化的基础,是描述政策内容的有效载体。考虑青年科技人才引进政策体系的构建,本书对 40 项国家级政策进行了梳理,进行了分析单元的编码工作。在政策分析单元的界定上,以政策出台时间的顺序按照"政策编号-文本序列号"进行了相应编码,在进行重复性剔除之后,得到的编码数为 312 项。鉴于篇幅所限,仅列部分编码(表 18-1)。

表 18-1 青年科技人才引进政策文本编码表(部分)

编号	政策名称	政策文本的内容分析单元	编码
1	《关于深化项目评审、人才评价、机构评估改革的实施意见》	加强用人单位人才评价主体地位。支持用人单位健全科技人才评价组织管理,以职业属性和岗位要求为基础,建立科学的人才分类评价体系	1-1
2		突出岗位履职评价,健全考核制度,加强聘后管理,在岗位聘用中实现人员能上能下,完善内部监督机制	1-2
3		落实职称评审权限下放改革措施,支持符合条件的自治区高校、科研院所、医院、大型企业等单位自主开展职称评审,以及岗位聘(任)用工作	1-3

续表

编号	政策名称	政策文本的内容分析单元	编码
4	《关于加强国家重点实验室建设发展的若干意见》	以提高科技创新活力为核心，推动国家重点实验室建立开放、流动、竞争、协同的用人机制，吸引顶尖人才、培养青年人才、用好现有人才，促进人员合理的双向流动，助推重大成果产出和国际影响力提升	2-1
5		强化对国家重点实验室人才队伍建设的评价，引导出成果、出人才并重，造就一大批具有国际水平的战略科技人才、科技领军人才、青年科技人才，稳定支持优秀创新团队	2-2

2. 分析类目构建

确定分析类目是构建政策评价框架、确立评价指标体系的基础。目前，学术界有关人才引进政策体系的构建包括两类型、三类型、四类型和五类型等划分（表18-2）。在相关研究的基础上，本书依据拉斯韦尔提出的政策支撑体系，构建了供给型、需求型和环境型的分析维度。其中，供给型政策是指政府通过信息、技术等手段，提供工作、晋升等优惠条件，改善青年科技人才成长发展的相关要素，推动人才资源开发和人才资本的开拓；需求型政策是指政府通过税收优惠、财务金融等手段提供资金扶持，调动青年科技人才创新创业的积极性，间接推动区域创新活力的迸发；环境型政策是指政府通过提供生活津贴、户籍政策、住房政策、子女入学政策等支持型政策，为青年科技人才生活提供有利的政策环境，打造精细化人力资源服务。

表18-2 青年科技人才引进政策代表性的分类体系

类型	作者	年份	分类体系
两类型	Ergas	1987	使命导向型、扩散导向型
	Kuusisto	2002	供给面政策、需求面政策
	Johansson	2007	一般型政策、特殊型政策
	常静	2011	供给促进型、需求激励型
	顾承卫	2015	发展型政策、保障型政策
	孟华	2017	发展型政策、福利型政策
三类型	Rothwell	1997	供给型政策、需求型政策、支持型政策
	苏竣	2001	供给面政策、环境面政策、需求面政策

续表

类型	作者	年份	分类体系
三类型	潘晨光	2008	供给、需求和环境政策
	杨河清、陈怡安	2013	引得进、留得住、用得好
	宁甜甜、张再生	2014	供给型、需求型、环境支持型
	周雨露	2015	工作条件、经济待遇、生活保障
	吴江	2015	奖励型、保障型和发展型
四类型	Cantner	2001	基础研究1型、基础研究2型、扩散型和使命型政策
	Freitas	2008	使命型政策、扩散型政策、特定型政策、一般型政策
	郑代良、钟书华	2012	经济状况、集群文化、生活环境、管理制度
	孙锐	2014	人才数量、人才质量、人才投入、人才效能
五类型	Balzat	2006	市场、制度、金融、技术、研究
	牛冲槐	2007	管理制度、配置制度、产权制度、人才使用制度及激励制度

3. 指标体系设计

为探究青年科技人才引进政策的体系构成，本书在分析类目的基础上进行了指标的筛选。基于政策体系框架，通过文献计量深入分析2007～2018年青年科技人才引进政策文本，运用Nvivo 11.0进行政策文本的概念提炼，在语义判断、逐级编码的基础上，形成"参考点—子节点—树节点"的编码层级，对政策类目进行了删减、合并，最终合并为15项政策类目。同时，基于政策体系规范的考量，本书采取专家咨询法验证了指标体系的科学性、合理性，得到了青年科技人才引进政策评价层次结构，如图18-2所示。

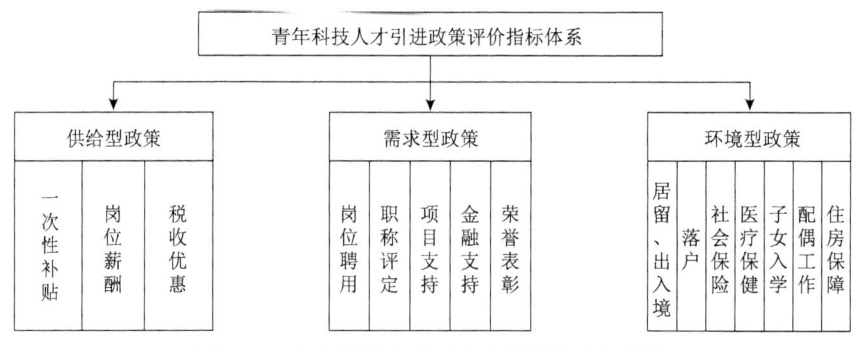

图18-2 青年科技人才引进政策评价层次结构

（三）评估指标权重的确定

本书运用层次分析法对政策体系中的各级指标进行了权重分配。邀请了 7 位专家进行指标的打分工作，其中包括 2 名人才办的工作人员、2 名从事人才学研究的科研工作者和 3 名高校人力资源管理专业的教师。通过专家访谈、电话征询来搜集数据。在判断值的确定上，采用 1~9 及其倒数作为标度，通过两两之间的比较计算出人才引进政策评估第 i 行相较于第 j 列重要程度的评价结果。借助 yaahp0.5.2 和 SPSS20.0，在经过构建判断矩阵、判断矩阵一致性检验、求解判断矩阵的特征向量、层次综合排序及其一致性检验之后，本书根据特征矩阵计算出特征根及特征向量，并对青年科技人才引进政策评价指标的特征向量进行了标准化计算，得到了最终的指标权重（表 18-3）。

表 18-3 青年科技人才引进政策评估指标的权重系数

一级指标	权重系数 WK_j	二级指标	权重系数 WP_n	权重系数 WC_j
供给型	0.3289	一次性补贴	0.2771	0.0911
	0.5028	岗位薪酬	0.1654	0.1654
	0.2201	税收优惠	0.0724	0.0724
需求型	0.4986	岗位聘用	0.2807	0.1400
	0.2924	职称评定	0.1458	0.1458
	0.1569	项目支持	0.0782	0.0782
	0.1428	金融支持	0.0712	0.0712
	0.1273	荣誉表彰	0.0635	0.0635
环境型	0.1725	居留、出入境	0.1554	0.0268
	0.1263	落户	0.0218	0.0218
	0.0994	社会保险	0.0171	0.0171
	0.0931	医疗保健	0.0161	0.0161
	0.1604	子女入学	0.0277	0.0277
	0.1053	配偶工作	0.0182	0.0182
	0.2601	住房保障	0.0449	0.0449

（四）量化标准手册的构建

为了进一步度量政策的内容效度、确保政策变量的精确度，我们在借鉴彭纪生等对政策进行量化赋值的基础上[①]，详细研读了政策样本，划分了政策措施的测量标尺，并以 5 分制作为赋值标准。为保证量化标准手册的客观性与科学性，在初步确定政策量化标准以后，我们对量化标准手册的信度、效度进行了检验。

在信度检验上，邀请了 10 名政策研究者分为两组进行验证。量化标准的检验方面，进行了一致性检测，具体公式为 $R = \dfrac{n \times K}{1+(n-1) \times K}$，其中，$R$ 代表信度，K 指同意度（编码者类目分析的相同度），K 的计算公式为 $K = \dfrac{2M_{1,2}}{N_1 + N_2}$，$M_{1,2}$ 表示两组人员完全一致的检验条数，N_1、N_2 分别表示两组人员的检验条数。

一般而言，信度系数介于区间[0.8，0.9]即被认为是合理可接受的，大于 0.9 则具有非常高的信度。我们随机抽取了 42 项政策文本进行了检测，其中，观点一致记√，观点不一致记×。经检验（表 18-4），15 项政策条目的信度均大于 0.85，甚至 90%的条目大于 0.9，信度系数均符合一致性系数的要求。此外，在效度方面，由于研究对象均来源于公开发布的政策文件，政策内容效度具有自明性，间接证明了研究的效度优良。基于此，最终确定了政策量化标准。鉴于篇幅有限，仅列举青年科技人才引进政策量化标准手册中"岗位聘用"的赋值标准（表 18-5）。

表 18-4 政策编码信度检验结果

政策类型	政策类目 1	政策类目 2	……	政策类目 14	政策类目 15	样本信度
一次性补贴	√	√	……	√	×	89.00%
岗位薪酬	√	×	……	√	√	92.60%
税收优惠	×	√	……	√	√	91.00%
岗位聘用	√	√	……	√	√	94.50%
职称评定	√	√	……	√	√	93.70%
项目支持	√	√	……	√	√	95.50%
金融支持	√	×	……	√	√	95.67%
荣誉表彰	√	√	……	×	√	97.00%
居留、出入境	√	√	……	×	√	92.60%

---

① 彭纪生,仲为国,孙文祥. 政策测量、政策协同演变与经济绩效：基于创新政策的实证研究[J]. 管理世界，2008（9）：25-36.

续表

政策类型	政策类目1	政策类目2	……	政策类目14	政策类目15	样本信度
落户	√	√	……	√	√	91.00%
社会保险	√	√	……	√	√	91.70%
医疗保健	√	×	……	√	√	90.80%
子女入学	√	√	……	√	√	93.00%
配偶工作	√	√	……	√	×	92.50%
住房保障	√	√	……	√	√	95.00%

表18-5 青年科技人才引进政策量化标准手册（岗位聘用部分）

指标得分	赋值标准
5	对全职引进的高层次人才，可不受单位专业技术岗位总量、最高等级和结构比例的限制，设立特设岗位予以聘任
4	可聘任引进人才担任重点学科首席教授或重点实验室首席科学家，也可根据实际需要，聘任其担任学校、院（系、所）、实验室等领导职务
3	用人单位应根据有关的特殊政策规定，结合引进人才的具体情况，安排其担任中层以上领导职务
2	鼓励和支持入选人员通过竞争承担重要项目或担任领导工作
1	没有给出详细的规定或者明确的措施

三、地方科技人才引进政策评估的实证研究

（一）数据来源

青年科技人才引进政策是创新驱动发展战略下研究的焦点问题，也是各地市实施人才优先发展战略的重要参考。在进行实证评估中，首先，考虑到青年拔尖人才是地区优质人力资本和缄默知识的载体，本书以中共中央组织部评选的"国家级青年拔尖科技人才"为研究对象；其次，考虑到地方政府在引进青年科技人才工作中发挥了更多的实质性作用，本书主要从东、中部和西部选取经济规模相当、发展水平近似的城市作为比较对象；最后，结合《国家中长期人才发展规划纲要（2010-2020）》的出台时间，检索了2010~2018年的政策文本作为实证分析的数据来源。综合各项因素，本书选取2010~2018年济南、武汉、成都、南京等城市的青年科技

拔尖人才引进政策文本作为青年科技人才引进政策评价的决策单元，将各市人才引进政策进行细解，按照 15 项政策类目进行内容归纳，运用量化标准手册进行赋值，对各市青年科技人才引进政策进行效率评估和对比分析。

（二）量化赋值

基于量化标准手册，我们聘请了 6 位经过培训的硕士研究生进行打分，以确定指标数据。整个政策量化确定分为两个步骤：步骤一，初始数据确定环节，邀请 6 位研究生在梳理所搜集的各地市相关政策颁布时间和政策效度后进行独立打分，打分结果的一致性为 92.7%，说明此次评分有效；步骤二，正式量化确定阶段，对评分员的评分结果进行标准化处理形成正式量化数据，以作为各地人才引进政策的量化分值，具体数值如表 18-6 所示。

表 18-6 各地青年科技人才引进政策量化分值

准则层	指标层	政策量化分值			
		济南	武汉	成都	南京
供给型政策	一次性补贴	3	3	5	5
	岗位薪酬	4	4	3	4
	税收优惠	4	5	5	4
需求型政策	岗位聘用	4	5	4	3
	职称评定	3	4	5	4
	项目支持	3	4	5	5
	金融支持	3	5	5	5
	荣誉表彰	4	5	5	3
环境型政策	居留、出入境	4	5	5	4
	落户	4	4	4	4
	社会保险	4	4	5	3
	医疗保健	5	4	5	4
	子女入学	5	4	4	5
	配偶工作	5	4	3	4
	住房保障	4	3	4	4

（三）结果测算

根据济南、武汉、成都、南京青年科技人才引进政策的量化赋值结果，结合表 18-3 和表 18-6 的数据结果，依据公式 $A = \dfrac{\sum_{l=1}^{x} B_l}{5} \cdot 100$，求得各市青年科技人才引进政策评估指数得分（表 18-7）。其中，B_l 表征二级指标中第 l 个指标的综合评估值，即 $B_l = \sum_{i=1}^{n} C_i \cdot WC_i$，$C_i$ 为第 i 个指标的主观赋值，WC_i 为第 i 个指标的权重系数。经计算，济南、武汉、成都、南京的综合指数得分如图 18-3 所示。

表 18-7　各地青年科技人才引进政策评估指数分布

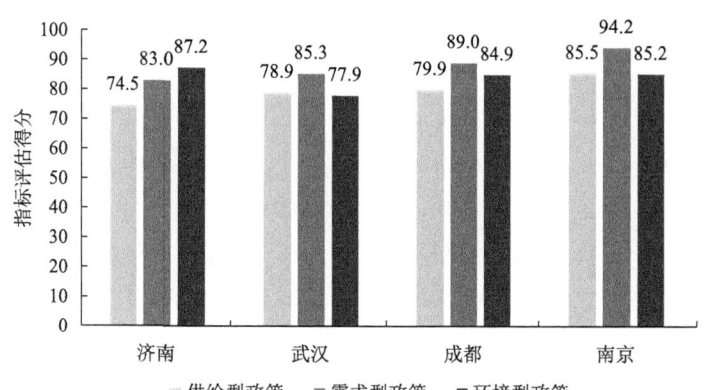

准则层	指标层	政策量化分值 济南	武汉	成都	南京	指数 济南	武汉	成都	南京
供给型政策	一次性补贴	3	3	5	5	0.273	0.273	0.456	0.456
	岗位薪酬	4	4	3	4	0.662	0.662	0.496	0.662
	税收优惠	4	5	5	4	0.290	0.362	0.362	0.290
需求型政策	岗位聘用	4	5	4	3	0.560	0.700	0.560	0.420
	职称评定	3	4	5	4	0.437	0.583	0.729	0.583
	项目支持	3	4	5	5	0.235	0.313	0.391	0.391
	金融支持	3	5	5	5	0.214	0.356	0.356	0.356
	荣誉表彰	4	5	5	3	0.254	0.318	0.318	0.191
环境型政策	居留、出入境	4	5	5	4	0.107	0.134	0.134	0.107
	落户	4	4	4	4	0.087	0.087	0.087	0.087
	社会保险	4	4	5	3	0.068	0.068	0.086	0.051
	医疗保健	5	4	5	4	0.081	0.064	0.081	0.064
	子女入学	5	4	4	5	0.139	0.111	0.111	0.139
	配偶工作	5	4	3	4	0.091	0.073	0.055	0.073
	住房保障	4	3	4	4	0.180	0.135	0.180	0.180

图 18-3　各地政策类型指标评估得分

通过比较济南、武汉、成都、南京各类型的选择情况，各地政府在政策工具选择与组合方面有较高的一致性和协同性。细究其得分不难发现，各地在政策工具选择时偏好需求型政策工具，得分均超过了 80 分。济南市的需求型政策工具使用低于其他城市，但环境型政策工具的使用强度在各城市中较高。从政策工具构成指标的评估得分来看，济南、武汉、成都、南京等地在政策类型的选择和组合方面存在显著差异[①]。

供给型政策是人才引进工作中最具吸引力的敲门砖，是落实人才引进的关键。从指标构成来看，受一次性补贴、岗位薪酬、税收优惠等的影响。从实际测评情况来看，在一次性补贴方面，成都市出台的政策力度较强，原因在于成都市的人才资助体系较为完善，实施分类分层资助。例如，依据《成都实施人才优先发展战略行动计划》，成都市针对来蓉进行创新创业活动的"国家级青年拔尖科技人才"，给予 300 万元资金资助，而济南、武汉较为接近，资助资金介于 50 万元至 100 万元。就岗位薪酬方面来看，以上四市出台的政策差别不大，体现为协议工资制、项目工资制、年薪制等形式，针对紧缺人才采用一事一议予以协调。税收优惠方面，从政策文本来看，各地市针对"青年科技人才"税收优惠并没有提出明确的意见，仅从宏观层面提出意见，政策内容相对宽泛。因此，要构造具有全球竞争力的政策，就要设立引才专项基金，提供包括创新创业支持资金和平台建设资金等一次性资金资助；再者，可将成果转化收益与税收优惠结合起来，用企业创收抵扣企业所得税，增强对人才的吸引力。

人才潜能的发挥需要需求型政策的支持。近年来，配合国家人才强国战略的有效实施，济南、武汉、成都、南京陆续出台相关支持性政策，在岗位聘用、职称评定、项目支持、金融支持、荣誉表彰等诸多方面给予人才诸多便利。在岗位聘用方面，济南、武汉在内容详细度方面要优于成都和南京，如济南市在《关于实施海内外高层次创业人才企业发展计划的意见》（"5150 人才企业发展计划"）中规定，可特设岗位聘任急缺型青年科技人才，不再受单位专技岗位、等级及结构限制；武汉提出可针对重点学科、重点实验室聘任优秀的青年科技人才担任楚天学者、特聘教授或相关领导职务。在职称评定方面，四市出台的政策内容较为相似，多是提出依其能力和业绩通过绿色通道直接申报高级专业技术职

---

① 陈艳艳, 孙锐. 创新驱动背景下地方重大科技引才工程中的人才评价问题研究[J]. 云南社会科学, 2018（4）：59-64.

称，不受限于学历、资历、岗位数量等条件。在项目支持方面，成都市出台的政策文件力度较强，提出针对特别优秀的青年科技人才主持的项目予以特殊立项，不受总额限制。在金融支持方面，南京出台的政策有一定特色和深度，提出了促进知识产权质押融资、信用贷款、贷款贴息扶持等政策，用来鼓励青年科技人才创办企业，在贴息额方面针对不同行业分别给予50万元～100万元的扶持。在荣誉表彰方面，济南、武汉、成都、南京均设立了不同的人才工程，用以提供有力的表彰奖励，推动自我成就感、价值感的满足。在制定需求型政策时，应把打造工作平台作为战略核心要务，以职务、职称、项目为引领，提升人才引进政策的创新力，促进青年科技人才潜能的发挥。

从环境型政策的测度指标来看，为加强对青年科技人才的引进和保障力度，济南、武汉、成都在保险、住房、子女入学、配偶安置以及享受优等医疗资源等保障方面，出台了一系列配套政策，以解决人才在生活方面的后顾之忧。在居留和出入境方面，各地出台的政策内容类似，差别体现在许可居留的有效期上。比较而言，济南市出台的效度和广度都较好，规定紧缺型青年科技人才可直接申办、签发有效期为5年的外国专家证和工作类居留许可。落户政策方面，针对青年科技人才的落户政策吸引力差别不大。在社会保险方面，武汉市出台的政策力度较大，在享受基本社会保险待遇的基础上，还为部分优秀的青年科技人才建立了大病医疗保险、商业补充养老保险等多元保险体系。在医疗保健方面，主要体现在服务的精细度上，成都市为青年科技人才建立了电子健康档案，定期开展专家疗养；济南市专门开辟了绿色通道，提供预约诊疗、外语接待等"一对一"诊疗服务。在子女入学方面，各地均开辟了专属"绿色通道"给予优先安排。在配偶工作方面，各地安排的力度不同。济南市要求用人单位根据政策规定给予工作安排，暂无法安排的给予生活补贴，而成都、武汉、南京仅提出对于配偶工作由相关单位的人事、劳动部门协助安排或推荐就业，精细度略显不足。从住房保障政策工具的选择来看，各地均以"财政补贴"为主要手段，根据人才的实际需求在购房补贴、租房补贴、安家补贴以及提供住房等方面进行了拓展和创新。从环境型政策工具的设计来看，济南、武汉、成都、南京在人才引进工作上应更加强调生活保障的重要性，通过定期走访人才、分类开展问卷调查等，以"店小二"式主动精准服务，来实现解决青年科技人才生活后顾之忧的目标。

四、评估结论与相关讨论

本书聚焦于青年科技人才引进政策的研究,主要研究结论与贡献在于:首先,构建了青年科技人才引进政策评价指标体系。本书基于内容分析法、层次分析法的原理与逻辑步骤,进行了政策类目的提炼与指标权重的确定,实现了政策文本数据的非结构化特征向结构化向量表示的转换[①]。其次,建立了青年科技人才引进政策量化赋值标准手册。本书整理建立了2007~2018年中央层面的青年科技人才引进政策文本数据库和语料库,通过系统研读政策文本对政策措施的划分刻度进行了表征。最后,通过分析济南、武汉、成都、南京2010~2018年的青年科技人才引进政策发现,各地区的综合指数测算结果呈现较大差异性和不平衡性。对于各城市而言,如何补齐人才引进政策中的短板、完善人才体制机制、用好人才资源是当下亟待解决的重点问题[②]。

本书的研究还存在一些问题值得讨论:首先,基于政策文本分析的理论模型构建问题。尽管实证研究表明,本书所构建的青年科技人才引进政策评价指标体系及其量化赋值标准手册具有一定的创新性和可推广性,但实证所使用的"青年拔尖人才计划"样本范围较为单一,本书研究成果尚需进一步予以验证。其次,本书探讨的是青年科技人才引进政策的内容属性,但从政策文件来看,其发文时间、发文机构、政策数量等外部属性亦存在很大的拓展空间,在检验不同地区政策文本之间的一致性、挖掘政策属性指标的分布态势及其政策关联关系等方面,具有较强的实践价值与创新意义。此外,我国青年科技人才存在多元化问题,如何全面把握青年科技人才引进政策的监测与评估变得越发系统化和工程化。因此,笔者将在后期重点研究青年科技人才引进政策的系统量化评估问题,以"党管人才"为切入点,进一步让政策文献与政策实践进行有效的"对话",扩大青年科技人才引进政策数据库和语料库,运用现代大数据文本挖掘分析技术与方法,研究我国各地区人才引进政策的选择与供给的影响效果及其与各种类型人才的现实需求特征的匹配度等问题。

[①] 李国锋,孙雨洁. 文献量化视角下人才引进政策评估[J]. 科技管理研究,2020(4):61-72.
[②] 孙锐,吴江. 人才强国战略规划评估路径研究[J]. 中国科技论坛,2012(10):79-84.

第19章 深圳市中长期人才发展规划实施效果总结评估

人才是经济社会发展的第一资源，是建设现代化、国际化先进城市的重要保证。党的十八大以来，深圳市委市政府坚持实施人才强市战略，凭借改革先行优势、体制机制优势和区位优势，吸引了一批又一批优秀人才来深创新创业，造就了"孔雀东南飞"的时代景象，人才工作和人才队伍建设取得了显著成就，创造了世界城市化、工业化和现代化发展史上的奇迹，成为全国乃至全球城市创新发展的成功典范。本书对《深圳市中长期人才发展规划纲要（2011-2020年）》实施以来的主要进展、成就和不足进行了总结评估，以期对未来工作有所推动。

一、深圳市中长期人才发展规划实施以来的主要进展

（一）主要人才发展指标稳步增长

截至2019年底，深圳市主要人才发展指标均取得显著成效，绝大部分指标完成了预定任务，部分指标甚至已经超过《深圳市中长期人才发展规划纲要（2011-2020年）》的规划数。在人才总量及人才队伍方面，截至2019年底，全市人才资源总量达601.6万人，完成率为100%；其中，专业技术人才193万人，技能人才375万人，社会工作从业人员9732名。

深圳市积极推进各项重大人才工程，国家级、省级、市级人才工程申报入选人数不断创新高。截至2019年底，全市全职院士共有46人，国家"万人计划"专家累计62名，"孔雀计划"人才累计5823名，孔雀团队总计147个，累计引进孔雀团队和广东省创新创业团队192个（其中省创新创业团队70个，既是孔雀团队也是省创新创业团队的有23个）。国内高

层次人才累计认定9660名，引进培养海内外高层次人才15 681人，引进广东省创新创业团队70个，累计引进留学回国人员超14万人，连续4年增长人数过万。

（二）重点人才工程推进效果良好

深圳市2008年开始实施高层次人才政策，2011年率先制定实施引进海外高层次人才和团队的"孔雀计划"，形成了"孔雀东南飞"的局面。近年来，深圳人才政策体系更加开放创新，相继实施《深圳经济特区人才工作条例》《关于促进人才优先发展的若干措施》、十大人才工程、"鹏城英才计划"等一系列政策文件，搭建起"顶层法规文件、综合政策措施、配套实施办法、具体操作规程"四个层次的政策法规体系，形成了新一轮人才集聚高峰。

在市级层面，深圳市共推出5项人才计划，即国内高层次人才引进计划、海外高层次人才引进计划（"孔雀计划"）、教育领域的"鹏城学者计划"、卫生健康领域的"实用型临床医学人才引进计划"，以及侧重于本地人才成长培养的"鹏城英才计划"。截至2019年底，深圳市已引进、培养海内外高层次人才15 681人（图19-1）。2011～2019年，累计为高层次人才发放奖励补贴近60亿，提供人才住房840套（配租712套、配售128套）。

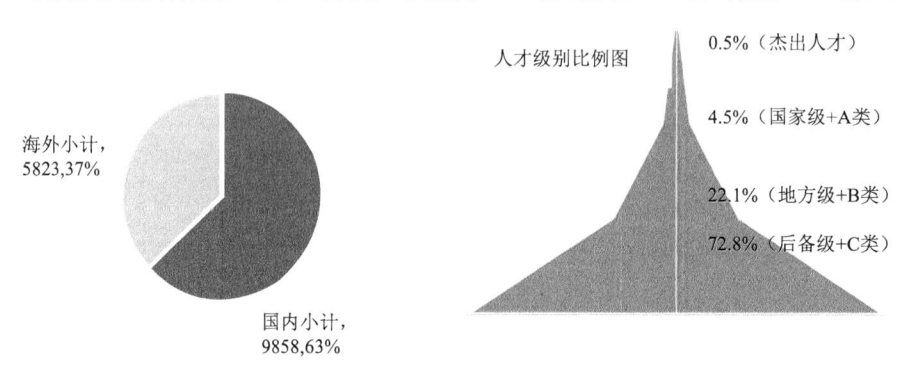

图19-1　累计认定高层次人才数量、级别分布情况
注：本图中数据计算时进行了四舍五入，故总和并不总为100%

1. 国内高层次人才引进计划

2008年，深圳市颁布实施《中共深圳市委 深圳市人民政府关于加强高层次专业人才队伍建设的意见》以及6个配套文件（1+6体系），面向

国内揽才。除杰出人才外，分为国家级、地方级和后备级领军人才3个层级，全部通过相应人才标准直接认定，任期5年，符合条件的分别给予150万元、100万元和80万元购房补贴，并享受落户、子女入学、配偶就业、医疗保险等方面的待遇政策。截至2019年底，深圳市累计认定国内高层次人才9858人（杰出74人、国家级468人、地方级2633人、后备级6683人）。

2. 海外高层次人才引进计划

2011年，深圳市委、市政府颁布了《关于实施引进海外高层次人才"孔雀计划"的意见》以及5个配套文件（1+5体系），面向海外引才。以标准认定和评审两种方式，将"孔雀计划"入选者分为A、B、C共3类，任期5年，符合条件的享受80万元至150万元的奖励补贴，并享受居留和出入境、落户、子女入学、配偶就业、医疗保险等方面的待遇政策。同时开展人才团队引进，对于引进的世界一流团队给予最高8000万元的项目资助。2016年，深圳市颁布实施《关于促进人才优先发展的若干措施》，进一步提升海内外高层次人才奖励补贴标准。经认定的杰出人才给予600万元奖励补贴，国家级领军和海外A类人才、地方级领军和海外B类人才、后备级和海外C类人才，分别给予300万元、200万元、160万元奖励补贴，并给予相应的住房保障待遇。将人才团队项目引进支持提高至最高1亿元。

深圳市依托"孔雀计划"，重点引进掌握重点领域核心技术的人才和团队，在搭建聚才引才国际交流平台中，设立"孔雀计划"。产业园充分发挥"孔雀计划"吸引海外人才来深圳创新创业。截至2019年，深圳认定"孔雀计划"人才总计5823名，其中A类243人，B类840人，C类4740人；孔雀团队总计达145个，其中2个孔雀团队创业企业（光峰光电、普门科技）在科创板上市。

3. 鹏城学者计划

深圳市2007年颁布实施《深圳市高等学校鹏城学者计划实施办法（试行）》，2018年正式印发《深圳市高等学校鹏城学者计划实施办法》。升级后，每年在深圳市高校设置评审特聘教授岗位和讲座教授岗位各20个，每个实施周期为3年，对普通高校特聘教授给予每年45万元资助，高职院校特聘教授给予每年30万元资助；对普通高校讲座教授给予每月5万元资助，高职院校讲座教授给予每月4万元资助；并分别给予相应的配套科研经费。与此同时，深圳市不断优化基础教育系统"名师工程"，健全校长培养机制，搭建人才引进及培养平台，引进和培养了一批名校长、名教师。

截至 2019 年底，深圳市教育系统共有各类高层次人才 1662 人，其中高等教育高层次人才 1493 人、基础教育高层次人才 169 人。全市高校现有专任教师 6796 名，其中博士达到 62%，位列全国高校前茅。全职两院院士 46 人，国家杰出青年科学基金获得者 56 人，长江学者 39 人，鹏城学者 225 人（引进鹏城学者特聘教授 105 人），全市中小学正高级教师 135 人，特级教师 326 人，两项均居全省第一。深圳市中小学教师的整体学历比例不断提升，中学教师硕士研究生以上比例达 32%，全省最高。中小学高级职称岗位比例全省最高。

4. 医学人才引进计划

深圳市先后出台了"医疗卫生三名工程"、实用型临床医学人才引进计划、《深圳市名优中医管理办法》等一系列政策，针对性解决人才引进、培养难题。其中，2014 年出台的临床医学人才引进计划，重点支持市属公立医院大力引进省部级以上医学类重点专科带头人和学科骨干，以及具有丰富临床工作经验、能熟练解决复杂疑难技术问题、医疗技术和临床实践效果获同行专家认可的临床医学人才。截至 2020 年 6 月，共评审认定实用型临床医学人才 175 名，引进 I 类人才 37 名，II 类人才 138 名。同年开始实施"医疗卫生三名工程"，重点引进名医、名院、名诊所。截至 2020 年 6 月，已引进香港大学、北京大学、中山大学、南方医科大学、北京中医药大学、广州中医药大学、中国医学科学院阜外医院和肿瘤医院等一批名校名院来深办医办学，建成 11 家高校直属附属医院、10 家名医诊疗中心，累计引进 245 个高层次医学团队（柔性引进 20 个），其中 A 类团队 61 个、B 类团队 162 个、C 类团队 2 个，积聚了 900 名高层次人才来深工作。通过对接国际国内一流学科团队，极大地促进了深圳市医疗卫生机构的临床、科研、人才培养和学术能力。

在引才工程的带动下，深圳市卫生技术人才增速较快，人才素质稳步提升。每千常住人口执业（助理）医生从 2010 年的 2.05 人增加到 2015 年的 2.55 人，2019 年底千人医师数为 3.01 人，提前一年完成了深圳市卫生健康"十三五"规划提出的 2.80 人的目标。截至 2020 年 6 月，深圳市共认定高层次卫生健康人才 850 人，其中：深圳市高层次人才 621 人，包括杰出人才 3 人，国家级领军人才（含 A 类）26 人，地方级领军人才（含 B 类）148 人，后备级人才（含 C 类）444 人；共评审认定深圳市名优中医 60 人，其中名中医 30 人、优秀中医 30 人。

5. "鹏城英才计划"

深圳市 2018 年实施的《中共深圳市委 深圳市人民政府印发〈关于实施"鹏城英才计划"的意见〉的通知》，主要围绕人才培养开发工作，设置了杰出人才、基础研究人才、核心技术研发人才、创客人才、商业模式创新人才、设计人才、金融人才、教育人才、卫生健康人才、技能人才、创新型企业家、专业服务人才、文化创意人才、文化名家名师、党政人才等 15 个培养专项，通过奖励、培训、资助等方式支持人才成长进步。

6. 其他人才计划

深圳市推出的上述 5 项人才计划各自定位清晰、支持力度较大、实施效果较好。构建了以直接认定、评审认定、举荐认定为补充的人才认定体系。大部分高层次人才直接认定，认定标准公开透明，符合条件即可认定，兑现待遇快速便捷，对于引进人才具有很强的可预期性。通过同行评审累计认定海外高层次人才 277 名，通过设置由各行业杰出人才和领军企业高管组成的举荐委员会，推荐优秀青年入选市高层次人才，累计举荐人才 65 人。同时，深圳市人才认定体系相对开放，既面向增量人才，也面向存量人才，兼有引才和育才的双重功能。

此外，针对其他行业和领域，深圳也出台了相应的人才计划。

一是"苗圃计划"。2016 年深圳市推出"苗圃计划"，意在结合深圳主要产业发展趋势，从长期、中期、近期三个层面，有针对性地培养引进紧缺专业干部，并优化队伍年龄、来源等结构。紧缺专业集中在金融管理、城市建设管理、信息技术、装备制造、生物医药、生态环境与海洋科学六大类。2016 年，深圳面向全日制硕士、博士，分两批招录了 300 名公务员。作为党政领导干部后备人才，这批人到基层"蹲苗"两年，由市委组织部建立档案、跟踪培养。2017 年，深圳又面向全国选调紧缺专业公务员 576 名，专业涵盖深圳主要支柱产业、战略性新兴产业及城市发展急需专业。2018 年，深圳市继续组织招录 84 名应届博士、硕士选调生，选拔 70 名专业干部到街道担任班子成员，圆满完成第 18 批博士服务团挂职任务，新推荐4人入选第19批博士服务团。此外，深圳市实施公职人员能力提升工程，对机关事业单位公职人员开展海外培训，坚持与海外机构进行合作和联合培养，共建人才培养基地，加快培养国际化人才，推进"人才国际化"战略。

二是"文化菁英集聚工程"。近年来，深圳市文化旅游体育人才队伍建设取得明显成效。其中，在文化艺术领域，深圳市文化艺术专业高级职称人才已达200余人，先后引进了优秀的年轻指挥家林大叶、原美国克利夫兰管弦乐团乐队首席威廉·普瑞希尔、青年舞蹈家张娅姝等一批国内外优秀文艺人才，并通过实施"深圳文艺名家推广计划"，推出了祝希娟、胡经之等6位扎根深圳、具有全国影响力的文艺名家，为深圳市文化艺术事业发展提供了源源不断的人才支持。在文化产业领域，深圳市通过加大开发培育"文化+""互联网+"新型业态领域人才，不断完善文化产业体系，已逐步集聚了一批创意设计、动漫游戏、高端印刷、黄金珠宝、文化会展、文化专门技术等文化产业人才，在全国范围内具备较强竞争优势。截至2018年底，深圳市文化及相关产业法人单位超过10万个，从业人员超过102万人。

三是社工专业人才培养工程。深圳市自2007年10月起，以"1+7"文件为标志，大规模推进社会工作人才队伍建设和社会工作发展。经过十余年的发展，深圳社工队伍从无到有逐步壮大。2019年底，深圳市持有社会工作者职业资格证书的人数累计达21 106人，社工行业从业人员达9732名，专业社工达7859人，超额完成中长期规划目标。通过外部聘用与内部培养，深圳逐步搭建起社会工作督导人才"四级"梯队。目前，深圳市本土督导人才队伍中中级督导23人、初级督导361人、督导助理766人[①]，实现了督导助理与初级督导配比全覆盖。

四是企业经营管理人才素质提升工程。为进一步提升企业经营管理人才素质，促进中小企业快速发展，自2007年6月起，深圳市启动实施民营及中小企业家培育工程，培育力度不断加强。截至2019年底，深圳市累计开办企业家研修班80多个，共有近6000名企业家分别参加了为期一年的培训。2007年以来，深圳市工信局累计执行了13期产业紧缺人才培训计划，共开办各类培训班2700余个，为民营及中小企业培训紧缺人才24万多人次，有效帮助中小企业提升了人才素质，参训人员平均满意度超过95%。

---

① 督导人才队伍数据来源于深圳社会工作者协会，统计点为2020年1月10日。

五是技能精英培育工程。深圳市全面落实"粤菜师傅""广东技工""南粤家政"三项工程工作部署，大力推进技能人才培养、评价、竞赛、激励和保障机制创新，为深圳"双区"建设提供坚实的技能人才支撑。2019年，全市新设立高技能人才培训基地36家、技术工作站15家、技能大师工作室9家，全市技能人才三项基地建设累计超过320个；新增"全国技术能手"20名，"广东省技术能手"36名，评选产生10名"鹏城工匠"和100名"深圳技能菁英"，培养"粤菜师傅"4900人。

六是客座专家"智库计划"。深圳市在医学科学院建设、人工智能、高新科技、环境保护等多个领域实施智库计划，建设了医学科学院"四平台一智库"、人工智能企业家智库、科技战略高端智库、环境智库中心等。

（三）创新创业平台健全取得重要成效

1. 高水平大学建设加码提速

近年来，深圳市积极打造人才培养集聚平台，高标准、高起点、高质量建设一大批院校，显著提升了深圳的教育实力。2011年，深圳创新办学体制，创办南方科技大学，陆续与清华大学、北京大学、哈尔滨工业大学等合作建立研究生院。加大合作办学力度，建成香港中文大学（深圳）、北理莫斯科大学、哈尔滨工业大学（深圳）、中山大学（深圳）等一批高水平大学，举办清华伯克利、中德智造学院等国际特色学院。2019年，深圳大学和南方科技大学排名持续提升，新引进各类人才分别达到1697人和253人，其中高层次人才分别为186人和115人。目前清华大学深圳国际研究生院挂牌成立；海洋大学建设启动调研，创新创意设计学院启动筹建，中国科学院深圳理工大学获批筹建，北大剑桥学院落户前海，依托香港中文大学（深圳）建设的医学院、音乐学院等正在加紧筹建。

2. 创新平台载体建设增量提效

围绕建设综合性国家科学中心，加快光明科学城、深港科技合作区、西丽湖高校科教城等平台建设，为实现源头创新突破提供支撑。聚焦"卡脖子"核心技术攻关，靶向引进"高精尖缺"人才，组建斯发基斯可信自主系统研究院、帕特森RISC-V国际开源实验室等13个诺贝尔奖、图灵奖、菲尔兹奖得主领衔的实验室。围绕共性关键技术，大力建设先进电子材料国际创新研究院、合成生物学创新研究院等12家基础研究机构，设立5家制造业创新中心。瞄准前沿新兴领域组建鹏城实验室、深圳湾实验室和人工智能与数字经济等3个广东省实验室。截至2019年7月，累计建成42家"国有新制""民办官助"集科学发现、技术发明、产业发展"三发"于一体的省级新型研发机构。2019年底，深圳市共挂牌成立10家海外创新中心，市级以上各类创新载体已达2261个，其中国家级119个、省级605个、市级1537个。此外，设立博士后流动站15家、工作站（分站）115家、创新实践基地232家，在站博士后达3600人，连续五年增速超过30%。

（四）主要人才制度改革实现创新突破

1. 建立"放管服"结合的人才管理机制

深圳市不断推动简政放权，通过下放权力、放大收益、放宽条件、放开空间，率先在全国开展事业单位分类改革。一是研究制定公立医院人事薪酬制度改革实施意见，淡化人员身份，推行人员总量管理，赋予用人单位更多自主权。二是在公立医院开展去编制化改革，开展事业单位员额制试点，实行高层次人才机动编制管理。三是探索成立法定机构和"四不像"新型研发机构，市场化选聘人才。四是扩大高校和科研院所的科研自主权，新设高等院校稳定资助项目，探索开展经费使用"包干制"改革试点，推行"揭榜挂帅""赛马制"等，强化高校主体责任和科研人员主体地位，在充分信任的基础上赋予更大的人、财、物支配权。

从改革成效看，南方科技大学去行政化的改革探索取得了业界广泛认可。根据最新公布的自然指数（Nature Index）全球学术排名，南方科技大学跻身全球前50名。截至2019年3月，南方科技大学已签约引进教师800余人，在300余名教学科研序列教师中，包括院士26人（全职院士11人）、国际会士32人、教育部"特聘专家"20人、"国家特支计划"专家8人。截至2019年底，南方科技大学已经引进聚集深圳市认定的高层次人才782人（国内174人，海外608人），占全市人才总量的5%，在单位引才人数总量中排名第二，引才工作成绩突出。

2. 建立更具竞争力的引才用才机制

一是注重建立与国际接轨的人才薪酬机制。支持国有企事业单位对"高精尖缺"人才实行协议工资、项目工资、年薪制等灵活薪酬，且不纳入单位绩效工资总量。二是实行更加开放的全球引才制度。探索开展技术移民试点，规范技术性人才取得外国人永久居留证的条件，完善有利于外籍人才来深创新创业的工作签证制度，畅通外籍高层次人才从就业居留向永久居留的转换机制，支持兴办外籍人员子女学校。三是注重建立柔性引才用才制度。充分利用国际通行的学术休假制度等，通过顾问指导、短期兼职、项目合作、技术联姻等方式，吸引海外高层次人才短期来深工作交流。四是支持就地开发使用海外人才。支持高校、科研机构等企事业单位在海外建立研发中心、孵化器等，灵活使用海外优秀人才，符合条件的纳入深圳市高层次人才认定范围。加快建设海外人才离岸创新创业基地，支持海外人才开展离岸研发、离岸创业，促进创新项目预孵化和成果转化。

3. 建立多元化人才评价机制

一是修订高层次人才评价办法和管理办法，采取高层次人才积分认定机制，将工作业绩、纳税情况等市场化要素纳入积分体系。二是允许在战略性新兴产业、未来产业和优势产业处于领军地位的机构和企业自主认定高层次人才。三是构建以评审为主的、与国际接轨的高层次人才评价体系，引入专家"主审制"，2019年评审孔雀团队项目62个（拟资助29个）、杰出人才培养对象21名（拟资助8名）。四是完善人才举荐制度，发挥举荐委员"伯乐相马"的作用，不拘一格选拔人才，累计举荐的42名优秀青年被认定为深圳市高层次人才。五是支持高校、科研机构、高新技术企业、大型骨干企业等用人主体开展职称自主评审。

4. 健全更加顺畅的人才流动机制

一是突破体制内人才流动的区域壁垒，通过机动编制管理促进事业单位高层次人才来深创新创业。二是突破相关人才执业限制，先后制定香港会计师、注册税务师、社工、房屋经理、律师来深工作的相关政策，吸引香港各类专业人士参与前海开发建设。2016年2月发布《在深圳市前海深港现代服务业合作区试行香港工程建设模式合作安排》，突破香港规划师、建筑师、测量师等专业人士到前海执业的障碍。三是探索开展职业资格国际互认试点，对境外人才职业资格先行认可，取得金融、规划、设计、建筑、会计、教育、医疗等执业资格的境外专业人才经备案后可直接在前海蛇口自贸片区提供专业服务。

5. 建立体现人才智力价值的激励政策

一是加大创新人才激励分配，对标国内先进城市做法，研究制定境内高端紧缺人才经济贡献奖励办法。二是强化创新劳动与利益收入对接，提高创新回报，落实科研人员成果转化不低于 70% 的收益比例。推动科研院所、高新技术企业、科技服务型企业实施管理层和核心骨干持股并逐步放宽持股上限比例。三是探索有利于人才发展的税收支持政策。例如，在前海注册的世界 500 强企业及其分支机构的管理或技术类人才等四类人才个人所得税已纳税额超过 15% 的部分，由深圳市政府给予财政补贴。深圳市充分发挥前海境外高端人才财税政策优势，积极探索国（境）外人才在深创新创业的特殊税务安排。四是修订《深圳市博士后资助资金管理办法》，大幅提高对博士后及相关站点的补贴资助，实现"设站有资助""招收有补贴""进站有补助""出站有扶持"。

6. 健全符合人才需求的保障机制

深圳市不断完善人才公共服务保障体系，推进落实省人才优粤卡服务事项，积极打通服务"最后一公里"。一是制定"关于进一步加强我市院士等杰出人才服务保障工作的意见"，完善院士服务专员制度，建立院士健康顾问制度，为每位全职院士安排一名医生负责联系日常保健。二是设立外国专家专窗服务制度，为在深就业的外国专家及其家属提供"一站式"服务。三是优化社会保险政策，探索实施海外人才及其配偶、子女在深圳参保等多项优惠措施。四是持续加大教育、医疗的投入力度，加快建成一批优质学校和高水平医院。五是优化人才住房制度，将人才住房纳入单独的住房保障体系，实施租购并举、限价购买、一定年限封闭流转，确保人才"住有宜居"。

二、深圳市中长期人才发展规划实施以来的突出亮点

（一）党管人才体系展现强大领导力

一是坚持党管人才原则，强化党管人才责任落实。深圳市委市政府从成立之初就始终把人才工作摆在突出位置，牢固树立人才引领发展理念，

历次党代会都把人才工作作为重要的决策部署纳入其中,较早出台《关于进一步加强人才工作的实施意见》,提出深入实施人才强市战略。党的十九大以来,市委领导多次听取人才工作思路情况汇报并作出明确指示,要求打造国际人才高地。出台了《关于加强党对新时代人才工作全面领导进一步落实党管人才原则的意见》,让管宏观、管政策、管协调、管服务的"四管"职责更加有的放矢。将人才工作纳入各区各系统党委(党组)书记党建述职与政绩考核的重要内容。

二是提升机构力量配备,增强人才工作合力。深圳在全国率先成立引进国外人才领导小组,2018年设立人才工作局,2019年机构改革过程中,将组织部内设人才工作局升格为市委独立部门,各区均参照设立人才工作局,进一步完善党管人才工作格局。将人才工作纳入相关职能部门"三定"职责,及时调整市人才工作领导小组成员单位,新增市委军民融合办等7家单位,市教育局等6个单位分管领导兼任领导小组办公室副主任,形成人才工作责任明确、分工合理、齐抓共管、通力合作的体制机制。

三是加强统筹联动,打造人才工作全市一盘棋。抓好党管人才意见和英才计划落实见效,陆续出台修订深圳市杰出人才选拔培养实施办法、技能人才发展实施办法、引进高层次医学团队管理办法等相关配套实施办法。统筹指导各区结合实际制定差异化人才政策,解决各区政策简单叠加、不良竞争的问题。其中,福田出台《关于进一步实施福田英才荟计划的若干措施》,推出73条人才新政,对深港科技创新合作区人才提供"政策包"支持。前海发布《关于以全要素人才服务加快前海人才集聚发展的若干措施》,具体在国际化人才出入境便利、执业从业、创新创业、合作交流、生活保障等方面给予支持。

(二)"孔雀计划"成为全国一流引才品牌

一是吸引集聚大量的海外高层次人才,形成显著的品牌效应。海外留学归国人员数量持续增加。在高端人才的引领带动下,重点产业人才集聚效应显现,其中,金融产业的从业人数达到15万人,物流产业从业人数为41万人,文化产业从业人数为14万人,新能源材料、生物医疗材料及新型功能材料行业从业人员达到30万人。

二是在国内省市引才工作中产生示范带动作用。在支持力度方面,深圳市着力完善相关政策,提升了国内与海外高层次人才的奖励补贴标准,加大了人才团队项目引进支持力度，人才集聚效应显著增强，带动各地引才投入的增加；在评价方式方面，深圳市注重提炼职称评审科学评价标准，结合行业人才特点丰富人才评价方式，实行"直接认定+评审+推荐"相结合的方式，对其他地区起到一定的示范作用。

"孔雀计划"的引才投入和引才成效对其他地区产生了良好的示范带动作用，各省市加大人才投入，重视引才工作。同时，"孔雀计划"的操作方式——直接认定+评审+推荐，也对其他地区起到了很好的示范作用。

（三）人才创新创业效能位居全国前列

一是创新指标方面。深圳自主创新特色体现为"四个90%"，即90%以上研发人员集中在企业、90%以上研发资金来源于企业、90%以上研发机构设立在企业、90%以上职务发明专利来自企业。就发明专利而言，2003～2020年深圳市有23项专利获得中国专利金奖。2020年深圳PCT国际专利申请量为2.02万件，连续17年居全国首位；累计有效发明专利拥有量达16万件，5年以上维持率为83.77%；每万人口发明专利拥有量达119.1件，居全国前列。2020年全球PCT专利申请量前20位的公司有2家来自深圳，分别是华为（第1位）和中兴（第16位）。在2020年全球教育机构的PCT专利申请量排名中，深圳大学仅次于美国加利福尼亚大学（559件）和麻省理工学院（269件），居第三位。

二是企业培育方面。深圳从零起步培育了华为、腾讯、平安等知名企业，大疆创新、迈瑞医疗、奥比中光等创新活力十足、高成长性的明星企业也正成为各自领域的"小巨人"。数据显示，深圳有7家企业进入世界500强，世界500强数量位居全球第6位、中国第3位，其中民营企业入榜世界500强数量高居全国首位。2019年，新增国家级高新技术企业2500家，累计达17 001家，居全国第二位。

（四）人才管理改革试验实现条线突破

一是大力推进国际人才管理改革。针对国际人才出入境便利、创新创业、培养使用、服务保障等方面存在的问题开展"深调研"并形成专题调研报告，系统梳理形成26项需要上级授权支持的改革清单，其中5项列入深圳市第一批上报中央深改组争取授权的事项。

二是新型科研机构以灵活机制集聚人才。近年来，深圳市培育了115

家以市场化机制运作的新型科研机构，如超算中心、兰科植物研究所、深圳清华大学研究院、中国科学院深圳先进技术研究院、华大基因研究院、光启高等理工研究院等。这些被称作"四不像"的机构，以其灵活的管理体制和运行机制，成为人才管理体制机制改革的成功案例。特别是深圳清华大学研究院、中国科学院深圳先进技术研究院等与传统高校、科研院所合作举办的机构，因为"嫁接"到深圳这块土壤上，而获得了人才辈出、科研和产业成果丰硕的效果。

三是深入推进科研管理改革。改革重大科技项目立项和组织实施机制，主动布局技术攻关重点项目，设立"悬赏制"项目，建立部门和区项目推荐制；精简科研项目管理流程，推行"材料一次报送"制度；探索建立科研项目攻关动态竞争机制，将一次性资助调整为分阶段资助；对重大科技计划项目评审实施"主审制"；积极推行"代表作"评价，探索推行"里程碑式"管理；优化财政科研经费投入方式，新设高等院校稳定资助项目，探索开展经费使用的"包干制"等。

（五）形成城市高质量发展人才智核

针对基础研究和应用基础研究的不足，深圳市高质量打造人才培养集聚平台，加强源头创新机构的引进与培育，瞄准前沿新兴领域建设重点实验室梯队，对接香港及国际规则，引进全球高层次人才及团队，有效集聚和整合优势创新资源，筑牢城市发展的内在根基。

一是提升高校源头创新能级。建设高水平大学，创新办学体制，加大合作办学力度。支持深圳市高校牵头或参与建设重大科技基础设施、前沿交叉研究平台，布局建设与重大科技基础设施高度耦合的重点实验室、科研院所等，不断夯实源头创新实力。

二是打造科技原始创新引擎。大力推进龙岗大学城、西丽湖国际科教城、光明科学城综合性国家科学中心、深港科技创新合作区建设，布局瞄准国际科技前沿、引领科技发展方向的世界级、稀缺性大科学装置，构建世界一流大学城、国家应用基础研究高地和综合性国家科学中心，不断强化产学研深度融合的创新优势，推动深圳产业进一步升级发展，提高城市创新力、引领力和辐射力。

三是大力引育国际源头创新机构。聚焦数学、物理、化学、生物、深空、深海等基础科学领域，持续加大国际源头创新机构引进力度，积极支持有利于创新创造的工作站和研究基地。支持建设一批高水平的诺奖实验室、诺奖研究院，加大鹏程国家实验室、深圳湾实验室、国家重点实验室和国家重大科技基础设施等在深圳的统筹布局和建设力度，在人工智能、先进计算、合成生物学、脑科学、生命健康与生物医药、新材料、量子计算等领域打造一批国际化科研平台。

（六）人才开放与国际合作更加深入

深圳市立足"双区"建设，从人才政策开放走向人才制度开放，积极扩大深化大湾区及国际人才交流合作。

一是以深港澳合作为重点推动大湾区人才合作。充分依托前海、河套深港科技创新合作区，加强深港人才和项目合作。举办深港第六届人才合作年会和京深第二届人才高峰论坛，邀请近80名香港等地知名学者和海外人才参加。开展"大湾区知名企业探寻之旅"交流活动，组织约40批次、近2000人次港澳青年到腾讯、大疆等知名企业参访交流。与腾讯公司合作举办"湾区青年营"活动，携手推进粤港澳大湾区青年创新人才培养。前海组织优质企业赴香港高校招聘，吸引近4000名香港高校人才应聘，接受500余名香港学生到前海企业交流学习。首次面向港、澳具有中华人民共和国国籍，全日制大学本科以上学历的毕业生招录公务员，支持港、澳优秀青年融入国家、参与大湾区建设。按照深圳市与新加坡智慧城市合作工作部署，积极推动与新加坡的跨国人才合作，研究制定首批科技人才合作交流事项。

二是成功举办国际人才交流大会和创新创业大赛。2007年中国国际人才交流大会长期落户深圳，且影响力不断扩大。2019年第十七届中国国际人才交流大会吸引了来自52个国家和地区的4000多家专业组织、高等院校、科技企业和人力资源机构的参与，其中参会的外国专家和海外高层次人才代表8500多人。连续12年举办中国（深圳）创新创业大赛，其中，2019年的国内赛，吸引了美国、加拿大、日本等10个国家和国内32个省市及香港、澳门地区的3362个团队、2711家企业报名参赛，创历史新高；2020年的第三届国际赛在9个国家10个城市设置海外分站赛，吸引了来自88个国家的1850个项目报名，晋级来深参赛的项目中11个已落地。

（七）人才创新创业生态系统提质升级

近年来，深圳不断完善"基础研究+技术攻关+成果产业化+科技金融+人才支撑"的全过程科技创新生态链，构建起"以企业为主体、市场为导向、产学研资深度融合"的技术创新体系，撬动高校、科研机构、企业、社会资本多方发力，打造充满活力的全国创业投资中心，实现创新资源的有效整合与合作共赢。

一是创新创业主体活力迸发。深圳市培育了华为、腾讯、大疆、平安等知名企业，形成了华为系、腾讯系等庞大创业群；孕育了柔宇科技、光峰光电、奥比中光、云天励飞等一批"独角兽"企业，市场创新力量强大。截至2020年11月，深圳市拥有高新技术企业1.7万余家，新经济占GDP比重超过60%[①]。此外，深圳市注重创新源泉开发，大力推进高水平大学、科研院所和新型研发机构建设，推动产学研用深化发展，加大科技人才培育输出，激发创新创意活力。

二是创投主体多元活跃。设立了国内规模最大的天使母基金，统筹运营管理100亿元规模的人才基金，100%投资种子期、初创期企业孵化发展项目，加速科技成果转化效率。目前，深圳天使母基金所投人才项目包括国家级重点人才计划8个，广东省珠江人才计划5个，深圳市高层次人才计划14个，深圳市海外高层次人才计划11个；累计推进子基金立项近70支，累计承诺出资额约70亿元；有效决策子基金45支，累计实际出资约25亿元，项目覆盖了新材料、医疗器械、智能制造、高端装备、新一代信息技术等重点领域。

推动创投机构集聚发展，丰富创投资金募集渠道，完善投资服务。根据清科集团2020年创业投资行业排名榜数据，中国创业投资50强中，深圳有12家上榜，居全国第二。来自中国证券投资基金业协会的数据显示，截至2019年底，深圳已备案私募股权基金管理人2447家，占全国16.44%，居全国第二。联合中国科学院创新、投资和产业化资源，成立全国首个科技金融联盟——科院科技创新投资产业联盟，打造创新链、产业链、资本链有效衔接的协同发展机制。开展重点产业知识产权运营及知识产权证券化试点，建立知识产权质押融资风险补偿基金，探索成立全国首家具备国

---

① 深圳产学研资深度融合激发创新创业活力[EB/OL]. 深圳政府在线网, http://www.sz.gov.cn/cn/xxgk/zfxxgj/zwdt/content/post_8307990.html, 2020-11-30.

际知识产权金融业务功能的知识产权与科技成果产权交易中心，加速科技成果转化。

三是创业服务体系建设效果显著。建立深圳湾创业广场、"国际创新驿站"等人才创新创业服务平台。目前，深圳湾创业广场已经成为全国"双创"新名片，自2015年6月成立以来，已进驻各类互联网、智能硬件等创新创业项目团队200多个，近100个项目获得融资，近50个项目团队已取得A轮或A+轮融资，已诞生了思必驰、悦动圈、爱范儿、多有米、新众玩、安煜车联网、美吧秀、超级猩猩等一批明星创业项目。

依托"一园多区"国家级人力资源服务产业园，集聚人力资源服务机构803家，营业总额超过320亿元。组建国有全资的人才集团和千里马国际猎头公司，打造"城市HR"和"红色猎头"。截至2019年底，千里马国际成立近两年来，营收达4111万元，为278家企业977名高端人才提供猎聘服务，岗位年薪最高达450万元。

出台我国首部覆盖科技创新全生态链的地方性法规《深圳经济特区科技创新条例》，修订科技研发资金管理办法。出台加强知识产权保护"36条"，研究设立知识产权管理机构。挂牌成立深圳知识产权法庭，获批成立中国（南方）知识产权运营中心，建成南山知识产权保护中心并投入运营，国家知识产权示范城市在加快建设中。

四是形成深圳独特的创新文化。创新是深圳经济特区肩负起历史使命的必然要求，是深圳经济特区经验的精髓，是深圳经济特区未来发展的不竭动力。作为改革开放的"窗口""试验田""急先锋"，深圳市鼓励竞争、鼓励创新，在独特竞合文化的驱使下，激发了敢闯敢干、创业创新的独特"深圳精神"，不断创造出经济社会发展的新奇迹。

（八）城市人才吸引力全国领先

《中国城市人才吸引力排名2020》显示，中国最具人才吸引力城市100强中，深圳仅次于上海，居第二位[①]。深圳对人才的吸引力得益于以下做法。

一是高度重视人才投入。加大政府财政基础研究的投入力度，实施财政支持基础研究补短板工程，设立基础研究专项（自然科学基金），将每年市级财政科技专项资金的30%以上，持续投向基础研究和应用基础研究。

---

① 报告：中国城市人才吸引力排名 上海连续三年第一[EB/OL]. 中国新闻网, http://www.chinanews.com/cj/2020/04-28/9170739.shtml，2020-04-28.

市级财政科技专项资金3年实现翻番,2019年财政投入基础研究达到39.38亿元(占比达37%),深圳市研发投入占GDP比重达4.93%。颁布杰出人才培养实施的办法,修订"鹏城孔雀计划"意见,完善博士后资助资金管理办法,提高资助力度,优化待遇保障方式。各区也相应出台和修订相关政策,进一步改进人才资助、扶持和激励方式,提升人才政策的精准性和获得感。

二是人才奖励力度大。强化市场激励,制定《关于贯彻落实粤港澳大湾区个人所得税优惠政策的通知》及申报指南,研究起草科技创新人才经济贡献奖励办法,对高端紧缺人才实行薪酬认定制,依其对深圳市的经济贡献分别给予税收返还和资金奖励。落实产业发展和创新人才奖,共向2.5万名人才发放奖励20亿元,向南方科技大学等35家引才工作成绩突出的单位发放"人才伯乐奖"925万元。

三是优质的自然生态环境。深圳生态环境日益改善,蓝天白云的人居自然环境也成为人才愿意选择深圳的重要因素。根据对近年开展的"外籍人才眼中最具吸引力十大城市"评选指标统计分析发现,外籍人才对于一个城市的关注,首先是薪酬,其次就是人居自然环境,而深圳在人居自然环境的得分高于北京和上海,成为一个鲜明的亮点。

(九)人才服务体系全国一流

一是人才平台服务作用日益突显。大力推进人才服务一体化综合服务平台建设,上线试运行人才奖项申报、职称评审等模块。拓宽"一园多区、多点支撑"服务平台,罗湖粤港澳大湾区人才创新园、前海国际人力资源服务产业园开园试业,已聚集国内外知名人力资源服务机构80余家。发挥市人才研修院平台作用,通过举办学术会议、人才沙龙、"智汇大湾区"人才项目路演活动等,集聚对接高端人才项目资源。加强人才工作"互联网+"宣传推介,改版升级市人才工作网和"人才深圳"微信公众号。

二是人才服务工作不断优化。推行"减证便民",改革人事代理制度,人才引进等业务申报材料、办理环节精简率超过50%。利用互联网、大数据等技术推进人才服务网上办、掌上办。47项人才服务事项除一项使用省垂直系统外,全流程网上办理率达100%。全面推行人员引进"秒批",全年通过"秒批"29.6万人。人才引进"秒批"改革荣获2019年度全国第二届党建创新成果服务创效组十佳案例。在华为等大企业设立人才服务站,就近就地为企业提供人才服务。

三、当前深圳市人才工作存在的主要问题与不足

（一）国际顶尖人才集聚浓度密度不足

一是国际一流人才规模不大。与北京、上海相比，深圳市高层次人才总量有差距，基础研究人才薄弱。全市高层次人才1.5万人，仅占全市人才总量的千分之三。院士等"高精尖"的科技专家规模还非常小，全职院士46人，仅为北京的1/16、上海的1/4、广州的1/2。与国际先进地区相比，人才竞争力不强，在全球城市人才竞争力指数排名中，深圳未上榜。

二是人才国际化程度相对较低。据全球智库科尔尼公司2019年的《全球城市综合排名》，香港排名第5位，北京为第9位，上海为第19位，深圳为第79位。在外籍人才最具吸引力的中国城市排行中，深圳位列第5，不仅低于北京、上海，还低于合肥、杭州。深圳市高层次人才中的外籍人才328人，仅占总量的2.4%；持工作类证件的外国专家仅1.67万人，而上海有12万人（其中高端人才逾2万）、北京有3.5万多人。外籍人员仅占全市常住人口的0.2%，远低于香港（8%）、北京（1%）、上海（0.73%），与新加坡（33%）、纽约（36%）、硅谷（67%）相比，差距更为明显。

（二）大湾区核心引擎建设人才支撑不够

一是深圳市重大平台载体少。缺少支撑自主创新、源头创新的高水平科研平台，拥有国家级重点实验室、工程实验室、工程中心、企业技术中心等创新载体89家，与北京中关村（185家）、上海（91家）差距较大，一些前沿性、引领性研发平台建设还存在空白。拥有世界500强企业区域总部不到50家，而上海拥有跨国公司地区总部445家，北京有142家。

二是高水平高校院所少。深圳市高等教育底子薄、发展时间短，与城市发展定位严重不匹配，目前仅有南方科技大学、香港中文大学（深圳）、深圳北理莫斯科大学、哈尔滨工业大学（深圳）、中山大学深圳校区、深圳技术大学、清华深圳国际研究生院等7所院校，尽管当前院校建设提速，

但与北京（80家）、上海（48家）相比，差距较大。

三是基础研究和应用基础研究投入不足。在以信息技术为代表的信息产业的带动下，2018年深圳研发投入占GDP的比重达到4.2%。但从包括"基础研究→应用基础研究→应用研究→技术开发→产业化应用"的完整创新链条看，深圳的科研投入主要集中在技术开发阶段，对基础研究的投入还相对不足，不能满足经济发展新常态下对基础研究的迫切需求。

（三）人才生活保障体系不够完善

一是教育资源供小于求，难以满足多层次人才需求。目前，深圳市优质教育资源紧缺且分布不够均衡，人才子女入学需求难以满足，教育国际影响力还不适应深圳建设全球标杆城市的需要。市民和业界公认的优质中小学、幼儿园，主要分布在罗湖、福田、南山等区，8所国际学校（北京20所，上海21所）也全部在南山区。

二是优质医疗资源不充分，不能满足国际化人才的需求。目前，深圳市三甲医院仅10家（北京88家，上海36家，广州43家），其中盐田和4个新区尚无一家；高端医疗机构和可以向外籍人才提供特需服务的医院更少，优质医疗资源紧缺且分布不够均衡，人才看病的需求难以满足。

三是高房价对优秀人才的挤出效应凸显。近年来深圳房价高企，而人员平均薪酬低于上海、北京，这对年轻人才产生了明显的"挤出效应"。据统计数据，2013年至2017年深圳市人才流出总量为48 051人，重点院校毕业的占48.8%，流出人才在深圳平均居住时间为5.62年，多为学历较高、年纪较轻、工作经验较丰富的基础性人才。

（四）部分先行先试政策争取力度不够

一是地区政策创新争取力度不够。在人才管理方面，因涉及现有法律法规或中央、省级部门事权，诸多人才反映强烈、地方迫切需要解决的问题长期得不到解决。比如，在外籍人才出入境和停居留方面，虽然公安部出台了支持广东省自贸区人才出入境便利政策，但相比北京中关村、上海及海南自贸区还有很大差距。在人才培养方面，南方科技大学、深圳大学等高校聘请了很多国际知名高校的教授，但受制于博士点数量，他们回到国内反而带不了博士生；深港高校开展博士后人才联合培养，也亟须国家部委的支持。

二是与国际通行做法差距较大。高层次人才小同行评价制度不够完善，与国际高校类似的终身教职制度没有建立，从事基础研究的专家学者缺乏长期稳定的经费支持。现有的人才及科技计划项目中没有专门针对外籍人才的项目，没有便利国际人才申报的英文界面、项目申报说明等。在执业资格互认方面，存在"大门开了、小门不开"的问题，以建筑师为例，在香港考取执业牌照就可以个人名义执业承接工程，但在内地还要受限于所在企业的资质等级。

第 20 章　区域人才创新创业生态系统：内涵、构成与特征

人才是创新的根基，是创新的核心要素。随着中国"大众创业、万众创新"战略的实施和推进，人才在实现创新驱动发展中发挥着越来越重要的作用。作为集聚人才的平台，人才创新创业生态系统是随着人才在经济发展中作用的凸显而衍生出来的新概念，是一个区域高质量人才发展环境构造的核心表征，是真正吸引人才、感召人才并使之发挥能动作用的关键。可以说，实施人才战略，发挥人才的基础性、战略性、决定性作用，关键在于构建良好的人才创新创业生态环境[①]。本质上说，人才创新创业生态系统是围绕人才资源，融合政府、市场和社会力量，汲取各种优势资源，集领军企业、高校院所、高端人才、天使投资和创业金融、创业服务、创新创业文化六大要素和市场、法治、政策三大环境，共同构成的"土壤"。人才创新创业生态系统的建设与培育，对激发国家经济活力、促进国家经济长远健康发展具有至关重要的作用[②]。目前，从实践来看，人才创新创业生态系统已得到广泛的关注，但学术界对人才创新创业生态系统的研究尚处于探索阶段，对内涵、构成和特征都缺乏统一认识。因此，为了把握人才创新创业生态系统的研究脉络，推动人才创新创业生态系统理论研究的发展。本书基于国内外相关文献，对人才创新创业生态系统的内涵、构成、特征进行了归纳梳理，以期对人才创新创业生态系统的发展演化有相对清晰的了解和把握。

---

① 孙锐. 打造创新创业人才战略高地——对中关村创新驱动发展路径选择的调查与思考[N]. 光明日报，2015-04-12.

② 项国鹏，宁鹏，罗兴武. 创业生态系统研究述评及动态模型构建[J]. 科学学与科学技术管理，2016（2）：79-87.

一、人才创新创业生态系统的内涵

人才创新创业生态系统是随着人才在经济发展中作用的凸显而衍生出来的新概念。从基本内涵而言，人才创新创业生态系统为人才集聚提供了一种新的视角。相比生态系统，人才创新创业生态系统的概念和内涵更加复杂，突出表现为有机的、动态的、网络化的系统结构。目前，学术界致力于以区域为研究对象的人才创新创业生态系统研究，认为人才创新创业生态系统的构建是某一地区经济社会发展的关键驱动要素。

对于区域而言，人才创新创业生态系统是一个稳定、持续、协调的生态系统，包含资源生成与整合、资源互换、组织聚合等三大机制，系统内不同类型的资源的生成、汇聚、互换与协调形成了创新创业的有机运行体系，为打造有机集聚、互动支撑、相融相合、互利共生的人才生态区域奠定了环境基础。目前，中关村正在全力落实特殊政策、构建特殊机制、打造特殊平台、引进特需人才，加快打造"人才智力高度密集、体制机制真正创新、科技创新高度活跃、新兴产业高速发展"的国家级人才管理改革试验区，构建"人才引领、创新驱动"的工作新局面。中关村大力推动科研创业、产业发展、财税金融、管理服务改革创新，以产业联盟、标准联盟为纽带鼓励人才协同创新，通过实行股权和分红激励、政府股权投资、示范应用工程等鼓励各类人才创新创业，在整合110多家社会组织创新要素的基础上形成了新兴产业密集、科教资源密集、创业资本密集和创业孵化条件密集的市场化和社会化生态环境，这些生态要素支撑着中关村地区的创新创业活动，同时为人才的联动发展搭建了平台载体，构建了较为先进的人才创新创业生态系统[1]。

如前所述，人才创新创业生态是对人才在创新、创业以及经济社会发展中作用的描述。因此，本书认为人才创新创业生态系统是以"人才"为中心的网络体系，通过营造良好的区域开放创新环境，增强各创新主体/客体的交互性、协同性、适配性、嵌入性，建立国际化创意交换社区、知识社区、人才社区，推动市场、政府和社会资源有机互动，创意、创新与创业活动有机萌发，形成有利于人才—区域—产业要素紧密融合、协同配置、迭代进化的开放式集群发展系统。

---

[1] 陈劲，吴航，刘文澜. 中关村：未来全球第一的创新集群[J]. 科学学研究，2014（1）：5-13.

二、人才创新创业生态系统的构成

作为一个有机整体，人才创新创业生态系统的构成包括多种参与主体及环境要素[1]。建构以人才为中心的网络体系，要通过营造良好的区域开放创新环境，增强各创新主体和客体的交互性、协同性、适配性、嵌入性；建立国际化创意交换社区、知识社区、人才社区，推动市场、政府和社会资源有机互动，创意、创新与创业活动有机萌发[2]。

人才创新创业生态系统是各种创新创业要素主体在特定区域环境下相互依存、相互影响、协同共生的动态平衡系统[3]。也有人提出，创新创业生态系统是一个由众多行动者通过"必经之点"的问题转译而形成的动态化、多元化、复杂化、差异化的无缝网络[4]。贺瑛等提出，创新创业需要良好生态系统的构建，"众创、众筹、众扶、众包"是构筑这一生态系统的着力点和发展源[5]。还有人认为，政府支持、基础设施、经济环境是构建良好的创新创业生态环境的关键因素[6]。李政和于凡修提出，创新创业生态系统包括：领军企业、高校院所、高端人才、天使投资和创业金融、创业孵化、创新创业文化等六大要素和市场、法治、政策三大环境[7]。

对于人才创新创业生态环境而言，只有努力将人才链、产业链和创新创业链"三链"紧密结合，打造各类产业要素有机聚合、优化配置、相互关联、有效支撑的有机体系，才能为"择天下英才而用之"提供互利共生的涵养环境。近年来，中关村对标硅谷发展，围绕促进政府、市场、社会有机结合，努力构建由领军企业、高校院所的原创技术、多层次合作平台、天使投资和创业金融、社会与科技中介、创新文化等六大要素构成的创新

---

[1] 郭洪. 中关村创新创业呈现六大趋势[J]. 中关村, 2015（6）: 48-51.
[2] 傅首清. 区域创新网络与科技产业生态环境互动机制研究——以中关村海淀科技园区为例[J]. 管理世界, 2010（6）: 8-13.
[3] 郭洪. 中关村构建更完善的创新创业生态系统[J]. 中关村, 2014（6）: 19.
[4] 盛春辉, 陈凡. 行动者网络理论视域下东北老工业基地创新创业生态系统的优化[J]. 科技导报, 2016（4）: 61-65.
[5] 贺瑛, 舒元, 郑贵辉, 等. 基于创新创业的生态系统构建——以中大创新谷为例[J]. 华东经济管理, 2016, 30（2）: 48-51.
[6] 高冉晖, 张玉赋. 江苏科技人才创新创业生态环境研究——基于调查问卷的分析[J]. 特区经济, 2015（5）: 42-44.
[7] 李政, 于凡修. 构建创新创业生态系统——第二届全球创新与创业会议综述[N]. 人民日报, 2015-06-29.

创业生态系统，充分营造各类要素相互关联、相互支撑的人才发展生态有机体系，为各类人才创新创业、自由发展、实现价值提供广阔空间。

本质上说，人才创新创业生态系统是对人才与创新创业、人才与经济社会紧密结合发展状态的描述。中关村从地方推动人才创新创业的工作实际出发，围绕调动政府、市场、社会三方力量，提出区域领军企业、高等院校、科研院所、多层次合作平台、天使投资与创业金融、社会组织与科技中介、区域创新文化与氛围等组成的人才创新创业生态系统，系统构架为相关研究提供了一个重要逻辑起点。中关村人才创新创业生态系统模型如图20-1所示。

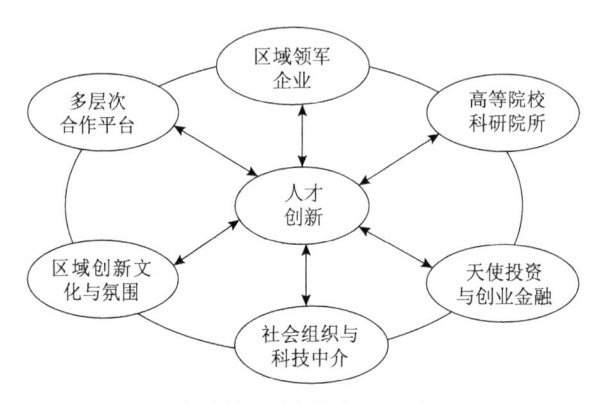

图20-1 中关村人才创新创业生态系统模型

三、人才创新创业生态系统的特征

结合理论研究和实践探索发现，我们认为人才创新创业生态系统具有三个重要特征，即整体性、动态性及耗散结构性。

1. 整体性

人才创新创业生态系统是由不同参与主体及其要素构成的整体，各参与主体及其要素是系统的基础，系统一旦丢失关键参与主体及其要素，系统的整体功效将难以发挥。人才创新创业生态系统各个组成部分不是相互孤立的，而是相互联系、相互制约的。在外部环境的作用下，各个创新创业主体分工合作，发挥"整体大于部分之和"的作用。各构成要素是人才创新创业生态系统的基础，其"相互作用"形成了系统，但当这种相互作用发生变化时，系统的整体功能也将随之变化。例如，中关村海淀园已经形成一个中心、三个平台、六项服务的完整孵化服务体系，即围绕海淀园创业服务中心，构建企业孵化平台、科技条件平台、创业导师平台，以推进对企业的创业辅导、人才引进、融资状况、成果转化、股权投资、产业促进六项服务，促进创业者向企业家的转变，助力科技成果快速转化。人才创新创业生态系统是由多种类型的参与主体所构成，如领军企业、提供技术和人才等支撑的高等院校、科研院所、政府、投资机构及中介机构，这些主体发挥不同的作用，通过主体间的合作以及资源、能力的互补驱动着人才创新创业生态系统的完善与发展。

2. 动态性

人才创新创业生态系统的演化具有动态性，知识流动和能力积累都会引起系统的结构变动。人才创新创业生态系统具有系统边界动态性和运行过程动态性的特点，系统边界动态性体现在随着外部要素的流入和各参与主体的成长，各参与主体的活动范围不断延伸，新参与主体的不断加入，人才创新创业群落的规模不断扩大，人才创新创业生态系统的边界也会随之发生调整。为了适应瞬息万变的市场变动，系统内部各结点之间以及系统与环境之间存在着动态的相互作用，系统运行过程的动态性体现在随着创新外部环境的变化，系统内的各参与主体之间及其与外部环境之间通过相互影响、相互联系、相互作用实现自我调节，达到系统内部与外部环境的平衡发展和长期生存。目前，中关村形成了多层次的创新创业合作平台，通过各种渠道、多种形式，搭建起创业者与成功企业家、风险投资家、专家学者和政府部门之间互动交流的平台，通过在创新创业生态系统内的资源优化配置和相互作用，推动各要素循环流动，合作依存、循环演进，形成了各类服务模式融合发展的态势，促进了新兴产业的发展。人才创新创业生态系统正是依靠其动态变动的特性，从而促进着自身的成长，以培养和支持人才的集聚和成长。

3. 耗散结构性

耗散结构是生态系统的主要特征，也是人才创新创业生态系统的主要特征。人才创新创业生态系统的耗散结构性表现在，当处于非平衡状态时，系统只有与创新文化、政策环境、市场需求、技术手段、生态环境等组成的外部环境不断进行物质、能量以及信息的交换，才能够在涨落和非线性相互作用下实现从无序到有序的转变。人才创新创业生态系统通过内部主体及要素间的交互作用得到提升，当这些要素足够完善，彼此相辅相成时，系统能够实现自我维持。例如，在中关村，中关村管委会负责组织和监管"瞪羚计划"的实施，提供贷款贴息及担保补贴；中关村科技担保公司负责受理"瞪羚企业"的担保申请和资格认定；中关村企业信用促进会负责进行信用管理和评定，信用评级机构负责对"瞪羚企业"进行信用评级和调查，协作银行负责向获得担保的"瞪羚企业"发放贷款。该计划把握住了政府、市场、社会三者之间的关系，厘清了三者的边界，同时又实现了政府、市场、社会对推动创新的共同治理、联合治理。系统内部主体和要素通过自发地组织来进行自我维持和强化，使系统内部变得有序，从而解决内部矛盾和由于环境刺激造成的非平衡状态。通过这些治理属性，为人才创新创业生态系统的共同价值创造和自我维持提供了保障。

四、相关研究的结论与展望

人才创新创业生态系统是以人才为中心，连接政策引导、金融服务、中介服务、科研院所、创业教育、基础设施等机构，协同作用于人才主体，通过交互式共生演化来提高人才质量，促进区域的整体统筹发展。人才创新创业生态系统进化发展的根本目的在于吸引人才、集聚人才，通过将人才与高等院校、领军企业、科技中介、天使投资、创新创业文化有机结合，实现高质量的经济发展。人才创新创业生态系统作为创新创业要素集聚并聚合反应，集人才链、创新链、创业链、产业链形成并拓展的开放系统，必须关注营造有利于开放条件下人才集聚的途径、机制与体制。本质上说，人才创新创业生态系统是对人才与创新创业、经济与社会紧密结合发展状态的描述，是政府、企业和社会组织等主体的相互作用、有效协同，是由领军企业、高校以及科研院所、天使投资和创业金融、以新型孵化器为特色的创新创业服务、科技中介、创新创业文化等六大要素组成，集合政、产、研、学、资、介等关键资源要素，形成的滋养人才的"土壤"。对人才创新创业生态系统的研究,对于推进人才集聚机制、提高区域经济发展都将产生积极的影响作用。目前,随着人才体制机制的完善,人才创新创业生态系统正逐渐成为创新型国家建设的基础、科技创新的基石、经济发展的催化剂与助推器,对我国科技进步和社会经济发展具有重要的促进作用。

第 21 章　打造驱动高质量发展的人才创新创业生态系统

人才是创新的根基，创新驱动实质是人才驱动。对于全国不同地区而言，如何破除单纯依靠优惠政策比拼和同质化竞争争夺人才的不良循环，形成具有感召力、凝聚力的创新创业人才"吸引子"和各类人才真正发挥作用的"能动场"，是实施创新驱动战略中一个值得深入探讨的重要课题。"鱼无定止，渊深则归；鸟无定栖，林茂则赴。"近期，人才工作实践表明，人才创新创业生态系统是一个区域高质量人才发展环境构造的核心表征，是推动区域持续创新发展的决定性要素，是真正吸引人才、感召人才、集聚人才、发展人才，并使其能够发挥创新能动作用的关键"吸引子"。地方层面要推动人才链、产业链、创新链、创业链有机融合，实现"聚天下英才而用之"的区域点上突破，就要结合自身区位优势、自然禀赋、资源积累和独特环境，打造将会产生人才感召力、承载力和集聚力的人才创新创业生态系统。

一、集聚高质量人才关键在于构建人才创新创业系统

当前，全国主要区域的中心城市纷纷出台各类优惠政策，大力提升区域人才吸引力、集聚力，积极加入"抢才"大战。但是，从"人才集聚力"到"人才竞争力"，中间还需要跨越一片"达尔文之海"。吸引人才、培养人才最终是为了使用人才、发展人才，让人才创造独特价值，让人才尽显其能，服务当地经济社会发展。当我们评价一个区域人才工作做得如何时，在考察人才总量、结构和素质的基础上，更重要的是要关注区域的人才活力和人才效能。人才活力和人才效能很重要，它反映了区域人才队伍和人才工作对当地经济社会发展的链接程度、活化程度、提升程度、带动

程度和贡献程度，体现和反映了一个国家和区域的人才总体竞争力。

我们看到，当前全国各主要中心城市大力引进的人才对象主要是高科技人才，所发展的产业主要是高科技产业。各地拼资源、拼资金、拼待遇，造成同质化人才竞争，相互伤害，陷入整体困境。如何破除单纯依靠优惠政策比拼和同质化竞争争夺人才的不良循环，形成具有凝聚力的创新创业人才"吸引子"和各类人才真正发挥作用的"能动场"，进而有效提升区域人才竞争力水平是亟待破解的关键问题。那么，究竟何种主要因素会影响优秀创新创业人才的集聚和作用的发挥呢？在这方面，区域发展理论和人才集聚理论给我们提供了一些思路和启示。

一是佩鲁的"增长极"理论。法国的弗朗索瓦·佩鲁在《经济空间：理论与应用》一文中首次提出"增长极"理论。他认为，增长并非同时出现在所有地方，它是以不同的强度首先出现在一些增长点或增长极上，然后通过不同渠道向外扩散，并对整个经济圈、增长带产生外溢影响。"增长极"理论为产生区域人才强市和打造人才管理改革试验区提供了现象解释和理论支撑。近年来，全国一些区域中心城市和省会城市，如北京、上海、重庆、深圳、杭州、宁波、西安、包头等地大力实施"人才强市"战略，成为带动区域人才发展的"增长极"和"根据地"。这些城市人才工作基础好，创新创业园区集中，产业结构调整快，人才吸引、培养和使用政策力度大，对高层次人才产生了较强的吸引力、承载力和聚集力。人才强市战略催生出一大批区域人才创新创业高地，引领和辐射了周边城市、地区的人才发展。可以预见，未来我国具有人才竞争比较优势的典型地区将主要集中在这批"人才强市"的中心城市上。另外，近年来，中关村、前海、南沙、横琴等地结合实施国家战略，率先打造与国际人才管理体系接轨的人才管理改革试验区。人才管理改革试验区在人才政策和体制机制上先行先试、点上突破，下大力气破解人才发展和创新创业中的热点难点问题。目前，在国家级人才管理改革试验区建设的带动下，全国面上主要形成了基地型、园区型、区域型和行业产业型等四种类型的人才改革试验区，它们聚焦于国际化创新创业高层次人才，在技术移民、出入境及居留、金融支持、股权税收激励、职业资格互认、卫生医疗、子女教育、社会保障、国民待遇等方面出台了一系列突破性措施，为人才优先发展提供了特别支撑。当前，一个以点带面，以体制机制改革引领人才创新发展的人才改革试验区建设局面基本形成，一系列有价值的人才工作经验正在被其他地区学习借鉴、复制推广。

二是泰勒的人才聚集动因理论。20世纪70年代，泰勒就曾提出，人才聚集存在五大动因，即：创造性工作的丰富性（高质量、创新性工作机会的多寡）、企业家能力生产的可能性（企业家精神）、容易识别知识的消费者（地方消费者的观念、新产品的接受程度以及本地市场的规模和潜力）、容易识别知识的供应者（创新性高质量的市场供给，经纪人/中介机构的水平、数量，以及雇主的识才用才能力）、未来提升空间（区域发展前景及职业发展空间）。泰勒的人才聚集动因理论，为我们走出单纯依靠优惠政策比拼而陷入的低水平人才竞争循环，通过完善、强化区域人才集聚关键"吸引子"，走上一条可持续的人才发展之路提供了思路和导引。在这方面，北京中关村作为全国高层次人才创新创业高地，对泰勒的人才聚集动因理论有集中的体现和验证。中关村集聚着百度、小米、搜狐、微软、IBM等大量高科技公司、新兴创业企业，这些"有拼劲"的企业在人才选择上更重视"真本事"，即人才的技术知识和综合能力，不论是初出茅庐的优秀毕业生还是海外高端人才都可以在这里找到相应位置。科教资源、创新资源丰富的中关村，带动了大量天使投资、创新孵化器、新的高端人才向这里汇聚。同时，由高端人才创立的新型社会组织，也为人才联合创制技术行业标准、协同攻关核心技术搭建了区域公共平台。各类要素互相交叉、协同、分享，带来了整合和溢出效应，形成了跨界融合，源源不断催生出更多新创意、新技术、新产品、新模式和新业态。优秀人才在这里汇聚，意味着更多的工作挑战、更多的工作选择、更高的前沿视野、更少的工作转换成本和更广阔的发展空间。截至2018年5月，中关村入选北京市"海聚工程"的有590人，占北京市的66%。早在2017年，中关村企业总收入就超过5.3万亿元，有效发明专利拥有量突破8万件，成为代表国家参与全球经济科技竞争的前沿阵地。

三是戈特利布的舒适度人才聚集理论。传统的观点认为，区域对人才的吸引力主要是当地能够提供的工作、薪酬和发展机会，即重视经济收益因素与人才需求的匹配度。而戈特利布指出，通过提高生活舒适度，可以大大增强人才聚集效应。生活舒适度理论可以很好地解释一些高层次人才选择工作目的地的基本动机。一般意义上讲，人才集聚存在"推力"和"拉力"，它们可以被归结为经济相关因素和非经济因素。前者包括经济回报和事业平台等，当前这方面已引起政府的较高重视，并且是各地完善人才支持、激励、奖励政策的重点；而后者则包括家庭因素、生活方式与习惯因素等，如有调查表明：在母国有家庭的海外人才回国比率远高于均值，而一些海外人才之所以选择在上海、广州工作是由于那里更接近其海外生活环境。此外，人才集聚也会关注迁入地的教育水平、社会治安、医疗卫生体系等环境保障因素。例如，深圳正在构建与国际医疗保险体系接轨的海外引进高层次人才医疗保障制度，正是因为看到了目前我们这方面的不足。还有，工作地的气候、环境、社会文化差距、公共政策、社会管理水平等也会影响人才集聚。上述因素可以称为人才集聚的"保健因素"，所谓"保健因素"是指这些因素不具备会带来人才的不满意，而具备了这些因素，却不一定带来更多的满意度或人才激励效应。那么什么是可以带来更多满意度的激励因素呢？我们近期的调研表明，对于高层次人才而言，他们更加重视工作生活舒适度。工作生活舒适度是一个综合概念，它源于高层次人才对高品质生活质量和工作家庭平衡的追求。这对区域人才工作既提出了挑战，也提供了机会。为此，各地区要结合自身自然禀赋、优势积累和独特资源，推动人才体制机制与国际接轨，建立与国际网络的紧密链接，提高区域要素多元化、国际化水平，推动跨国产业精英的无障碍居住、社区融入与国际流动。努力构建中介服务繁荣发展，人才市场内外联通，制度保障完善透明，生活方式多元相容，高端人才群居群乐的国际社区发展新模式，以及人才发展、城市生活、区域文化和社区网络融合一体的人才集聚开放新体系。

当前，在各地经济社会发展实践中创新创业浪潮如火如荼，各种新的成绩与经验源源不断地涌现。在高质量发展和创新驱动发展大背景下，产生了一系列关于人才生态发展的新范式，特别是近年来，随着地方人才工作不断创新拓展，"人才创新创业生态系统"被明确提出，并在一些地方人才环境建设当中开展实践探索和研究应用。

作为一个有机体系，人才创新创业生态系统如同生物生态系统一样，动态持续地从生态要素的随机选择演变为生态结构的优化组合。从系统视角看，人才创新创业生态系统是一个具有自组织功能的开放体系，是包含多种参与主体的耗散结构。从生态视角看，系统内以人才为核心的各类元素主体，在交互作用中组织、进化、发展，并不断与外界环境进行物质、能量和信息交换，动态达成有序结构的实现。从创新角度看，人才创新创业生态系统强调立体化、网络化的人才与创新创业要素链接图景，是以多层次竞争、合作平台为基础，催生创新要素聚合反应的复杂系统。

对"人才创新创业生态系统"的认识和关注体现着一种研究范式和工作方式的转变：由强调区域中人才、产业、创新、创业等单一要素或变量，转向关注人才创新创业生态系统中各组件要素的组织、链接、匹配、迭代与整体网络的动态进化。

二、中关村人才创新创业系统构建紧追美国硅谷

中关村和硅谷都是世界级创新创业人才高地，其背后都致力于打造全球影响力的人才创新创业生态系统。当前，中关村和硅谷都是全球高端人才聚集地和创新创业产出密集区。中关村面积为 488 平方千米，为硅谷的 1/10；集聚了 2.2 万家高新技术企业，约为硅谷的 1/9；中关村独角兽企业超过 82 家，仅次于硅谷的 100 余家。截至 2018 年，硅谷从业人员数量达到 163 万余人。过去十年间，中关村人才加速集聚，2017 年从业人员数量达到 260 万余人，远超硅谷。硅谷与中关村都具有高水平高校院所资源。硅谷依托斯坦福大学、加利福尼亚大学伯克利分校、卡内基梅隆大学等世界顶尖高校，聚集了一批全球顶尖科学家。中关村有清华大学、北京大学、中国科学院等国际一流高校院所。2018 年中关村拥有"全球自然指数 500 强"的高校院所共 14 所，占全国近两成，QS 世界大学排名前 30 的高校 2 所。

2018 年，硅谷本科及以上学历的从业人员占比 51.6%，较 2007 年提高了 7.4 个百分点。同年，中关村本科及以上学历的从业人员占比为 57.2%，超过了硅谷。同时，2018 年硅谷 25~44 岁的中青年劳动力人口占比为 30%，65 岁以上人群在过去十年间增长了 35%。2017 年，中关村从业人员中 29 岁以下劳动力人口占比为 40.7%，39 岁以下占比达到 78.9%，较硅谷的从业人员更年轻更具活力。

2017 年，中关村有 3 家企业入选"全球 PCT 申请前 50 强"，同期硅谷有 5 家企业入选。2017 年，硅谷的发明专利授权量为 19 539 件，企业万人发明专利授权量为 63.6 件，PCT 专利申请量为 7467 件。2018 年，中关村企业发明专利授权量为 21 226 件，企业万人发明专利授权量为 78 件，高于硅谷 2017 年的数据。

近年来，中关村对标硅谷发展，围绕促进政府、市场、社会的有机结合，努力构建由领军企业、高校院所的原创技术、多层次合作平台、天使投资和创业金融、社会与科技中介、创新文化等六大要素构成的创新创业

生态系统，充分营造各类产业要素相互关联、相互支撑的人才发展生态有机体系，促进创新资源有效聚合、优化配置和充分发挥作用。

中关村有37家新型社会组织，整合了110多家社会组织的创新要素，为人才联合创制技术标准、协同攻关核心技术搭建了平台；新建新型科研机构，如北京生命科学研究所实行与国际接轨的科技管理体制和人才管理体制，强化了人才对工作的自主权，在调动市场力量、专业力量和人才理论，推动体制机制创新方面取得了重要进展。各类要素互相交叉、协同、分享，带来了整合和溢出效应，形成了跨界融合，源源不断催生出更多新创意、新技术、新产品、新模式和新业态。

联想，从诞生到实现100亿元的销售收入，用了20年。小米则用了不到3年的时间，2014年小米平均每11名员工实现1亿元收入。生态系统不断催生和培育新的创业企业，形成不同创业系：百度系、联想系、华为系等，不断给新创业者提供机会，给新产品提供市场，给新人才提供岗位，形成创新创业市场的自我功能进化。某公司设立了顶级研发中心，人才流失率为10%，中关村的其他企业就由之获得滋养。摩托罗拉移动遭遇困境后，研发骨干都去了小米，小米就此更加发展壮大。小米的成长与区域系统内摩托罗拉、微软、金山、谷歌等企业的人才流动密不可分，互嵌式的创新创业生态体系使得企业人才获取成本降低、人才谋职流动成本更低。

中关村的生态系统，以创新创业为核心，有领军企业大树，有新生企业小苗，也不断有衰老和落伍的企业"死去"，形成了深厚的"腐殖质层"。这腐殖质层又不断催生新的"种子"持续生根、发芽，生生不息，遇到合适的阳光、雨露就跨界跨境延伸。截至2018年底，中关村从事科学研究与技术服务的人员超过100万，培养集聚了一批以屠呦呦、姚期智、王中林等为主要代表的全球顶尖科学家，汇聚了全国近一半（830名）的两院院士。拥有世界500强企业50余家，600余家国内外知名企业总部和全球研发中心，拥有全国过半数人工智能骨干机构，超过3万个创业服务团队。2018年，天使与风险投资额、发生额达到1500多亿元，占全国三分之一以上，平均每天有90多家科技企业在中关村诞生。

未来一段时间，区域人才竞争，将不再是人才数量的比拼，而是人才发展的竞争、人才作用发挥和人才创造价值的竞争。换句话说，区域人才竞争的关键在于人才发展生态系统（构建）的竞争。各区域各地方要推动人才链、产业链、创新链、创业链有机融合，实现"聚天下英才而用之"的点上突破，就要结合自身区位优势、自然禀赋、资源积累和独特环境，打造将会产生人才感召力、承载力和集聚力的人才创新创业生态系统。

三、打造具有全球竞争力的人才创新创业生态体系

当前全球经济结构进入深度调整期,世界各国都在瞄准抢占下一轮全球科技竞争和产业竞争制高点,加速开展人才争夺。面对在新一轮转型发展中还存在的资源要素约束、激励制度约束、区域承载约束、活动空间约束,以及自主创新体系尚不成熟、人才创新创业能量还未充分释放、全球创新资源吸附能力还不强大、人才发展体制机制障碍依然存在等重点难点问题,中关村只有以改革创新精神,大力推动科技创新、制度创新、产业创新与商业模式创新深度融合,加快培养一支站在世界前沿的创新创业人才队伍,才能在未来激烈的国际竞争中占有一席之地,进而把握先机。

为此要构建科技、生态、生活有机融合,政府、社会、市场有序结合,创新要素系统完善、创业资源高度富集、社会网络活跃互动、中介服务繁荣发展、高端人才乐群乐居、人才市场内外联通、法治保障公正公平、生活方式多元相容、财富源泉充分涌流的创新创业生态系统和多元文化共同体,以独特的城市气质、人文品质塑造感召"天下英才"的区域生态软实力。

首先,构建催生"意外发现"的创意社区。创新、创意涉及隐性知识和资源的流动。自组织社区更容易产生触发效应,也更容易碰撞出火花,并升华为"想法"和创意。信息传递、知识更新和想法迭代通过非冗余网络节点的交流、交换,辅助于产业平台的资源将变成价值创造的"生成器"。构建生态化的人才创新创业系统,就要推动形成政府、高校院所、产业部门与投资人、各类中介机构、非正式社区组织等有机融合的生态体系,创建获取"意外发现"的创意社区。通过建立以"人才"为中心的社区网络,营造区域开放的创新网络,增强各创新主体/客体的交互性、协同性、适配性、嵌入性;建立国际化创意交换社区、知识社区、人才社区,推动市场、政府和社会资源有机互动,创意、创新与创业活动有机萌发,形成有利于区域—人才—产业要素发展协同、配置融合、迭代进化的开放式集群发展系统。

其次,打造公平竞争的高质量市场环境。中关村高地的形成源自市场自组织、点上的爆发扩展,其中依靠的主要是市场力量,也就是需求与供

给相互涨落，价值与价格机制相互耦合，以及自由竞争、优胜劣汰的市场发现和激励机制。在创新创业人才集聚区的建设中，政府的力量是纵向的，市场的力量是横向的。构建充满生机活力的人才创新创业生态系统，就要求政府简政放权，提高人才发展的市场化水平，形成有利于自动生发的内在驱动机制。其中主要依靠市场力量、社会力量、法治环境，依据供求、竞争、价格规律汇聚和使用人才，让人才吸引人才，让环境吸引人才，强化"市场"和"社会"在构建现代人才治理体系中的作用。为此，要构建市场导向的国际化人才管理服务机制，打造人才诚信惩戒系统和人才发展法治体系，建立基于大数据和云计算的统一征信、评信、用信体系，打造透明、公开、公正的国际化诚信环境和法治环境。

再次，提高开放性、多元化、国际化发展水平。构建创新创业人才高地要求开放思维、开放视野、开放胸怀，吸引不同门类、文化、国别的优秀人才，提高国际化水平，形成区域异质性、互补性，构成"聚天下英才而用之"。美国硅谷就是一个各国精锐、各色人等的汇合之地。数据显示，2018年硅谷外国出生人口约占人口总量的38%，其中，亚洲居民达到34%。在技术从业者中，26%来自印度，14%来自中国；计算机、数学、建筑和工程的从业者70%以上为外国出生。一项调查表明，在硅谷的7000多家电子及软件公司中，有2775家公司由华裔或印度裔工程师主持科研开发。此外，纽约作为国际大都市37%的人员来自全球，香港科技大学作为亚洲顶尖大学国际师资达到了85%。相较之下，目前我国发达地区对国际一流人才的引进力度还不够，在这方面中关村也有不足。2018年中关村留学归国人员和外籍从业人员数量为4.8万人，仅占总量的1.8%，国际化程度远低于硅谷。因此我们要在集聚世界优秀人才方面迈出更大步伐，以提升人才创新创业生态体系的多元互补、异质增强效应。为此，要花大力气营造国际化、多元化环境，努力探索海外人才引进来、留得住、用得好的超常规措施，打造接轨国际通行规则的高端机构、平台，瞄准国际一流专业人才，以更加开放、更加包容的胸怀和姿态吸引、集聚他们为地区经济社会发展贡献智慧，同时允许他们获得自我提升和价值实现。

最后，打造人才、创新、产业紧密融合的生态平台。高质化的创新创业集聚区从本质上讲应该是生态化、嵌入式的，而不是机械式的。生态化系统有几个基本特征，如多元构成、彼此联结、生态链条、优胜劣汰等。中关村的创新创业配套服务十分完善，已经形成完整的产业链条。风险投资、孵化器、投行、律师事务所、商业银行、创业组织、科技媒体、猎头、咨询公司、大学及附属研究机构、国家研究机构等，在不同的专业领域提供细分的专业服务，促进创新创业者更专注于自己所擅长的领域，将企业发展壮大。各地区推动人才创新发展首先要关注多元素、多物种及其生态化联结。不仅要有高科技企业、高水平院校，更需要健全高水平的中介机构、社会组织、文化娱乐、休闲场所等，以增强高端"人力资本""社会资本"的区域涵养和构造能力。

构建网络化的人才创新创业系统，要形成一种适合创新创业者成长发展的生态环境，即"人—境系统"，可以将其归结为五点：创业文化、专利保护、金融服务、中介组织，以及政府作用（人力提供、财务服务、法律支持、技术转让），这些要素主体将形成一种相互依赖支撑的生态关系。只有努力将人才链、产业链和创新创业链"三链"紧密结合，打造各类产业要素有机聚合、优化配置、相互关联、有效支撑的有机体系，才能为"聚天下英才而用之"提供互利共生的涵养环境。

后 记

本书是在中国人事科学研究院孙锐研究员主持的国家社科基金重大项目"实施新时代人才强国战略关键问题研究"（22ZDA037）的基础上提炼形成的阶段性成果。

本书围绕贯彻落实党的二十大、党的二十届三中全会、党的十九届六中全会和中央人才工作会议精神，就新时代人才强国战略重大布局和推动实施中的相关理论问题、实践问题开展了探索性研究，并结合中央新近提出的新质生产力、教育科技人才一体改革等重点议题开展了重点阐释和分析，同时对人才高地、战略人才力量、青年科技人才、卓越工程师，以及人才评价、人才引进、人才培养、地方人才工作等新时代人才工作重点议题开展了相关探讨，以期为形成、完善中国特色人才强国战略理论体系、实践体系做出贡献，为相关部门和地方人才工作实践提供研究支撑和参考借鉴。

除了本书作者孙锐研究员，还有其他人员参与了部分章节的执笔工作。如，孙雨洁参与执笔了第11章"硅谷、特拉维夫、中关村、筑波人才高地的形成演化"、第18章"典型城市青年科技人才引进政策评估"、第20章"区域人才创新创业生态系统：内涵、构成与特征"等的相关章节；孙彦玲和范青青参与执笔了第7章"新时代的'人才'概念内涵与人才分类问题"、第12章"海外高层次创新人才引进的形势背景与工作对策"、第16章"工程师群体职业化、国际化发展问题研究"、第19章"深圳市中长期人才发展规划实施效果总结评估"等的相关章节；范青青还参与执笔了第13章"新时代海外人才引进政策变化动向追踪"的相关章节；孙一平参与执笔了第15章"加强青年科技人才培育的问题调研与对策探讨"的相关章节；等等。此外，还要感谢对本课题顺利完成和本书出版提供重要支持的中国人事科学研究院院长余兴安、副院长柳学智、前副院长蔡学军、研究员黄梅等，也要感谢在课题调研中给予我们大力帮助的相关单位。科学出版社的刘英红老师为本书出版做了大量细致的编辑工作，付出了辛勤的努力。在此，对以上领导、专家和朋友一并表示衷心感谢！

本书在撰写过程中参阅了大量中外文参考资料，在此，向国内外有关研究学者表示诚挚的谢意。

本书内容是初期的探索性研究。由于作者所学有限，书中难免有不妥之处，敬请各位专家、读者不吝赐教和指正。

孙　锐

2025年2月